2002 年 10 月，芝加哥商业交易所集团终身荣誉主席利奥 · 梅拉梅德（右一）率团访问上海期货交易所。其间，建议其《逃向期货》一书在中国翻译出版。

2004 年 4 月，在智利圣地亚哥举行的第三届 CRU（英国商品研究所）世界铜业大会上发表演讲。

2004 年 8 月 25 日，在上海期货交易所燃料油期货上市仪式上致辞。

2005 年 9 月，在上海期货交易所和上海证券交易所联合主办的首届中国金融衍生品论坛上，与期权定价理论的创立者之一、诺贝尔经济学奖得主迈伦·斯科尔斯教授（右一）一起参加会议。

2006 年 8 月，陪同全国人大《期货法》立法小组赴中储公司铝交割仓库调研。

2006 年 9 月 8 日，主持中国金融期货交易所成立新闻发布会。

2010 年初夏，和证监会期货监管部的同事一起登长城。

2010 年 4 月 8 日，在股指期货启动仪式上宣读证监会同意沪深 300 股指期货上市交易的批复。

2010 年 8 月，中国证监会主办的“境外期货监管研讨会”在北京举行，与 CFTC 前代理主席沃尔特 · 卢肯亲切交谈。

2011 年 10 月，国务院原法制办和中国证监会共同主持召开《期货交易管理条例》修订工作座谈会，这次修订为原油期货上市做了法律准备。会后和参会者一起合影，前排左五为国务院原法制办副主任安建，左四为现司法部副部长刘炤。

2012 年 2 月，主持召开中国证监会原油期货市场建设工作领导小组第一次会议。

2012 年 5 月，在浙江舟山考察原油期货交割库，为推出原油期货做准备。

2013 年 11 月 22 日，与时任上海市委常委、常务副市长屠光绍（右一）一起为上海期货交易所上海国际能源交易中心揭牌。该中心是作为原油期货交易平台而专门设立的。

2013 年 11 月，作为董事长，主持中国期货保证金监控中心第一届董事会第一次会议。

2014 年 4 月，作为《期货法》起草领导小组成员，参加全国人大财经委组织的《期货法》草案第一稿起草讨论会。二排左四为全国人大财经委副主任委员、《期货法》起草领导小组组长尹中卿。

2018 年 1 月 15 日，在香港参加“第十一届亚洲金融论坛”时，接受主持人香港财经事务及库务局局长刘怡翔关于金融科技与监管的提问。

2018 年 3 月 26 日，出席原油期货上市仪式，仪式结束后与众多“老期货人”合影。

2018 年 6 月 1 日，在“新时代香港资本市场再出发”研讨会上，做题为《携手并进　共谱新时代资本市场改革发展新篇章》的主题演讲。

发现价格

期货和金融衍生品

姜洋◎著

中信出版集团 · 北京

图书在版编目（CIP）数据

发现价格：期货和金融衍生品 / 姜洋著 . -- 北京：
中信出版社，2018.9（2019.9 重印）
ISBN 978-7-5086-9336-1

I. ①发… II. ①姜… III. ①期货市场②金融衍生产
品 IV. ① F830.9

中国版本图书馆 CIP 数据核字（2018）第 181493 号

发现价格：期货和金融衍生品

著　　者：姜　洋
出版发行：中信出版集团股份有限公司
（北京市朝阳区惠新东街甲 4 号富盛大厦 2 座　邮编　100029）
承 印 者：北京盛通印刷股份有限公司

开　　本：787mm × 1092mm　1/16　　印　　张：32　　字　　数：400 千字
版　　次：2018 年 9 月第 1 版　　印　　次：2019 年 9 月第 5 次印刷
广告经营许可证：京朝工商广字第 8087 号
书　　号：ISBN 978-7-5086-9336-1
定　　价：128.00 元

目　录

第三章　风雨阴晴：28 载改革路

第四章　颇具特色：中国期货市场创新之路

第五章　启示中国：美国衍生品市场损益

第八章　面向未来：中国市场的机遇和挑战

第九章　衍生产品：经济大国绕不开

第十章　石油期货：处处渗透着政治经济学

第十一章　政府监管：为“三高”市场保驾护航

序　言

按照国际标准来看，中国期货市场发展得晚了。它肇始于1990年10月在河南省郑州市建立的郑州粮食批发市场。当时，世界上所有的发达国家都已拥有农产品和金融产品的期货市场。

就像在诸多开拓性事业中所表现的那样，中国很快就赶了上来。今天，中国有4家期货交易所：郑州商品交易所（郑商所，1993年成立）、大连商品交易所（大商所，1993年成立）、上海期货交易所①（上期所，1999年成立）和中国金融期货交易所（中金所，2006年成立）。还有最近上市原油期货合约的上海国际能源交易中心②。

中国的发展是一个惊人的成功，值得为之喝彩。自从实行市场经济以来，中国已经展现出在短期内取得难以置信而又前所未有的成就的能力。世界上没有哪个国家能像中国一样，用短短的30年时间让如此多的人民摆脱贫困。

---

① 上海期货交易所于1999年由上海金属交易所（1992年成立）、上海商品交易所（由1993年成立的上海石油交易所、上海建材交易所、上海农资交易所和上海化工商品交易所于1995年合并而成）和上海粮油交易所（1993年成立）合并而成。

② 上海国际能源交易中心为上海期货交易所全资子公司。

不过，期货市场的复杂和专业，并且在中国基本上还只限于国内交易这样一个事实，使得它对于大众而言还是相对陌生的经济领域。中国证监会（原）副主席姜洋，将以这本书就期货市场对于实体经济的价值和巨大贡献提供一个更好的认识角度。对中国大众来说，认识期货市场如何以及为何能够推动经济的持续发展是绝对必要的。

我经常提到，在 20 世纪，世界已从“大”变“小”，从“广”变“微”。无论是从广义相对论到量子力学，还是从单体细胞研究到基因工程，在这个时代，人类能够探究自然界的基本构成。确实，物理学、生物学以及其他科学的同步发展，使近距离观察和研究最基本的物理与生理过程成为可能，人类由此获得认识自然的能力。同样，将计算机技术运用于成熟的投资策略，其结果也是非凡的。当我们进入数字时代，复杂的计算以及随之产生的尖端分析系统，也为金融工程师提供了将金融风险归类的能力。投资学方法论已由巨细靡遗的正统策略演进为精确调制的现代投资组合理论。我们逐渐由过去长期的风险对冲策略转为线上风险管理，从宏观应用转向微观应用。

1990 年，诺贝尔经济学奖得主默顿 · 米勒将金融期货称为“过去 20 年来最重要的金融创新”。他将芝加哥商业交易所集团（CME Group）推出货币期货的举动视为“开创了金融的摩登时代”。

一个人只要扫视寰宇就能意识到，期货市场是管理风险不可或缺的工具。全世界最大和最专业的金融机构——国内、国际的银行，公募、私募的养老基金，投资公司，共同基金，对冲基金，能源供应商，资产和债权管理者，房地产抵押贷款公司，互换交易商，农业生产者和保险公司——都在使用这个工具。换言之，金融机构和实体企业利用期货市场来对冲或管理它们在外汇、利率、能源、农产品、环境或者证券上面临的价格风险。由此，国民生产力和生活水平得到了改善。

正因为如此，期货市场的重要性得到了世界各国的广泛认同，芝加哥模式也为各国发展期货市场提供了参考范本。今天，除美国以外，在澳大利亚、巴西、加拿大、法国、德国、印度、日本、韩国、墨西哥、新加坡、英国、阿根廷、哥伦比亚、新西兰，当然包括中国都建立了发达的金融期货市场。

中国业已进入经济发展方式的转型关键期。中国的领导人筹划实施了从以制造业为主的出口导向型经济体制向以内生增长为动力的消费驱动型经济体制的转变。当此转型开始，绝对要认识到期货对于资本市场发展的作用。这本书将会提高人们对期货的认识。

Leo Melamed[①]

2018 年 5 月于芝加哥

① 利奥·梅拉梅德（Leo Melamed），犹太裔美国人，金融期货创始人之一。1972 年，作为芝加哥商业交易所的理事长，他开创了外汇期货产品，并且创建了全世界第一个金融期货市场——国际货币市场。之后，他带领芝加哥商业交易所不断推出新的金融衍生工具，包括 1976 年的美国国债期货、1981 年的离岸美元期货，以及 1982 年的股指期货。金融期货诞生 20 年后，诺贝尔经济学奖获得者默顿·米勒先生认为，金融期货是“过去 20 年来最重要的金融创新”。梅拉梅德现为芝加哥商业交易所集团终身荣誉主席、中国证监会国际顾问委员会成员。21 世纪初以来，他几乎每年都到中国访问。2002 年，当笔者和他相识时，他的自传体回忆录《逃向期货》英文版已经出版，笔者建议他出中文版，他接受了建议。2004 年，上海期货交易所的杨柯、陈晗、张晓刚翻译并出版了该书，并在当年上海期货交易所主办的首届上海衍生品市场论坛上举行了首发仪式。2010 年，他出版的新著《向传统呐喊》的第 25 章开头一段提到了这段往事。

Foreword
by Leo Melamed

Development of futures markets in China came late by international standards. It began in October of 1990 when the China Zhengzhou Grain Wholesale Market was established in Zhengzhou, Henan Province. By then every developed nation in the world already maintained futures markets in both agriculture as well as in finance.

But as in most fields of endeavor, China quickly began to catch up. Today there are four futures exchanges in China. Zhengzhou Commodity Exchange (ZCE, established in 1993), Dalian Commodity Exchange (DCE, established in February, 1993), Shanghai Futures Exchange (SHFE, established in 1999), and China Financial Futures Exchange (CFFEX, established in Shanghai in September, 2006). And very recently, in 2018, the INE Exchange for crude oil.

China's growth has been an astounding success and deserves great applause. Since its adoption of market economics, China has demonstrated the ability to achieve incredible and unprecedented results in a short period of time. No other nation in the world has lifted more people out of poverty than did China in a matter of three decades.

However, given the complexity and sophistication of futures markets, and the fact that in China they are generally restricted to domestic trade, these markets are still a relatively unknown business enterprise by the Chinese public. This book by CSRC Vice-Chairman, Jiang Yang, will provide a better understanding of the value and immense contribution that futures markets make to the general economy of this nation. It is imperative that the Chinese public understand how and why futures markets fit into the continued expansion of this economy.

I have often spoke of the fact that during the Twentieth Century the world moved from the big to the little, from the vast to the infinitesimal. From General Relativity to quantum physics, from individual cells to gene engineering. Mankind entered an era where it could probe the fundamental components of nature. Indeed, parallel advances in physics, biology, and other sciences made it possible to examine elemental physical and biological processes and provided the capability to understand nature. Similarly, when advancements in computer technology were applied to established investment strategies, the result was remarkable. As we entered the Digital Age, intricate calculations and state-of-the-art analytical systems ensued, offering financial engineers the ability to divide financial risk into its separate components. Investment methodologies advanced from all-encompassing orthodox strategies to finely-tuned modern portfolio theories. We have moved from long-term hedging approaches to on-line risk management; from macro to micro applications.

In 1990, Nobel Laureate in economics, Merton Miller, named financial futures "*As the most significant innovation of the past two decades*" He marked the launch of currency futures at the CME Group in Chicago, as the date that "*Initiated the modern era of finance*".

One need only to take a quick look around the world to recognize that the application of futures markets are indispensable tools with which to efficiently manage risk. These instruments are used by the largest and most sophisticated financial institutions in the world—domestic and international banks, public and private pension funds, investment companies, mutual funds, hedge funds, energy providers, asset and liability managers, mortgage companies, swap dealers, agricultural producers and insurance companies. In other words, financial entities that face foreign exchange, interest rate, energy, agricultural, environmental or equities exposure use the futures markets to hedge or manage their price risk. A process that has improved national productively growth and standards of living.

Thus, nations around the globe have embraced the idea and followed the Chicago blueprint. Today there are developed financial futures markets aside from the US, in Australia, Brazil, Canada, France, Germany, India, Japan, S.Korea, Mexico, Singapore, United Kingdom, Argentina, Columbia, New Zealand, and of course China.

China has entered the transition period for economic growth. Its leaders have instituted a transformation process from an export dependent manufacturing economy to a consumption-driven economy, one powered by internal growth. As this transformation takes place, it is imperative to understand the role of futures in the development of capital markets. This book will advance this understanding.

自 序

本书是由一个 PPT（幻灯片）惹出的。

17 年前，我在上海期货交易所任总经理。大约在 2004 年，中国浦东干部学院的领导找我，希望我能够去学院讲讲期货的基本知识。其实，我的理论知识并不丰富，仅仅有些市场实践经验。但我很愿意向大家介绍和宣传期货市场，因此高兴地答应下来。该学院是培训我国政府中高级领导干部、大型国有企业领导人现代经济金融知识的基地。我知道如果课讲不好，可能会误导大家，对我国期货市场的发展产生不良影响。因此，我备课很认真，做 PPT 很卖力，力求理论叙述、实践案例的选择都准确无误、通俗易懂。还好，第一场讲下来反响尚可，没想到这一讲后面就收不住场了。一直到现在，十多年来，学院一直邀请我讲授这门课。课程名称叫“衍生品的影响与作用”，每次讲一个上午。2006 年，我调回中国证监会（以下简称证监会）工作后，每年还得去中国浦东干部学院讲这门课两三次。每次讲课前，我都会结合期货市场的新情况、新问题、新挑战和新思考，认真备课，不断补充和更新课件。后来，清华大学五道口金融学院 EMBA（高级管理人员工商管理硕士）班也开了这门课，我也讲了好多年，五道口金融学院干脆把这门课由半天延长为全天。两所学院的学员都很支持配合，对这门课表现出很大的兴趣。学员的支持，增加了我继续讲好这门课的信心。十多年来，每一个课件都是一个更新升级版，两个学院也都希望我授课前能够将课件传给它们，以便提前给学员参考。于是，有人鼓动我把这个课件扩展成一本书。思考再三，我觉得这个课件也许在学术上不足为道，但在用通俗的话语对期货市场进行解读上还是下了些功夫的。本书的目的是想向不了解期货领域的人介绍期货市场的魅力，以期人们有兴趣阅读。

干啥吆喝啥！从 21 世纪初去上海期货交易所任职到现在，弹指一挥间，18 年过去了。这些年，我的主要工作和期货市场的发展与监管密切相关。2001—2006 年，我任上海期货交易所党委书记和总经理期间，在证监会党委的领导和支持下，会同市场各方一起推动了上海期货市场的规范发展。2006 年 7 月，我回到北京后，一直在证监会领导班子中分管期货工作到 2015 年底，按照党中央、国务院的要求，在证监会党委统一领导下为期货市场改革开放、建设发展做了一些工作。10 年时间里，我按照证监会党委的要求，狠抓期货市场基础性制度建设，推动建立了一系列规范发展的法规和规章制度，重要的是积极推动了《期货交易管理条例》（以下简称《期货条例》）的两次修改，并两次参与《期货法》的起草工作，促进了期货市场的健康稳定发展。

在国务院法制办（现已并入司法部）的统领下，证监会两次推动《期货条例》的修改，这大大促进了期货市场的建设与发展。

《期货条例》于 2007 年进行的第一次修改，是在尚福林（时任证监会主席）领导下完成的。这次修改全面总结了我国期货市场十几年的经验教训，借鉴了成熟市场的成功经验。《期货条例》中写入了期货交易所可以上市交易金融期货、期权等内容，改变了1999年《期货交易管理暂行条例》（以下简称《期货暂行条例》）中交易所只能上市交易商品期货的限制性规定，为市场发展打开了空间。同时，证监会根据这次修改的内容，结合金融期货筹备以及股指期货推出的需要，制定、修改和完善了若干证监会规章和规范性文件，进一步健全了期货市场以《期货条例》为核心，以部门规章和规范性文件为主体的法规制度体系。制度供给的增加为期货市场改革发展增添了活力，市场发展加快了脚步。到现在，已经有沪深300、上证50、中证500三个股指期货，5年期、10年期两个国债期货，以及上证50 ETF（交易型开放式指数基金）期权等一批金融期货、期权产品在交易所上市交易。这些场内金融衍生品自上市以来运行良好。同时，豆粕、白糖等商品期货期权也已上市。这次修改还创新了期货市场交易结算制度，适当扩大了期货公司的业务范围，强化了基础制度建设，丰富了监管措施和手段，加强了自律监管等。这极大地促进了我国期货市场的规范发展，上市产品数量大幅增加，品种结构由商品扩大到金融、由期货扩大到期权，经济功能逐步发挥，实体经济相关企业利用期货市场管理风险的自觉性大幅提升，国际影响力迅速扩大。

《期货条例》于2012年进行的第二次修改，是在郭树清（时任证监会主席）领导下完成的。这次修改主要是为适应原油期货等对外开放产品的上市和创新，促进期货市场国际化进程的需要进行的。这次修改取消了限制外国投资者参与中国期货市场交易的相关内容，明确规定符合条件的境外机构可以在期货交易所从事特定品种的期货交易，为期货市场国际化提供了制度保障，为国际投资者参与我国原油、铁矿石以及其他期货品种交易打开了大门。目前，上海期货交易所的原油期货作为第一个面向国际投资者开放的期货品种已经上市交易，大连商品交易所的铁矿石期货已对境外交易者开放，其他与国际市场联动紧密的期货品种对外开放也在准备中。同时，2012年版《期货条例》还对一些大宗商品中远期交易市场开展以大宗商品标准化合约为交易对象，采用集中竞价、电子撮合、匿名和保证金担保的交易方式进行具有明显期货交易特征的交易活动，进行规范和限制。

我国期货市场与证券市场的建设是在20世纪90年代初同时起步的。《证券法》已经出台20年，其间，进行了4次修改，而与《证券法》同时起步的《期货法》起草了4次，至今仍是草稿。《期货法》从20世纪90年代初期货市场诞生以来就开始酝酿起草，但一直未有重大进展，到2013年开始了第四次起草工作。这次起草一开始就有两种意见，一种意见是在《期货条例》的基础上起草《期货法》；另一种意见认为，期货是证券的一种，把相关内容直接写入《证券法》即可，期货不用单独立法。肖钢（时任证监会主席）赞成《证券法》《期货法》分开立法，他的意见起了重要作用。最后由全国人民代表大会财政经济委员会（以下简称全国人大财经委）牵头，证监会等单位参加，成立了第四次《期货法》起草领导小组。我代表证监会担任起草领导小组成员。历史上，我也参加过第三次《期货法》的起草工作，那时候是证监会原主席、全国人大财经委副主任委员周正庆担任起草领导小组组长。作为证监会代表，我有幸两次担任全国人大财经委《期货法》起草领导小组成员。尽管在本书出版时，《期货法》仍未出台，但我们将继续为推动《期货法》尽快出台而努力。2018年3月，作为全国政协委员参加“两会”，我提交的第一个提案就是《加快制定期货法，推进期货市场法治化进程》。在过去多年的《期货法》起草调研中，我们向市场各方宣传解释，我国期货市场在服务实体经济方面取得了较大的成绩，经济功能显著发挥。多年来发布的许多法规、规章和规范性文件、司法解释、相关政策等行之有效，特别是一些有中国特色的基础性制度对期货市场的稳定健康发展发挥了重要作用，呼吁通过立法对它们进行法律条款化。经过努力，这些具有中国特色的制度创新，比如期货保证金安全存管监控制度、以“一户一码”和实名制为基础的“穿透式”监管制度等相关内容，已经体现在《期货法》草案中。

1998 年 6 月以前，我在中国人民银行非银行金融机构监管司任副司长，负责证券经营机构的监管工作。1998 年，国务院机构改革，此项监管业务划归中国证监会，中国人民银行不再负责证券经营机构的监管。按照国务院文件要求，我们“人随业务走”划转到了证监会。当年 6 月 22 日，中国人民银行总行机关近 20 人（各地分行 100 多人划到当地证监局）头顶烈日，拎着大包，踏着尚还粘鞋的柏油路面，从中国人民银行所在地——成方街 32 号——一路往北，沿金融大街走了大约 500 多米，来到证监会办公地点——金融大街甲 26 号——安营扎寨。至此，我担任了监管业务重组后的证监会机构监管部主任。之前，中国人民银行负责监管所有的金融机构，包括银行、证券、保险、信托、财务公司等。之后，中国人民银行的金融监管业务陆续划出，先是证券经营机构监管业务划归 1992 年成立的证监会，稍后保险监管业务又划转到刚刚成立的保监会，2003 年又把银行、信托、财务公司等监管业务划给新成立的银监会。至此，我国“一行三会”金融监管体制形成（2018 年 3 月，银监会与保监会合并，组建中国银行保险监督管理委员会，“一行三会”这一简称已成为历史）。30 年来，在中国人民银行、证监会和期货交易所的工作经历，使我了解到银行、证券、期货之间的许多共同点与不同点。我发现，在间接金融的银行信贷市场、直接金融的证券市场和以期货和衍生品交易为主的风险管理市场这三个相互关联又具有不同功能的金融市场上，期货和衍生品市场是最不被社会公众理解的一个市场。

银行信贷市场的间接融资功能对社会的积极作用很直观，大家都看得比较清楚。企业需要通过银行贷款解决生产经营中的资金问题，个人消费和买房、购车需要银行提供消费贷款等。储蓄者可以存定期或活期以取得利息收入。这些都很直观，可琢磨，可量化，可言说，公众理解起来不难，说起银行的社会价值似乎大家都能说出个一二三。

证券市场的直接融资功能，社会也看得比较明白。企业及其创业者在证券市场融资，可发股票，可发债券。投资人为获得收益，可买股票，可买债券。企业从证券市场筹集的资金是明晃晃的真金白银，可视可见。说它为实体经济服务，通过这个市场融了多少资人人都可以算出来。投资者买卖股票、债券等，赢钱亏钱也是豆腐菠菜，一清二白。虽然这个市场风险大，投资者有亏有赚，但是由于大家看得清清楚楚，对这个市场也容易理解。

期货市场的经济功能是发现价格、套期保值。它既不是间接融资去贷款，也不是直接融资去发股发债，而是靠期货交易中发现的价格和提供的套期保值机会，实现为实体经济服务的功能。期货价格是参与市场的交易者形成的。交易者有两大类，即投机者和套期保值者。但交易者大部分是投机客，他们交易的目的是获取价差收入。期货价格对实体经济服务的功能体现在第三方的使用上，比如并不参与期货交易的农民、商人或企业家，他们依靠这个价格来指导生产经营活动。投机者频繁交易产生的流动性，方便了抱着套期保值目的入场交易的企业进出市场，方便了企业经营管理。期货市场的经济功能和对实体经济的好处似乎既不直观也不直接，社会公众看得模模糊糊，雾里看花，需要转弯抹角才能想清楚、弄明白。

利用期货价格的人或许没有参与期货市场交易，他们并不关心多空双方每天交易头寸的多少，是赚了还是亏了。他们关心的是每日交易者竞价搏杀形成的价格对自己经济活动的有用性。没有参与期货交易的农民，可以利用期货市场发现的粮食远期价格的定价基准功能，方便地和购买粮食的商家谈判，找到一个对双方都公允的粮食买卖合同价。比如黑龙江种植大豆的农民并未参与期货交易，但他们经常利用大连商品交易所的大豆期货价格与上门收购大豆的粮贩子讨价还价。没有参与期货交易的企业，在与贸易商谈判购买合同时，可以根据期货市场发现的价格来确定合同价格。比如上海期货交易所的三个月铜期货价格，经常被中国铜产业链上的企业作为开口合同价的定价基准。有了期货价格，贸易对手方的信任容易建立，商业谈判就顺畅多了，从而润滑了实体经济的运行。

直接参与期货市场套期保值的企业，在进行原材料库存的成本管理时，可以按照生产需要，用很少的保证金（一般 5%）分期分批在期货市场购买商品，以减少不必要的库存资金占用，保障持续生产的原材料供应。这样企业既可以节约资金成本，也可以防范商品现货市场价格波动风险。企业只要在期货市场进行了套期保值，到商品交割的时候，就能够获得交易时锁定的价格，从而稳定生产经营活动。

这些具有公益性的功能主要不是期货市场功能的使用者提供

的，而是期货市场的投机者提供的。他们频繁的投机活动，为与期货市场直接交易无关的商品生产经营者提供了利用期货价格进行经济活动的正向能量，为实体企业提供了套期保值机会。

期货市场的经济社会效益是隐性的。它有点儿像城市里的基础设施，但城市基础设施一般主要是国家投资建设的。期货市场的价格发现和套期保值功能主要是投机者提供的。价格发现依赖的流动性是投机者创造的，套期保值者的机会也是投机者频繁交易的流动性形成的。有一部分投机者可称为“理性的投机者”或“套利者”，他们对市场供求等基本面和技术面的关注，以自有资金参与市场交易，因而交易出较均衡透明的市场价格。当然，投机者主观上没有这么高尚的道德，他们进场交易的目的就是投机赚钱、以小博大，但他们的投机活动客观上为社会提供了一个大家不用付费就能使用的功能。

期货市场对经济社会有用性这种隐性特点，决定了它有利于国民经济的功能难以言说，从而不为社会所理解。因此，对这个市场掰开来揉碎了向社会的宣传、教育和培训就显得非常重要。这些道理是我到期货交易所工作后通过学习和实践逐渐明白的。和这个市场朝夕相处十多年，我有一种想和大家分享这些知识的冲动。因此，愿意通过学校讲台、社会论坛、文章、报刊书籍将期货知识进行普及和大众化。

党的十九大报告提出，加快完善社会主义市场经济体制，增强金融服务实体经济能力，提高直接融资比重，促进多层次资本市场健康发展。这对期货和衍生品市场提出了要求。期货和衍生品市场与资本市场密切相关，促进多层次资本市场发展，提高直接融资比重，需要大力发展期货和衍生品市场与之匹配。美国经验表明，资本市场越发达，对期货和衍生品市场的需求越大。我国资本市场建立近30年，发展迅速，已成为世界第二大股票市场、第三大债券市场和第二大私募市场。尽管如此，资本市场仍然是我国金融体系的短板。资本市场发展还不成熟，包括不成熟的交易者、不完备的交易制度、不完善的市场体系、不适应的监管制度。我们要按照党的十九大报告精神和习近平总书记的要求，推动资本市场再上新台阶。同时，我国期货和衍生品市场的建设与发展落后于资本市场，需要加快发展以更好地适应资本市场、完善资本市场、服务实体经济。

国内外经验告诉我们，建立一个市场不容易。一个期货产品或金融衍生品能否成功，一要靠产品设计是否合适，二要靠产品上市后的宣传、培训、推广工作是否到位，三要靠国家的法规政策支持。期货产品设计需要进行大量的调研活动，要详细了解涉及的市场各方，反映各方诉求，协调平衡各方利益。同时，在向政府部门寻求支持、向监管机构申请产品上市的报告中，要讲清楚拟上市期货产品的经济目的与市场价值。期货交易所作为产品的设计者，要考虑期货产品功能的发挥与市场各方能否有获得利益的机会，投资者的保护，套期保值与投机性之间的平衡，以及监管的要求等。在我国期货市场上，期货交易所为设计上市产品不遗余力，投入了大量资源。它们要对相关产业、行业、投资者等进行全方位的调研，比如要对生产贸易、运输环境、仓储物流、商检海关、中介机构、投资者群体、终端用户、产业政策、监管要求等方面进行大量调研和评估。因此，期货产品能否取得成功的关键在于，事前调研中是否在服务实体经济的前提下，让各方诉求在期货合约中得到合理的协调与平衡。同时，还要对产品的流动性、安全性、功能性进行科学测算、综合评估。设计出产品的雏形后还要向市场各方征求意见，进一步讨论完善。尽管如此，挂牌上市的产品设计得好，仅仅是“万里长征的第一步”。产品要想真正获得成功，还需要大量的后续市场推广，让更多的人参与这个合约的交易，使需要管理风险的企业将其作为常用的工具使用。市场的后续推广无论对期货交易所还是对期货公司来说，都是一项艰苦、漫长的工作。期货市场的潜在参与者在进入市场之前，通常都会先观察市场的流动性，从而自相矛盾地延迟了流动性的创造。这就需要期货交易所在产品上市后进行广泛的、坚持不懈的投资者教育、宣传、培训和推广。从推广的空间看：一是要面向行业、产业客户等终端用户；二是金融机构、投资公司等大型投资者；三是政府部门、监管机构、科研院校、学术团体、行业协会等；四是行业自律组织等，需要对这些群体进行大量的宣传和培训。从推广的时间看，市场的成功取决于经年的宣传、市场营销、销售，以及广泛的朋友和熟人关系网。另外，政府支持与否对产品成功至关重要、意义极大。一个产品成功不是在上市之时，而是在上市若干年之后其功能为实体经济所用。“虽然播下了种子，但庆祝丰收还太早”。市场的培育是一个较长的过程，就如作物撒下种子，需要精心浇灌、辛勤耕耘才能丰收。期货交易所的工作，不是期货合约上市锣声响过就完结了，而是刚踏上成功之路。“新商场刚开业，人气要慢慢养”，“路曼曼其修远兮”。比如我们刚刚上市的原油期货，不经过 5 至 10 年或者更长时间的努力，很难说功能就可以充分发挥出来。美国“债券期货之父”理查德 · 桑德尔（Richard Sandor）说，他们在推广二氧化碳排放权期货时，仅 2004 年，芝加哥气候交易所就在美国国会听证会和其他活动上演讲了 27 次。诺贝尔经济学奖得主罗纳德 · 科斯（Ronald H.

Coase）说："建立新市场的重要成本就是要说服潜在的受益人和监管者认可新市场提供的经济功能。"同许多新发明一样，那些受益于现状的人并不会一下子接受新产品。新的金融市场需要推广，它不会被主动接纳，它并不像iPhone手机的升级版一样万众期待。桑德尔说，他过去40年从期货市场的经历中获得的最宝贵的经验教训之一就是，"新的市场需要被销售出去，而非被购买进来，教育培训和市场营销发挥至少一半的作用"。[①]

记得我刚去上海工作时，当时的证监会主席周小川来上海期货交易所调研，他支持我们抓紧开展两项工作：一是抓紧研发股票指数期货，尽快能够上市；二是加快石油期货产品开发上市步伐。为此，上海期货交易所组织和发动社会力量，宣传动员各方共同来促进这两项工作的完成。我们积极向国务院研究室、国务院发展研究中心等政策研究部门汇报工作，争取支持，与中国社会科学院、清华大学等科研机构、大专院校合作，主动联系金融机构、石油企业推动相关课题的深入研究。每年办好几次国际性衍生品论坛，让境外大的期货交易所、金融机构和套期保值企业到中国介绍并演讲，以促进社会各方对期货市场的正确认识，并讨论了关于股指期货、石油期货对深化改革开放重要性的许多问题。为了推进期货市场的研究和宣传工作，从2003年开始，上海期货交易所办了两件事。一是办了一份杂志，叫《期货与金融衍生品》，虽然是内刊，但投稿是开放的，绝大部分刊登的稿件都是外稿，有一定的学术性，主要是想通过这个平台聚集期货和衍生品市场的研究力量，同时扩大宣传面。二是出版"期货与金融衍生品系列丛书"，比较深入系统

① （美）理查德·桑德尔著，陈晗、宾晖译，《衍生品不是坏孩子——金融期货和环境创新的传奇》序言部分，东方出版社，2013年9月。

地介绍期货和衍生品知识。这两件事进行了十多年，在宣传期货市场、传播期货知识方面起到了积极作用。比如在国内金融圈里有一定影响的《逃向期货》一书，就列入了“期货与金融衍生品系列丛书”计划。2002年，在我征得作者利奥·梅拉梅德先生同意后，这本书由我在上海期货交易所的杨柯、陈晗、张晓刚三位同事翻译出版的。

因此，一个市场的成功，宣传培训非常重要。出版本书的作用，和我过去在期货交易所工作时的想法差不多，就是想让全社会对期货市场的了解多一点，误解少一点，印象好一点，这样我国期货市场的发展就会快一点，金融对实体经济的服务功能就全面一点。此书不是一部纯学术著作，尽管也涉及一些学术问题。我仅仅是想尽量使用通俗易懂、接地气的语言，讲述期货和衍生品市场的故事。20世纪80年代初，我进入经济日报社当记者，6年多的记者生涯让我始终牢记老报人告诫我们年轻记者的一句话：“一个好记者要会把专家学者的语言大众化地表达出来，从而达到普及各类专业知识的目的。”我在中国人民银行、证监会以及期货交易所等机构从事金融发展和金融监管工作30年，具备了一定的金融专业背景，因此想利用自己跨界的特点，力求把本书写得让行业外人士读得进去、看得下去，只有这样，社会宣传的效果才会好。不知道能不能达到此效果，只有留待读者来评说了。

本书主要想表达三个意思。一是期货和衍生品市场是改革开放后我国金融市场上的新生事物，是舶来品，请大家对这个市场多包容、多理解。它萌芽很早，可以上溯到2000多年前的古希腊。同时，它是近代市场经济的产物，现代意义上的期货市场最早出现在美国和英国。100多年前美国、英国出现期货市场交易后，期货交易所对促进西方实体经济发展，促使英、美崛起为经济强国，并顺势而为建立起大宗商品定价中心的地位，立下了汗马功劳。以期货交易所为核心的大宗商品期货交易形成的定价中心和定价权是国家的一种软实力，中国作为经济大国是需要的。改革开放，我们从西方引进期货市场近 30 年来，根据我国国情进行了不同程度的改造和创新，促进了我国实体经济的发展和金融市场的完善，有利于我国的整体发展战略。二是应该借鉴美国等国家发展期货和衍生品市场的经验，兴利除弊，加快我国期货和衍生品市场的发展及法治化、国际化建设。抓住有利时机，利用我国改革开放形成的综合经济国力，建立以本土期货交易所为主的国际化大宗商品定价中心，形成大宗商品国际贸易的定价基准，参与国际市场相关规则制度的制定，尽快形成自己的软实力。三是期货和衍生品市场是一个高效率、高风险的市场，既可以管理风险，也可能酿造风险。其“双刃剑”的特征，要求我们必须做好市场监管和风险管理工作。国际经验和我国多年来监管实践提供的经验与规律性的东西，使我们提前发现风险、化解风险的能力不断提高。这种能力的前提是，必须做到监管制度落到实处，监管责任落到人头。牢牢守住不发生系统性金融风险的底线。

说了这么多，无非一个目的，就是想通过古今中外期货期权故事的纵横捭阖、夹叙夹议的安排，让枯燥乏味、艰涩难懂的期货和衍生品概念、理论及相关行为、事件变得有趣些，让读者能够看下去，更多地留住阅读兴趣，更好地理解期货和衍生品市场。因此，本书的逻辑性和学术完整性就不是我考虑的主要问题了，请带着学术性需求来阅读的读者谅解，也请对书中逻辑性存疑的读者提出批评。

歌德说："有些书写出来似乎不是为了给我们什么教益，而只不过是要我们知道作者所知道的一些事情罢了。"但愿本书不是这样。

2018 年 6 月 18 日

（戊戌年端午节）

第一章

六个故事：衍生品的过去和现在

那是2017年的一个周末，我看了一部美国电影《大空头》。这部电影是根据美国畅销书作家迈克尔·刘易斯（Michael Lewis）的同名纪实图书改编的，电影艺术化地再现了美国2007年那场次级贷款危机。电影不如图书叙述具体。书里对次级抵押贷款债券及其衍生品的起源、发展直至演变为金融危机和背后的微观活动，以及金融衍生品市场上那些惊心动魄的真实交易活动进行了翔实的描写，读来感同身受。次贷危机已经过去10年，媒体文章有不少“为了忘却的纪念”。许多观点认为，正是次贷危机导致2008年国际金融危机的最终形成。由于以次级贷款为基础的场外金融衍生品是2008年9月15日压垮雷曼兄弟公司的“最后一根稻草”，“金融衍生品”这个词开始在世界许多媒体上频频曝光。不少人认为金融衍生品是导致2008年国际金融危机的罪魁祸首，对金融衍生品谈虎色变。其实，观察中外经济金融历史，衍生品仅仅是一个财务管理工具，用美国芝加哥商业交易所集团终身荣誉主席利奥·梅拉梅德的话说，它仅仅是“金融市场上一个提前报信的信使”。它早就存在于古希腊社会经济生活中，它在从古到今的经济社会生活中正负两方面的作用都有。有经济学家把衍生品比作“双刃剑”，使用得当会促进实体经济发展，使用不当会破坏经济秩序和发展。

赌气之举：泰利斯期权

这是一个古代商品期权交易的故事。

不知去过希腊旅游的人是否还记得沿途大片大片起伏的橄榄树林？是否知道这些林子里掩藏的衍生品故事？古希腊哲学家亚里士多德在其《政治学》里讲述了2000多年前发生在这片橄榄林中的一个故事。[①] 大概意思是，古希腊哲学家泰利斯受不了人们对哲学家只能空谈不能经商赚钱的嘲笑，愤而赌气利用自己的星相学知识创新金融产品赚钱。话说泰利斯通过观察星相，预测到来年夏天气候有利于橄榄生长，可能会有好收成，从而市面上会出现橄榄榨油机供应紧缺的情况。到时候，如果榨油机紧缺，谁有榨油机，谁就可以待价而沽。但拥有榨油机的使用权和拥有榨油机本身不是一回事，拥有一段时间的榨油机使用权成本低而且更加灵活。于是，泰利斯打算储备榨油机使用权而不是榨油机。前者是一份权利，后者是一项资产，这项权利是从榨油机资产上衍生出来的。他先悄悄地分别和那些愿意卖出榨油机使用权的人家签合同，用自己很少的一点儿闲钱把这些榨油机的使用权买了下来，储备起来。来年夏天，橄榄果然丰收，市场突然产生了对榨油机的大量需求，榨油机供应紧缺，泰利斯乘机把榨油机的使用权卖掉，获得了比他购买时付出的钱多得多的收入。这就是最古老的期权。请注意，他在之前买入和在橄榄丰收后卖出的都不是榨油机，而是榨油机的使用权，榨油机仅仅是他买卖使用权利的标的物。他这个买卖虽然最终以获利丰

① （古希腊）亚里士多德著，《政治学》第35页，商务印书馆，2009年。

厚收场，但也是有风险的。如果他的预测判断失误，那他就会遭受损失，但由于买的是榨油机使用权，价格比榨油机低很多，这个风险是可以承受的。

泰利斯的赌气之举无意中搞出了一个“金融创新”，一不小心竟成了“期权”这个金融衍生品的开山鼻祖。研究历史的人还有其他说法①，这里存而不论。梳理泰利斯的期权买卖，可以看出有这样几层关系。一是泰利斯有一个交易对手，交易的仅仅是榨油机这项资产在未来一段时间之内的使用权，这项权利是从榨油机这项资产衍生而来的。这个交易对手并没有把榨油机卖给他，泰利斯仅购买了榨油机的使用权。二是这个交易对手的看法和泰利斯相反或者是风险的厌恶者，所以愿意收他一笔钱而出让榨油机的使用权，不愿承担可能发生的风险（比如没有人使用榨油机）。这如银行储蓄的存款人一样，他们不愿意承担自己放款的风险，把多余的资金存入银行收取稳定的利息，转移了自己放款面临的风险，同时让渡了可能获得更多收益的机会。三是这笔交易对泰利斯是有风险的，但风险是可以承受的。如果他看错了，橄榄没有丰收，使用榨油机的人不多，他可以放弃榨油机的使用权，由于付出的权利金很小，损失也不大。四是如果泰利斯预测正确，他可以把之前买来的榨油机使用权以较高的价格卖掉而获利，而榨油机的拥有者由于事前已经把榨油机的使用权卖掉了，从而失去了一个可以赚更多钱的机会。五是泰利斯既是榨油机使用权的买家又是使用权的卖家，他是为卖而

① 也有一种说法认为期权最早的雏形出现在《圣经》中。《圣经·创世记》第29章讲述雅各布用为拉班工作7年换取迎娶他女儿的权利。这是一种期权。还有一种说法是5000多年前的印度就有了期货。另一种说法是3000多年前两河流域的苏美尔人承诺用未来收获的一部分农产品来换取现时的白银。现代交易者把它称为“远期”。

买，不是自己需要，而是投机需要，低买高卖，从中渔利。六是交易是在两个人之间进行的，“一对一”的关系明确，谁是对手非常清楚。七是客观上方便了当时的农业和商业活动，有利于促进实体经济发展，尽管这不是泰利斯创造期权的目的。泰利斯期权的运用，实现了多赢：“一赢”是他利用期权实现了自己赚钱的目的；“二赢”是从他手上购买榨油机使用权的买家满足了自己对榨油机的需要，保证了自己的生产计划能够完成；“三赢”是榨油机的拥有者转移了风险并盘活了资产。这样的买卖有利于三方，顺畅了实体经济活动。另外，题外的话就是泰利斯不仅赚钱了，还赚回了面子，堵住了那些说哲学家“光说不练”的人的嘴。

期权是金融衍生品大家族中的一类。许多现代经济学家把泰利斯买卖榨油机使用权利这种交易活动称为期权交易，把泰利斯奉为期权交易的鼻祖，并抽象和概括出期权概念：在未来预定的时间内，按照某一特定价格，买进该资产或卖出该资产的权利。泰利斯就是在未来预定的时间内，买进了使用榨油机这项资产的权利，后来又加价卖出了该权利。交易对手之间为购买榨油机使用权付出的费用叫作“权利金”。在期权交易里，权利和义务是分离的。期权的买入者拥有的是一项权利而不是一项义务。期权到期如不行权，即过期作废。这种不在交易所里进行的，知道自己交易对手是谁的“一对一”期权交易叫作场外期权交易。泰利斯这个看似投机的买卖，促进了古希腊经济活动的活跃，有利于经济发展。现代期权与这个故事中的期权相比已有很多变化，最大的变化是古希腊时期的期权流动性很低、交易成本很高，因为那时候获取信息的手段和方式不如现在。

其实，我们日常生活中“期权”交易的例子还是很多的，只不过人们没有把它们叫作期权而已。比如，许多人购买体育彩票和福利彩票，用很少的钱购买了一个可能中奖的权利。他们的购买费就是一个权利金，因为购买费低廉，购买人刮开一看没中奖，随手就把彩票扔了。这也是一个在交易所外买卖彩票的人之间进行的一个场外期权交易。又比如，我们乘飞机旅行，购买的保险就是和保险公司的一笔“一对一”的期权交易。你购买的保险是飞机失事后保险公司给你赔偿的一个权利，这个权利是一个场外期权。而你付出的保险费就是权利金（英文 premium，与“保费”是同一个词）。在你平安到达目的地后，你付出的权利金就被保险公司赚了。用负面语言说，就是保险公司和你在“赌”航空公司的飞行安全。飞行不安全，保险公司按照远远高于你的权利金的钱给你赔偿；飞行安全，保险公司收走你的权利金。当然，保险公司设计这个期权产品时要进行包括飞行安全概率等一系列复杂的计算，所以保险公司要养许多精算师。这和古希腊的泰利斯“期权”一样，要对未来进行科学的预测和计算。

泰利斯“期权”、彩票或者保险，以及在商业银行和投资银行柜台交易的金融期权都是经济学家所称的场外期权，它是一种非标准化的协议或合约。这类期权产品多样、方式灵活，能够较好地满足金融机构和一些投资者的个性化需求。目前，国际上一些金融机构设计和买卖大量的场外期权。在我国的银行间市场，商业银行、证券公司、期货公司柜台也有场外期权交易。

和场外期权对应的还有一类在交易所交易的期权叫作场内期权。它是一种标准化的期权合约，由交易所设计，在交易所内进行统一集中竞价交易，实行中央对手方清算（CCP）制度等。场内期权按基础资产划分，可以分为商品类，包括农产品、能源、贵金属、贱金属、商品指数；金融类，包括股票、股票指数、利率、外汇等。目前，国际上一些交易所设计和上市交易了大量的场内期权，比如芝加哥商业交易所集团交易的利率期权、汇率期权、能源期权、农产品期权，芝加哥期权交易所（CBOE）交易的股票期权、股票指数期权、ETF 期权等。我国在三年前也上市了场内期权：2015 年 2 月在上海证券交易所上市的上证 50ETF 期权，2017 年上半年在大连商品交易所和郑州商品交易所分别上市的豆粕期货期权和白糖期货期权。目前，全球已经有 50 余家交易所上市场内期权产品。

世界银行等国际组织也在鼓励利用期权为实体经济服务。为保障农民的收入稳定，美国、欧盟、日本、巴西以及墨西哥政府都在和交易所、银行、保险公司以及期货公司合作，设计农产品期权来保护农民的利益。一些国家为了规避世界贸易组织（WTO）对农业补贴的“黄箱政策”[①]限制，纷纷利用包括期权在内的金融工具进行“绿箱政策”[②]补贴。目前，我国对这方面还没有太重视，国际经验值得我们借鉴。

关于期权的法律保障，鉴于我国还没有期货期权的专门法律，只在国务院行政法规《期货条例》中对场内期权做了很粗略的规定，而场外期权的规定主要体现在中国人民银行和原银监会的规章

① 根据 WTO《农业协议》，将那些对生产和贸易产生扭曲作用的政策称为“黄箱政策”措施，要求成员方必须进行削减。“黄箱政策”措施主要包括：价格补贴，营销贷款，面积补贴，牲畜数量补贴，种子、肥料、灌溉等投入补贴，部分有补贴的贷款项目等。

② WTO《农业协议》规定：政府在执行某项农业计划时，其费用由纳税人负担而不是从消费者转移而来，没有或仅有最微小的贸易扭曲作用，对生产的影响很小的支持措施，以及不具有给生产者提供价格支持作用的补贴措施，均被认为是“绿箱政策”措施，属于该类措施的补贴被认为是绿色补贴，可免除削减义务。

和规范性文件中。2012 年版的《期货条例》对场内期权合约的定义是“期货交易所统一制定的、规定买方有权在将来某一时间以特定价格买入或者卖出约定标的物（包括期货合约）的标准化合约”。期权可以分为看涨期权（call option）和看跌期权（put option）。看涨期权是指买方有权在将来特定时间以特定价格买入约定数量标的物的期权合约；看跌期权是指买方有权在将来特定时间以特定价格卖出约定数量标的物的期权合约。在期权交易中，买方是权利方，拥有履约选择权，而卖方是义务方，必须履行期权合约规定的义务。期权买卖双方的权利和义务是不对等的，这和权利与义务对等的期货不一样。期权合约一般包括四个要素：一是权利金，是指期权买方为了获得权利支付给卖方的费用，即期权的价格；二是到期日，是指买方可以行使权利的有效期限；三是标的资产，是指期权买方在未来特定时间有权买入或卖出的资产；四是行权价，是指买方有权在行权时买入或卖出标的资产的价格。

只攻不防：“深南电”期权亏损

这是一个交易现代场外商品期权的故事。

泰利斯用自己的知识和智慧，在古代期权交易中完胜。但是期权交易是有风险的，从古到今完败的个人和机构不乏其人。2008 年金融危机那段时间里，我国一些企业从事场外衍生品交易亏损的消息频频传来，一时成为国内许多财经媒体的热点新闻。其中比较典型的一例是，上市公司深圳南山热电股份有限公司（以下简称“深南电”）在场外期权交易中造成的亏损。这家中国的小公司和美国的大投行高盛做交易对手，进行了以原油期货为标的的场外期权交易。当时许多财经媒体报道说，“深南电”和高盛子公司新加坡杰瑞公司在交易“期权”时，因风险控制不当，在不到一年的时间内亏损额超过 800 万美元，临近履约，“深南电”声明受骗，想毁约，于是两家公司对簿公堂。事件发生后，市场上对此事议论纷纷。高盛的有关高管为此纠纷到我国相关部门进行解释和沟通，他们也到了证监会我的办公室，说明这次期权交易违约事件始末，并声称他们是完全按照法律和协议办事，合法合规，无可指责。我同意他们的说法，但我也说，从文件上看没有违法违规，但这好像是一个大学生设计好游戏规则，让幼儿园的小朋友和自己玩游戏，小朋友输了，然后哭了，大学生则说自己没错。当然“深南电”也是存在问题的，不仅仅是如媒体说的那样因完全无知而上当受骗。事后看来，类似于“深南电”的一些公司，其赌博投机心理严重也是它们和国际投行达成协议的重要原因。高盛兜售的产品不好，而“深南电”也并非“无知”的小朋友，只是赌博心理蒙蔽了认知。我看了“深南电”和高盛杰瑞签订的这个“期权”确认书及相关文件。用业内的话说，这是一份以纽约商业交易所（NYMEX）上市的西得克萨斯中间基原油期货（WTI）为标的物的场外期权交易协议。这个协议的有效期是从 2008 年 3 月 3 日到 2018 年 12 月 31 日，主要内容包括：第一，当纽约商业交易所当月 WTI 原油期货合约浮动价高于 63 美元 / 桶时，“深南电”可获得“20 万桶 ×1.5 美元 / 桶”的收益，合计 30 万美元；第二，当浮动价在 62~63 美元时，“深南电”可获得“（浮动价 – 62 美元 / 桶）×20 万桶”的收益；第三，当浮动价低于 62 美元 / 桶时，“深南电”需向高盛杰瑞支付“（62 美元 / 桶—浮动价）×40 万桶”等额的美元。这实质上是一份对赌协议，赌原油期货价格未来的运行区间（见图 1–1）。

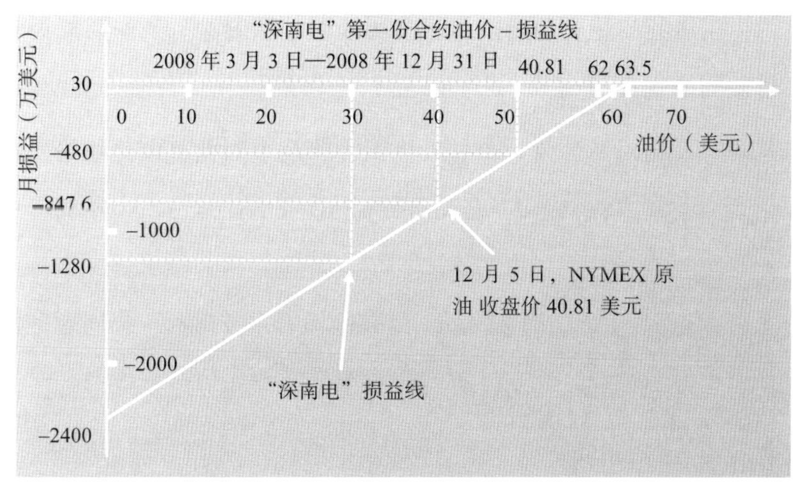

图 1–1 "深南电"期权合约盈亏分析

我们看一下这个场外期权有效期内纽约商业交易所 WTI 原油期货价格的情况（见图 1–2）。在 2008 年 3 月 3 日签合同时，油价是 102 美元 / 桶，4 个月后油价超过 140 美元 / 桶。而且，投行的分析报告预测油价还会往上涨。这个时段"深南电"赚钱了，但高兴劲儿还没过，油价很快开始下跌。尤其在 2008 年 9 月 15 日雷曼破产的消息公布后，油价狂跌不止。到 2008 年 11 月，油价跌倒 62 美元 / 桶以下，"深南电"开始亏钱了。2008 年 12 月底，原油价格已经跌到 40 美元 / 桶以下，按照双方协议的约定计算，"深南电"亏损 800 多万美元。也就是说，"深南电"购买的这个期权，没有实现"套期保值"。"深南电"和高盛杰瑞在场外进行期权交易时，没有考虑原油期货价格跌了如何管理风险敞口，实际上类似于赌博。如果"深南电"像高盛一样"两边下注"，即在做场外市场期权交易的同时，在场内市场即纽约商业交易所做一个对冲交易，就可以把原油期货价格下跌的风险锁住或对冲了。但"深南电"没有做，因而出了问题。而高盛做了，在 WTI 原油期货价格朝不利于它的方向上涨时，它在纽约商业交易所进行了与买入的“深南电”场外期权头寸相对冲的原油期货交易，对冲了油价上涨的风险。当油价下跌时，高盛获得了比“深南电”在油价上涨时的获益多得多的收益。

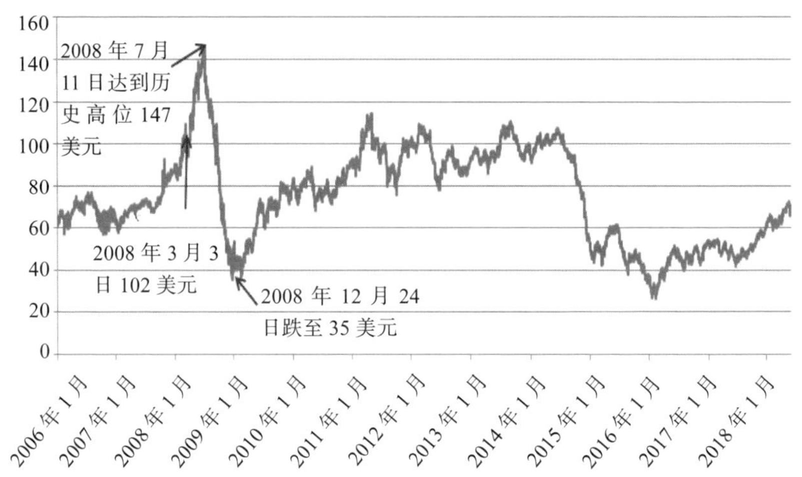

图 1–2 “深南电”场外期权交易——WTI 原油期货价格变动情况

数据来源：Wind 资讯。

从 20 世纪 80 年代开始，美国的投资银行、商业银行就充分利用金融衍生品这一工具，向国际进军，依靠它们的风险管理技术、知识经验优势，和包括中国在内的许多新兴市场国家玩“大学生和小朋友的游戏”。它们在场内和场外两个市场上翻云覆雨，横扫千军如卷席，始终立于不败之地。

高盛的成功和“深南电”的失败说明，要有效地管理好市场风险，应该同时利用好场内和场外衍生品市场。衍生品市场由场内、场外两个市场构成，二者是一个有机的整体。我们的贸易企业、生产企业、金融机构在进行经济金融活动时，面对市场价格波动风险，需要熟练地利用场内、场外两个市场进行相应的风险管理。高盛是国际上鼎鼎有名的大投行，它在场外和“深南电”交易期权的同时，在期货市场建立了对冲头寸，进行了套期保值，它在原油期货价格上涨时输给“深南电”的钱，能够在期货交易所对冲交易的盈利中找补回来，可谓“失之东隅，收之桑榆”。市场经济中，企业的经营活动要依靠市场工具管理风险。我国一些类似“深南电”的企业在衍生品交易中出现亏损，主要是因为这些企业不清楚如何利用这个工具。“深南电”仅仅做了一个场外期权交易，单方向赌原油期货价格会上涨，但对原油期货价格下跌暴露的风险，既没有去期货市场套期保值，也没有在场外进行其他交易对冲掉风险，从而输的钱找不到地方弥补。玩这种没有防范，只攻不守，只看到前面的利益，不知道后面潜伏的危险的游戏，真可谓“螳螂捕蝉，黄雀在后”矣！

这个故事说明了两个事实。第一，“深南电”跟高盛杰瑞交易的衍生品是场外衍生品。第二，“深南电”亏损的原因有两个：一是它没有这方面的人才，这是最根本的；二是它只防范了单边风险，存在赌博投机心理，吃了“只攻不防”的亏，即只管理了价格上涨的风险，对价格下跌的风险没有进行管理。高盛“两边下注”进行了套期保值，同时管理好了价格上涨和价格下跌的双边风险。“深南电”如果与高盛一样，在场外市场和场内市场两边下注，就能把原油期货价格涨跌的风险管理好。

在衍生品交易过程中，控制风险是交易者一项非常重要的内容。“深南电”单边持仓的操作实际上是一种投机交易，它以侥幸心理和高盛对赌原油价格会单边上涨。“深南电”为赌原油价格上涨，不惜以价格下跌时更大的亏损为代价进行交易，这不仅是侥幸心理、赌博心理，也体现了公司内部控制机制的缺失。赌上涨只要买看涨期权就可以，而“深南电”又不愿支付权利金，因此相当于又卖出了一个看跌期权，从而招致风险。即便如此，若能通过期货市场交易及时对冲价格下跌的风险，也不会遭到巨大损失。在2008年金融危机期间，美国一些交易者在衍生品市场上过度投机，过度交易了场外期权等衍生品，引发了波及全球的金融海啸。这场海啸的巨浪从太平洋东岸的美国涌到了太平洋西岸的中国，“深南电”等一批中国企业在衍生品市场上的试水者，也被巨浪拍得晕头转向，鼻青脸肿。

狡兔三窟：胜算在期货

这是一个商品期货交易的故事。

2008年金融海啸中，也有一批在衍生品市场交易的中国企业成功地躲过了巨浪，成为衍生品市场上的胜利者。和“深南电”不同的是，它们的交易场所不在场外市场，而是在期货交易所市场。期货市场从19世纪中期在英、美发端以来，直到20世纪90年代以前，一直是国际衍生品市场的主要形式。[①] 全球范围内，以美国芝加哥期货市场的影响力为最。我国从20世纪90年代初开始进行期货交易试点，主要学习的就是美国模式，陆续在全国建立了一批期货交易所。经过试点探索、清理整顿、规范发展和创新发展几个阶段，现有的4家期货交易所在价格发现、套期保值、风险管理等方面为企业提供了越来越多的服务。

有色金属行业是我国参与期货市场最早的企业群体，是中国第一批“吃螃蟹者”。目前有色金属行业95%以上的企业都在积极利

① 阿尔弗雷德·施泰因赫尔著，陈晗、张晓刚译，《金融野兽：金融衍生品的发展与监管》，远东出版社，2003年8月。

用期货市场功能进行贸易谈判，组织生产经营活动。地处青海的有色金属企业西部矿业股份有限公司（以下简称“西部矿业”），是我国一家规模较大、以有色金属采掘和加工为主的上市公司。这家公司从20世纪90年代开始就利用期货市场管理风险，进行套期保值。“西部矿业”在伦敦金属交易所（LME）和上海期货交易所两地做期货套期保值交易，管理它在国际市场购买原材料和国内市场销售产成品面临的价格波动风险。要进口原材料比如铜精矿时，它提前在伦敦期货市场买入相关有色金属的期货合约，做买多的套期保值，锁定购买成本；要卖出产成品比如阴极铜时，它提前在上海期货市场卖出相关有色金属的期货合约，做卖空的套期保值，锁定销售利润。“西部矿业”利用伦敦、上海期货市场进行定价、套期保值，保证了公司经营计划的实现。2008年金融危机时，许多对冲基金大量抛出持有的铜、铝等期货头寸，市场对有色金属的需求量下降，现货库存上升，价格大幅下跌。从9月15日雷曼破产开始，以铜为标志的有色金属价格跌得非常快。9月、10月两个月，国际国内市场铜价下跌了约45%。而由于“西部矿业”在伦敦和上海两地期货市场进行了套期保值，对冲了现货价格下跌风险，稳定地实现了目标经营利润。“西部矿业”在有色金属价格大跌前早已做空卖出期货，并用期货市场平仓得到的利润弥补了在现货市场跌价造成的亏损。这一年，它在恶劣的市场环境下实现了5.7亿元的净利润，其中主要原因是通过期货交易直接降低了原材料成本，从而提高了产品毛利润和公司净利润，有效抵御了市场价格波动风险。同时，这一年里，“西部矿业”收购了天津的一家公司，刚重组完成的公司还来不及建立与母公司一致的风险管理模式，没有利用期货市场对冲现货跌价风险，结果危机中眼看着价格一天天往下掉，最后库存减值损失 3 亿元，直接导致公司亏损。母子公司两种经营模式，没有利用期货市场的子公司，在市场价格波动的风浪里被动受损，而母公司利用期货市场主动管理风险，实现了目标利润。二者巨大的反差说明了期货对企业的市场风险管理非常重要。“狡兔三窟”，利用期货市场是“西部矿业”的胜算，它在国际国内期货现货多方结合的经营方式，帮助它成功躲避了金融海啸的巨浪。

期货是衍生品类型中的一种。前面讲到了期权，那么期货在经济学上是怎么解释的呢？我翻了多本经济金融词典及教科书都没有找到，包括权威的《新帕尔格雷夫经济学大辞典》、保罗·萨缪尔森（Paul A.Samuelson）的《经济学》等。这些书里只有对“期货合约”或“期货交易”的解释。一些国家的法律法规对期货合约和期货交易做了规定。在中国的《期货条例》里，“期货合约”是这样定义的：“期货合约是期货交易所统一制定的、规定在将来某一特定的时间和地点交割一定数量标的物的标准化合约。期货合约包括商品期货合约和金融期货合约及其他期货合约。”

举两个期货合约的例子。一个是商品期货合约。如上海期货交易所挂牌交易的铜期货合约为：标的物叫阴极铜，交易单位为 5 吨 / 手，报价单位为元（人民币）/ 吨，每日价格最大波幅限制为不超过上一交易日结算价的 ±3%，最后交易日为合约交割月份的 15 日（见表 1–1）。另外，再加上交易时间以及交割月份、交割日期、交割品级、交割地点、交割方式、最低保证金等，这些元素一起构成了期货合约的内容。目前，上海期货交易所的铜期货交易量比较大，其定价能力在国内外都有一定的影响力。在国内，上海铜期货价格已经成为国内有色金属贸易的“定价基准”，行业内许多企业利用这个“基准价格”进行点价贸易，使贸易谈判变得顺畅，节约了交易成本。在国际上，上海铜期货价格也成为一些有色金属矿产出口国关注的重要参考价。另一个是金融期货合约。目前中国金融期货交易所挂牌交易的金融期货有沪深 300、上证 50、中证 500 股指期货和 5 年期、10 年期国债期货 5 个金融期货合约。以沪深 300 股指期货为例，这个产品有别于商品期货的是，它的标的物是股票指数而不是具体的商品，是由在上海证券交易所和深圳证券交易所上市的 300 只股票通过科学的编制方法形成的一篮子股票指数（见表 1–2）。中国金融期货交易所把这个指数作为基础资产，设计了股指期货合约。其产品特征如下：期货合约的标的是沪深 300 指数，合约乘数是每点 300 元，报价单位是指数点，每日价格波动最大限制是上一个交易日结算价的 ±10%，以及最低 8% 的保证金等。合约到期采用现金交割，这与商品期货的实物交割完全不同。现金交割是 20 世纪 80 年代美国芝加哥商业交易所的一项金融创新，是对过去商品期货必须依赖实物交割的一大突破。有“金融期货之父”之称的梅拉梅德，每每与别人说起它，对芝加哥商业交易所的这一创新成果很是自豪。

表 1–1　上海期货交易所阴极铜期货合约

交易品种	阴极铜
交易单位	5 吨 / 手
报价单位	元（人民币）/ 吨
最小变动价位	10 元 / 吨
每日价格最大波动限制	不超过上一交易日结算价的 ±3%
合约交割月份	1 ~ 12 月
交易时间	上午 9:00~11:30，下午 13:30~15:00，以及交易所规定的其他交易时间

（续表）

最后交易日	合约交割月份的15日（遇法定假日顺延）
交割日期	最后交易日后连续5个工作日
交割品级	标准品：阴极铜，符合国标GB/T467–2010中1号标准铜(Cu–CATH–2)规定，其中主成分铜加银含量不低于99.95% 替代品：阴极铜，符合国标GB/T467–2010中A级铜(Cu–CATH–1)规定；或符合BS EN 1978:1998中A级铜(Cu–CATH–1)规定
交割地点	交易所指定交割仓库
最低交易保证金	合约价值的5%
交割方式	实物交割
交易代码	CU
上市交易所	上海期货交易所

资料来源：上海期货交易所。

表1–2　中国金融期货交易所沪深300股指期货合约

合约标的	沪深300指数
合约乘数	每点300元
报价单位	指数点
最小变动价位	0.2点
合约月份	当月、下月及随后两个季月
交易时间	上午9:30~11:30，下午13:00~15:00
每日价格最大波动限制	上一个交易日结算价的±10%
最低交易保证金	合约价值的8%
最后交易日	合约到期月份的第三个周五，遇国家法定假日顺延
交割日期	同最后交易日
交割方式	现金交割

（续表）

交易代码	IF
上市交易所	中国金融期货交易所

资料来源：中国金融期货交易所。

总结下来，期货交易是在期货交易所内进行的标准化合约交易。因为期货合约简单、清晰，易于监管，业界喜欢称它为“最基础、最简单”的衍生品。

对西方发达国家100多年期货市场实践的考察发现，期货市场是商人们自发地组织进行集中交易的场所。抽象地说，期货市场是市场参与者在交易所内集中竞价交易实物商品或金融商品远期标准化合约的场所，是利用保证金制度高杠杆率，高流动性、双向交易的高风险市场，具有集中清算和担保履约的中央对手方清算机制，是发现价格和管理风险的场所，是一个有着政府监管和自律组织监管的双重监管制度安排的市场。

1．从产生背景看：期货市场是市场经济国家在工业化过程中顺应实体经济需要而自发形成的，先有发达的现货市场，后有期货市场。从英、美等市场经济历史比较悠久的国家情况看，都是在现货市场较为发达的基础上，开展现货的远期交易，在此基础上进一步开展现货的远期标准化合约交易，即期货交易。

2．从交易机制看：期货市场是在固定的交易场所内交易标准化合约（产品），实行集合竞价（竞争性价格）、保证金制度（杠杆性）、双向交易（流动性）、集中统一清算和履约担保的中央对手方清算制度（交易所信用和风险管理）等。

3．从经济功能看：期货市场的主要功能是发现价格和管理风险。因此，为保障价格发现功能的发挥，就必须确保期货市场发现的价格可以反映真实的市场价格，价格没有被人为操纵而扭曲；为保障风险管理的需求者方便地利用期货市场套期保值，就需要较好的流动性，提高市场运行效率，降低参与者的成本。

4. 从实现功能的保障看：如果期货市场被操纵，它的功能就会丧失。国外期货市场的发展经验证明，要保障功能的实现，为实体经济服务，就必须将政府监管和交易所自律监管结合起来。期货市场的交易者主要由两部分组成：一是投机者（包括套利者），二是套期保值者。双方通过期货交易进行博弈。前者的目的是获取风险收益，是杠杆交易的逐利者，他们进行大量而频繁的交易，既是在价格波动中博取风险收益的交易者，也是价格风险的承受者。他们的交易频率高，为市场提供了流动性，承担了市场风险，有利于市场效率的提高，有利于套期保值者等商业用户的进入。后者是风险管理者，是利用流动性进行套期保值的商业用户，较好的流动性能够方便他们进出市场进行套期保值，转移风险，满足风险管理的需要。因此，为保障期货市场功能的实现，就需要在期货交易所层面和政府层面有明确的监管要求与持续的监管行动。一是通过监管防范投机者利用各种方式对市场进行操纵，扭曲价格导致价格发现功能受损。二是通过监管杠杆性、流动性和波动性等市场风险，以防止市场崩溃的系统性风险和经济功能的丧失。三是通过监管，保护各方参与者的合法权益，使市场的“公平、公正、公开”原则得以落实，将市场风险降到最低，以提高市场的效率和有效性。

套保投机：“株冶事件”之教训

这是一个投机商品期货失败的故事。

前面说过，衍生品中用实物商品比如铜、原油等作为标的物的标准化合约，金融界称此类衍生品为商品期货。

别只说“期货”能够管理风险，其实，运用不好也会酿成风险。与前面提到的“西部矿业”一样，同样是有色金属企业的湖南株洲冶炼厂（以下简称“株冶”），20多年前在伦敦金属交易所进行的期货交易中，把套期保值变成了投机交易，引发了巨大的风险，这件事让期货在中国臭了好些日子，使期货市场发展停顿了好多年。1997年的株洲冶炼厂，也就是如今的株洲冶炼集团，是当时中国最大的铅锌生产和出口基地之一，在日常生产、经营方面均堪称国内有色金属行业的佼佼者。“株冶”生产的“火炬牌”锌是我国第一个在伦敦金属交易所注册的品牌，该厂在伦敦金属交易所进行期货交易，目的是套期保值。“株冶”是锌的生产商，为了防止将来销售时锌价下跌，进行了空头（卖出）套期保值。根据套期保值原理，套期保值所需要的期货合约的数量是根据投资者将来交易的现货量的多少来确定的。对于空头套期保值来说，即使进行完全套期保值，所卖空的期货合约也只能与企业所持有的现货或者将来会持有的现货的数量相当。一旦超过这个数额，就需要承担额外的头寸风险，套期保值就变成了投机。1997年，在国际期货市场上已从事两年多交易的“株冶”交易人员，在伦敦金属交易所越权进行交易，大量卖空锌期货合约，其头寸远超既定期货交易方案，被境外对冲基金盯住并进行逼仓。事情暴露时，“株冶”在伦敦金属交易所已卖出45万吨锌，而当时“株冶”锌的年产量仅为30万吨，所持空头头寸远远超过所持有的现货量，这也就是境外机构敢于放手逼仓的根本原因。事发后，“株冶”通过种种办法组织货源以应付“巨量交割”，无奈抛售头寸太大，最后只好以高价买入部分合约平仓了结。由于从1997年初开始的半年里，多头推高伦敦锌价，涨幅超过 50%，“株冶”最后集中性平仓的三天内亏损额达 1.76 亿美元，按照当时的汇率，折合人民币 14.59 亿元，从而导致了业界无人不晓的株冶“套保变投机”的期货风险事件。

反思“株冶事件”，企业内控制度不健全是导致期货套期保值交易变为投机交易的主要因素。此外，由于制度及区域差异，国内企业在境外进行期货交易也存在一定的不利因素。然而，吃过大亏的“株冶”并没有“一朝被蛇咬，十年怕井绳”，它在总结教训的基础上，建立了一套完善的期货业务风险管理体系。从这些年的情况看，“株冶”参与期货交易风险控制较好，套期保值增强了企业的抗风险能力，拓展了企业的生存空间，使它也如“西部矿业”等许多有色金属企业一样，平稳地度过了 2008 年百年一遇的国际金融危机。“株冶”参与期货交易的历史充分说明了正确利用期货市场的重要性。期货市场运用得当，将在促进企业发展中发挥重要作用，而运用不当变成投机交易，不但不能降低风险，还会使风险额外增加并放大。期货真正是一把锋利的“双刃剑”。

风险事件：“327”风波与巴林银行倒闭

这是一个金融期货交易失败的故事。

前面已经讲到的金融期货，是指交易所用金融资产作为标的物的标准化衍生品。这些金融资产包括股票、股票指数、国债、利率、外汇等。

1995 年 5 月 16 日下午 4 点多，正准备下班的证监会主席周道炯接到朱镕基副总理办公室的电话，告诉他中央做出决定，暂停国债期货。第二天下午 5 点 30 分，证监会在北京保利大厦（证监会当时的办公地点）举行新闻发布会宣布了这一决定。5 月 18 日，国债期货交易试点被暂停。[①] 若干年后，周道炯向《证券时报》记者回忆了当初这段震惊国内的“327 事件”金融期货风险历史。“327 事件”是指 1992 年在上海证券交易所上市的，以 1992 年发行、1995 年到期的三年期国库券为标的，以 327 为交易代码的国债期货合约，在 1995 年临近交割期时，由于多空双方违规操作，导致期货价格大幅波动，出现巨大的结算风险，最终交易所采取极端手段，即宣布最后 8 分钟的交易作废，并出面组织交易多空对手协议平仓的处置方式，政府协调商业银行紧急提供资金支持，才控制住了因交易所结算透支可能引发的系统性风险这样一个期货风险事件。“327 事件”的发生，不仅使当时国内最大的证券公司万国证券几近倒闭（后来在上海市协调和监管部门支持下，万国证券与申银证券合并重组成为申银万国证券公司），也导致了我国第一个金融期货品种——国债期货交易试点夭折，从而延后了我国金融期货市场的发展进程。

这些年，我国在推动金融期货市场建设中，“327 事件”是一道始终绕不过的坎儿。无论我在期货交易所还是在证监会工作岗位上，每每提出开发上市国债期货、股指期货这一类金融期货产品时，总有各个层面的声音告诉我，在国债期货“327 事件”问题没有说清楚前，要重开金融期货是不可能的。中国证监会首任主席刘鸿儒就不止一次对我说：“要再让金融期货上市，必须把‘327 事件’的教训与现在为什么可以再次上市的原因说清楚。”因此，从 21 世纪初前几年开始，我们组织了许多专家学者以及市场中亲身经历过“327 事件”的“老人”等，以各种文章、内参去回顾、分析，反复地去说清楚有何经验教训。可见这件事情给期货市场发展

① 《难忘的岁月——访前任中国证监会主席周道炯》，证券时报，2000 年 12 月 9 日。

带来多大的后遗症。当然，努力没有白费。2010 年，第一个金融期货——沪深 300 股指期货在中国金融期货交易所上市，此后又上市了上证 50、中证 500 股指期货和 5 年期、10 期国债期货。但历史的经验值得注意，万万不可粗心大意。

在回顾“327 事件”这段历史的时候，许多专家学者都认为，当时推出国债期货十分仓促，各方面条件尚不具备。1997 年，我带领国务院“辽国发”（辽宁国发集团股份有限公司的简称）资产负债联合调查组，在上海调查“辽国发”的资产负债与“327 事件”风险关联问题时，当初涉及此事的几个关键人物都告诉我说，他们是在不知道国债期货是何物，更不知道如何控制风险的情况下，就仓促挂牌交易国债期货的。当时，上海证券交易所的一位主要领导说，他们没有一个人搞过国债期货，也不知道国债期货的风险这么大，没有想这么多，只知道当初国债期货市场的监管者没有确定，他们抓住机会，趁这个空当将国债期货推上市，没有经过谁批准。比较来看，美国在 20 世纪 80 年代推出国债期货，但美国债券现货市场有 200 多年的历史。我国在 20 世纪 90 年代推出国债期货，债券现货市场仅有 10 年左右的历史。从全球国债期货市场的产生和发展看，要推出国债期货必须具备以下三个条件：一是国债现货市场规模较大；二是利率市场化程度较高，政府行政干预少；三是有统一的法律法规体系和明确的监管主体。而当时我国国债期货推出的实际情况是，国债现货市场规模很小，1993 年不到 400 亿元，到 1994 年底可流通的国债也只有 1019 亿元，占当年国内生产总值（GDP）的比重仅为 2.18%，市场被操纵的可能性很大。政府对债券市场采取的是非市场化调控方式，国债政策主要是以如何促进债券发行作为出发点，利率和贴息率由政府确定，缺乏市场化的形成机制。政府行政行为过多介入市场，影响了国债的市场特征。期货市场没有统一的法律法规体系，国债期货市场又处在监管机构不明确的监管空白点上。从这些方面看，1992 年推出国债期货的确是“先天不足”。

由于国债期货是在国债利率还未市场化的情况下推出的，交易双方博弈的是依附于 327 国债期货的标的物上的国家对国债利率的补贴政策，而不是市场决定的供求关系，这种错位的赌博是导致风险事件发生的重要原因。既然是赌政策，多空双方都在打探消息，对 327 国债期货的标的物——1992 年发行、1995 年 6 月 30 日到期的 3 年期国债，其利率究竟贴不贴息？这种赌博心态，引发了以万国证券公司、“辽国发”集团等为一方的大空头和以中国经济开发信托投资公司（以下简称“中经开”）等为另一方的大多头对赌博弈。双方都想利用内幕信息，都在违规扩大多空交易持仓，力图操纵市场，把价格拉向有利于自己的一边，最终导致了风险越滚越大。

“327 事件”发生后，由监察部、证监会、财政部、最高人民检察院、中国人民银行、国家保密局六部委组成的联合调查组对“327 事件”做了以下定性：“327 事件”是在国债期货市场发展过快、上海证券交易所监管不严和风险控制滞后的情况下，由万国证券公司等少数交易大户蓄意违规，操纵市场，扭曲价格，严重扰乱市场秩序引起的一场国债风波。少数空方大户操纵市场、蓄意违规是“327 事件”的直接原因，而上海证券交易所交易规则不完善、监督管理不严、风险控制滞后，是事件发生的重要原因。

在我国“327 事件”发生的同一天，与中国同处一个时区的新加坡交易所也发生了金融期货引发风险的事件，即“巴林银行股指期货事件”。那几天的国际新闻说，28 岁的英国巴林银行集团新加坡分公司总经理兼交易员尼克·利森（Nicholas Leeson）失踪，揭开了一个直接导致有233年历史的巴林银行倒闭丑闻的盖子。利森在未经总部授权的情况下，利用巴林银行为偶发失误所设立的“错误账户”，作为多头购买庞大数量的日经225指数期货合约，并卖空日本政府债券。他以为可以大赚一笔，但事与愿违，随后日经指数一路下跌，而日本政府债券的价格则一路上涨，最终导致巴林银行亏损了8.6亿英镑，而巴林银行全部的股东权益（净资产）只有4.7亿英镑。这个因为银行内部风险控制不到位的股指期货交易亏损事件，造成了世界上最老牌的英国巴林银行倒闭的命运。

这样戏剧性的巧合，使得“327事件”被称为“中国的巴林事件”，但两件事情的影响大为不同。当“327事件”发生时，国内期货市场建立时间不长，任性野蛮生长，市场不成熟，产品不合适，交易所监管措施不到位，政府监管机构不明确，无论在交易所还是证监会层面都没有对市场的风险进行监测、监控的手段，也无风险处置预案，最终出现万国证券公司等多家券商巨额保证金缺口，严重违约，上海证券交易所结算平台出现巨额透支缺口，结算系统不能正常运转。要是当天晚上结算不能完成，会直接影响第二天上海的股票、债券和其他国债期货产品交易结算的正常进行，市场将崩溃。要不是政府积极协调资金支持当天结算完成，系统性风险也就爆发了。而“巴林事件”中，新加坡期货市场相对成熟，虽然巴林银行内部控制制度出现了问题，一个百年金融机构倒闭，但新加坡交易所中央对手方清算的风险控制系统有效地阻止了巴林银行风险的传递，该银行在期货市场的结算资金没有违约，交易所没有出现系统性风险，结算系统运转正常。同样的时间里、同样的金融期货交易，中国期货市场差点儿出现了系统性风险，新加坡市场出现的仅是市场参与者的单一风险。前者对市场的冲击远远大于后者，因此，国际上都把防范金融市场系统性风险作为金融监管的底线，需要牢牢守住。

雷曼倒塌：火箭科学家之“功”与“过”

这是一个场外金融衍生品的故事。

雷曼倒了！2008 年 9 月 15 日，这家有 158 年历史，以债券和债券衍生品交易为主要业务的美国第四大投行申请破产，成为美国金融史上最大的金融机构倒闭案。雷曼倒在巨额的场外金融衍生品交易上。华尔街人士分析说，“雷曼自身的一系列自埋苦种和市场不允许其喘息的步步紧逼：次级和次优级贷款及债券严重缺乏流动性，巨额缩水的商业不动产及贷款债券存货堆积如山，对冲失效，盯市会计准则如紧箍咒，信用违约互换（CDS）如鬼手掐着雷曼的脖子走”。[①] 雷曼挺不住倒下了。

雷曼公司的破产，揭开了 2008 年金融大海啸的序幕。以后，许多人一提起“雷曼”这个名字，就会联想到场外金融衍生品，因为它过度交易了场外金融衍生品而导致破产。谈到场外金融衍生品，不能不提“金融工程”这个来自西方的词语。这是一门利用信息技术和数理知识，建立模型，进行金融产品设计的金融专业技术。这门课的开设，在美国等西方大学里也是最近不到 30 年的事。我常听身边一些朋友谈起大学里这个专业很抢手，许多朋友的子女都有志于这个专业，要挤进去不容易。这显然受到美国金融衍生品市场火爆的影响。1929—1933 年美国大危机后，随着美国实体经济的大

① 李濎等著，《别了，雷曼兄弟》自序第二页，中信出版社，2009 年 1 月。

发展，金融业分业经营的进行，银行等金融机构非常关心自己内部不断积累的风险如何消化，为改善自己的风险管理冥思苦想。到 20 世纪 70 年代末，金融机构利用金融工程的创新活动，使它们有办法将金融风险从基础资产中剥离出来，设计成新的金融产品作为独立的商品进行买卖。这一技术方便了一些不愿意持有风险的金融机构把风险卖出去。金融工程是通过实施金融创新来找到对特定财务问题更好的解决方案，它开始于对问题的诊断，对可能方案（可能是一种新的金融工具）的分析，新工具的产生、定价，与多个客户相关的个性化解决方案。金融工程，可以识别、剥离基础资产中的任何风险，然后通过对基础资产归类、重组、切割、评估、保险、定价，并单独作为商品进行交易。

1997 年底，J. P. 摩根公司推出了一套近 100 亿美元的信用衍生产品，又称 BISTRO（broad index synthetic trust offering），它将自己资产簿上的 100 亿美元的贷款囊括起来，重组包装，切割成好几块，每块具有不同的信用风险。然后，再将各块信用风险卖给其他银行或金融机构。通过这种途径，即便原先的贷款仍在摩根的资产簿上，但信用风险已经从摩根银行转嫁到了其他金融机构。信用衍生产品是 J. P. 摩根公司开天辟地的一大创举，是对金融领域的一大贡献。[①] 信用衍生产品是资产证券化的一种形式，将原先静静地躺在银行资产簿上的贷款变成证券加以出售，把间接金融的产品变成了直接金融的产品。通过信用衍生产品，银行同公司的业务关系依然如故，贷款仍在银行的资产簿上，但银行却转手把贷款的风险给卖掉了，以减轻自身的负荷。这一出售过程可以是匿名的，即公司

---

① 卢菁著，《我在美联储监管银行》第 46~47 页，清华大学出版社，2007 年。

并不知道它在某银行的贷款已经被转让，信用衍生产品的投资者也不知道投资的相关资产具体是哪家公司的，只知道是哪个行业、信贷评级是多少。这样银行避重就轻，保留了有盈利的流程业务，减少了无盈利或盈利少的资产项目。这样的创新对于银行转移和分散风险是有利的，但过度了也会贻害无穷。

也是这一年，摩根士丹利的一位叫弗兰克·帕特诺伊（Frank Partnoy）的场外衍生品交易员写了一本叫《泥鸽靶》[①]的书，讲述了他在离开摩根士丹利之前，所了解的投资银行设计和销售衍生品的一些细节。因为这本书，他还同摩根士丹利打了一场为时不短的官司。他在书中写道，由于场外衍生品大行其道，在华尔街的激励机制下，新产品创新层出不穷，日日更新，卖得很好，成为投资银行和商业银行新的利润增长点。很多学数学的、学工科的高才生和教授从哈佛、斯坦福、普林斯顿、麻省理工等名校来到华尔街，利用金融工程技术为金融机构进行场外衍生品模型设计和产品销售。美国畅销书作家刘易斯在《大空头》一书里也说，华尔街激励机制的不合理是导致金融危机爆发的因素之一。由于金融衍生品的销售、交易情况和销售人员、交易员的当期业绩挂钩，推销的产品越多、交易量越大，他们年底的奖金就越多。即使公司亏损，原来签订的奖金协议还是要兑现的。这种激励机制导致销售人员或交易员肆无忌惮地开发和推销产品。刘易斯曾经的老板，以债券交易闻名华尔街的所罗门兄弟公司首席执行官（CEO），1986 年在搞垮公司的同时，却拿走了合同约定的 300 多万美元奖金。2006 年，摩根士丹利的一名交易员在一笔次级抵押贷款债券交易中亏损 90 亿美元，被

① （美）弗兰克·帕特诺伊著，《泥鸽靶》，当代出版社，2004 年。

扫地出门时居然还拿到3000多万美元的奖金。一位名不见经传的纽约对冲基金经理保尔森，为他的投资者赚了大约200亿美元，他自己则赚了将近40亿美元，主要就是通过债券衍生品对赌花旗集团及其他大投行的次级抵押贷款债券而赚到的。刘易斯感慨道："天文数字般的红利，看不到尽头的流氓交易员队伍，带来一个又一个的风险，但华尔街大银行依然保持着增长势头，同时增长的还有它们支付给那些从事没有任何社会效益的工作的26岁年轻人的薪水。"华尔街这种不正常的激励机制不仅导致金融严重脱离实体经济，也带来高端人力资源错配。许多一流教授学者、科技人才流向华尔街去设计、销售谁都看不懂的金融衍生品，然后把风险转移、放大到股票市场、货币市场、实体经济，从而引发了2008年美国金融危机，并席卷全球。在《泥鸽靶》里，帕特诺伊称这些人为"火箭科学家"。

当然，信用违约互换市场也是需要的，利用它转移和管理金融机构的风险是必要的。危机中出的问题主要是"火箭科学家"把次级贷款作为基础资产来设计衍生品，经过几道衍生，到了信用违约互换这个产品上，已经经过几轮转手，前方基础资产的风险无人知晓。许多基础资产质量低劣，风险巨大。在华尔街投行的贪婪、评级公司的逐利和失责、监管的真空等多种条件的激励下，"火箭科学家"设计的这些复杂衍生品大行其道并泛滥成灾。如果"火箭科学家"设计的衍生品以服务实体经济为目的，这是经济发展需要的。但这些场外衍生品的创新与销售主要是为金融机构的利润考虑，急功近利，"脱实向虚"，偏离金融服务实体经济的方向，搞了很多除设计者外其他人根本看不懂的东西，蒙蔽投资者，获取暴利。

衍生品的风险大小，与其作为设计标的的基础资产关系极大。

金融危机中出问题的衍生品，大多是以次级贷款作为基础资产的产品。比如，导致雷曼破产的因素之一的金融衍生产品即是如此。刘易斯在《大空头》中揭露了这个产品从选择基础资产开始，最后是如何成为金融衍生品的。刘易斯说，次级抵押贷款债券、次级贷款担保债务权证（CDO）、信用违约互换等场外金融衍生品的交易量在21世纪最初几年里疯狂增长。它们都是建立在次级抵押贷款这个基础资产上的，助推了次级抵押贷款市场的疯狂。在美国，房屋抵押贷款最初只是对有偿债能力的美国购房人开放，后来扩展到了偿债能力较差的美国人甚至没有稳定收入的移民购房人。抵押贷款债券是利用金融工程技术对抵押贷款进行资产证券化处理后产生的债券，它是一种对来自一个由数千笔单独的住房抵押贷款组成的池子里现金流的追索权。而次级抵押贷款债券就是指池子里的都是信用度极低、可能收不回来的贷款。如果能够把这部分贷款卖出去，风险就转移到买者手上，贷款银行就可以高枕无忧了。金融创新使得不愿长期持有次级抵押贷款资产的银行，将次级贷款资产卖给投资银行，后者买入后进行资产证券化处理，设计成债券进行买卖，赚取佣金收入或价差收入。这样负债就转到投资人手上，银行有了新的资金来源，可以继续发放新贷款，并转手把新贷款卖出。如此这般反复循环，银行贷款资产形成的债券越来越多，杠杆越来越高，市场越来越大。“火箭科学家”的创新活动让越来越多的负债变成可交易的债券及其衍生品，可以向任何人销售。银行觉得贷款风险转移出去了，因而对贷款对象的信用要求放松，道德风险由此而生。如果这项创新发生在《大空头》书中所言的，美国人中有偿债能力的那部分人中间，它是有利于金融机构提高效率的，风险应该是可控的。问题在于，商业银行和贷款公司把这类称为次级贷款的资产转卖给了投资银行等金融机构，进行资产证券化并成为新的债券后，最初的风险源在所谓的“金融创新”活动中模糊了。《大空头》中有好几个例子：一个年收入 14000 美元的采摘草莓的墨西哥人，在身无分文的情况下用银行抵押贷款购买了一套价值 72.4 万美元的房子；一位来自牙买加的保姆，一家贷款公司向她提供零首付浮动利率抵押贷款，在零首付获得第一套房屋后，她利用这套房屋和后来购买的房屋向金融机构反复抵押融资，一下子在纽约买了 5 套房子。他们都是不具备还款能力的人。银行和贷款公司不管他们能否还款，因为发放的次级贷款能够很快卖给投资银行，然后利用新获得的资金再向不具备条件的人放款赚钱。次级贷款市场成为新的抵押债券的来源。《大空头》中的人物，证券分析师艾斯曼说“华尔街卖出的东西什么都不是”，只要买房者一断供，发放次级抵押贷款的金融机构、承销发行次级抵押贷款债券的投资银行、交易次级抵押贷款债券衍生品的金融机构就会出现大问题。

和雷曼一起受世人关注的还有美国国际集团（AIG），由于持有了太多的信用违约互换，它紧步雷曼后尘，也濒临破产边缘，要不是美国政府出手，它也会葬身于金融海啸。信用违约互换实际上就是一份保单。当初这个产品产生时是作为一种保值工具，每 6 个月支付一次保费，条款固定，主要是针对投资者购买如通用电气公司等大企业发行的长期债券而设计的保险产品。该产品由 J. P. 摩根公司发明，由美国国际集团销售，为银行贷款或企业债券进行保险。21 世纪初的前几年，华尔街还没有针对次级抵押贷款债券的信用违约互换产品。后来，市场上先知先觉的精明者发现了次级抵押贷款债券的巨大风险，一旦房地产市场崩溃，介入这个市场的公司肯定会遭受巨额亏损，但没有对冲风险的工具。于是这些精明者积极鼓动金融机构以这个高风险的基础资产设计债券衍生产品。如果正常使用，是可以套期保值、管理风险的。问题是，房地产市场的疯狂、次级贷款市场的疯狂，导致次级贷款债券信用违约互换这个新产品已经不是被持有者用来管理风险，而是成为进行疯狂投机的赌注。据统计，危机爆发前，美国信用违约互换市场的规模最高超过50万亿美元。仅仅美国国际集团一家就持有2.7万亿美元的衍生品合约，它通过高盛等投行卖出的次级贷款债券信用违约互换占了其中的大多数。《大空头》中写道，“以高盛为首的华尔街公司要求美国国际集团承保的消费者贷款包中，包含了大量的次级抵押贷款，其比例从2%变为95%”，终端需求者就是《大空头》主角巴里等一群对房地产次级贷款看空的做空者。他们认为美国的房地产泡沫不可持续，因此拼命寻找抵押贷款池里最坏的债券资产，然后从高盛、美国银行、德意志银行手中大量购买保险——次级贷款债券信用违约互换，他们以建在山顶房子的洪灾保险价格购买了建在山谷里的房子的洪灾保险（不负责任的评级公司留下的漏洞），无情地做空次级抵押贷款债券。

用《泥鸽靶》作者的话说，这类基于质量低劣的基础资产设计的场外衍生品只不过是“在霉变的蛋糕上涂了一层新鲜奶油”。雷曼就跌倒在这种“涂了奶油”的“霉变蛋糕”上，跌倒时手头还有不少这类“蛋糕”。做“蛋糕”的多种原材料从哪里来，霉坏了多久，因为经过多次“设计和生产”，已经没有人能够说得清楚，后面究竟有多大的风险也没有人能道得明白。一旦金融市场恐慌，危机来临，流动性收紧，金融机构谁也不往市场投钱了。雷曼要出售“蛋糕”已经无人接货了，也无人愿意给它融资，“烂货”砸在自己手里，挺不住的雷曼轰然倒塌了。

雷曼的破产，在场外衍生品市场波及了不少无辜的人，但在场内的期货市场上，雷曼的交易对手方却躲过一劫。2008年底，梅拉梅德在北京告诉我，雷曼在芝加哥商业交易所的12亿美元权益没有违约，雷曼的交易对手方都拿回了自己的钱。他说，这主要得益于期货交易的中央对手方清算制度。期货市场由于透明度高、监管严格及中央对手方清算机制，在2008年金融危机中未受到太大影响。因此，2009年，二十国集团（G20）匹兹堡首脑峰会高度评价期货交易机制，并要求在场外衍生品市场监管改革中借鉴和推广。

由于场内衍生品市场受到严格监管，交易对手获得了与场外衍生品市场不同的命运。

往事千年：期权全球遍地开花

这是一个泰利斯“期权”遍布全球的故事。

泰利斯“期权”穿越2000多年的历史，成为今天金融衍生品的源头。衍生品很古老，但现在它仍然是一个比较活跃的“年轻人”。按照一些研究者的说法，近、现代衍生品存在的时间比较短，近代的衍生品仅仅有100多年的时间，如场内的期货、期权等；而现代的金融衍生品存在的时间更短，不过40年，如场外市场的利率期权、货币互换等。

古希腊的泰利斯“期权”，到了意大利文艺复兴时期，在威尼斯商人和银行家的商业活动中得到了广泛运用。以古希腊、古罗马文明为基础的西方，在19世纪、20世纪发扬光大了泰利斯精神，继续在金融衍生品领域开疆拓土。19世纪中期，期货合约的出现和期货交易所的建立是一个重大发明。历史上，美国以农产品期货见长，英国以有色金属期货露脸，它们都是在商品远期合约基础上发展起来的，其中又以美国期货市场最为典型。美国期货市场的农产品、能源、贵金属期货的价格发现和套期保值功能，对全球的经济活动产生了积极的重要影响。20 世纪七八十年代，美国在世界上首先开发上市了外汇、利率、股票指数等金融期货，满足了市场主体管理金融风险的需要。最近十多年里，随着新经济的出现，美国、欧盟又上市了碳排放权期货、比特币期货等。中国等新兴市场国家的期货市场也在最近 20 多年里得到迅速发展，目前中国商品期货市场的交易规模已经连续多年跃居世界前列。

20 世纪 80 年代产生的以金融工程为特征的场外金融衍生品市场是又一大创新。从 20 世纪 70 年代开始，场内衍生品市场在金融期货的推动下创新很多，发展很快，交易量呈现几何级数的增长。但到 20 世纪 90 年代末期，场外衍生品市场发展迅速，很快超过场内衍生品市场。2017 年底，全球场外衍生品市场名义本金 532 万亿美元，总市值[①]11 万亿美元；场内衍生品市场持仓额 81 万亿美元。[②]

如今，无论是以商品资产为标的物的大豆、玉米、铜、原油等衍生品，还是以金融资产为标的物的股票、股票指数、国债、利率、外汇等衍生品，无论是场内市场，还是场外市场，现代金融衍生品在世界上已经被很广泛地运用了。

从交易场所看。交易所市场交易的是期货期权合约，是标准化合约，其特点是流动性好、透明度高及竞争性定价、监管严格。场外衍生品市场交易的是非标准化的交易对手双方签订的协议，其特点是个性化，较灵活，但流动性差、不透明、监管松。两个市场有

① 总市值指的是在某一时点所有未平仓的场外衍生品合约以市值计算的单边数额总和的绝对值。

② 数据来源：国际清算银行（BIS）。

区别也有联系。二者共同的是，它们交易的都是在未来约定时间内必须履行交割的资产或权利；不同的是，交易所平台是所有交易参与者交易标准化的合约，而场外市场是交易者之间“一对一”交易非标准化的合约。它们的联系是，期货交易所市场的存在，使场外市场交易者暴露的风险头寸，可以到场内市场进行对冲管理风险，推动了场外市场的发展。而有风险管理需求的场外市场交易者越来越多地参与场内市场交易，又反过来增加了场内市场的深度、厚度与流动性。二者相互促进，共同发展壮大。国际金融市场的无数案例说明，许多金融机构在场外衍生品市场的风险敞口，仅仅依靠场外市场的对手方是消化不了的，需要到期货交易所进行对冲。而场内市场的标准化合约和买空卖空交易机制，集聚了大量的市场流动性，可以方便地实现实体企业和金融机构套期保值、风险管理的需要。

从产品类型看。金融衍生品包括远期、期货、期权和互换 4 种产品类型。如前所述，它们是基于基础资产之上设计的协议或合约。基础资产包括实物商品、金融资产等，如铜、原油、大豆、小麦、棉花、黄金、白银、股票、利率、外汇、指数、信用等。

期货是金融衍生品中最基础、最简单的产品。它和远期、期权、互换等其他衍生品有许多共同之处，但也存在一些区别。

期货与远期的区别。期货是从现货远期交易发展而来的，但二者之间有很多不同之处，可从以下三方面来看。一是，期货是由交易所设计的以某一资产为标的的标准化合约，合约标的资产的品质、交易规模、交割日期都由交易所统一规定，唯一不确定的是价格；远期合约则是由买卖双方通过“一对一”协商达成的，是为了满足双方要求指定的某一资产的非标准化合约。二是，期货在交易所场内进行集中买卖；远期合约在场外市场“一对一”交易。三是，期货交易实行严格的保证金制度，期货交易所为买卖双方提供信用，进行中央对手方清算，市场参与者只承担价格波动的风险，不承担信用风险；远期合约交易不仅承担价格波动风险，还承担信用风险。

期货与期权的区别。两者的区别体现在以下四个方面。一是，在期货交易中，买卖双方的风险和收益都不确定，随标的资产价格变化而变化，且一方盈利总是等于另一方的亏损。在期权交易中，买方的最大风险是确定的，最大损失即付出的权利金，但收益不确定，买方的收益随标的资产价格的变化而变化；期权卖方的风险不确定，损失随标的资产的价格变化而变化，但最大收益是确定的，即为收取的权利金。二是，期货买卖双方的权利和义务对等，期货合约到期自动交割，买卖双方都要承担交割义务。而期权买方只有权利，没有义务，既可以选择行权，也可以选择不行权；而期权卖方只有义务，没有权利，被行权指派到就必须履行义务。三是，在期货交易中，交易双方地位对等，都要缴纳一定比例的保证金。期权交易则不然，由于期权权利方不承担义务，所以不需要缴纳保证金，而期权义务方有履约义务，必须缴纳保证金作为履约保证。四是，期货合约本身无价值，只是跟踪价格。而期权合约类似保险合同，合约本身有价值，体现为权利金。期权的风险收益具有独特的非线性特征，在场内和场外衍生品交易中都有非常广泛的应用。

期货与互换的区别。互换指的是两个或两个以上的当事人在将来交换一系列现金流的协议，远期可以被看作互换最简单的情形。与期货交易相比，互换交易的透明度、流动性都偏低，但在满足客户个性化需求方面具有显著优势，可以对合约标的、数量、到期日、支付频率等做出个性化设计。由于互换使用起来非常灵活，目前已经是场外衍生品市场中规模最大的产品类型。互换交易中，最常见的有利率互换（interest rate swap）、货币互换（currency swap）、收益互换（total return swap）、信用违约互换等。

第二章

赌博反面：衍生品功能

许多人谈到期货，总会想起掷色子，那是赌博的代名词，甚至连一些传统的经济学家也这么看，但实际上不是这样的。从 20 世纪 70 年代开始，一些现代经济学家认为，风险管理与价格发现是期货和衍生品的两大基本功能。现在，这已经成为经济学教科书中的经典表述。风险是人类经济活动与生俱来的一个基本特征，它来自对未来的不确定性。风险是客观存在的。从几百年的市场经济发展史看，由于人类经济活动的范围不断扩大，国际贸易日益发达，经济全球化，地球村在“蝴蝶效应”下，一国经济金融发生的风险，会穿越国境、跨过洲界，在全球扩散。在市场自由化和全球化背景下，商品和服务的价格、金融资产的估价以及汇率几乎都是由国际市场力量自由决定的。无论国际贸易，还是采矿业、种植业、制造业的生产，无时无刻不暴露在价格波动的市场风险之中。一家公司预期的利润变化很快反映在股票价格和资产估价上，世界上某个微不足道的角落里发生的事，通过无处不在的媒体与网络瞬间就传遍五大洲。全球市场在提供了大量创造财富新机会的同时，也带来了需要管理的额外风险。

管理这些风险的经济价值是巨大的。期货和衍生品对商品与服务价格，以及资产估价发生变动的风险具有对冲能力，并可以使得收入平稳化，避免消费水平的降低。对某些不利事件的保值可以减少代价高昂的破产风险。多年来，发达市场经济体发展步伐的快慢、竞争力的强弱，很大程度上取决于企业家应对和管理财务风险的能力。与不能预计的收入增长相比，更糟糕的是不能预测可能遭受的损失，进而导致破产，这总会对投资、增长和发展带来负面影响。在更高层次上，经济增长是由企业家的冒险欲望推动的，他们探索新的领地，勘探新的资源，建立前往遥远地方的贸易航线，在农业和工业领域引入新的生产方法，并建立起能够支撑工业发展的经济基础设施。这些投资的融资能力对于发展和创新起着关键作用，而管理与这些投资相联系的财务风险的能力对于获得经济发展所需要的资本至关重要。正如阿拉伯谚语所说的，“风向不会永远适合航行者的愿望”。经济发展需要期货等衍生品工具来帮助航行者在风向不断变化的情况下，仍能破浪前行，达成愿望。

2002 年 9 月 25 日，美联储主席艾伦·格林斯潘（Alan Greenspan）在伦敦兰开斯特宫发表演讲说：“在美国过去的两年半期间，虽然股票市场的财富缩水 8 万亿美元、资本投资也出现了严重紧缩，还有去年的‘9·11’事件，但美国的经济挺过来了，美国主要的金融机构都没有被迫拖欠债务。金融衍生品市场的风险对冲功不可没。在过去的 15 年，金融衍生品以超乎寻常的速度发展，期货以及其他复杂衍生产品的概念得到深化，加上计算机和通信网络的进步，对冲风险的成本显著降低，机会也大大增加，金融系统也因此发展得比 20 多年前更灵活、有效和富有弹性，世界经济也因此变得更富弹性。”[①]尽管期货和衍生品市场有这样的功能，但至今仍然是一个争论不休的话题。

经济功能：中国研究与美国报告

2018年，境外投资者盼望多年的原油期货和铁矿石期货对国际开放了，但许多外国金融机构、投资者和实体经济客户仍然观望不前。究其原因，他们说，没有一部《期货法》规范各方民事权利，公司总部的法律合规部门不放行，不敢来。缺失的《期货法》成为中国期货市场开放的拦路虎。

中国期货市场建立快30年了，一直没有一部专门的法律来调整市场各方关系。从20世纪90年代初有期货市场以来，《期货法》已经起草四次，第四次《期货法》的起草在2013年启动。每次《期货法》起草工作，都是走到一半就搁下了，主要原因之一就是许多人认为期货市场的投机性太强，期货交易是赌博，对国民经济发展没起什么好作用，总出事，搞不好还会引起社会的不稳定。而几乎与《期货法》立法同时起步的《证券法》，自1998年12月颁布后到现在已经修改了四次。从2013年开始，我参与了第四次《期货法》起草工作，在和全国人大财经委的领导一起参加的无数次市场调查与研究中发现，许多工商企业与金融机构，对期货和衍生品市场的需求非常迫切。但为什么社会上对期货市场有如此不同的认识？关键是人们对期货期权等衍生品的经济功能缺乏了解。全国人大的立法专家指出，如果想让《期货法》获得通过，相关部门就需要对期货市场的经济功能做大量的宣传解释工作。

① 姜洋主编，《股票指数期货演讲论文集》第99页，百家出版社，2003年1月。

有期货专家说，别说中国对期货市场的误解如此之深，就是在期货市场已经有 100 多年历史的美国，一旦现货市场价格发生大幅波动，许多人就直接奔期货市场找原因。20 世纪 80 年代的美国，经历了一场关于期货和期权有无经济价值的大讨论。1983 年，美国国会要求商品期货交易委员会（CFTC）、证券交易委员会（SEC）、美联储（FRB）和财政部四个监管机构组织力量，对美国期货和期权市场进行调查研究。重点问题包括：（1）期货和期权市场发挥的经济功能是什么？（2）期货和期权市场会对经济中实体资本的形成以及信贷市场流动性产生哪些影响？（3）旨在监管期货和期权市场交易活动的现行公共政策工具是否足以阻止市场操纵行为，并防范发生在衍生品市场、标的现货市场和相关金融市场上的其他不利经济影响？（4）现有投资者保护措施能否适当地保护期货和期权市场参与者？围绕这几个问题，美国的四部委历时三年，组织市场各类参与主体、专家学者以及监管者，对期货期权市场进行了深入的调研与客观的分析，向国会提交了《期货期权交易对经济影响的研究报告》(也称《四方报告》)[①]。报告认为，美国期货和期权市场为需要管理风险的市场主体提供了避险工具，具有价格发现、定价基准和套期保值的功能，在提高现货市场和实体经济的流动性及稳定性等方面发挥了重要作用。从长期看，这些活动还有助于提高产品及服务的生产、分配和消费效率。报告的结论是，期货和期权市场对美国实体经济发展的作用积极，应该兴利除弊，大力发展期货和期权市场。这份报告在很大程度上促进了美国社会各界对衍生品积极作用的认识，对统一思想起到了积极的推动作用。时隔 20

① Committee on Agriculture, House of Representatives, Washington : U.S. G.P.O., 1985. http://hdl.handle.net/2027/umn.31951003073914l.

年之后，全球知名独立智库美国米尔肯研究院（Milken Institute）于2014年完成了报告《衍生品对经济增长的影响分析——从风险管理的角度》[1]，再次对衍生品的功能和作用进行了评估。这份报告通过定量研究表明，衍生品市场对资本形成有正面影响，通过促进银行放贷及非金融公司的资本支出，促进了美国经济的增长。

受此启发，我们建议全国人大财经委与证监会共同开展类似的调查研究，并根据调查研究情况出具客观、权威的报告。研究成果一方面可以在全国人大各个层面讨论《期货法》时作为背景材料，提供给大家更多的信息，增加大家对期货和期权市场的正确认识。另一方面也可以据此研究成果向社会做全面系统的介绍和宣传。在全国人大财经委和证监会双方主要领导同意的情况下，2015年，我们开展了这项工作。深入调研中发现的许多情况证明，中国期货市场的经济功能发挥较好，其促进实体经济发展的作用不可或缺、不可替代。美国国会、独立智库的研究报告和中国对期货市场的调查研究表明，传统理论中对期货期权等衍生品市场的评价是有失偏颇的。传统理论中把衍生品交易等同于赌博，并谴责它们是“风中交易”。而现代经济学家则认为，现代经济中期货和衍生品市场是不可或缺的，期货和衍生品交易提高了资本的生产率和经济的灵活性。[2]美国和中国对期货和期权市场的调查研究结果证明了这些现代经济学家的结论。

但是正如19世纪瑞士著名的教育家约翰·亨利赫·裴斯泰洛齐

① Apanard (Penny) Prabha, Keith Savard, and Heather Wickramarachi, Deriving the Economic Impact of Derivatives: Growth through Risk Management, March 2014. http://www.milkeninstitute.org/publications/view/625.

② （美）威廉·N. 戈兹曼，K. 哥特·罗文霍斯特著，《价值起源》第196页，万卷出版公司，2010年。

（Johan Heinrich Pestalozzi）说的："在大改革的时候，起初常常会把洗澡水和孩子一起泼出去。"

惊险跳跃：市场经济与期货

人类所有的经济活动都有投入和产出，都要计算成本和利润。生产、贸易以及服务企业的经济效益最终都要体现在自己的产品或服务的利润增长上。企业要把自己生产经营的商品卖出去，实现商品到货币的转化，受到许多因素的制约。把自己的商品卖出去并赢利，对企业来说是追求的目标，但并不是必然结果。1980 年，我在大学经济系二年级两个学期的主课都是马克思的《资本论》。"商品价值从商品体跳到金体上……是商品的惊险的跳跃。这个跳跃如果不成功，摔坏的不是商品，但一定是商品所有者。""商品爱货币，但是'真爱情的道路绝不是平坦的'。"[①] 这两段相互关联的话引起班上许多同学的热烈讨论，感慨资本主义市场经济的无情与不可捉摸。马克思还说，今天某种产品满足一种社会需要，明天就可能全部或部分地被一种类似的产品排挤掉。如果某一生产者的产品已经满足了社会需要，那么其他竞争者同样的产品就成为多余的、过剩的，因而也是无用的了。1867 年《资本论》第一卷出版的时候，芝加哥期货交易所从远期市场向标准化的期货市场转变刚刚两年（其于 1865 年推出标准化期货合约）；英国的老牌期货交易所伦敦金属交易所还没有出现（其于 1876 年才成立）。因此，马克思在大英博物馆里撰写《资本论》，对"商品到货币的惊险跳跃"的分析中，尚未考虑期货市场的作用，因此也未提到竞争者利用期货等金融衍

① 马克思，《资本论》第一卷第 124、126 页，人民出版社，1975 年。

生品来打败竞争对手的问题。在20世纪70年代末80年代初的经济学课堂上，老师的讲义中也未提及期货市场。那时候中国改革春风乍起，春寒料峭。“文化大革命”时期“宁要社会主义的草，不要资本主义的苗”余毒尚深。商品市场尚未建立，买卖多一点儿农副产品就算“投机倒把”，一把被抓住，“资本主义尾巴”肯定会咔嚓一刀被割掉。安徽芜湖“傻子瓜子”年广久的炒瓜子生意正经受着中国大地舆论的严峻考验。[①]“买空卖空”是一个非常恶劣的名词，摆个小摊点儿，做点儿小买卖算是“个体户”，市场经济还只是在资本主义社会存在的事。党的十一届三中全会召开后的若干年里，社会上关于“姓社姓资”、计划多一点还是市场多一点的争论仍然激烈。“东方风来满眼春”，1992年邓小平同志“南方谈话”后，中国的市场经济建设进入了一个新阶段。今天，市场经济在中国已经深入人心。以现在的观点看，有中国特色的社会主义市场经济中的商品也会遇到马克思所说的“爱情风险”。中国企业在这个不平坦的“爱情”路上，市场价格波动是它们经常面临的生产经营风险，这些风险可能阻止生产经营者实现“惊险的跳跃”。这就需要有工具来管理风险。按照马克思的理论，如果产品“跳跃”失败，产品没有完成到商品的转化，其生产经营者将被其他竞争者挤出市场。从第一章讲述的几个故事中可以看出，衍生品市场尤其是期货市场

①　年广久于1979年注册了“傻子瓜子”商标，靠炒瓜子、卖瓜子致富，1980年、1984年、1992年，他三次入狱，罪名之一为“投机倒把”。2008年，年广久被评为中国改革开放30年“十大风云人物”。《邓小平文选》中有两次提到年广久：“你解决了一个‘傻子瓜子’，会牵动人心不安，没有益处。让‘傻子瓜子’经营一段，怕什么？伤害了社会主义吗？”(《邓小平文选》第三卷91页)；“农村改革初期，安徽出了‘傻子瓜子’问题。当时许多人不舒服，说他赚了一百万，主张动他。我说不能动，一动人们就会说政策变了，得不偿失。”(《邓小平文选》第三卷371页)。

能够为商品生产者在获取货币“真爱情”的道路上提供帮助。这种帮助既能提供价格信息让农户或企业提前知道未来市场的需求，以帮助其种植、经营计划的决策，也能提供套期保值机会，帮助农户或企业在以后的经营活动中规避价格风险，锁定成本与利润，润滑经济活动，保证生产经营者在商品到货币转化的“惊险的跳跃”中不被摔伤，实现对各方有利的交易和买卖。

期货，有助于“真爱情”的实现。期货市场的功能是由其机制决定的。期货交易的低成本、高杠杆，以及每日可多次双向交易所产生的频繁报价和流动性，衍生出价格发现与套期保值两大功能。由于期货市场所具有的这种功能，几乎所有的市场经济体都在利用它来指导和管理经济生活，即便是那些尚未建立期货市场的国家，也在全球范围内利用别国的期货市场来指导生产经营、管理经济风险，这已是普遍规律。回顾历史，英、美等发达国家在自身经济建设和发展过程中，都高度重视并不遗余力地推进期货市场建设。在市场经济体系中，现货市场体现的是即期供求关系，期货和衍生品市场体现的是远期供求关系，二者相互补充、相互促进。缺少期货和衍生品市场，市场体系就不完善，市场机制就很难充分发挥作用。美国著名经济学家、诺贝尔经济学奖获得者默顿·米勒教授曾用一句话来描述衍生品市场在市场经济中的重要地位，他说：“只要有自由市场，就会存在未来价格的不确定性，就需要期货市场。”一个存在衍生品的世界比没有衍生品的世界要好。在任何经济体中，管理风险比忽略风险要好，特别是在不确定的环境中更是如此。

尽管如此，经济学中关于期货市场这一主题的内容，在 1971 年托马斯·A. 海尔奈莫斯（Thomas A. Hieronymus）的《期货交易经济学》出版之前的相当长的一段时间里，一直被排斥在大学课程之外。梅拉梅德说，这部书讲述的是，一个几乎被所有大学课程——尤其是商学院和金融学院——忽略的领域。而在这本书问世后，它很快就成为近乎期货交易的"圣经"之类的经典之作，成为虔诚的行业人士的必读书目。继托马斯发起了一场在理论上肯定期货市场原理作为大学综合商业学科的必备课程之后，米勒、迈伦·斯科尔斯（Myron Scholes）等经济学家宣布了衍生品的商业应用价值，并凭此先后获得了诺贝尔经济学奖。梅拉梅德说，他们在金融经济学领域的研究开创了现代风险管理的新纪元，并成为世界范围内可接受的标准。今天，我们不仅能够在互联网上找到大量关于期货和期权的信息，全球几乎每个重点大学都至少开设了一门关于期货和期权的课程。例如，在美国，排名前 25 的大学里有 54 个班；在亚洲，排名前 25 的大学里有 33 个班；在欧洲，排名前 25 的大学里有 44 个班。[①] 据 2015 年的不完全统计，中国有 41 所大学开设了期货和衍生品课程。

价格发现：春江水暖鸭先知

经济学家普遍认为期货市场的一个重要功能是价格发现。它能够迅速地反映市场气候温度的变化，犹如春江中的鸭群，第一时间感知到水温微妙的变化。投机者、套利者为了赢利，套期保值者为了决定是否套保和建立头寸，这些行为都需要收集和评估当前信息并对未来供需关系进行分析，从而更好地预测未来价格走势。根据相关可得信息进行合理评估，预测未来价格，并据此建仓，这些行

① （美）托马斯·A. 海尔奈莫斯，《期货交易经济学》第 3 页，中国财政经济出版社，2004 年。

为能够让现货、期货价格与现在及未来的供需关系保持适当的一致性。因此，期货市场是发现价格、提供价格信息的最好场所。现实经济生活中，在缺乏期货价格的情况下，要达到一个有效率的现货价格集合几乎是不可能的。有效价格只能在一个流动性好、公开透明的竞争性市场中得到，这是因为需要有完全信息、价格透明和即时传播。价格发现尤其是远期价格发现是期货市场的重要功能。我们每天都能从电视、报纸、网络以及各种自媒体上看到，世界各地的财经新闻播报期货交易所交易的各种期货合约的价格。如原油期货价格，主要有纽约商业交易所的西得克萨斯中间基原油期货价格和洲际交易所（ICE）的北海布伦特原油（Brent）期货价格。这两个价格通过来自全球的大量交易者在期货交易所内连续不断、完全透明的竞价形成，及时地通过各种媒体和通信工具传向全世界，多年来，它们已经成为商家贸易谈判的定价基准。由于监管严格，被操纵的可能性小，WTI 和 Brent 原油期货价格有很高的透明度与连续性，有较高的公信力。另外，伦敦金属交易所和上海期货交易所的铜期货价格、芝加哥期货交易所和大连商品交易所的大豆期货价格等都是全球投资者关心的价格信号。

期货交易通过广泛的信息传播、集中竞价，所有人按照价格优先和时间优先顺序进行竞价所形成的价格，与场外衍生品交易“一对一”谈判、双方信息严重不对称情况下产生的价格相比，其公开性、公平性和公正性是完全不一样的。这样体现“三公”的市场，更有利于发现真实的价格。因此，就价格发现功能看，人们的经济贸易活动主要是在利用期货市场发现的价格。全球各大期货交易所产生的期货价格已经成为全球贸易活动的定价基准。期货市场一般是同一种商品或资产标的同时有好几个合约在交易，每个合约约定在未来不同的时间交割。这些通过竞争性交易形成的价格反映了当前对未来供需的所有预期。因此，无论理论界、实业界，还是投资者，都认可期货市场是价格发现最理想的场所。期货交易完成之后，产生的价格信息很快就传向全世界。同样，全世界任何一个角落里发生的事件，比如哪里突发自然灾害、发现新矿藏、油井出事、货船爆炸、地缘政治冲突等，信息几秒钟就通过媒体传递到期货交易所和各个金融机构的交易终端，影响交易员的交易行为，从而又形成新一轮价格信息，再通过媒体传递出去，周而复始，对人们的经济社会活动产生影响。因此，人们爱说期货市场是“投入信息、产出价格”的市场，期货市场成为现代经济活动认可的定价基准市场。

价格发现功能具有超前性。由于利益驱动，参与者尤其是投机者会通过各种方式快速、广泛地收集与交易相关的各种信息，这些信息又以一种最市场化的方式反映在交易价格中，因此期货价格最能反映今后一段时间的市场变化情况。价格信息的使用者无偿享受交易者产生的信息，他也许根本就没有参与期货交易，但他从媒体上获取的期货价格信息却能帮助他的生产经营活动，方便了他的经济行为。因此，经济学家说，期货市场产生的价格信息是一种“社会福利”。它被无偿、广泛地运用于农业、工业、贸易、金融等行业的经营活动以及国家宏观经济管理中，如在农业经营活动中，农民种植、调整种植结构、销售农产品等；在工业生产制造中，企业家采购、销售、融资等决策；在贸易流通服务中，商家谈判确定价格；在国家宏观经济管理中，政府工作人员对经济走势的预测分析和宏观调控决策。这些价格信息，他们不用购买就能在各种媒体上免费获得。当然，金融机构为自己特殊需要而购买的即时付费信息是另外一回事。

国内外的实践证明，期货市场的价格发现是最有效的。价格调节供需关系，供需引导资源配置，从这个意义上说，价格对于优化资源配置具有决定性作用。与现货市场相比，期货市场发现的远期价格具有连续性、前瞻性和权威性，能够比较真实地反映商品和金融资产未来的价格变动趋势，对优化社会资源配置可以发挥重要作用。在经济全球化的今天，如果没有期货价格的引导，管理市场经济活动的难度将大大提高，资源配置的有效性将大打折扣。比如商家贸易谈判，双方对想要买卖的商品报价，报价的依据是什么。每一方都担心自己的报价会吃亏，心里没底的商务谈判很困难。如果有一个谈判各方都认可的价格，即有一个供需双方都能接受的公平价格作为谈判的定价基准，谈判可能就会顺利得多。最近几十年来，期货市场发现的价格被商业谈判者广泛接受，国际大宗商品贸易中已经习惯用期货市场价格作为定价基准（前提是有相应的期货品种交易，比如原油、大豆、铜等）。目前，我国有色金属行业一般根据伦敦和上海两个期货市场的价格来进行贸易谈判。伦敦和上海的铜期货价格，已经成为国际、国内业界进行贸易谈判的定价基准，谈判时只需要确定数量、品种和升贴水，不确定履约价格，他们叫开口合同。我国从 2014 年开始在棉花和大豆上进行农产品目标价格补贴改革试点。国家有关部门在考虑对农民的直接补贴时不能回避的一个问题是，以什么价格作为补贴的基准价。如 2014 年 10 月 17 日，郑州商品交易所的棉花期货近月合约“郑棉 1411”合约（2014 年 11 月到期交割的合约）的结算价是 14860 元 / 吨。棉花期货主力合约“郑棉 1501”（2015 年 1 月到期交割的合约）合约的结算价是 13810 元 / 吨。进口美棉的价格，洲际交易所 12 月到期的棉花期货合约的结算价按照当时美元兑人民币 6.15 的汇率折算，再加上进口税和增值税后，大约是 9900 元 / 吨。国家棉花市场监测系统采集发布的国内棉花现货价格指数（CNCotton B，代表内地 328 级皮棉成交均价）是 14821 元 / 吨。当年，国家确定的棉花目标价格是 19800 元 / 吨。国家财政直接给棉农的补贴，应该选择哪个价格作为计算依据？因为前几年棉花价格的扭曲，在目前这些价格参照系中选择哪个作为基准价格，确实是对决策者的一个考验。当然，我们的观点是期货价格最妥当。

市场经济中，价格是供求信息的集中体现，是引导资源配置的核心信号。期货价格尤其是商品期货价格具有三个特点。

一是采用集中公开竞价和中央对手方的交易方式，期货价格广泛容纳和公开反映众多影响价格的信息。现货贸易中，买卖双方基于各自掌握的供求信息"一对一"地讨价还价，达成协议。"一对一"交易确定的价格，其准确性与买方或卖方掌握信息的多寡有直接关系，信息严重不对称。与现货贸易的定价相比，采用公开集中竞价与中央清算的期货交易，对交易双方来说获取信息的机会相对公平，同时最大限度地降低了违约风险，鼓励大量互不相识的投资者入场交易。尽管参与期货交易的投资者也根据掌握的私有信息叫价，但通过集中竞价交易的方式，一方面，把众多私有信息转化成市场公开报价，促成私有信息向共有信息过渡；另一方面，市场迅速对众多信息进行消化和整理，汇集成最客观和最具公允性的价格信号。因此，期货价格汇集信息的广泛程度和对信息反应的灵敏性，都是"一对一"现货定价难以企及的。

二是期货价格是对标准化合约定价，最大限度地摈弃了商品个性化因素对价格的影响。除品质、交易时间、交易地点、付款方式外，消费偏好、心理、年龄，甚至宗教信仰、教育程度等，都可使买卖双方对原本同样的商品形成差异化认识，进而对商品价格产生影响。期货交易的对象是以指定交割地点、固定交割时间和统一交割品质为要件的标准化合约。通过统一交易标的，促成投资者就商品的同质性达成共识，从而减少个性化因素对商品整体定价的影响，实现经济学所说的“一物一价”和“同质同价”。因为期货价格消除了个性化因素对商品定价的影响，所以在大宗商品贸易中，以期货市场发现的价格作为定价基准，再加上用于修正品质、交货时间、交货地点等方面的差异，以及补贴运输、税收等成本的升贴水，形成通用的定价模式。市场经济条件下，期货价格在商品价格体系中“价格锚”的作用，越来越受到重视并被广泛应用。

三是期货价格预示未来，在引导资源进行跨期配置过程中发挥重要作用。漂流荒岛的鲁滨逊在沉船上发现一袋麦子后，在填饱肚子和留作种子以便第二年不会饿死之间合理地分配麦子，成为一个关键的选择问题。对经济社会整体而言，资源跨期分配的合理性更直接关系整个社会经济活动能否有效持续。市场经济中，引导资源进行有效的跨期配置需要可靠的远期价格信号。通过“价高者得”公平竞争产生的期货价格，代表广大投资者对商品未来价格的看法，具有较高的公允性，在农业种植、矿业开采甚至资金借贷等跨期生产经营活动中，有重要的指示和引导作用。

风险管理：锚住风浪中的船

在市场经济大海中，企业是“汪洋中的一条船”，需要有抵御风浪，按经营计划抵达彼岸的工具帮助驾驭。谚语说，“微风聚在一起，就有台风的力量”。而期货等衍生品有将聚集成的台风拆开变成微风的能力。期货市场能够提供有用的工具实现这一点。市场经济中，价格波动是常态。对企业而言，其生产、销售、库存以及财务管理等活动，都会被原材料、产成品以及汇率、利率等价格波动影响。若对市场价格波动风险管理不好，会导致企业经营利润下降，出现亏损甚至破产。“临崖立马收缰晚，船到江心补漏迟”。[①]为了在市场经济的“汪洋”中安全航行，企业可以在期货市场上建立与现货市场方向相反、数量匹配的交易头寸，使期货市场与现货市场的盈亏形成一个相互冲抵的关系，从而实现风险在不同市场、不同时空的对冲、转移，保证自身的财务安全。与其他风险管理工具相比，期货交易机制在管控违约风险和提供市场流动性方面具有突出优势，期货产品逐步成为市场经济条件下管理风险的必备工具，被广泛运用于经济社会的各个领域。

期货市场的萌芽、产生和发展始终与实体经济紧密相连，源于实体经济，又服务于实体经济。随着全球经济融合程度的加深和商品期货金融属性的增强，期货及衍生品已成为各经济实体基础性的风险管理工具。风险管理的作用就是精确地将风险控制在可以接受的水平和形式上，而具体工具的选择是由风险转移的成本决定的。企业和政府都可以通过衍生品市场管理风险、获得收益。政府可以对税收进行保值。比如拥有石油、铜、铁矿石、橡胶等能源、原材料的资源型经济国家或地区政府，其财政收入和预算计划受到大宗商品价格的影响巨大，除了利用其他一些金融工具管理资产外，期货和衍生品市场是必不可少的风险管理场所。它们可以利用期货或场外衍生品交易来对财政收入进行对冲保值。如美国得克萨斯州的

---

① 出处：明·冯梦龙，《醒世恒言》卷十七。

经济以石油产业为主导，得克萨斯州政府就在原油期货市场建立头寸进行套期保值；墨西哥财政部则通过购买场外期权对原油价格波动风险进行对冲。企业利用衍生品则更为普遍。94% 的世界 500 强企业在期货和衍生品市场进行套期保值来管理风险。[①] 在美国，标准普尔 500 指数成分股的 416 家非金融公司中，86.5% 的公司使用衍生品；道琼斯工业指数成分股的 30 家公司中，29 家使用衍生品；18.7% 的美国商业银行（大约 1300 家）参与衍生品市场。[②]

以美国航空业为例，1978 年，美国国会通过《航空业解除管制法案》，取消了所有对国内航线和收费的控制，放开了航空市场价格。这意味着每家航空公司的盈利甚至生存将依靠自己控制成本的能力。燃油是航空公司最大项的经营费用，管理不可预期的燃油价格能够帮助消除成本波动并稳定现金流。控制燃油成本波动的一个有效方法是利用燃油期货、期权等衍生品进行对冲。美国联合航空公司（United Airlines）金融部的主管说："如果我们不对冲飞机的燃油价格风险，就是在投机。努力对冲这个风险是我们的诚信义务。"他说，2011 年每桶飞机燃油价格增长 1 美元，经营费用增长 9500 万美元。那一年美国 7 家主要航空公司中的 6 家以不同的形式使用了燃油衍生品来管理风险。然而，这个对冲措施几乎没有涉及航空燃油，因为这个市场缺乏流动性。作为替代，航空公司用与航空燃油价格高度相关的产品如燃料油和原油进行对冲，包括场内交易的期货和期权，以及场外交易的衍生品。2011 年，美国联合航空通过对冲节约公司燃油支出 5.03 亿美元。类似的案例也出现在美国能源、食品加工行业，如美国西南能源公司（Southwestern Energy）

① ISDA（国际互换与衍生工具协会），《衍生品工具利用调查报告》，2009 年 4 月。

② 米尔肯研究院，《衍生品对经济增长的影响分析——从风险管理的角度》，2014 年 3 月。

和 ADM 公司，均从衍生品对冲中受益。

近年来，我国实体经济如前面提到的西部矿业等一大批企业，积极利用期货市场，也取得了比较好的效果。期货正逐步成为我国企业应对市场风险尤其是价格风险的必备工具，助力抵御行业外部冲击。但总体上，我国企业利用期货市场还很不充分、很不平衡，许多方面还是比较保守的。

从工业看。以有色金属行业和钢铁行业为例（见图 2–1），2008 年 9—11 月，国际金融危机引发大宗商品价格剧烈波动，由于 92% 的有色金属企业参与了期货市场套期保值，尽管铜价格下跌了 51%，整个行业仍实现了 90 亿元的正收益，较为平稳地度过了金融危机。而同期未参与期货市场套期保值的钢铁行业，虽然钢材价格只下跌了 33%，跌幅相对较小，但相关企业未进行套期保值，无法转移价格下跌风险，全行业亏损达 61 亿元。目前，螺纹钢、铁矿石等期货产品已上市交易多年，不少钢铁企业已参与了期货市场。

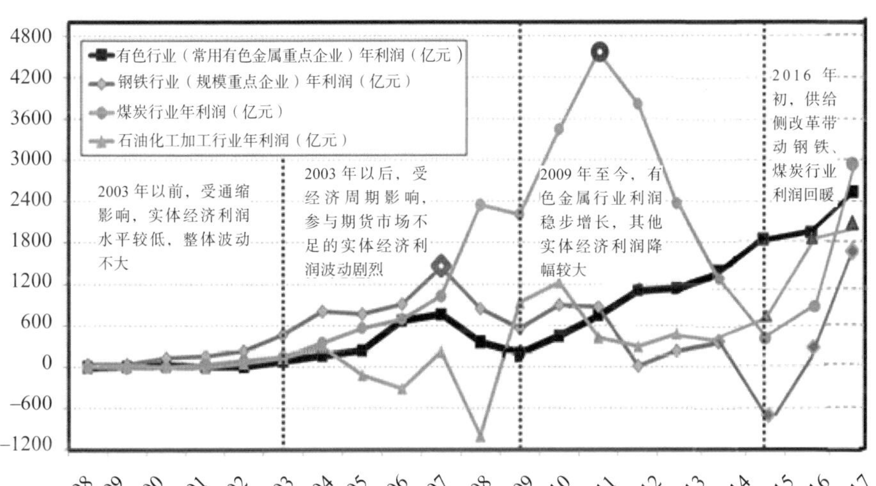

图 2–1　期货相关产业利润变化情况对比

资料来源：中国期货市场监控中心。

从农业看。期货市场的作用也比较突出。期货交易所不断推出各类宜农期货品种，涉农企业对期货市场的参与程度逐步提高。以大豆压榨行业为例，2004 年下半年，大豆价格半年内暴跌 36%，只有 30% 的企业参与期货市场套期保值，国内压榨行业整体严重亏损，亏损额达 80 亿元，50% 的企业破产，许多企业被外资低价收购。2008 年下半年，大豆价格下跌 50%，如不进行期货套期保值，全行业将亏损 100 亿元，但由于 90% 以上的企业利用期货市场管理风险，全行业亏损 14 亿元，也没有出现企业“破产潮”。此外，这些年，涉农企业在实际经营中还探索试点了各具特色的“保险 + 期货”模式，使农户转移了农产品价格风险，也让企业实现了稳定经营，达到了在风险可控下规模化生产、集约化经营的目标，为订单农业、土地流转等农业产业化经营的顺利实施提供了保障。

从金融业看。期货市场促进了资本市场改革的深化，对金融机构管理风险、创新产品等发挥着日益重要的作用。2015 年，证监会对沪深 300 股指期货上市 5 年来的经济功能发挥情况进行了一次评估。评估结果认为，沪深 300 股指期货作为我国首个场内金融衍生品，上市 5 年来，对改善我国股市运行机制、完善产品工具和促进资本市场改革发展发挥着日益重要的作用，具体表现在以下几个方面。一是显著提高了股市的内在稳定性。从股指期货上市前后 5 年对比看，沪深 300 股指期货涨跌超过 2% 的天数分别下降了 52% 和 57%。沪深 300 股指期货标的现货市场的波动性降低 14%。股市长期以来的单边市特征得到改善。二是增强了投资者稳定持股的信心。通过股指期货交易，机构投资者在股市的投资行为日趋理性和成熟，为股市提供了长期稳定的买方力量。以券商自营为例，权益类证券投资规模稳定在 1300 亿元左右；参与股指期货程度较高的

12 家券商的大盘蓝筹股持仓比例由不足 30% 提升到 50%。三是提升了金融机构产品创新和市场服务能力。目前，理财产品中相当一部分已使用了股指期货，且使用股指期货的产品业绩效果好于未使用的产品。广大中小投资者也受益于理财市场的发展，通过机构间接参与并分享股指期货带来的红利。四是催熟先进投资理念。股指期货上市之后，投资者在参与方式、持股结构、投资理念等方面发生了积极变化。沪深 300 成分股日均换手率由股指期货上市前一年的 609% 下降到 2014 年的 127%。国债期货推出后，在帮助投资者应对利率波动风险、提升国债发行效率、促进债券市场互联互通、优化货币政策传导机制，以及促进金融机构产品创新等方面正逐步发挥积极作用。①

期货和信贷的结合，也推动了我国传统金融业务的转型发展。如针对当前大宗商品金融属性增强、价格波动加大的问题，国际上商业银行的通行做法是在商品融资业务中引入期货套期保值机制，对冲大宗商品价格下行风险，从而解决银行不敢贷款的困局。《巴塞尔协议》将银行的商品融资是否参与期货套期保值作为重要的风险评价因素。在我国，也有一些商业银行比较好地利用期货市场抵御贷款风险。以某国有商业银行为例，它将商品融资和期货套期保值机制有机结合，形成了成熟的银期合作模式——期货公司代客套期保值，银行为客户提供商品融资，创新了传统业务模式，创造了企业、银行、期货公司三方共赢的局面：对企业而言，用于融资的商品质押率从套期保值前的 60%~70% 提高到 90% 以上，直接提高了银行授信额度、自身资信水平以及信贷的可获得性；对期货公司

① 中国证监会网站 http://www.csrc.gov.cn/pub/newsite/zjhxwfb/xwdd/201504/t20150416_275089.html。

而言，获得了优质客户，增加了经纪业务收入；对银行自身而言，缺乏风险对冲手段的客户逐步退出，优化了客户群体，商品融资的质量逐年提高。该银行套期保值项下大宗商品融资一直保持低不良率的态势。此外，还有一些银行采取抵押品价值和期货价格挂钩的方式，及时监测抵押品价值的变动情况，以保障银行的贷款安全。

投机能量：无心插柳柳成荫

“井水不生鱼，枯树不开花”。缺乏流动性的期货市场，其价格发现、套期保值功能很难实现。期货市场经济功能的发挥很大程度上依托于良好的流动性。投机者是流动性的提供者，在流动性的贡献上，投机者功不可没。

2005 年 9 月，我们邀请期权定价理论的创立者之一、诺贝尔经济学奖得主斯科尔斯教授到上海参加由上海期货交易所和上海证券交易所联合主办的中国金融衍生品论坛。斯科尔斯在论坛上阐述了期货、期权与赌博的关系。他说，期货、期权交易表面上类似赌博，但由于投机者赌博式交易产生的不竭流动性，使得价格发现、套期保值功能得到最彻底的展现，从而便利了农民与商家的生产经营活动，其产生的服务实体经济的功能是赌博永远无法具有的。

期货市场最主要的好处之一就是投机者自愿承担套期保值者想要规避的风险，通常来讲，投机者是套期保值者的对手方。企业通过期货市场进行套期保值，锁定了风险，但放弃了对自身有利价格变动产生的可能收益；对投机者而言，作为套期保值者的对手方，虽然承担了价格波动的风险，但因此获得了价格向自身有利方向变化时的可能收益。这里需要强调这种制度安排的两个重要方面。一方面，套期保值者想要规避掉的风险是企业经济活动内生的，这与赌博产生的风险是不同的。另一方面，期货市场为公司和个人提供了降低而非消灭风险的一种手段。从整个社会的角度来看，风险没有被消灭而是分散和转移了。这也是期货期权市场的主要经济功能，参与市场交易的投机者承担了他人想要规避的风险。或按经济学术语来讲，期货期权市场有助于在社会范围内更有效、更优化地分配风险。

投机者进入期货市场是其交易机制决定的。投机者在承担套期保值者想要规避的风险、价格发现和提供流动性方面都发挥着不可替代的作用。没有投机者就不会有套期保值机会的产生，企业就无法实现套期保值。套期保值者的风险是通过投机者分散和转移的。期货交易低成本、高杠杆，投机者频繁出入市，为价格发现和套期保值提供了巨大、稳定的流动性，使期货市场产生连续不断、公开透明的价格。这些价格迅速显示在全球各种媒体和信息终端上，人们不费吹灰之力就得到了公平、真实的商品和金融资产价格，降低了交易成本，方便了社会经济活动。同时，大量投机者创造的流动性，为套期保值者进出市场提供了非常方便的风险管理机会。期货交易虽然与赌博都具有零和游戏的特征，但在投机者输赢各占一半的机会中，期货市场为套期保值者创造了一个空间，让他们可以实现风险对冲，稳定生产经营，确保生产经营计划的完成。如鲁迅所说，“删夷枝叶的人，决定得不到花果”。删掉了期货市场的投机者，同样得不到价格发现和套期保值的花果。期货市场的投机者的主观动机是赌博，但客观上为社会经济生活做了贡献。从这个意义上讲，投机活动具有“正能量”。对期货市场的投机活动应辩证看待，没有投机不行，投机过度也不行。“风可以把蜡烛吹灭，也可以把篝火吹旺”。

白马非马：赌博与期货之区别

"赌博创造本身不存在的风险，而投机则承担了商业活动中不可避免的风险"，这是前面提到的托马斯《期货交易经济学》里的话。托马斯用了很大的篇幅来阐述期货投机与赌博的区别。一次我和梅拉梅德谈起这个话题，他毫不客气地说，这正是中国目前需要搞清楚的东西。梅拉梅德认为，托马斯虽然承认投机与赌博之间存在许多明显的相似之处，但是，他还是就其中的不同点加以清晰的解释，揭穿了期货投机与赌博别无二致的错误认识：赌博包含着原来不存在的、人为的风险，而期货投机行为则承担那些包含在商业行为中必然的、不可避免的风险。正是这个原因，期货市场也被称为"风险转移"市场。无论期货市场存在与否，风险都是存在的，期货市场只是把风险从不愿意承担它的人们那里转移到愿意承担它的人们那里。

对许多专家关于期货投机与赌博的基本观点进行梳理后我发现，赌博与期货投机本质的区别有如下几点。一是风险机制不同。尽管期货投机与赌博的结果都难以预测，但二者的风险性质完全不同。赌博的风险是因为有人愿意承担而创造出来的，扑克、轮盘、赛马等活动本身创造了风险，如果没有赌博者，这些风险根本不会存在。而赌博者之所以愿意承担这些风险，是因为他们获得了一个获利机会作为回报。期货市场处理的价格风险则是客观存在的。例如，在大豆成熟、收割、集中和分销的过程中，那些拥有大豆或者根据契约有义务购买的人肯定会面临价格变化带来的风险，从而干扰正常的生产经营活动，这与期货市场存在与否没有关系。二是运作机制不同。对于赌博而言，概率学中的随机规律起主要作用，比如掷色子，每一面的概率都是 1/6，大小完全凭运气。期货市场的价格变化有其内在规律可循，要在期货市场进行投机，投机者必须对价格走势进行分析和预测，这需要搜集大量政治、经济和自然等方面的信息，并考虑不同时点相关产品的供求状况，做出综合判断，对专业知识和操作技巧的要求较高。三是经济功能不同。赌博是个人之间的财富转移，并没有为社会创造价值，对经济发展有害无益。而通过套期保值，期货市场承担了生产经营者的价格风险，降低了生产、营销和加工成本，保证了生产经营的正常进行。当企业将这些节约的成本传递给消费者时，也会对社会产生益处。因此，如果没有投机者承接套期保值者转移出来的风险，期货市场的套期保值功能就无法正常实现。另外，仅靠套期保值者的交易量，不足以提供一个有效市场所必需的流动性，因此还必须依靠投机者充当交易对手，增加流动性，促进价格的合理发现。在欧美期货市场上，投机者是市场流动性的主要提供者，为了获取投机利润，投机者会根据自身对市场的判断在市场上频繁交易，这样就会造成市场交易量的增加和买卖价差的缩小。此外，投机者提供的连续、真实、有效的价格信息，及其追求价差的逆市操作，在客观上避免了市场价格与均衡价格的过度偏离，减少了价格波动，从而保证了市场价格体系的相对稳定。四是社会效果不同。赌博对社会有严重的负面影响，赌博中零和博弈、孤注一掷的赌徒心理常常会引发一系列社会问题。期货市场虽然也有输赢，此投机者赢的可能是彼投机者输的，也可能是套期保值者为规避价格风险而放弃的额外收益。而严格的期货交易规则和监管有效地抑制了过度投机，努力把期货投机的不良后果降到最低程度，而赌博不具备这一点。①

① 以上有关赌博与期货投机的部分内容参考了芝加哥期权交易所原董事总经理、中国证监会顾问委员会原委员郑学勤等人的文章。

期货市场交易量的大小，一定程度上反映了流动性的强弱，其与期货功能发挥存在一种内在的关联关系。期货市场交易量和功能发挥是量变和质变的关系，量变是质变的必要准备，质变依赖于量变。即没有一定规模的交易量，市场缺乏流动性，价格发现和套期保值的功能就无从实现；若流动性质量不高，市场深度和宽度有限，套期保值者即使想参与市场交易，也难以找到合适的风险转移对手方。因此，有流动性的期货市场对实体经济才有积极意义。另外，仅仅是投机者的交易，没有大量套期保值者参与，流动性越充足，交易规模越大，市场越危险。投机者过度投机，交易形成的商品或资产价格完全被扭曲，可能会误导经济活动，这不仅对价格发现功能无意义，反而会损害实体经济活动。这时就必须有政府监管介入，抑制过度投机，防止价格扭曲。通过监管，使投机者和套期保值者保持一种动态平衡。同时也需要更多套利的、理性的机构投资者参与，创造出更加充足、质量更高的流动性，与套期保值者的需求相适应，这样期货市场的功能才能更加有效地发挥出来。

红花绿叶：衍生品与经济增长

2008 年金融危机过程中和危机后，场外金融衍生品特别是信用衍生品受到严重批判，因为它们提高了对手方的风险并导致金融体系全面瘫痪。因此，各国政府在监管方面做出了重大改变，旨在增加场外衍生品市场的透明度和降低系统性风险。

时过境迁，许多有识之士提出，需要对衍生品在金融市场中的角色展开一个基于事实的重新评估。有些人认为既然金融衍生品有破坏作用，为什么还有许多银行和非金融公司使用它们呢？大量的市场实践和研究证明，金融衍生品对推动经济增长有积极作用。前面提到的美国米尔肯研究院，研究了美国的商业银行和非金融公司使用衍生品的情况，并用定量方法分析了衍生品的使用如何影响美国宏观经济的增长，再次证实了这一点。

米尔肯研究院的这份研究报告首先分析了美国商业银行利用衍生品后的效用。报告认为，从 2003 年到 2012 年的 10 年间，商业银行持有的衍生品合约名义价值在不断增加，从 2003 年的 71 万亿美元增加到 2012 年的 227 万亿美元；参与衍生品市场的商业银行数量也增加了，2003 年有 650 家，占全部商业银行数量的 7.8%，10 年后增长到超过 1300 家，占比 18.7%。商业银行使用最多的是利率衍生品，用来对冲利率风险和抵消期限错配的影响，同时也使用外汇、商品、信用衍生品来管理汇率、商品价格波动及信用风险。研究结果显示，银行从使用衍生品中获益，这稳固了它们的财务地位，降低了银行破产的可能性，节约了监管费用。财务状况更好的银行进而给私人部门提供了更多的信贷，相比没有使用衍生品的银行，使用衍生品的银行的季度贷款增速提高了 0.95%。这推动美国每季度实际 GDP 增加了大约 27 亿美元，促进美国经济增长 0.8%。

其次分析了非金融公司利用衍生品后的效用。报告认为，从 2003 年到 2012 年，标准普尔 500 指数成分股的非金融公司中使用衍生品的公司数量增长了 17.3%。360 家使用衍生品的非金融公司中，分别有 63.5%、47.8%、32.0% 的公司使用了外汇、利率和商品衍生品。非金融公司运用衍生品管理风险，能够通过稳定未来预期现金流提升公司价值，同时使公司享受更低的资本成本和更少的财务限制。而有更高市值、更低资本成本、更低风险的公司有更多的投资机会，促进有效配置资源，并推动整体经济增长。实证结果显示，使用衍生品的非金融公司的市场价值 / 账面价值比率比不使用衍生品的公司高 5.2%，资本支出能力的提升促进美国经济增长 0.3%。

加总起来，银行和非金融公司在 2003 年到 2012 年间通过使用衍生品，促进美国实际 GDP 提高了 1.1%（1495 亿美元），就业率上升 0.6%（增加了 530400 个就业者），工业产值在 2012 年上升了 2.1%。

衍生品对经济增长、就业的影响，在美国西南能源公司 2009 年提交给国会的证词中也能得到较好的说明。西南能源公司通过投资、纳税、就业等方面，估计了其对冲策略的影响。如果公司不能对冲 2009 年估计的产品量的 48%，将会减少 7 亿美元可用的投资资金，这将导致 240 口页岩井从拟投资项目中取消。这项对冲活动增加了下游的价值特别是特许权拥有者的收入，产生经济活动的经营费用和税收，在这个例子中，一共是 6 亿美元。西南能源公司估计这一对冲活动直接创造了 1000 个与原油和天然气相关的工作岗位，间接创造了 500 个工作岗位。相似地，美国的公共事业公司已经证实了它们运用衍生品对消费者的效果。根据天然气价格的波动性和电价，公共事业公司普遍用衍生品来对冲它们面临的风险。事实上，美国国家乡村电力合作社组织和特拉华州市政电网公司的 CEO 们认为，取消衍生品交易将增加客户原本就很高的电费账单，因为波动性的成本将转移到他们身上。例如，没有衍生品的话，特拉华州公共电力事业将增加每年高达 500 万美元的额外成本。因此，用衍生品对冲能够帮助公共事业公司管理它们的成本，这意味着减轻消费者的负担。①

① 米尔肯研究院，《衍生品对经济增长的影响分析——从风险管理的角度》，2014 年 3 月。

保驾护航：衍生品与创新创业

创业者就像走在一条延伸到密林深处的小路上，前方幽深恐怖，未来是那么不确定、不可预期，风险由此而生。对风险的恐惧是阻碍人们创新创业活动的主要因素之一。从创办一个企业到投资一个新项目、上马一条生产线，人们无时无刻不在思考、衡量风险，并想办法积极应对。衍生品的作用就是减少未来的不确定性，平滑人们风险厌恶系数的波动，稳定经济主体的预期和信心，为富有冒险精神的创业者和企业家们提供管理风险的途径与手段，从而促进其创业与创新行为。有效的衍生品市场能显著提高各种生产要素的参与度，拓展人类社会经济活动的领域和范围。

随着社会分工更趋专业化，产品和技术更新换代加快，市场经济的各个领域都面临激烈的竞争，对于创新创业企业来说，打造自身的核心竞争力是唯一的生存之道。企业通过利用衍生品等风险管理工具，可以将不愿意承担的风险剥离出去，从而专注于最擅长的业务和环节。对于成长型企业而言，利用衍生品对冲利率、汇率、商品价格逆向变化导致的现金流波动，能够降低企业面临的财务困境和破产成本，使其加大对新产品、新技术的研发和投资力度。国外实证研究表明，使用衍生品的公司比不使用衍生品的公司有更高的研发支出。①

从股票市场和资本积累的角度出发，股票市场能否有效促进资本形成，除一级市场在筹集资本中的巨大作用外，与二级市场能否稳健运行密不可分。一个波动剧烈、风险巨大的股票市场很难吸引长期投资者进入市场，而没有长期资金入市，股票市场将缺乏足够

① Nance, Smith, and Smithson, 1993; Geczy, Minton, and Schrand, 1997; Gay and Nam, 1998; Allayannis and Ofek, 2001; Lin and Smith, 2007.

的规模和承载能力，社会资金也就难以通过股票市场的直接融资方式转化为长期资本。美国股市各类长期资金持有的股票资产达到 14 万亿美元，接近美国股票市值的一半。股指期货、期权等衍生品为养老金等各类长期资金提供了风险隔离墙，使它们不必在意市场的一时涨跌，专注于寻找具有发展前景的企业长线投资，让资金到资本的桥梁更加宽阔通畅，极大地促进了资本形成，保证企业融资畅通。梅拉梅德在 1989 年的一次演讲中说："传统现货市场的机制并不能与现代投资者管理的大量且突然的现金流动相适应。股指期货市场为机构投资者持有的股票投资组合提供了一种转移风险的机制，通过提高标的股票的流动性，增加了股票现货市场的吸引力，因而促进了资本积累。"① 股票市场对于风险投资家、天使投资者和创业投资基金扶持创新创业者关系极大，没有期货期权等风险管理工具的股票市场，会动摇风险投资家、天使投资者和创业投资基金进入股票市场的信心与决心，从而使创新创业者缺乏广泛的社会资本支持和帮助。因为他们早期的投入，是为了投资的创新创业企业股票上市后在二级市场的退出，而二级市场能否有充足的流动性并稳定运行，是他们在早期进行风险投资时重点考虑的问题。

见微知著：衍生品与宏观经济

期货及衍生品除了在企业、产业中得到广泛的应用以外，在国家的宏观经济管理中也发挥着越来越重要的作用。从国际上看，以 22 种主要大宗商品期货价格为基础编制的美国商品调查局（CRB）指数，已成为反映和观察全球大宗商品价格波动与经济走向的重要

---

① 陈晗、刘宇，《衍生品市场发展有利于经济转型》，金融时报，2015 年 1 月 12 日。

指标。美联储在制定货币政策，俄罗斯、沙特财政部在安排财政预算时，均高度关注国际原油期货价格。我们在与智利、泰国、马来西亚等国家相关政府部门交流时，它们表示非常关注我国的铜、天然橡胶、棕榈油期货价格，这些国家的宏观经济管理部门都要定期对这些期货价格进行采集分析。从国内看，发改委、财政部、中国人民银行、国家统计局等宏观经济管理部门对期货价格越来越重视，铜、锌、铁矿石等工业品以及大豆、棉花、白糖等农产品、国债的期货价格已成为政府部门监测大宗商品等市场变化乃至宏观经济运行的重要指标，并成为判断通货膨胀或紧缩的信号。中国期货市场监控中心编制并每日发布的农产品期货指数、工业品期货指数受到上述宏观经济管理部门的高度重视并经常引用。

期货及衍生品作为一种高效的、市场化的风险管理工具，丰富了政府实施公共政策的方式。以农业支持政策为例，由于农产品价格支持、目标价格差价补贴等方式存在实施成本高、扭曲市场、不符合 WTO 规则等问题，美国、墨西哥、加拿大、巴西等国家积极探索利用期权、保险等工具对农民进行补贴。以墨西哥为例，通过政府为农民购买农产品期货期权提供权利金补贴的方式，帮助农民锁定最低粮食销售收入，完善农业补贴制度，用市场化的方式规避了 WTO 关于不正当竞争的规定。在我国，国家物资储备局和各地方政府在 2008 年底和 2009 年初先后出台收储有色金属、橡胶的政策，收储价格都以上海期货交易所对应期货品种的现货月价格作为定价基准，并且要求商品质量符合上海期货交易所的交割要求。在矿产权交易中，国家有关部委文件明确规定，要以期货市场的相关商品期货价格作为买卖报价的基准价。中国金融期货交易所的国债期货价格，也成为财政部发行国债定价的主要参考。对资本市场而言，股指期货等金融衍生品主要从价格发现和风险管理两个方面完善了资本市场的制度基础。它不仅使资本市场成为真正有风险管理的市场，吸引了更多参与者进入，扩大了资本市场的规模，并且强化了全球资本市场的竞争，促进了资本跨国流动和资源的全球化配置，推动了包括发展中国家在内的各国实体经济增长和产业升级。国际成熟市场几十年来的经验证明，股指期货等金融衍生品通过风险对冲，可以促进资本市场的稳定，提高资本市场的凝聚力和抗冲击力，进而有利于资本市场直接融资和其他各项功能的发挥。这对全社会的资本积累和扩张、经济的长期稳定增长十分有利。因此，成熟的资本市场需要金融衍生品。它也是供给侧结构性改革的一项重要内容，这个改革过程将是一个长期的、机会与风险并存的过程。通过增加以金融衍生品为代表的风险管理工具供给，不仅可以满足企业和金融机构等微观主体风险管理的诉求，也在完善资本市场体系、扩大资本积累、强化创新竞争、改善资源配置等方面发挥着服务实体经济的重要作用。

因此，期货期权等金融衍生品是国家宏观经济管理需要的一种金融工具。政府可以利用期货期权市场提前发现的价格信号更好地分析、调控和管理经济，更灵活、有效地实施国家政策。

第三章

风雨阴晴：28 载改革路

28 载改革路，有风有雨也有晴。中国期货市场发展之路是短暂而快速的："短暂"是较美国 150 多年历史而言；"快速"是仅用了 20 多年的时间，市场交易规模已走到世界前列。

我国在改革开放环境下，从无到有，用 20 多年时间建立起了一个比较完整的期货市场体系，走过了西方 150 多年的路程。概括来说：历史很短暂，成长有烦恼，市场增长快，发展有特色，功能渐发挥。

目前，中国期货市场已经成为有一定影响力的市场。按照美国期货业协会（FIA）的统计，中国商品期货交易量已经连续 9 年世界排名第一（国际上有按交易量或交易额来统计交易规模的习惯，交易量是指每个合约的交易手数。交易量大意味着流动性充足，对期货功能的发挥意义重大。我国商品期货每手合约的价值量一般比英、美等成熟市场的同类产品小很多，比如铜期货，伦敦的一手铜相当于上海的 5 手。这体现了我国期货市场散户多的特点），金融期货交易量增长也很快，股指期货曾经在 2014 年、2015 年排在世界前列。我国的实体企业与金融机构越来越多地利用期货市场进行定价、套期保值及风险管理。

前文说中国期货市场仅有20多年历史，严格说是不准确的，这个表述仅仅是指新中国。以旧中国而论，20世纪初的上海滩就有了期货市场。上海历道证券博物馆目前还陈列着当时上海好几个期货交易所的合约样本、相关文件和法规。那时，上海有“远东金融中心”之称。20世纪30年代茅盾的《子夜》、50年代唐人的《金陵春梦》中就有旧中国期货交易的描写，20世纪初蒋介石在上海就从事过股票和期货交易。中华人民共和国成立不久，在工商业的社会主义改造运动中，期货市场作为资本主义的垃圾被扫地出门。但改革开放前的某些时候，如“文化大革命”期间，为了保障国内物资供应，减少国际市场价格波动的影响，我国有通过香港开展境外期货交易的记录。据《陈云文选》记载，当初国务院主管财经的副总理陈云就亲自指导过期货交易。当然这样的情况不多。总的来讲，在计划经济条件下，没有商品交易市场，我们的工农业生产和人民生活需要的物资分为生产资料和生活资料两大类，由国家计划指导生产部门统一生产，生产出来的产品由国家物资和商业管理部门统一分配额度。以关系每一个老百姓衣食住行的生活消费品为例，买粮有粮票，买肉有肉票，买油有油票，买布有布票，全部是按计划定量供应，价格也是统一规定的。没有现货市场，价格没有波动，期货当然也就无从谈起。但我国也有一些物资要从国外进口，海外市场有商品价格波动，企业需要参与期货交易进行风险管理。但是僵化的计划经济体制，导致我国外贸企业也基本不开展商品期货交易。曾经担任过对外贸易经济合作部[①]部长的石广生2003年在上海期货交易所调研时深有感触地对我们说，20世纪70年代初他在中

① 对外贸易经济合作部的前身是中央人民政府贸易部、中央人民政府对外贸易部、对外经济贸易部，于2003年3月并入现在的商务部。

国五矿进出口公司担任总经理，国家就禁止他们在境外进行矿产品的期货交易，甚至参观期货交易所都不允许，谁去了视同逛妓院。直到1973年陈云同志在一份文件中阐述了利用期货市场的好处与原则后，我国外贸公司才可以在境外期货交易所进行一定的商品期货套期保值交易。从此以后，我国的外贸公司逐步开展了有限的境外商品期货交易。改革开放后，我国开始了股票、期货市场的有限试点。尤其是20世纪90年代初邓小平同志提出证券、股市这类市场经济的东西可以坚决地试以来，我国期货市场迈出了比较大的步伐。[①] 因此，可以说20世纪70年代我国有了境外期货交易的实践，80年代开始国内期货市场的研究孕育，90年代试点探索、清理整顿，2000年以后规范发展，2012年党的十八大以来进入创新发展阶段，今天期货市场已经成为我国社会主义市场经济中金融市场的一个重要组成部分，为国民经济服务的能力越来越强。

陈云手稿：透露期货之功能

2005年上海期货交易所在筹备期货博物馆时，寻访新中国老一辈党和国家领导人陈云同志的家乡——上海青浦陈云同志博物馆。该馆藏有陈云同志关于期货交易的手稿真迹。这对我们搞期货的人来说非常重要。我们联系博物馆复印了一份。今天，上海期货交易所博物馆里就展示着陈云同志那份手稿的复印件。那份手稿是我国“文化大革命”期间的1973年10月，当时国务院分管财经工作的副总理陈云同志，代国家对外贸易部给国务院起草的一份报告。这

---

① 见《邓小平文选》第三卷。1992年邓小平在“南方谈话”中说：“证券、股市，这些东西究竟好不好，有没有危险，是不是资本主义独有的东西，社会主义能不能用？允许看，但要坚决地试。看对了，搞一两年对了，放开；错了，纠正，关了就是了。”

份报告对国家对外贸易部下属公司在美国、英国的商品期货交易所进行期货交易的全过程进行了叙述和分析。《陈云文选》第三卷收录了这篇报告。[①] 报告不长，这里全文录下。

今年四月，中国粮油食品进出口总公司布置香港华润公司所属五丰行，尽快购买年内到货的原糖四十七万吨。当时国际市场砂糖求过于供，货源紧张，价格趋涨。五丰行认为，如果我们立即大量购糖，必将刺激价格上涨，可能出了高价不一定能按时买到现货。为了完成购糖任务，五丰行采取委托香港商人出面，先在伦敦和纽约砂糖交易所购买期货二十六万吨，平均价格每吨八十二英镑左右。然后立即向巴西、澳洲、伦敦、泰国、多米尼加、阿根廷购买现货四十一万多吨，平均价格每吨八十九英镑左右。从五月二十日开始，市场传说中国购入大量砂糖，纽约、伦敦砂糖市场大幅度涨价。然后，澳洲、巴西先后证实我向他们购糖，市价又进一步上涨，至五月二十二日涨至每吨一百零五英镑。我因购买砂糖现货任务已完成，从五月二十二日起至六月五日将期货售出。除中间商应得费用和利润六十万英镑外，我五丰行还赚二百四十万英镑。

我部核心小组讨论了上述做法，认为利用交易所做买卖，有一定风险，但在一定条件下，可以试做。

（一）目前我对资本主义国家的贸易已占我进出口贸易的百分之七十五。资本主义国际市场上，因货币危机和供求关系的变化，商品价格反应非常敏感。外国商人认为我国购货时只

① 《陈云文选》第三卷第 221 页，中共中央文献编辑委员会编辑，人民出版社，1995 年。

求完成任务，有时价格越涨越要买，常常乘机抬价。这点要注意。

（二）国际市场上的交易所是投机商活动场所，但也是一种大宗商品的成交场所。所以，资本主义市场的商品交易所有两重性。我们买卖又大都经过中间商，不管采取哪种中间商形式，进出口价格许多是参照交易所价格来确定的。过去我们没有这样利用过交易所，这次也是利用私商进行的。对于商品交易所，我们应该研究它，利用它，而不能只是消极回避。

（三）我们这次利用交易所，不是为了做投机买卖，不是为了赚二百四十万英镑，今后也不做投机买卖。这次利用交易所是一种迂回的保护性措施，是为了使我们不吃亏或少吃亏。

（四）在今后两年里对交易所要认真进行研究。因为利用交易所，可能有得有失，但必须得多失少。我们决不做卖空的投机，只对进口物资有时经过交易所购买期货，就是说只买进确实需要的物资。因此，像这次购糖做法是可以的，但次数不能多，每做一笔要请示报告，经过批准，每次总结经验。

（五）必须严守党纪，不能浪费分文，像这次购糖赚了二百四十万英镑，对于中间商在商业习惯上给以应得费用和利润外，如果还需请吃一次饭，只需要一百元的话，决不要多花一元。应该严肃教育干部和党员，不能有任何浪费。

我初步理解，陈云同志的文章反映的思想大概有五个方面。一是我国是社会主义计划经济，国内无须期货市场。但在国际贸易中，为了国家和人民的利益，我们可以利用资本主义的期货市场为人民服务，也就是说，期货市场可以为社会主义经济服务。二是期货市场具有发现价格功能，国际贸易的商品要靠期货交易所定价，这个定价是靠得住的，资本主义国家可以利用，社会主义国家也可以利用，利用的目的是不吃亏或少吃亏。三是期货具有套期保值功能，我们在国际贸易中为了管理价格风险，应该进行期货套期保值交易，不能进行期货投机交易，期货交易的持仓量与现货的需要量要匹配。期货交易要以服务实体经济为依归。四是对资本主义国家的期货交易所也应该用两分法看待，要认真研究和利用期货交易所的交易机制，而不能只是消极回避利用交易所和期货，应该趋利避害，争取期货市场好的方面为我所用。五是在国际贸易中只能从事交易所内即场内衍生品交易，不能进行场外交易。

根据陈云同志这份报告的观点，今天看来，他对期货市场的功能是非常了解的，也是非常贴近中国现实的，对我国当前发展和利用期货市场有极大的现实意义。这份报告实际上是给华润公司下属机构五丰行利用期货市场开展套期保值交易撑腰打气，从而打开了我国外贸企业利用期货市场的大门。1973 年以后，陈云同志领导华润公司在纽约期货交易所购买粮食，并派人长期住在纽约，以期货交易保护现货贸易。我国购粮人员以商人的身份与美国商人打交道，结交了一批贸易伙伴，再也不必通过第三国做美国粮食的转口贸易，还对推动中美经济往来做出了贡献。此外，为弥补我国棉花歉收，对外贸易部也利用期货市场采购棉花。1973 年 10 月，陈云同志在广交会上了解到进口棉花加工棉布出口的创汇率可以达 55% 以上后，当即指出：订购棉花要抓紧，现货不好买就买期货。按照他的指示，经国务院批准，我国当年进口棉花 850 万担。陈云同志的建议给国家带来了巨大利益。1973 年，仅通过黄金买卖和开展期货交易，外贸部门就赚回了 30 亿美元，比上一年出口总额 26.4 亿美元还多近 4 亿美元。这在当时是非常了不起的成就。

通过以上对陈云同志报告及其指导期货交易情况的分析，我们发现，即使在“文化大革命”中，在计划经济体制下，我国企业在国际贸易中也可以利用期货市场进行套期保值管理风险。这份报告还使我们认识到，40 多年前，陈云同志就充分利用期货市场的经济功能来为社会主义经济服务了。限于计划经济的历史局限性，他虽然提出要研究期货交易所的作用，但并未提出在我国建立期货市场的设想。20 年后，邓小平同志提出可以把资本主义有利于我们经济发展的东西拿到国内来，为社会主义经济建设服务。他明确指出了包括股市、证券等这样一些资本主义市场经济机制的东西可以在我国进行试验。当然，陈云同志利用得很好的期货市场机制也包括在其中。

小平讲话：为“播种者”壮胆

从 1973 年陈云同志倡导在国际贸易中利用国外期货市场算起，时间又过去了近 20 年。中国期货市场迎来了一个探索试点的好时期。1988 年，国家领导人提出了研究探索建立期货市场的想法，一批专家几年的研究孕育推动着期货市场试点起步，但试点工作进展缓慢。邓小平同志“南方谈话”后，刚刚试点的期货市场摇摇晃晃加快了脚步。1992 年初，邓小平到深圳、上海等地视察。在了解上海、深圳股市的情况之后，他说：“证券、股市，这些东西究竟好不好，有没有危险，是不是资本主义独有的东西，社会主义能不能用？允许看，但要坚决地试。看对了，搞一两年对了，放开；错了，纠正，关了就是了。关也可以快关，也可以慢关，也可以留点尾巴。怕什么，坚持这种态度就不要紧，就不会犯大错误。”[①]1992年10月，中国共产党第十四次全国代表大会在北京召开，时任总书记江泽民同志在大会报告中指出，“改革开放的胆子更大一点，建设的步子更快一点，千万不可丧失时机”。邓小平同志“南方谈话”和中国共产党十四大报告精神给了中国证券、期货市场播种者、开拓者胆量、勇气与信心，让人们解放思想，勇闯禁区，大胆实验，坚定了期货市场试点还会继续下去的信心。

中国酝酿期货市场试点是从1988年开始的。1978年12月，中国共产党十一届三中全会拉开了中国经济体制改革的序幕，开始了从计划经济体制向社会主义市场经济体制的伟大转型。传统的观点认为，市场经济是资本主义特有的东西，计划经济才是社会主义经济的基本特征。党的十一届三中全会以来，随着改革的深入，我们逐步摆脱了这种观念。1989年，党的十三届四中全会后，提出建立适应有计划商品经济发展的计划经济与市场调节相结合的经济体制和运行机制。期货市场就是因应这种改革需要建立和发展起来的。之前的1985年，我国当时的国家主席李先念访问了美国期货市场的大本营芝加哥。2002年，我第一次去芝加哥商业交易所拜访时，梅拉梅德陪同我参观期货交易所大厅里的陈列馆。他指着墙上的一张照片说：“我正在向你们的国家主席介绍期货市场的运行方式和经济功能。”那张照片上李先念主席正在认真听着梅拉梅德挥

---

① 《邓小平文选》第三卷273页。这是邓小平同志自1982年我国实行全面改革开放以来的重要文献，是探索建设有中国特色社会主义道路实践经验的科学总结。邓小平同志在1992年初视察南方，发表的《在武昌、深圳、珠海、上海等地的谈话要点》(以下简称“南方谈话”)是《邓小平文选》的终卷篇，也是该书最重要的文章。它重大而深远的意义是多方面的，是消除长期以来积累的困惑，进一步解放人们思想的伟大指针。它对指引当代中国历史朝着正确方向发展起了难以估量的作用。

舞着双手讲解。梅拉梅德说："我当时就预感到中国很快就会搞期货市场。"这话就像他在 2010 年 4 月中国金融期货交易所沪深 300 股指期货上市仪式上对我说得那样自豪，这次他说"你们的股指期货上市，是多年的宣传得到了响应"。但不管如何，中国建立市场经济的体制机制和运行机制的方案中，股票、期货市场的建立是重要的考虑内容。李先念主席那次访问芝加哥期货市场不久，我国领导层确实有了建立期货市场的想法。1988 年 3 月，李鹏代总理在七届全国人大一次会议上的政府工作报告中，明确提出要探索期货交易。1990 年，国家开始在郑州、深圳、上海等地先后进行期货市场试点。陈云同志曾经在 20 世纪 70 年代利用得很好的外国期货市场，李先念主席在 80 年代亲自考察过的外国期货交易所，其"种子"被我国期货市场早期的垦荒者、开拓者逐步引进来，播撒在我国大地上。1990 年 10 月，第一颗种子在中原大地上播下，郑州粮食批发市场开始了期货交易的试点。

但期货市场试点初期，囿于"姓社姓资"的思想顾虑，步子迈得不大。邓小平同志"南方谈话"坚定了人们建立期货市场的信心和决心，帮助大家壮大了胆子，迈开了步子。这个讲话肯定了股市、证券以及期货等是社会主义市场经济需要的东西，资本主义和社会主义市场经济都可以利用。探索建立中国期货市场，就是适应计划经济体制向市场经济体制转型的需要，打破了人们思想上的桎梏。

在邓小平同志"南方谈话"的激励下，全国上下奔放着一股改革开放的热情。国内一些不具备条件的城市，以"一万年太久，只争朝夕"的精神，有条件上，没有条件也要硬上的大无畏精神，"急吼吼"模仿郑州、深圳和上海等先期试点期货交易的城市，掀起了大办期货交易所的高潮。本来是试点的期货市场，一下子摊子铺得太快太宽，一连串出了许多问题，带来了很不好的社会影响，刚刚试点起步不久的期货市场名声发臭。在对期货市场这片待开垦的处女地的探索中，政府、交易所、金融机构、实体企业、投资者都没有经验。缺乏经验，缺乏法规，缺乏监管，缺乏自律，缺乏约束，更缺乏人才，整个经济社会环境与超高速发展的期货市场严重不配套！

不仅投资者不知期货为何物，中介机构、市场组织者和监管者也都是一知半解。大多数期货交易所都是地方政府或相关部委主导，派一批人去国外考察，走马观花一圈，回来“现炒现卖”办起交易所。甚至有的仅仅是到国内已经先办起来的交易所考察一番，就以为取得真经，回家快马加鞭加油干开了。就如一些刚进驾校的新手，刚摸到车，还未明白一二三，就开车直奔高速公路，以每小时 200 千米的速度狂飙，不出事才怪。各地一哄而起办期货市场，出问题是必然的。在不到两年的时间内，全国就办起 50 多个交易期货的场所，比发展了 100 多年期货市场的美国多出了许多。它们良莠不齐，鱼龙混杂。很快，相当多的期货交易场所出现了问题，过度投机严重，市场操纵频发，欺诈乱象丛生，风险事件不断，冲击了实体经济的运行，引起了一系列的经济纠纷和社会问题，引发了社会诘问。与此同时，也有一些比较规范的交易所稳扎稳打，运行平稳，逐渐摸索出了一些经验，取得了好的试点效果，受到好评。期货市场下一步是往前走，还是往后退？党中央、国务院慎重考虑后决定，让具有改革开放标志性意义的期货市场继续试点，通过清理整顿、兼并重组掉一些交易所，让规范的期货交易所保留下来。尽管期货市场在播种和成长中出现了一些问题，但应该给开拓者和播种者充分的肯定。没有当时期货市场开拓者、播种者“大胆试”的冲劲和闯劲，期货市场不知道要推后多少年才能在中国建立起来。

境外市场的经验告诉我们，美国等发达经济体期货市场也是在经历各种乱象，解决了许多问题，在探索中不断总结经验教训、不断完善成熟、不断发展进步的。我国期货市场建立初期出现的问题，是前进中的问题，是成长中必然要付出的成本。从当时的情况看，我国发展期货市场的目的是明确的，就是要有利于国民经济发展。试点初期的问题是盲目发展，背离了国家建立和发展这个市场的初衷，应有的功能没有得到发挥，造成了一些风险事件和经济损失。但是总体发展动机和方向是好的，需要引导和规范，这为后来的稳定健康发展奠定了基础。

继续试验：留下几个小品种

2001 年，我刚到上海期货交易所工作，诧异中国三家期货交易所每家只有一两个商品期货品种在交易。上海有铜、铝期货，郑州有小麦期货，大连有大豆期货，另外还有天然橡胶、籼米、绿豆三个虽挂牌但保证金提得很高的无交易品种，加起来共 7 个品种。美国芝加哥两个期货交易所可是有不少产品啊！有人告诉我，原来三家期货交易所每家都有十多个品种，全国上市交易的期货品种有 50 多个，后来出事了，期货市场进行了清理整顿，大部分品种都停了，尤其是金融期货全关了。

关于清理整顿的背景，我在 2011 年读了《李鹏论宏观经济》书稿中有关期货的章节，并查阅证监会档案后更加明白了。该书在正式出版之前，中央文献出版社将书中涉及期货的内容请中国证监会核对把关。由于在领导班子中分管期货，任务交到我手上。我认真拜读，文件是时任总理李鹏同志在1995年听取中国证监会工作汇报时的一次讲话整理稿，其中谈到了期货市场的试验和发展问题。李鹏说："我国期货市场这几年发展也很快，1993年全国期货成交额7000亿元，1994年就增加到60000亿元。……最突出的是投机过度，期货价格炒的过高，并且对现货市场产生了连带影响。比如，棕榈油价格本来应该低于菜籽油，但是在期货市场上却高出很多。……现在玉米价格这么高，和期货市场炒来炒去有关。如果没有人炒，国家抛一部分玉米，价格就下来了。在市场还不规范的条件下，一些紧俏商品一炒起来价格就没有边儿，国家的宏观调控也难以发挥作用。近期，对玉米、棕榈油的期货市场要下决心关掉。……只留几个小品种继续试验。在市场经济国家中，期货市场是稳定价格、减少风险、保护生产者和消费者利益的重要手段。随着社会主义市场经济体制的建立，我们也要发展期货市场。但近期不能大发展。什么原因？首先，期货市场是市场经济体系高度发展的产物，特别是金融期货，……改革开放以来，我国市场体系有了较大的发展，但还很不完善，一些重要的商品还存在双轨价格，资金事实上也存在双轨价格。……期货市场的规章制度还不健全……因此，在中国大规模发展期货市场的条件还不具备。其次，西方市场经济国家中，多数商品处于供大于求的格局。近年来我国商品供求关系虽然有了很大改变，但一些重要商品的短缺状况没有根本扭转，相当一部分商品处于紧平衡状况。在人口多、资源少、商品短缺的情况下，如何发展期货市场还值得认真探索，否则让这些商品进入期货市场，会产生过度投机，扭曲价格。再次，国有企业还缺乏必要的约束机制，国有企业参与期货市场的交易资金量大，投机性也大。亏了是国家的，赚了是企业小金库和个人的。由于这些原因，我国期货市场要继续试验，但不能大发展。试验要局限在小品种，关系国民生计的大宗商品不能进入期货市场。金融期货投机性更大，已开办的国债期货市场已经出了不少乱子，现在不要搞，都停下来，过一段时间，视情况再决定。”①

根据李鹏同志的讲话精神和国务院相关文件，证监会牵头对期货市场进行了先后两次长达7年的清理整顿。多年后，第一任证监会主席刘鸿儒回忆说，1992年他到刚刚建立的证监会任主席的任务就是“开荒、修路、铺轨道，……如果道路和轨道没有建好，要想跑快车，肯定要翻车”。那时，刚刚试点的股票市场已经出现问题。证监会牵头首先对股票市场进行了清理规范，接着又对期货市场进行清理整顿。前面讲到，由于没有经验，各地在扩大期货市场试点后出现了一些问题。为了解决出现的问题，1993年，国务院让证监会牵头对试点初期的“一哄而起的混乱”进行了第一次清理整顿。1995年后相继出现的期货风险事件再次引起社会责难，证监会又继续牵头进行了第二次清理整顿。在两次清理整顿期间，社会舆论焦点中，有两个对以后期货市场发展影响较大的事件。这就是第一章提到的“327国债期货事件”和“株冶期货风险事件”。前一事件导致中国的金融期货停止交易，在15年后才重启；后一事件导致1998年停止了大批已上市商品期货品种的交易，期货品种由试点初期的50多个降为12个。事后，我听当时一位层级很高的领导对期货市场的一个评价，叫作“老太太吃砒霜，活得不耐烦了”。可见这种一哄而起造成的混乱，给政府高层留下了多么不好的印象。

① 《李鹏论宏观经济（下册）》第1308页，中央文献出版社，2012年。

针对期货市场试点初期出现的一哄而起、交易无序、操纵欺诈盛行、风险事件频发的乱象，1993 年中国共产党十四届三中全会在《中共中央关于建立社会主义市场经济体制若干问题的决定》中提出了要“严格规范少数商品期货市场试点”的要求。国务院为贯彻落实这一要求，发布了一系列文件与法规。1993 年 11 月，国务院发布了《关于坚决制止期货市场盲目发展的通知》[①], 1998 年 8 月发布了《关于进一步整顿和规范期货市场的通知》[②], 1999 年 6 月发布了《期货暂行条例》。这些国务院规范性文件和行政法规对期货市场试点意义重大、影响深远，为规范市场主体责任和交易行为、加强风险管理提供了法律保障。这些国务院规范性文件及行政法规逐步明确了以下几件事情。一是明确了期货市场的监管主体。《期货暂行条例》规定，中国证监会对期货市场实行集中统一的监督管理。中国证监会在国务院法规授权下，会同国务院相关部门、地方政府，制定规章对期货市场进行了整顿与规范。期货市场开始了由“无法运行”到“有法运行”、监管机构由模糊不清到逐步明确的转变。二是规范了期货交易的市场组织形式。1994 年，证监会牵头相关部委、地方政府对当时的 50 多家期货交易场所进行重新审查，通过合并重组或转为其他金融机构的方式，压缩期货交易场所的数量。1998 年国务院明确，按照“继续试点，加强监管，依法规范，防范风险”的原则，对还继续存在的 14 家期货交易所进行整顿和撤并，只保留了上海期货交易所、郑州商品交易所和大连商品交易

① 见中国证监会编《中华人民共和国证券期货法规汇编（1992—1993）》第 70 页，法律出版社。

② 见中国证监会编《中华人民共和国证券期货法规汇编（1998）》第 45 页，法律出版社。

所三家期货交易所。1999 年，期货交易所进行了会员制改造。目前，除 2006 年经国务院同意、证监会批准新设立的中国金融期货交易所是公司制交易所外，其他三家期货交易所均为会员制交易所。三是停止了大量品种的交易。经过先后两次清理整顿，将 50 多个期货交易品种削减到了 12 个，并提高了部分保留品种的交易保证金比例。比如铜、铝、大豆三个商品期货品种的最低保证金仍然维持 5%，其余保留的品种如绿豆、天然橡胶期货的最低保证金比例提高到 10%。四是禁止国内机构和个人进行境外期货与衍生品交易。五是停止金融期货交易，未经批准，任何机构不得从事金融期货交易。由于“327 国债期货事件”的影响，已经上市交易的所有金融期货品种全部停止。六是严禁金融机构参与期货交易，严禁国有企业违规从事期货交易，严禁信贷资金、财政资金以任何形式流入期货市场，金融机构不得为期货交易提供融资或担保。七是合并和取缔了大量的中介机构。禁止期货公司开展自营和资产管理业务。通过证监会的重新审批注册，期货经纪公司从 300 多家降到 200 家左右。取消期货兼营机构，2000 多家兼营机构随即消失。银行、证券公司、信托公司等金融机构退出期货市场。经过清理整顿后的期货市场具备了进一步发展的条件。

重返上海：金融期货再登陆

一声锣响后，沪深 300 股指期货行情走势图上红绿两条线在上海浦东陆家嘴大厦 6 层的一面电子墙上交叉延伸、上下蹿动。这一刻是 2010 年 4 月 16 日上午 9 点 15 分。一天交易下来，闪烁的两条曲线告诉我们：挂牌的 4 个股指期货合约总交易量 58457 手。阔别市场 15 年的金融期货又重新回到了上海滩。

上海不仅是旧中国最早交易期货的地方，也是新中国最早上市金融期货的地方。1992年在上海证券交易所上市的国债期货在1995年被停掉了，轰动金融界的“327国债期货事件”导致上市仅三年的金融期货夭折。前面李鹏总理讲话中提到要关掉的就是它。

股指期货的上市预示着中国资本市场改革开放的深化和期货市场步入稳步发展的大好时机。它和这一年出台的股票市场融资融券业务一起，构成了中国股票交易市场的做空机制，促进了中国股市交易机制更加完善。国内刚刚经历过2008年国际金融危机后的一些人对金融衍生品有点担心，有点畏惧，有一些不同的声音。在这个时候推出股指期货需要魄力与胆量。在党中央、国务院的正确领导下，国务院主管金融事务的领导通过深入调查研究，从深化资本市场改革，鼓励金融创新，健全资本市场体制机制的角度出发，大力支持和推动了股指期货的上市工作，使得股指期货锣敲中金所，金融期货重返上海滩。金融期货的重新上市，对中国资本市场来说是迈出的关键性一步。自2010年沪深300股指期货上市以来运行平稳，功能逐步显现，为中国资本市场健康稳定发展起到了极为重要的作用。2013年的政府工作报告中，将股指期货和融资融券业务的推出列为那届政府在资本市场上的重大改革成果之一。在股指期货挂牌交易前一周的2010年4月8日，中国证监会在上海举行了股指期货上市启动仪式。当日，国务院副总理王岐山为股指期货上市发来了贺词。贺词说：“在当前极为复杂的经济形势下，推出股指期货，充分表明了党中央、国务院推进资本市场改革发展的坚定决心。股指期货是国际上成熟的金融衍生品，流动性强、透明度高，具备价格发现、风险对冲、稳定市场等重要功能。自诞生以来，股指期货走过了近30年的发展历程，经受了历次金融危机的考验，没有出现大的系统性风险。”[①] 这是王岐山同志研究了国际股指期货市场后做出的中肯评价，肯定了股指期货在资本市场上的作用。

《人民日报》当天发表特约评论员文章说，稳妥推出股指期货，是深化资本市场创新的必然结果，标志着我国金融期货市场建设迈出了关键一步。评论员文章还说，在这次国际金融危机中，股指期货等场内衍生品市场因为运行规范、价格透明、流动性高、集中清算、监管严格，保持了平稳运行，为维护金融市场的稳定发挥了积极作用。文章认为，我国发展股指期货市场，要充分借鉴国际成熟市场的成功经验，并从国际金融危机和我国过去发展金融期货的实践中汲取经验教训，有针对性地进行制度安排，努力探索出一条既符合国际惯例，又体现中国现阶段市场特点的金融期货市场规范发展之路。[②]

沪深300股指期货上市对我国资本市场发展具有里程碑的意义。对于期货和衍生品市场来说，它的推出改变了我国场内衍生品市场仅有商品期货品种的现状，开始向以金融衍生品为主导的国际衍生品市场靠拢。对于股票市场来说，它改变了股票市场缺乏风险对冲机制，长期处于单边运行的状态，是股票市场走向成熟的关键一步。但是，股指期货从筹备到推出并不容易，历经曲折艰辛，可谓“十年磨一剑”。

2000 年，上海期货交易所完成了《我国股票指数期货市场总体方案设计》的研究课题。从 2001 年以来，历届证监会主席对股指

---

① 王岐山，《推动资本市场改革发展的重大举措——致中国金融期货交易所股指期货启动仪式的贺词》，新华网，2010 年 4 月 8 日。

② 《稳妥推出股指期货　完善资本市场功能》，人民日报特约评论员文章，2010 年 4 月 8 日。

期货市场的建设都高度重视。记得 2001 年 7 月 20 日，时任证监会主席周小川在上海期货大厦 7 层会议室听取了上海期货交易所关于股指期货上市筹备工作的汇报，周小川明确指示上海期货交易所要抓紧筹备工作，尽快向证监会提交上市申请，同时要求交易所通过各种渠道，利用各种力量做好股指期货上市的舆论宣传工作。上海期货交易所按照这一要求，2001 年 11 月向证监会提交了关于上市股指期货的申请。并在标的指数选择、产品合约设计、交易结算规则、风险监测监控、市场监管等方面做好准备。同时，还进行了大量的市场教育推广工作，2001 年开始一直不停地举办关于股指期货的国际国内论坛，2002 年创办了双月期刊《期货与金融衍生品》，2003 年组织编辑出版了“期货与金融衍生品系列丛书”等，为股指期货上市预热造势。通过交易所内部人事薪酬改革，改革激励机制，公开竞聘选拔了一批年轻干部，向海内外招聘和延揽了一批人才，为股指期货上市做好人才储备，同时进行了信息技术系统的改造。但从各个相关部委、证监会内部以及市场方面看，对上市股指期货有各种不同的意见，很难达成共识。其中主要的意见认为，股票现货市场的条件还不具备，尤其是存在股权分置状态，容易引发资本市场的风险。鉴于各方意见不一致，加之股票市场低迷，股票指数长期在低位徘徊，舆论也担心股指期货上市会影响股市稳定。股指期货上市计划暂时搁浅。

2002 年底，新一任证监会主席尚福林到任不久，开始酝酿股票市场改革的大动作——股权分置改革。经过两年多的精心准备，经国务院批准，2005 年 4 月，证监会正式启动了股权分置改革。随着股权分置改革的基本完成，推出股指期货的制度性障碍基本清除。在那届证监会领导班子的努力推动下，2006 年 9 月，经国务院同意、证监会批准，为上市交易包括股指期货在内的金融期货而组建的中国金融期货交易所在上海正式挂牌成立。国务院批准的这个新交易所由上海期货交易所、郑州商品交易所、大连商品交易所、上海证券交易所、深圳证券交易所 5 家证券期货交易所出资入股设立。上海期货交易所关于金融产品如股票指数期货业务、国债期货业务[①]的筹备工作及其人员全部划转新交易所，上海期货交易所 20 多名专业人士"人随业务走"，连同金融期货事业部整建制划入中国金融期货交易所。并以此为基础，向社会公开招兵买马，壮大队伍。同时加大宣传推荐力度，继续推动股指期货的上市进程。如此一来，上市股指期货的事情再次提到决策者的办公桌上，后来也因为种种原因再次放下。那时，"327 国债期货事件"阴霾不散，有点"一朝被蛇咬，十年怕井绳"的味道。刘鸿儒当时说："你们应该把'327 国债期货事件'发生的情况与今天上市金融期货的环境出现了哪些变化，有何不同，详细地向有关领导和相关部门说清楚，才能获得大力支持，才有望上市股指期货。"刚刚成立不久的中国金融期货交易所当时由于无产品可以交易，其主要任务就是到相关部委、大专院校以及市场各个层面进行股指期货的演讲与培训，加大加强各种途径的宣传推广活动，尤其是依靠国内外专家学者、新闻媒体的力量去推动对股指期货的理解工作。尤其值得一提的是，梅拉梅德也自愿参与到中国金融期货交易所的宣传活动中。他从 2002 年开始，几乎每年都要到中国，有时候一年不止一次。他利用到大学演

---

① 在中国金融期货交易所成立前，上海期货交易所是重启国债期货的积极推动者。当时上海期货交易所成立了专门小组研究推动国债期货重新上市工作，小组成员单位除证监会外，还有中国人民银行、财政部、社科院等，后来相关业务和人员平移到中国金融期货交易所。

讲、参加业界论坛、拜访金融监管部门、国家领导人接见等机会，以美国的经验，宣传股指期货对资本市场的积极作用和经济功能，加深了中国领导层、监管部门、市场参与者等各个层面对股指期货的了解。通过多方宣传，共同努力，各方认识逐步统一。2010 年经国务院批准，股指期货在中国金融期货交易所正式上市交易。可见，宣传推广介绍相关知识和经验，对一个市场的建立和培育意义之重大。特别是在 2008 年国际金融危机后，金融衍生品名声不太好的背景下，国务院批准金融期货上市是对过去中国期货市场稳定发展的极大肯定，也是继续深化资本市场改革的重要举措。

自此以后，金融期货上市的路子就比较顺了。2013 年，5 年期国债期货上市。沪深 300 股指期货交易额在同类合约中名列世界第二，全年金融期货交易金额已经占到中国期货市场的 53%。2015 年上半年又推出了 10 年期国债期货，上证 50、中证 500 股指期货等，全年金融期货交易金额占期货市场的比例进一步上升到 75%。2015 年股市发生异常波动后，一些舆论指责股指期货在股市的大幅波动中起了“推波助澜”的负面作用，是它导致了股市异常波动，但许多专家认为，股指期货对股票市场的影响是中性的。就如前面梅拉梅德所说过的那样，它仅仅是传递坏消息的信使而已，错不在信使，信使只是传递了消息。有句谚语：“天亮不是雄鸡啼出来的。”公鸡不打鸣，天也会亮。鉴于股票市场的不稳定，监管部门和交易所对股指期货的活跃度进行了限制，2016 年、2017 年股指期货交易量都有比较大的下降，但现货市场波动仍然很大。简单的限制不是办法，这是股票市场需要的一种交易机制。人们需要沉下心来认真客观地研究分析股指期货对中国股市的影响，找出真正原因，对症下药，以利今后股票市场和股指期货市场更好地健康协调发展。

规矩方圆：成就期货市场发展

股指期货上市8年多过去了。回顾当时，我国期货市场不仅金融期货恢复了上市交易，商品期货也取得了稳步发展的好成绩。这首先要归功于党中央、国务院对发展期货市场的高度重视。2003年中国共产党十六届三中全会提出，要稳步发展期货市场。2004年2月，国务院发布了《关于推进资本市场改革开放和稳定发展的若干意见》（市场习惯称之为老“国九条”），对党中央的决定进行了具体的部署，提出要在严格控制风险的前提下，逐步推出为大宗商品生产者和消费者提供发现价格与套期保值功能的商品期货品种，研究开发与股票和债券相关的新品种及其衍生品。期货市场迎来了发展机遇，从清理整顿步入规范发展新时期。

期货市场在规范中迅速发展起来了。要落实党中央、国务院对期货市场的要求，首先要对1999年颁布的《期货暂行条例》进行修改，因为这是一个试点期间的法规，限制性的条款比较多，已经不能满足实体经济发展对期货市场的需要。曾经领导和积极推动《期货暂行条例》出台的证监会原主席周正庆在2007年回忆那段历史时说，当时的背景是期货市场处于起步阶段，各地一哄而起，盲目发展，没有法规规范，缺乏集中统一监管，出现了许多问题，也出现了一些大的案件，造成国有资产的损失，党中央、国务院的领导非常重视。为此，国务院决定对期货市场进行清理整顿。当时期货市场面临的内外部环境和政策取向就是严格监管下的有限度试点。《期货暂行条例》的大部分条款内容来源于当时国务院出台的整顿期货市场的几个文件。由于很多东西实践经验不足，限制性规定很多，这些规定在当时的历史条件下是正确的，适应了当时国家宏观大环境的需要。但随着社会主义市场经济的不断发展，《期货暂行条例》的历史局限性逐步暴露，难以完全适应我国经济发展的需要。周正庆认为，在这种情况下修改《期货暂行条例》，将过去一些好的经验提炼到新修订的条例中很有必要。

老“国九条”的出台，为修改《期货暂行条例》提供了依据。国务院法制办会同证监会在2007年和2012年两度修改条例，修改后的条例既为规范发展期货市场提供了法律保障，也为期货市场进一步健康发展预留了较大的空间。

2007年对1999年《期货暂行条例》的修改，其亮点有以下几个。一是结束了清理整顿，期货市场进入规范发展阶段。修改后的《期货条例》名称中去掉了“暂行”二字。国务院法制办时任副主任宋大涵说：“条例名称去掉了‘暂行’二字，表明我国期货市场和市场管理制度已进入健康发展的轨道。”他说：“1999年9月1日施行的暂行条例，为清理整顿期货市场、规范市场主体交易行为，加强市场风险管理，确立期货市场集中统一监管体制提供了有利的法律保障。暂行条例的一些规定已经不能适应期货市场进一步规范发展的需要。”二是增加了金融期货交易、期权交易的有关内容。改变了《期货暂行条例》仅仅规范商品期货的状态，将期货品种从商品期货扩大到了金融期货、商品期权、金融期权等，为2010年股指期货上市创造了必要条件。三是强化了中国证监会集中统一监管体制。明确了中国证监会对商品期货、金融期货、场内期权市场实行集中统一监管。宋大涵说：“自20世纪90年代以来，国务院多次强调期货市场实行集中统一监管，不得各行其是。随着新条例的颁布实施，金融期货、期权推出后，需要进一步加强集中统一监管，确保期货市场规范、健康、有序地发展。”[1]新条例还进一步完善了监管措施，强化了执法手段，主要包括三个方面：规定证监会有对期货交易所、期货公司等进行现场检查，查询与被调查事件有关单位的保证金账户和银行账户等的职权；对不符合持续性经营规则或出现经营风险的公司，可以采取限制或暂停部分期货业务、责令更换高管等措施；对出现重大风险的期货公司可以采取停业整顿，机构托管、接管等监管措施。四是进一步完善风险控制体系，强化监督管理。风险预警体系包括三个内容，即建立期货保证金安全存管监控体系、建立以净资本为核心的期货公司监管报表和指标体系、设立期货市场投资者保障基金，以保障监管部门对市场风险苗头“看得见，说得清，管得住”。同时，进一步完善监督管理措施，强化执法手段。五是扩大了期货公司的业务范围。期货公司除了可以从事经纪业务外，还可以从事证监会规定的其他业务。六是明确了保证金不仅可以是现金，其他如标准仓单、国债等有价证券，也可以充抵保证金，扩大了保证金的范围。七是拓宽了参与者的范围，取消了国有企业作为期货交易主体的一些限制性规定。2007年在证监会主席任上的尚福林认为：“此次对期货市场法规的修改完善，充分贯彻和体现了国家健全现代市场体系，完善资本市场结构，积极稳妥发展期货市场的指导思想。既全面总结监管经验，又积极探索市场发展创新；既遵循立法的基本原则，又兼顾期货市场的业务特性；既满足现实发展需要，又立足市场长远建设。此次法规的修改制定工作，将对我国期货市场发展，乃至金融资本市场发展产生深远影响。”[2]2007年对《期货暂行条例》的修改，在

① 姜洋主编，《期货市场新法规解释与适用》第3页，法律出版社，2007年。

② 姜洋主编，《期货市场新法规解释与适用》第2页，法律出版社，2007年。

进一步完善风险控制机制和监管制度的前提下，适当放宽限制，有力地促进了我国期货市场的健康发展。

5 年后的 2012 年对《期货条例》进行再次修改。这一年的年初召开了第四次全国金融工作会议，明确提出要稳妥推出原油等大宗商品期货品种和相关金融衍生品。多年来，由于“327 国债期货事件”“株冶期货风险事件”造成的期货产品上市的障碍逐步扫除。因此，这次《期货条例》修改兼具“立规”和“松绑”两方面的意义，其实质可以概括为“抓”和“放”。一是抓行业规范，放行业准入。一些地区为推进商品市场发展，陆续批准设立了一些从事大宗商品中远期交易的交易场所。由于缺乏规范管理，这些交易场所开展的交易活动具有明显的期货特征。期货交易是一种特殊的金融交易活动，如不受相应的监管，将有可能危及经济金融安全和社会稳定。为此，2012 年的修改，界定了期货交易的定义，其实质就是以集中交易方式进行的标准化合约交易，并且明确禁止在期货交易所、国务院或者证监会批准的其他期货交易场所之外进行期货交易。二是加强监管，放松管制。2012 年的修改，在继续坚持中国证监会对期货市场实行集中统一监管的同时，放松了对市场准入的管制。此外还进一步明确了标准仓单、国债等价值稳定、流动性强的有价证券可以直接用作保证金用于交易结算和履约担保，删除了 2007 年《期货条例》中有价证券冲抵保证金的规定。三是抓产品创新，加大对内对外开放。2012 年的修改，其中最为重要的内容就是为满足期货市场进一步对外开放、创新发展的需要。如为适应原油期货的推出，取消了对境外投资者参与中国期货市场的限制，符合条件的境外机构皆可以在期货交易所从事特定品种的期货交易；取消了对商业银行参与国债期货等金融期货的限制。四是进一步明确了期货交易所具有中央对手方清算的地位。在正文中将期货交易所“保证合约的履行”的职责修改为“为期货交易提供集中履约担保”，同时在“修改说明”中明确，“期货交易所在统一组织结算中，作为交易各方的中央对手方的地位是明确的”。该项制度对预防交易对手方信用风险、控制多边净额结算风险以及活跃期货交易发挥了关键作用。

两次对条例的修改，在法治的轨道上落实了十六届三中全会精神和党中央、国务院关于发展期货市场的部署，从顶层设计的高度上明确了期货市场的发展路径，极大地推动了期货市场为实体经济服务和健康稳定发展。我和新老期货从业者聊天，他们感慨期货市场有三个比较突出的大变化：一是可以交易的商品期货品种多了；二是金融期货恢复上市交易了；三是期货从业人员被其他金融机构频频挖角。行业一片喜洋洋。从 2004 年开始，结束了多年不批期货品种上市的局面。当年，上海期货交易所上市了燃料油期货，郑州商品交易所上市了棉花期货，大连商品交易所上市了玉米期货等新品种。此后，商品期货品种上市步伐加快。2010 年，首个金融期货品种——沪深 300 股指期货上市。到党的十八大召开前，期货市场共上市期货品种 28 个，其中商品期货 27 个，金融期货 1 个。随着期货市场品种不断增多，交易量快速增长，功能逐渐发挥，初步具备了在更高层次上服务实体经济发展的能力。许多金融机构从观望到积极加入了期货市场。

大胆探索：习近平总书记寄语

2013 年 8 月 29 日新华网的一则消息拉开了期货市场创新发展的大幕。这则配发了习近平总书记照片的消息说：“29 日，中共中央总书记习近平同志来到大连商品交易所交易大厅。显示屏上，显示着豆粕、焦炭等期货价格，听说交易所一年成交额达 33 万多亿、未来几年期货品种要翻番，习近平同志很高兴。他叮嘱说，要脚踏实地，大胆探索，努力走出一条成功之路。”[①] 这是我国第一次公开报道最高领导人视察期货市场的讲话。这次习近平总书记的讲话虽然只有 19 个字，但在国家权威媒体上公开报道，对于期货市场来说意义非比寻常。习近平总书记的重要讲话，对期货市场的建设者、参与者和监管者都是一个巨大的鼓舞与鞭策，指导和推动着我国期货市场健康稳定发展。

2013 年 11 月，党的十八届三中全会提出，使市场在资源配置中起决定性作用，健全多层次资本市场体系，丰富金融市场层次和产品。期货市场作为金融市场的一个层次和产品提供者，需要在资源配置中起到积极作用。2014 年 5 月，在 2004 年的老“国九条”发布 10 年后，国务院发布了《关于进一步促进资本市场健康发展的若干意见》(市场习惯称之为新“国九条”)。新“国九条”具体化了党中央对包括衍生品市场在内的资本市场的支持措施。对比新老“国九条”，虽然总体篇幅差不多，但新“国九条”里关于期货和衍生品市场的表述大幅增加。新“国九条”提出：发展商品期货市场。以提升产业服务能力和配合资源性产品价格形成机制改革为重点，继续推出大宗资源性产品期货品种，发展商品期权、商品指数、碳排放权等交易工具，充分发挥期货市场价格发现和风险管理功能，增强期货市场服务实体经济的能力。允许符合条件的机构投资者以对冲风险为目的使用期货衍生品工具，清理取消对企业运用

---

① 《习近平寄语大连商品交易所：脚踏实地大胆探索》，中央政府网（www.gov.cn），2013 年 8 月 29 日。

风险管理工具的不必要限制。建设金融期货市场。配合利率市场化和人民币汇率形成机制改革，适应资本市场风险管理需要，平稳有序发展金融衍生产品。逐步丰富股指期货、股指期权和股票期权品种。逐步发展国债期货，进一步健全反映市场供求关系的国债收益率曲线。

2017 年 7 月，第五次全国金融工作会议在北京召开。会议明确金融工作的三大任务是：服务实体经济、防控金融风险和深化金融改革。这三大任务需要各个方面去积极贯彻落实，也为期货市场大发展提供了重要机遇。

党的十八大以来，随着党中央、国务院一系列文件的出台，我国期货市场加大了改革开放的力度和大胆探索的强度，经过努力，期货市场在量和质方面都上了一个大台阶。党的十八大之前，我国期货市场经过 20 多年“摸着石头过河”的探索发展，取得了斐然成绩。早期期货市场的探索者、拓荒者、播种者已然老去，渐渐淡出。我国实体经济迅速发展遇到的新情况、新问题、新常态，不断逼迫着新一代期货人一茬接一茬地接上来，他们加快了大胆探索、改革创新的步伐，推动着我国期货市场的改革开放继续向纵深挺进。习近平总书记指出：“改革开放是一项长期的、艰巨的、繁重的事业，必须一代又一代人接力干下去。”[①] 经过中国期货人一代代坚持改革开放不动摇的持续努力，特别是 2013 年 8 月习近平总书记视察大连商品交易所发出“要脚踏实地，大胆探索，努力走出一条成功之路”的号召以来的 5 年里，我国期货市场的量和质都有了大幅度的提升。

---

① 《习近平谈治国理政》第 67 页，外文出版社，2014 年 9 月。

一是期货市场创新开放发展加快。党的十八大以来，我国期货市场新上市期货、期权品种 29 个，超过了之前 20 多年上市产品的总和。商品期货创新与对外开放加速，一些准备多年的战略性大宗商品期货品种，如铁矿石期货、原油期货相继上市并允许国际投资者参与交易，实现了境外投资者直接参与境内期货市场的重大突破，开放的大门打开，我国期货市场正式走向国际。金融期货大发展，股指期货品种体系进一步完善，增加了上证 50、中证 500 股指期货两个品种；国债期货市场起步，推出了 5 年期、10 年期国债期货两个品种。场内期权实现“零”的突破，2015 年，上市了首个金融期权——上证 50ETF 期权；2017 年，商品期权——豆粕、白糖期货期权先后上市。到 2018 年 3 月底，上市期货期权品种共 57 个（见表 3–1），其中商品期货期权 51 个，全市场资金总量 4392 亿元，有效投资者 128.7 万户。2017 年期货市场交易量与交易金额分别比 10 年前增长了 7 倍和 8 倍（见图 3–1），是仅次于美国的全球第二大商品期货市场（按成交手数看，商品期货成交量已经连续 9 年居世界第一）。

特别值得一书的是，2018 年 3 月 26 日上海期货交易所上市了对全球投资者开放的人民币原油期货。这是在党的十六大起步，经过 10 多年努力，在党的十九大以后才办成的大事。这是我国期货市场对外开放大胆探索的一大步。人民币计价原油期货国际化平台的建立，以及铁矿石期货引进国际投资者交易，是我国期货市场贯彻落实习近平总书记“要脚踏实地，大胆探索，努力走出一条成功之路”重要指示的充分体现。人民币计价的原油期货市场的建立，这不仅在我国期货发展史上具有里程碑意义，在我国经济发展史上也是值得浓墨重彩书写的一笔。

表 3–1　目前已上市期货、期权品种情况

类型	类别	品种	数量
期货	农产品	棉花、早籼稻、菜籽油、油菜籽、菜籽粕、白糖、强麦、普麦、黄大豆 1 号、黄大豆 2 号、玉米、豆粕、豆油、棕榈油、粳稻、晚籼稻、棉纱、鸡蛋、胶合板、纤维板、玉米淀粉、鲜苹果期货	22
	金属	铜、铝、锌、铅、黄金、螺纹钢、线材、白银、铁矿石、热轧卷板、镍、锡、硅铁、锰硅	14
	能源化工	天然橡胶、燃料油、PTA（精对苯二甲酸）、LLDPE（线性低密度聚乙烯）、PVC（聚氯乙烯）、焦炭、玻璃、甲醇、沥青、动力煤、焦煤、聚丙烯、原油	13
	金融	沪深 300、上证 50、中证 500 股指期货，5 年期、10 年期国债期货	5
期权	商品	豆粕期货期权、白糖期货期权	2
	金融	上证 50ETF 期权	1
合计			57

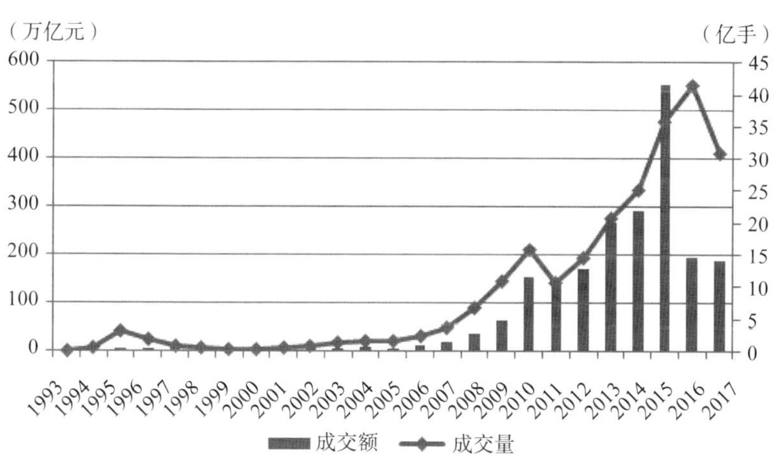

图 3–1　我国期货市场历年成交量和成交额情况

数据来源：中国期货业协会。

二是期货市场的机构投资者增多。市场持仓结构发生了巨大变化，机构投资者和产业客户的占比大幅度上升。10年前期货市场持仓者大部分是自然人，换手率（当日交易量/日末持仓量）极高，最高时达到6倍，长期持仓者极少，持仓占比不到10%。近年来，机构投资者比例越来越大，长期持仓者逐年增加，成交持仓比明显降低。2017年我国商品期货市场整体交易持仓比在一两倍之间，和美国商品期货市场大致相当。持仓者中机构和产业客户显著上升，法人持仓占比在40%~60%，与10年前商品期货市场情况相比，发生了翻天覆地的变化。机构投资者中，除了传统的利用期货市场进行套期保值管理自身风险的实体企业、金融机构、私募基金外，市场中还出现了一些利用衍生品市场为中小微企业服务，可以称为专业交易商的新型机构投资者。这些专业交易商大概可以分为两类：一类是期货公司下属独立法人的风险管理子公司如永安资本、新湖瑞丰、锦盈贸易等；另一类是为产业链上下游提供风险管理服务的综合产业集团如中粮集团、江铜集团、杭州热联集团等。

三是期货市场的经济功能显著提升。越来越多的行业和企业利用期货市场的价格作为基准进行贸易谈判，进入期货市场套期保值管理风险。典型如我国有色金属、油脂油料行业，95%以上的企业都在利用期货市场发现的价格作为定价基准，进行原材料采购谈判，同时利用期货市场套期保值锁定产成品销售利润。超过90%的PTA生产、贸易企业和80%的聚酯企业参与PTA期货市场交易，期现货价格相关系数达到0.99。50个商品期货期权品种，涉及国民经济20多个产业链，成规模现货企业30多万家，价值20多万亿元的商品有风险管理的保值需要。期货市场功能显著提升，在服务供给侧结构性改革、落实国家产业政策、促进落后产能淘汰、提升产品质量、服务“三农”，以及助力脱贫攻坚等方面发挥了积极作用。

四是铜、铁矿石等部分商品期货品种的价格已经具备一定的国际影响力。目前，上海铜期货已成为世界影响力最大的两大铜期货之一。近年来，上海期货交易所铜期货价格已经不再仅仅是被动地跟随伦敦金属交易所铜期货价格波动，二者更多地呈现互相引导的关系。上海铜期货市场在国际铜定价中的影响力不断提升，国际铜定价由过去单一依据伦敦铜期货价格的定价方式，逐渐向综合伦敦铜期货价格和上海铜期货价格的定价方式转变。

大连商品交易所铁矿石期货价格的国际影响力不断显现。我国铁矿石期货上市前，普氏指数（Platts）作为铁矿石国际贸易的唯一定价基准，呈现明显的“快涨慢跌、涨幅大跌幅小”的运行特点，且由于其是一个估价指数，而非真实交易形成，产生过程不透明，容易被操控。在这种情况下，螺纹钢和铁矿石的价格比（基本决定了钢铁企业能够获得的加工利润）长期保持较低水平，我国钢铁行业的合理利润被国际矿山严重挤压。2013年我国铁矿石期货上市后，产生了公开透明的期货价格，使普氏指数的发布不能过分偏离期货价格（见图3–2），加速了铁矿石价格向其本身的供求关系回归。研究证明，铁矿石期货上市后，螺纹钢和铁矿石的价格比稳步提升，钢铁行业经营状况显著好转（见图3–3）。

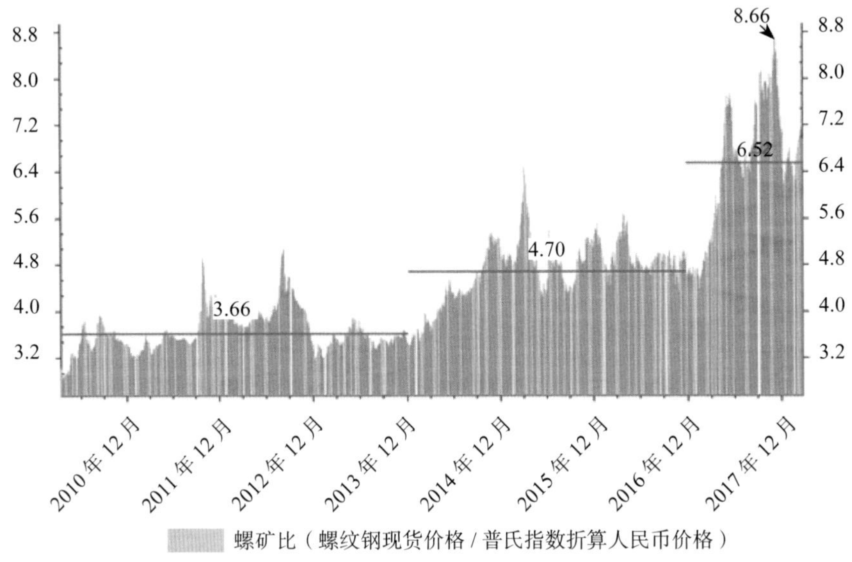

图 3–2　螺纹钢与普氏指数价格比值

资料来源：大连商品交易所。

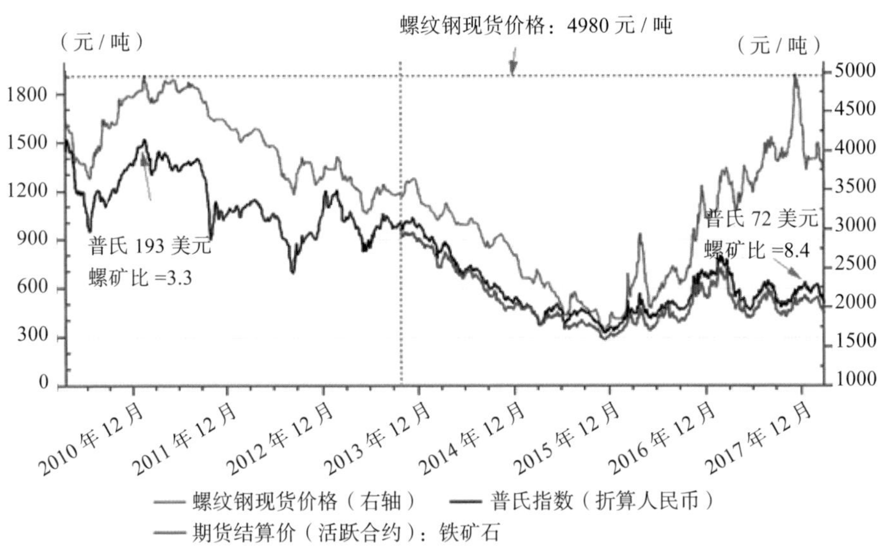

图 3–3　螺纹钢、普氏指数与铁矿石期货价格走势

资料来源：大连商品交易所。

五是市场运行日趋规范，监管有效性不断提升。期货市场高杠杆、高风险、高回报的特点，使得其对监管的要求很高。有效的期货市场监管，无论是在保障金融安全性方面，还是在促进市场稳定性方面，都起到极佳的作用。一方面，进一步健全完善了期货市场投资者适当性制度。适当性制度是保护投资者利益的第一道防线。2010 年之前，期货市场上仅有商品期货品种，没有实行投资者适当性制度。随着金融期货的上市、期权产品的推出以及部分期货品种引入境外投资者参与，产品更加复杂，参与主体更加多元，影响市场运行的因素更多，要求投资者具备较强的风险承受能力。在证监会的指导下，期货交易所在金融期货产品、期权产品、对外开放特定品种上实行了投资者适当性制度，严格落实“将适当的产品销售给适当的客户”这一理念，更好地保护中小投资者的利益，为期货期权市场进一步创新开放提供了保障。另一方面，期货市场监测监控更具前瞻性，监管更加有力。2015 年 9 月，针对“热钱”快速进出商品期货市场，部分商品期货品种出现交易过热的苗头，证监会未雨绸缪，指导三家商品期货交易所主动采取措施，通过提高交易手续费和交易保证金、限制单一客户单日最大开仓量等措施，大幅提高短线交易成本，把表征市场流动性和过度投机的“成交持仓比”指标控制在两倍以下，有效抑制了期货市场过度投机。这也为当 2016 年大宗商品现货市场剧烈波动时，期货市场能够保持平稳运行打下了良好的基础，促进了期货市场功能有效发挥。

零的突破：场内期权破茧而出

2015 年 2 月 9 日，我国首个场内期权品种——上证 50ETF 期权在上海证券交易所上市交易。2017 年，大连商品交易所、郑州商品交易所分别上市了豆粕期货期权和白糖期货期权。经过多年的研究和筹备，缺席国内期货市场20多年的期权产品终于破茧而出。这对于场内衍生品市场来说是一个质的突破，期货上市品种的增加是在同一类金融工具上量的积累，而上市期权品种则直接扩大了风险管理工具的种类，提供了多样性衍生品的选择。对于套期保值的企业来说，风险管理的工具更加齐备，风险管理的操作就可以更加精细化。

如前所述，期权与期货一样，是全球金融市场上最基本、最常用的风险管理工具，是场内衍生品市场最基础的产品类型。目前，全球主要市场均有期权交易，交易所在推出新的期货产品的同时，一般会上市相应的期货期权产品。我国期货交易所于1993年就开始了期权的研究，对其系统研究则始于2005年，证监会组织上海期货交易所、郑州商品交易所、大连商品交易所三家商品期货交易所，多次召开会议，对商品期权交易制度进行了反复讨论，初步统一了商品期权交易规则，起草了《商品期权交易管理办法》初稿。此后，中国金融期货交易所、上海证券交易所、深圳证券交易所也先后启动了股指期权、个股期权、ETF期权的系统研究工作。2013年以后，期权上市筹备工作加速，4家期货交易所及两家证券交易所分别启动了产品合约设计、技术系统改造、期权仿真交易测试等实质性工作。在各方的共同努力下，2015年1月9日，证监会发布《股票期权交易试点管理办法》(简称《试点办法》)，为证券公司交易期权在《期货条例》相关条款下作了衔接，并得到国务院法制办认可，同时也为期货公司参与证券交易所期权交易进行了一些特别安排。《试点办法》为证券交易所组织开展个股期权、ETF期权交易提供了依据，上海证券交易所率先开展上证50ETF期权试点。

相对于期货而言，期权产品的定价及组合应用更为复杂，对中介机构、市场参与者的风险管理能力提出了更高的要求。各证券、期货交易所都对潜在期权交易者进行了广泛深入的培训教育活动。仅 2013—2015 年，4 家期货交易所在全国范围组织开展期权知识培训 3300 多场，受众达 34 万余人次；出版了 12 本期权图书，投放了 300 多篇宣传介绍类文章；共有 140 多家期货公司会员，超过 40 万客户参与期权仿真交易；制定了股指期权、商品期权投资者适当性制度。这些投资者教育活动的深入开展及投资者保护相关制度的不断健全，为前述期权产品的顺利上市、平稳运行提供了保障，同时也为下一步推出新的金融期权、商品期权品种奠定了坚实的基础。正如业内专家所说，“期货是现货的衍生品，期权（期货期权）是期货的衍生品”，有了期权以后，我们的市场才能称为完整意义上的期货市场。

小荷露角：场外衍生品市场

成熟市场的经验表明，场外衍生品市场与场内衍生品市场是相互促进、共同发展的关系，二者一起构成为实体经济服务的衍生品市场。

与场内衍生品市场的期货相比，我国场外衍生品市场起步要晚一些。我国商业银行开展柜台衍生品业务，始于 1997 年中国人民银行批准中国银行作为首家试点开展远期结售汇业务。银行间场外衍生品市场则开始于 2005 年，中国人民银行先后发布《全国银行间债券市场债券远期交易管理规定》《关于加快发展外汇市场有关问题的通知》，在银行间市场推出了债券远期交易和外汇远期交易。此后，中国人民银行又相继在银行间市场推出了利率互换、外汇互换、外币对远期及互换、货币互换、远期利率协议、外汇期权等产品。至此，银行间场外衍生品市场成为我国场外衍生品市场的发展主力。

与国际衍生品市场场外规模大于场内不同，长期以来，我国衍生品市场主要以场内的期货市场为主，场外衍生品市场规模很小，仅是期货市场规模的一个零头。但随着2014年以来场外衍生品市场的快速发展，以及2015年股市异常波动后，占当年期货市场成交额七成以上的股指期货产品受到严格的限制，期货市场规模大幅下降，场内、场外市场规模的差距不断缩小。在这几年金融市场化改革的推动下，不仅银行间市场利率、外汇场外衍生品交易发展迅速，商业银行、证券公司、期货公司柜台的场外衍生品交易也开始创新发展，产品从利率类、外汇类进一步扩展到股权类、商品类和信用类。为落实2009年我国在G20峰会上的承诺，中国人民银行主导的上海清算所也在探索为各类场外衍生品交易提供中央对手方清算服务。2017年，银行间市场的利率及外汇衍生品（包括远期、互换、场外期权等类型）成交额一举突破100万亿元，占到同期期货市场成交额的58%，标志着场外衍生品市场真真正正地成为我国衍生品市场的一大部分（见图3–4）。除银行间场外衍生品交易外，2017年商业银行柜台、证券公司柜台场外衍生品交易规模分别为4.3万亿元和6700亿元，期货公司商品场外衍生品业务也已经开始起步，交易额超过3000亿元。[①] 此外，国内商业银行和外资银行推出了众多挂钩利率、汇率、股票指数、商品指数的结构化理财产

① 商业银行柜台衍生品市场主要包括银行对客户的外汇、利率、商品场外衍生品交易。据国家外汇局发布的《2017年中国国际收支报告》统计，2017年银行对客户外汇衍生品交易量（包括远期、互换、期权）为6566亿美元，按2017年底的汇率粗略折算合人民币4.3万亿元。银行对客户的其他衍生品交易规模数据尚不掌握。证券公司、期货公司柜台衍生品数据分别来自中国证券业协会和中国期货业协会。

品，估计规模在1万亿元左右。[①]

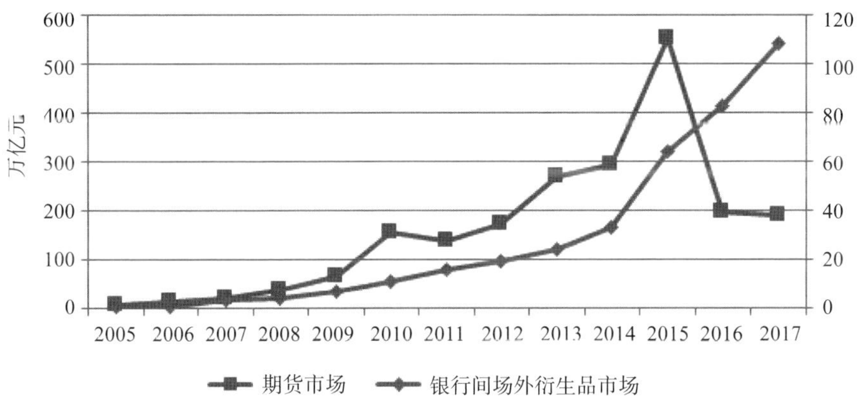

图 3–4 我国期货市场和银行间场外衍生品市场发展情况

数据来源：外汇交易中心、中国期货业协会。

伴随着市场的发展，我国场外衍生品市场的法规制度也在不断完善。从商业银行看。2004年，原银监会发布了《金融机构衍生品交易业务管理暂行办法》，并于2007年、2011年进行了两次修订。这是我国首部关于场外衍生品的部门规章，首次从监管部门的角度对场外金融衍生品进行定义，并对业务进行分类，为银行业金融机构的柜台衍生品交易提供了制度规范。2018年1月，原银监会发布了《关于印发衍生工具交易对手违约风险资产计量规则的通知》，进一步强化商业银行衍生工具风险管理和计量能力。目前，约有70多家银行取得从事衍生品交易的资格。从证券公司看。2011年，证监会发布了《关于证券公司证券自营业务投资范围及有关事项的规定》，明确证券公司自营除了对冲风险而参与金融衍生品交易外，还可以通过设立子公司的方式参与金融衍生品交易。2016年10月、

① 杨德行，《银行理财正在成为我国场外衍生品市场的主力玩家》，2015年7月21日。作者为招商银行资产管理部副总经理，该文发表于微信公众号“招商银行资产管理”上。

2018年5月证监会分别发布了《关于进一步规范证券基金经营机构参与场外衍生品交易的通知》《关于进一步加强证券公司场外期权业务监管的通知》，两个通知的发布，强化了对证券、基金经营机构场外衍生品业务尤其是证券公司场外期权业务的监管。

此外，行业协会等自律组织制定的自律规则在场外衍生品市场发展中发挥着重要作用。2009年，银行间市场交易商协会发布了《中国银行间市场金融衍生产品交易主协议》（也称NAFMMI主协议）。2013年，中国证券业协会发布了《证券公司金融衍生品柜台交易业务规范》《证券公司金融衍生品柜台交易风险管理指引》《中国证券市场金融衍生品交易主协议》等。2014年，在《中国证券市场金融衍生品交易主协议》的基础上，中国证券业协会、中国期货业协会、中国证券投资基金业协会联合发布了《中国证券期货市场场外衍生品交易主协议》及补充协议。这些主协议及自律规则的出台为各类金融机构探索开展场外衍生品业务提供了初步的框架，有助于维护市场参与者的合法权益，明确了交易双方的权利义务。

原油期货：开放市场新局面

2018年3月26日，面向全球投资者开放的原油期货交易在上海开市。这个用人民币计价、净价交易、保税交割，全球投资者可以用外汇作为保证金的原油期货合约上市，迈开了中国期货市场国际化的步伐。

在此之前，我国期货市场对外开放已经在多个方面进行了探索。一是开展期货保税交割业务试点。期货交易所在保税区内设立交割库，货物不用办理进关手续即可直接进行期货实物交割。2010年12月，经海关总署批准，上海期货交易所在铜、铝两个品种上启动保税交割试点，试点区域为上海洋山保税港区。2013 年 12 月，海关总署同意将上海期货交易所保税交割品种扩大至其所有品种，试点区域扩大到上海自贸区。此后，大连商品交易所、郑州商品交易所也先后在 LLDPE、铁矿石、甲醇等品种上开展保税交割试点。二是在部分期货品种上实施境外交割品牌注册。继 2009 年 1 月美国自由港迈克墨伦公司在上海期货交易所注册首个境外铜交割品牌以来，目前有 30 个铜、8 个 PTA、3 个铝、3 个镍、1 个锌、1 个沥青境外品牌成功注册，在期货交割环节对外输出“中国标准”，更好地满足国内市场对产品品质的需求。三是连续交易（夜盘）顺利推出。期货交易所对部分期货品种在原有的日盘交易时间基础上，新增了夜盘交易时间，使我国的期货交易时段与国际期货交易时段能够有效对接，以促进境内外价格的及时联动，方便国内投资者更好地管理价格波动风险。2013 年 7 月黄金、白银连续交易试点启动以来，目前已有 28 个品种推出了连续交易，占商品期货品种总数一半以上。其中，黄金、白银等贵金属夜盘交易活跃，夜盘交易量占该品种全部交易量的 60% 左右，铜、锌、铅、锡、镍等有色金属夜盘交易量占比近 50%。四是允许合格境外机构投资者（QFII）与人民币合格境外机构投资者（RQFII）参与股指期货交易。2011 年 5 月，证监会发布《合格境外机构投资者参与股指期货交易指引》，明确 QFII 可以参与股指期货交易，但仅限于套期保值。2013 年 3 月，证监会、中国人民银行、外汇局共同发布了《人民币合格境外机构投资者境内证券投资试点办法》，明确 RQFII 可在批准投资额度内，投资股指期货等人民币金融工具。在具体实施中，RQFII 参与股指期货的开户、参与规则与 QFII 保持一致。五是有序引入外资参股境内期货公司。2005 年，我国期货业在 CEPA[①] 框架下对港澳地区先行开放。2014 年开放范围扩大至港澳以外的与我国签订监管合作备忘录的国家或地区。2017 年 11 月，党中央做出重大部署，期货公司外资持股比例上限放宽至 51%，三年后不受限制。目前，具体政策即将出台落地。“外资系”期货公司有望引入境外股东先进的管理经验、丰富的数据资源和成熟的信息系统，推动提升期货行业的整体竞争力。六是积极支持期货公司境外布局。目前，证监会共批准了 19 家期货公司境外子公司。期货公司通过境外子公司把业务触角延伸至中国香港、美国、英国、新加坡等地，为境内期货市场培育潜在境外客户资源。2018 年原油、铁矿石期货对外开放过程中，这些期货公司境外子公司由于更熟悉境内监管规则，率先成为境内期货公司的二级代理商，将境外客户引入境内市场，成为期货市场对外开放起步阶段的重要支撑力量。总体来说，这些政策的出台深化了我国期货市场与国际市场的联系，有助于提高期货价格的国际影响力，但总体上看我国期货市场对外开放的程度还比较有限。

境外投资者直接参与境内期货交易刚刚开始，原油期货筹备及上市承担了我国商品期货市场国际化探路者的关键角色。2015 年 6 月，经国务院同意，证监会发布了《境外交易者和境外经纪机构从事境内特定品种期货交易管理暂行办法》，并根据该办法，确定原油期货为我国首个境内特定品种，允许境外投资者直接参与交易。2018 年 2 月，证监会确定大连商品交易所的铁矿石期货为第二个境内特定品种。原油期货的上市交易，成为我国首个面向全球投资者的期货产品，这也是我国商品期货市场国际化进程的关键一步。

---

① 内地与港澳《关于建立更紧密经贸关系的安排》英文缩写。

金融期货也在积极探索国际化的有效方式，但进展相对缓慢。2015 年，中国证监会批准上海证券交易所和中国金融期货交易所与德意志交易所集团合作在欧洲建立离岸人民币证券产品交易平台，并共同出资成立合资公司作为交易平台的运营管理机构。交易平台建立初期，挂牌产品以证券现货产品为主，包括境外企业发行或境内企业境外发行的人民币债券、股票、以 A 股指数为基础的交易型开放式指数基金产品，以及人民币计价的资产证券化产品。后续根据市场形势并经监管部门批准，交易平台的业务范围可进一步拓展至证券衍生品及其他产品。

立法加速：市场盼望“提档升级”

回顾中国期货市场建立、发展的历程，法制在此过程中作用巨大、影响深远。但目前规范期货市场层级最高的法律文件仅有行政法规《期货条例》，没有一部专门的法律。市场盼望着法制能够早日“提档升级”。

前面提到，我国《期货法》立法历经 20 年，出台艰难。《期货法》立法动议早在七届全国人大的时候已经提出，后来由于种种原因中断，之后又在十届、十一届全国人大中列入立法规划。全国人大财经委先后多次成立起草组，分别于 1994 年、2007 年两次形成《期货法》草案，皆因条件不成熟而放下。第一次是因为期货市场尚处于试点阶段而放下；第二次则因为当时金融期货尚未推出，希望金融期货推出后总结相关经验，再对《期货法》草案进一步修改完善。

从前面的叙述可以看出，中国期货市场发展历史有一条清晰的脉络，即从试点探索、清理整顿、规范发展到创新发展，每一阶段都与期货法制建设相伴而行，法规在期货市场规范、有序、健康发展中作用巨大。期货市场本质上是一个法治市场，中国期货市场在没有法规的阶段是乱象横生、风险频频的。法规立则市场兴，目前，我国期货市场站在一个新的历史起点上，需要更高层级的法律来促进其发展。2013 年 9 月，十二届全国人大常委会将《期货法》列入立法规划。目前，全国人大财经委牵头起草的《期货法》初稿已经完成，正在走全国人大立法的下一个程序。

《期货法》出台将会有力地促进我国期货市场定价影响力走出国门，推动我国期货市场价格成为国际大宗商品定价基准之一。目前，产生大宗商品价格定价基准的期货交易所主要有三个：芝加哥商业交易所集团的小麦、玉米、大豆等农产品期货价格及西得克萨斯中间基原油期货价格；洲际交易所集团的棉花、白糖期货价格及北海布伦特原油期货价格；伦敦金属交易所（已经被香港交易所全资收购）的铜、铝、铅、锌等有色金属期货价格。这些交易所的投资者来自全球，包括实体企业、金融机构以及对冲基金等各种类型。我国期货交易所的商品期货定价影响力要走出国门，需要全球的企业、金融机构和投资者参与才能实现。

2009—2011 年、2015—2017 年，国际货币基金组织、世界银行与国际证监会组织（IOSCO）组成的联合小组先后两次对中国金融体系的稳定性进行评估（Financial Sector Assessment Program，简称 FSAP），都认为中国期货市场的各项制度总体符合国际标准，但对中央对手方清算制度表达了一个意见：认为虽然《期货条例》对中央对手方清算的风险控制框架有了制度上的安排，但是由于法律层级较低，建议将目前由国务院颁布的行政法规上升到全国人大立法的法律层面。另外，许多境外金融机构与投资者在涉及和国内交易所、中介机构、投资者的关系中，希望法律层面有规范各方民事行为的具体条款；即使是境外机构设在中国境内的子公司，母公司合规部门对它们参与中国期货市场也要进行风险评估，需要它们提供相关的法律文件。

为此，证监会作为《期货法》起草领导小组成员单位之一，在参与配合起草《期货法》的过程中，积极主张应根据市场各方的意见和相关监管部门的建议，将《期货条例》与最高人民法院司法解释中经实践检验的成熟经验和内容，综合归纳在《期货法》草案中，通过调整范围、交易主体、经营机构、期货交易所、中央对手方清算、对外开放、保证金管理、强行平仓、监管服务等章节的安排，反映20多年来中国期货市场发展与监管实践的成功做法。更为重要的是，《期货法》的出台，将为我国建立国际化的大宗商品定价中心提供法律保障，为境内外金融机构及投资者参与期货交易提供法律支持。在中国期货市场对外开放过程中，这会极大地增强国内市场对国际投资者的吸引力和信心，再通过我们不断努力，才能逐步形成全球认可的定价基准市场。许多专家认为，《期货法》的出台与否，决定着期货市场的功能发挥程度和对外开放深度。

期货期货："想说爱你不容易"

人们对期货的认识是在摇摆中深化的。

当经济没有出现大的问题，或者现货市场比较稳定的时候，人们对期货市场的看法趋于正面的多。但当经济稍微出现一些问题，现货市场价格波动大的时候，人们习惯从期货市场上找问题，其负面作用被急剧放大，往往成为"坏孩子"，这在全世界都是如此。在近20年的时间里，由于中国期货市场没有出现大的风险事件，经济功能逐步发挥，为实体经济服务的能力也在逐年提高，口碑渐渐好起来了，党中央、国务院也积极支持期货市场健康稳定发展。这为期货市场的创新发展创造了一个非常好的外部条件。就在大家对期货市场发展一片看好的时候，2015 年 6 月，股票市场在经历了一年多的持续、快速上涨后突然剧烈下跌。于是，对期货尤其是股指期货久违的指责之声高潮迭起，欲罢不能。

2014 年下半年到 2015 年 6 月上旬，中国股市上涨很快，走出了一波大幅上涨的行情。到 2015 年 6 月 12 日，上证综指盘中最高到 5178 点，创 7 年来反弹新高，不到一年时间内翻了一番，市场一派莺歌燕舞、喜气洋洋的景象。可风云突变，股市从 6 月 15 日开始一路下跌，到 7 月 8 日收盘时，上证综指下跌到 3507 点，17 个交易日跌了 1671 点，下跌幅度达 30%，市值减少 25 万亿元。一些专家在寻找下跌原因时，把股指期货在下跌中的角色看得很重。有观点认为，股指期货是导致股市下跌的主要原因。在媒体炒作下，股指期货被推到了舆论的风口浪尖。有学者说，做空股市的武器来自融资融券和股指期货，这些金融杠杆工具成了这轮牛市的杀手。有人说，我国股市还是一个新兴市场，证监会的监管能力还不足以掌控金融杠杆工具，在这种条件下，开放金融杠杆工具，无疑给故意做空中国股市的“恐怖分子”提供了武器。还有人说，要使股市好转，必须关掉股指期货市场。各种言论，不一而足。应该说在下跌的市场里，股指期货助跌可能是一个因素，但不是主要因素。因此也有人认为，由于期货的特殊交易机制，当股票市场大跌时很容易成为“替罪羊”，期货市场没有那么大的能量，它仅仅是现货市场的“体温计”，就如人发烧时会显示很高的体温，但即使打碎体温计，病人也不会好起来。

股指期货在这轮股市暴跌中到底扮演什么角色还有待以后更充分的调查和研究来证明。但从国内外期货市场的发展历史看，当现货市场出现问题时，一些人的思维习惯性地认为，期货的做空机制是现货市场价格下跌的元凶，往往端起放大镜找期货的毛病。不但中国如此，美国早就如此。1987年的美国股灾，股指期货市场就被一些媒体指责为导致股指大幅下跌的祸首。1987年10月19日，美国股市崩盘，当天标准普尔500指数下跌近20%，道琼斯工业指数跌幅达22.6%，创下了历史上单日下跌的最高纪录，超过5000亿美元［大致相当于当时法国的全部GNP（国民生产总值）］的账面财富消失无踪。芝加哥商业交易所的标准普尔500指数期货合约下跌28%，芝加哥期权交易所的标准普尔100指数期权合约下跌21%。人们习惯将这次股市崩盘称为股灾。事后美国政府成立了以财政部部长尼古拉斯·F.布雷迪（Nicholas F. Brady）为首的总统工作小组，并于1988年发布了《布雷迪报告》（Brady Report）。该报告的基本观点是，股市崩盘是由指数套利和组合保险这两类交易在股指期货与现货市场上互相推动而造成的。报告认为，一些机构为了避免股票下跌的风险，在期货市场卖出股指期货合约进行套期保值（组合保险）。大量的空单导致股指期货价格下跌，使之与现货价格偏离了正常的比价关系。于是指数套利者趁机入市，买入股指期货的同时抛出股票现货，再次压低股票价格。而股票价格下跌刺激了更多的组合保险交易，又引起新一轮股指期货抛盘，如此循环，最终导致股市崩溃。梅拉梅德不认同《布雷迪报告》中关于股指期货引致股灾的结论。他说，芝加哥商业交易所的股指期货市场是美国最早开盘的市场，这样我们就有责任将坏消息迅速地传递给美国投资者，而传递坏消息的信使，很可能被千夫所指。

1991 年，以诺贝尔经济学奖得主米勒教授为首的工作小组经过大量翔实的调查，否定了《布雷迪报告》中关于股指期货引致股灾的结论，认为 1987 年的股灾和 1929 年的股市“崩盘”并没有本质区别，都是宏观经济问题累积以及股票市场本身问题导致的，而不是由股指期货市场引起的。事实上，全球股市在 1987 年股灾那天普遍出现了下跌，而跌幅最大的一些市场恰恰是在那些没有股指期货的国家，如墨西哥。股指期货是标准化的风险管理工具且由交易所或清算所充当所有买方和卖方的中央对手方，透明度高、流动性好、信用风险极低、监管严格，难以成为欺诈的工具，更不是导致股灾发生的罪魁祸首！米勒的研究得出了如下结论：“10 月 19 日的股灾不是由期货市场引起的，但抛售浪潮同时袭击了现货（纽约）和期货（芝加哥）市场。大众看到价格下跌首先发生在期货市场是由于开盘时两个市场的处理步骤不同。纽约证券交易所由于前夜堆积的巨大卖单导致许多标准普尔 500 指数成分股开盘延迟。因此在 10 月 19 日早晨公开发布的指数计算用的股票价格是上周五收盘的报价。而 CME 的期货价格反映了周一早晨的信息。尽管来自组合保险和其他机构的期货合约卖压，确实有部分通过指数套利传递回现货市场，但 CME 市场还是吸引了相当于 8500 万股股票的卖压。”[①] 可以说，米勒的调查报告是在世界范围内真正意义上给股指期货所做的正名。此后，库马尔（1998）[②] 等经济学家的众多学术研究成果也否认了股指期货引发股灾的观点，有关股指期货的争议逐渐消失。

---

① Merton Miller, Financial Innovations and Market Volatility,1991.

② Raman Kumar, Atulya Sarin, Kuldeep Shastri. The Impact of Options Trading on the Market Quality of the Underlying Security: An Empirical Analysis, The Journal of Finance, 1998.

过了10年，香港股市崩盘，股指期货又遭连累。在1998年的香港金融保卫战中，香港股票和外汇市场受到了由乔治·索罗斯（George Soros）为首的对冲基金的攻击，股指期货也被牵连其中。对冲基金的基本思路是：先在股票期、现货市场上建立大量空头头寸，再通过攻击联系汇率制，迫使香港特区政府提高利率导致恒生指数下跌，进而影响恒生股指期货下跌，进一步引发港币再次贬值，陷入恶性循环，从而获取暴利。最终，此役在香港特区政府的强力干预下，国际投机资本铩羽而归。事后，部分人认为股指期货是本次金融风险的祸源，假如没有股指期货，索罗斯也不会有机可乘。他们举了一个例子，如当时还没有股指期货的印度受到东南亚金融危机的影响较小。可是，纵观当年还没有股指期货但仍被亚洲金融危机波及的国家和地区，例如中国台湾地区，虽然被影响的时间有所延迟，但是台币仍无法逃脱贬值的命运，股市也应声下跌。因此，1998年香港金融危机中需要审视的是风险管理机制是否完善，而非将危机的原因归咎于股指期货。事实上，索罗斯之所以敢于发动攻击，真正原因是宏观经济恶化、监管体制漏洞、产品自身缺陷，以及袭击者在信息、资金、手段等方面占据优势等因素。要抑制“大鳄突袭”的现象，必须从制度、监管、产品设计等方面入手，采取恰当的措施，确保市场安全平稳运行。

在此之前的1988年，日本推出了日经225股指期货，一年以后，日本股市崩盘；1996年，韩国的KOSPI200指数期货推出后不久，股市出现了下跌，全年跌幅达20%；1998年，中国台湾地区的台湾加权指数期货推出后，也碰上了不久之后的股市大幅下挫。部分评论家把矛头指向股指期货。殊不知，这些股指期货产品推出时的经济环境本身才是股市下挫的真正推手。日本推出股指期货之时，经济空前繁荣，房地产、股票等资产价格疯狂上涨，随着1989年日本货币政策转向，资产泡沫破灭，股票市场从高位快速回落；韩国推出股指期货时，虽然其经济迅速增长，但外债却达历史高点，股市也在1995年下半年开始下滑，直至股指期货上市前才刚刚有所改观；中国台湾地区推出股指期货时亚洲金融危机的影响还没有完全消退，经济不景气，出口受压制。这些经济因素和股指期货上市的“巧遇”，容易让人产生股指期货带动股市下跌的幻觉。即使到现在，从世界许多市场看，一旦股票市场大幅下跌，股指期货市场很容易被指责。

大量案例及研究都表明，股指期货并非导致股市低迷的根源，需要考虑所在国的经济环境、制度是否完善、经济是否存在泡沫等多方面因素。股指期货市场具有价格发现功能，它对宏观经济形势的变化较现货市场更为敏感，反应更快，再加上其较低的成本，投资者倾向于首先在期货市场交易，因而股指期货价格才会引起市场的广泛关注。不仅仅是股指期货，历史上每当大宗商品市场价格发生大幅波动时，吸引人们目光的首先就是期货。前面提到，1995年国内商品期货市场刚刚试点4年多，有些大宗商品价格出现持续上涨，许多人认为是期货市场把价格炒高了，政府关掉了玉米、棕榈油等一些期货品种（玉米期货、棕榈油期货分别在2004年和2010年恢复上市交易）。2010年，当棉花价格大幅波动时，有舆论批评期货市场，关掉棉花期货的声音又起。

这些都说明，由于期货市场的特殊性和前瞻性，人们容易将它提前反映的现货市场的问题，当成期货市场本身的问题（当然，操纵市场等违法违规事件除外）。因此，有人将期货市场比作现货市场的“体温计”，它能够反映现货市场的体温高低，但不能改变体温本身。期货市场这种功能的隐蔽性不为一般人所知晓，因此一旦媒体有评论，往往会误导舆论，形成一些不正确的认识，尤其在股指期货市场更明显。因为商品期货市场的参与者少，而且现货价格不如期货价格透明，没有一个与期货价格进行比较的公认价格，除了国家对粮棉油糖等商品比较关心外，投机者一般不持有现货，投资者数量有限，公众的关注度不高。股指期货就不一样了，股票现货和股指期货价格都是公开透明的，两个价格的高低每时每刻都一清二楚。我国股票市场1.3亿的自然人开户数，至少1亿人在参与股票交易，而期货市场只有120多万的自然人开户数，其中仅20多万人开户参与股指期货交易。如果这两个市场的价差拉大，或是股票市场价格大跌，直观上最容易认为影响股票市场的因素就是旁边这个既能做多又能做空的股指期货市场，而且还是10%的保证金杠杆操作。稍有专家学者发言做出所谓“专业性”评价，在市场极端行情中煎熬的亏损巨大的散户群体的情绪就很容易被调动起来，股指期货就成为千夫所指、万众炮轰的“靶子”了。

今天中国经济已经是80多万亿元的经济总量，是世界第二大经济体，股市市值最高时也达到了70多万亿元，二者都紧随美国之后。期货市场也有了57个品种，2018年以来期货市场每天的交易量都在800万~1000万手，成交金额每天都在5000亿~8000亿元。股指期货在2015年曾经一度日均名义成交金额高达3万亿元左右，此后受股市异常波动影响，中国金融期货交易所采取了提高保证金水平、降低投机持仓限额、限定日内投机开仓标准及调整交易手续费等一系列严格管控措施。随着这两年股市企稳，这些临时性限制措施正在逐步退出。目前，股指期货市场日均成交500亿元左右，不到高峰时的2%。股指期货上市以来的市场运行实践证明，随着股指期货与股票市场的联动性越来越强，两个市场相互影响、相互作用，现货市场的事件会传导到期货市场，期货市场的事件也会传导到现货市场，市场的多样性、复杂性前所未有，这增加了对市场理解与分析的难度，提高了对风险防范与管理的要求。这既是中国金融市场改革开放的成果，也是走向完善和成熟必须经历的过程。在这个阶段，从总体上看，人们对资本市场的指责多于对银行体系的指责，因为资本市场更加公开透明，容易看到问题，而且对于参与股票交易的大众来讲，这和其自身的经济利益直接相关。比如 2015 年股市异常波动，许多人对财富缩水是有切肤之痛的。在找原因时，他们往往很少对自己的交易行为进行理性分析、对自己的风险管控进行客观反思，一旦媒体把暴跌起因指向股指期货，就能够使大部分投资者的情绪得到宣泄，获得他们的广泛认同，而赚钱的人则回家偷着乐去了。

从全球股指期货市场 30 多年的发展历程看，绝不是一帆风顺的。近年来，随着股指期货产品的完善和市场认识水平的提高，许多人也在不断为其正名。当然，包括股指期货市场在内的我国期货市场也存在这样那样的问题，但这些问题不是期货市场交易机制的问题，而是我们在建立、发展和利用这个市场过程中存在的交易者不成熟、市场制度不完善、经验和管理能力不足的问题。无论是市场参与者、市场组织者还是市场监管者，都有许多东西要去学习，有许多问题要去解决，需要从各个方面提高对期货市场的正确掌握与认知。但是，期货市场是建设我国社会主义市场经济体系、金融市场体系一个不可或缺的重要组成部分，这是不容置疑的。

对期货市场的认识，在这里套用曾经一首流行歌曲的名字——“想说爱你不容易”。

第四章

颇具特色：中国期货市场创新之路

台湾有位作家讲了一个让人难忘的故事，说的是1945年日本投降后，美国军舰装运国民党第70军到台湾接受投降。这些刚在大陆各地转战，疲惫不堪，没有乘过海船的军人一上船，就受到了美国大兵的热情接待。美国大兵拿出自己喜欢的咖啡待客，中国兵端起从未见过的“黑乌乌的怪物”，浅尝几口，美国大兵大声叫好。哪知海浪一颠，晕船加咖啡，第70军的士兵开始哇哇呕吐。中国兵说，头上脚下，足起头落，铁锈的臭味自外而入，咖啡的苦味由内而外，天翻地覆，船动神摇，吐到肝胆沥尽，尤不能止，吐得死去活来。美国大兵很是错愕，搞不清楚中国人为什么会这样。这些欧洲人的后裔哪里知道中国人千百年来的生活习惯是喝茶，这些没见过世面的士兵喝不惯咖啡。这个故事告诉我们，美国人认为好的东西，不一定适合中国人，适合西方人的不一定适合东方人。就像中国人出国吃西餐，开始几餐还凑合，时间一长，咱们的胃就不干了，火急火燎地奔着中餐厅就去了。因此，我们在学习和借鉴西方经验时，要结合国情，走适合自己的路，“鞋子合不合脚，自己穿着才知道”。

我国《宪法》明确规定：“社会主义制度是中华人民共和国的

根本制度。中国共产党领导是中国特色社会主义最本质的特征。”我国期货市场建设与发展是在中国共产党领导的社会主义制度下进行的，在政治、历史、文化背景以及经济发展阶段上均不同于实行资本主义制度的欧美。我国期货市场从诞生之始，就面临着与西方市场截然不同的环境。我国改革开放是从计划经济向市场经济转型的过程中，对原先的计划经济体制渐行渐改。同时，我国还是一个新兴市场国家，发展不成熟。因此，过去计划经济体制中的一些问题，新兴市场国家发展中的一些问题，同时在我国交织出现。“新兴加转轨”的背景，增加了我国期货市场建设的复杂性、艰巨性和挑战性。这些问题需要我们在坚持中国特色社会主义制度的前提下探索性、创造性地去解决，这样就必然形成某些自己的特点。中国期货市场在学习借鉴西方的同时，融入了中国国情，形成了一些不同于国际市场的特色。

政府使劲：市场建设初期之动力

1979 年冬，刚复出一年多的我国领导人邓小平访问美国。在休斯敦参观约翰逊航天中心以及回答美国媒体主编们的提问时，邓小平多次表示，美国的很多东西是中国可以学习的。10 年后，我国期货市场的开拓者与建设者在政府倡导下开始到美国考察学习。

没有国家的倡导与支持，就没有今天的中国期货市场。尽管我们的期货市场是从美国等西方国家学来的，但由于国情不同，我国期货市场从一开始建立时，就与美国等西方国家期货市场表现出一定的差别。我国期货市场是在政府主导下建立的。改革开放前我们是计划经济体制，资源配置由政府主导，按照计划进行生产、分配、流通和消费。没有商品市场，国家定价，也没有商品价格波动，也没有企业套期保值需要，自然也就不需要期货市场。改革开放了，政府说要搞市场经济，期货市场是市场经济的重要内容，那就按照“摸着石头过河”的思路先搞搞试点吧。

我国的改革首先在农村取得突破。20 世纪 80 年代初，家庭联产承包责任制在农村普遍推行，农业生产经营从计划经济体制的围栏中打开了一个通向市场的缺口。农民生产的农产品可以进入流通渠道，作为商品在市场上讨价还价直接买卖了，这为期货市场的建立创造了条件。期货市场试点就是从农产品流通体制改革起步的。当时有许多境内外专家学者为中国改革开放献计献策，其中有一些人对期货市场有研究。1988 年初，国家有关方面在北京组织了一场市场经济研讨活动，有位香港专家做了一个有关期货市场交易的报告。活动结束后，该报告的录像和文字整理稿被送给了国务院领导参阅。同年 2 月 10 日，看了报告的李鹏给当时的国务院发展研究中心主任马洪同志写信：“请考虑是否能组织几位同志研究下国外的期货制度，运用给城市的副食品购销，特别是大路蔬菜和猪肉，保护生产者和消费者双方利益，保持市场价格的基本稳定。”① 同年 3 月，李鹏代总理在七届全国人大一次会议上做政府工作报告，提出要积极发展各类批发贸易市场，探索期货交易。1989 年 1 月 16 日，国务院发展研究中心等单位组成的“期货市场研究工作小组”，递交了在我国试办农产品期货市场的初步方案。3 月 15 日，马洪等人向李鹏写报告说：“根据您关于研究国外期货制度，进行期货交易试点工作的批示，中心、体改委和商业部共同进行了研究与试点准备工作。最近，已同河南省政府商定，结合整顿工作需要，今

① 吴硕文，上海期货交易所《家园》杂志。

年在郑州试办粮食批发市场，以摸索这方面的经验。目前，为了推动试点工作，需要明确试点组织工作由商业部负责，体改委、发展中心、农村中心等单位继续配合进行政策研究。”7月，在当时的商业部牵头下，相关几个部委讨论了关于开展期货交易的方案。1989年10月10日，商业部等九部委联合向国务院上报了开展期货交易的请示，获得国务院批准。1990年7月27日，国务院发布了《国务院批转商业部等八部门关于试办郑州粮食批发市场报告的通知》，期货市场试点工作进入具体操作阶段。[①]10月12日，郑州粮食批发市场作为我国首个期货交易试点市场开业，迈出了中国期货市场发展的第一步。

随着改革推进到城市，生产资料价格改革成为城市改革的重要内容。在农产品期货起步的同时，工业品期货也在酝酿。2012年，原国家物资部总经济师、金属司司长朱德生在上海期货交易所的刊物《家园》上回忆了工业品期货产生的情况。他说，物资部是我国负责生产资料供应的主管部门，当时的物资部长柳随年让我们在生产资料价格改革上想想办法，而期货交易是我们想到的办法之一。筹备建立金属交易所开展期货交易就是为了生产资料价格改革的需要。朱德生说，开始国家选择有色金属而不是钢材作为首个期货产品，主要考虑国外没有钢材期货交易的经验，而有色金属期货在伦敦、纽约等国外期货市场上都是比较成熟的交易品种。他说：“1988年就开始筹备上海金属交易所，具体由上海市政府物资局负责。首先在物贸大厦建立场所，随后安排人员去伦敦学习业务和操作，接下来就是选择会员和准备交易。这里有两件事很有趣。一是

① 吴硕文，上海期货交易所《家园》杂志。

组织会员大会。那时大家对期货的认知非常少，了解到的也大多是对期货的不良印象，根本没有企业主动入会。于是我在杭州召开了全国有色金属公司经理会，要求各公司全部加入期货交易所会员，后来浙江等地的企业纷纷加入，同时物资部还在北京积极招募中央各个部委对口物资部门的公司加入，这样才组成了第一批会员。二是关于开市第一笔交易。搞定了会员注册后，就准备开业了。可是开业就要有交易，如果没有交易，成立交易所还有什么意义呢？为了保证开张第一天就有交易，我给上海市物资局主管有色金属的一位副局长打电话，要求他准备 1.5 万吨铜，然后，第一笔交易报价 1.65 万吨，这样可以挂牌交易 1.6 万吨，就这样完成了第一笔交易。”[①] 当时的物资部长柳随年给交易所取名叫上海金属交易所（今天已经是上海期货交易所的一个部分了），按照伦敦金属交易所的方式也搞了会员制、会员大会和理事会。关于需要多少家会员，也是政府确定的，开始筹备时选择了 30 家，后来经上海市计委修改扩大为 60 家。关于会员的构成，讨论中大家认为一定要把全国的有色金属生产企业、使用企业和流通企业都发展进场，“三分天下”，集中交易。上海金属交易所成立后，第一批会员 43 家，到 1993 年底，发展到 62 家，分布在全国 18 个省市，其中流通企业最多，有 42 家，生产企业 16 家，另有 4 家金融企业。

我国期货市场是国务院相关改革研究机构和经济主管部门负责推动建立和发展起来的。没经验，没人懂，一开始不知道该如何管理，如何防范风险，没有具体的考虑，也没有明确的监管部门，结果刚发展不到两年就出现了许多问题。为此，国务院于 1992 年 10

① 朱德生文，上海期货交易所《家园》杂志。

月成立专门的机构——国务院证券委员会（简称国务院证券委）及其执行机构中国证监会来推动市场发展和监管市场。[①] 证监会既有推动市场建设发展的任务，又承担监管市场的职责。但由于没有经验，没有专业人才，监管权限又不明确，而期货交易所又是各地政府或国务院相关部委合办的，主管部门与监管部门的责任不清、界限不明。在开始的头几年里，谁来监管？监管什么？对方方面面来说都是含混不清的。

前面已经讲到，刚开始期货市场试点时，全国各地一哄而起，期货交易场所遍地开花，出现了很多问题。由于交易所很多不遵循“三公”原则的行为，导致自身的公信力受到极大质疑。1998年，国务院下定决心，决定在之前明确证监会集中统一监管期货市场的基础上，将全国所有期货交易所的人、财、物全部上收为证监会统一管理与领导。经撤销合并后保留的上海、郑州和大连三家商品期货交易所的理事长由证监会推荐，理事会选举产生。总经理、副总经理等经营班子成员由证监会任命。由此，期货市场的组织者——交易所和政府的关系更加紧密，目前 4 家期货交易所（包括 2006 年成立的中国金融期货交易所）均是证监会下属的会管单位。而在发达市场经济国家，交易所过去是会员制，现在大部分都改造成公司制了。它们与政府的关系比较松散，是比较独立的公司法人，经营管理层也都是市场化选聘、交易所自主决定的。但由于交易的产品涉及公众利益，法律对期货交易所的管理有不同于一般公司的要求，西方的期货交易所也要兼顾公共利益。比如德国将交易所牌照分为两层管理，即交易所牌照归政府所有，不可转让；交易

① 1998 年，根据国务院机构改革方案，国务院证券委撤销，其职能并入证监会，证监会升格为国务院直属正部级事业单位。对该过程在本书第 11 章还会有更详细的描述。

所的运营由专门的运营公司负责，运营公司牌照可以转让。我们的期货交易所名义上既有会员制，又有公司制（比如中国金融期货交易所就是公司制），但实际上是政府的一个下属机构。这完全与西方国家不同。目前社会和市场上对这种体制有各种不同的看法，有一种观点认为应该学习西方搞真正的公司制交易所，而且还应该成为上市公司；也有观点认为，在社会主义市场经济体制下，期货交易所的体制不一定要追随西方模式，还是应该立足中国国情，体现中国的社会政治制度特征。对交易所如何改革还在研究之中，应经过充分评估，用改革的办法解决其面临的问题。

在交易所治理结构方面，我们的期货交易所在形式上借鉴了西方的模式，也搞会员制，成立了会员大会、理事会等，但中国的会员制、会员大会、理事会等完全不同于西方（最典型的是美国式）。西方成熟市场中，期货交易所在公司制改造之前的100多年时间里，完全是商人自发形成的互助组织，私有制下的自由市场商人个体觉得需要有一个组织来规范保护自己和行业利益，自律管理每个成员的行动，维护行业共同利益。会员制是从西方行会传统中产生的，会员席位可以继承。在美国，先有市场，后有政府，从英国来的新移民把母国的行会制度与美国的市场自治结合起来，形成交易所等自治性的会员组织。在中国，交易所会员制是直接从西方把会员制的“壳子”拿来，“里子”是政府以行政命令的方式要求一些国有企业去当“会员”。因此，我国期货交易所的会员制是按我国国情改造过的会员制。这段历史说明，没有政府出面组织，在这个市场经济气候还很微弱的环境中，期货交易所是难以存在下来的。

西方的期货市场是现货市场发展到一定阶段，在市场参与者之间自发产生的，从开始到后来很长一段时间内，政府都未参与市场的建立与发展。在美国等西方国家，政府介入期货市场的时间很晚。美国政府真正介入期货市场监管是后来的事，距今也不过五六十年时间。也就是说，美国政府对期货市场的真正介入是在有了期货市场100多年后才开始的。政府的介入主要是监管市场，而市场的发展主要是由市场参与者自己去推动的。《市场的缔造者——芝加哥期货交易所150年》这部讲述1848—1998年芝加哥期货市场历史的书可以为证。在长达100多年的美国期货发展史上，政府对市场是无为而治的。20世纪70年代后，美国因为期货市场出现了大量的市场操纵行为，扭曲了价格，损害了实体经济，国会才通过法律成立专门的期货监管机构——商品期货交易委员会对期货市场进行监管，但监管部门没有推动市场发展的任务。

不同于发达国家由于市场经济内在需要自然而然形成的期货市场，我国期货市场是政府根据改革开放需要而主动推动建立并发展起来的。政府在期货市场的建立和发展中发挥着主导作用，政府使劲儿建市场。不能不说这是中国期货市场的一个特色。

价格双轨：探索之艰难起步

近几年，我常乘高铁出差，途中对面来车风驰电掣、呼啸而过，“双轨”使两车在各自的轨道上安全运行。中国改革开放以来在相当长的一段时间内，商品的价格就如这高铁的“双轨”一样，并行不悖。当然，后来进行了艰难的向市场价格的“单轨”并轨。20世纪90年代初我国期货市场建立时，我国计划经济正在向市场经济转型过渡。为“摸着石头过河”的改革需要，国家在一些地方和企业选择了一些国家计划定价外的产品来进行商品交易试点。国家规定：改革试点企业在完成国家计划内产品生产后，超出计划部分的产品可以由企业在市场上自主定价销售。这样在中国的生产资料上出现了两个价格，一个是国家计划确定的价格，一个是市场决定的价格，市场价格由供求关系决定。当时生产资料普遍紧缺，如钢材、铜材等，其市场价格往往比计划价格高出很多。行文至此，想起 1988 年 8 月，我在《经济日报》上写过一篇文章，揭露一些“倒爷”利用关系批条子，获取铜材的市场价与计划价之间的巨大价差利润。[①]那时确实有一些有办法的被称为“倒爷”的人利用“双轨”价格牟利。因此在我国生产资料流通领域，出现了同样一种商品不同价格的“双轨制”现象。由于出现了一部分由市场定价的商品，国家支持期货交易所利用这部分市场化定价的商品进行期货交易试点。一般来说，期货合约的设计必须基于现货是市场化定价的商品，并且有一定的市场化规模。在价格“双轨制”下，商品市场化定价与国家计划定价并行，市场化定价的部分并不多，这就是我国期货市场建立初期面临的实际情况。当时我国商品流通体制改革的设计者和探索者想要找到一种替代商品计划流通与计划价格的方式，这样期货市场就被一些专家学者推荐为替代选择之一。我讲三件事。

第一件事与工业品期货有关。这是发生在主管中国生产资料计划分配的国家物资系统的故事。20 世纪 80 年代中后期，国家一直在考虑商品价格改革问题，如何突破国家计划确定商品价格的旧制度，让市场决定商品价格。改革者们大胆探索，推动了商品“价格双轨制”的渐进性改革。到 80 年代末期，一些经济学家建议加快“双轨制”向市场决定商品价格的“单轨制”并轨，并提出了要在价格改革上“闯关”。当时的国家物资部长柳随年很想利用期货

① 姜洋，《“有多少环节我都打得通”——一个“倒爷”向市委书记透露秘密》，经济日报，1988 年 8 月 20 日。

市场来推动这项改革。朱德生回忆说，我们决定建立期货交易所的最主要目的就是从计划经济向市场经济过渡。当时国家规定，工厂生产的铜及其他金属等物资都要统统上交国家。举个例子，那个时候，生产汽车需要多少吨铜、多少吨铝、多少吨钢板，我们都必须很清楚，完全是计划经济模式。成立期货交易所就是为了使其成为生产资料走向市场经济的典型，把期货交易所作为市场经济的开路先锋。当上海金属交易所成立时，明确交易所是“国家计划外有色金属实行跨地区、跨行业交易的重要场所”：一方面，建立期货交易所的目的是想冲破计划经济的藩篱，建立真实反映供求关系的市场机制；另一方面，交易所的发展又受制于现行经济体制。一位上海金属交易所的筹备者说，中国的物资管理正从高度计划性向社会主义市场化艰难转变，外部政策环境还有很多束缚，改革每前进一步都很困难，需要一系列配套性措施。这些政策性问题不突破，期货市场将很难建立与发展。因此，没有国家政策支持，就不会产生真正的期货交易。她说：“我国有专门管理价格的政府机构——国家物价总局，它当时虽然支持创办上海金属交易所，但提出三个限制条件。第一，上海金属交易所只能交易计划外的有色金属。第二，不能买空卖空。第三，价格不能完全开放。这第二条意见等于否定了期货交易最基本的条件。为了争取支持，我们派人去国家物价总局解释，通过反复说明，获得他们的理解，最后国家物价总局撤销了这三条意见。金属期货市场就搞起来了。”[①]

企业在期货市场上一开始是用计划外的商品进行现货实物交割。2017 年《福布斯》杂志全球矿业企业排名第 11 名的江铜集团

---

① 周晓红文，上海期货交易所《家园》杂志。

领导回忆当时的情况说，最初参与期货交易时，人们没有想到套期保值，而是想依靠这个市场销售计划外的阴极铜，利用价格发现和套期保值来进行企业经营管理是后来的事情了。

第二件事与农产品期货有关。这是发生在上海粮食系统的故事。20 世纪 80 年代，国家开始对粮食流通体制进行改革，要逐步放开粮食流通。过去我们是用统购统销的办法组织粮食流通的，粮食放开后怎么流通？全国都在想这个问题。不少人认为，和工业品价格市场化一样，粮食价格市场化的关键是“要找到一种替代计划流通的方式”。上海粮食局有个对美国粮食期货市场有点研究的干部提出一个建议说，各地都在搞贸易中心，能不能把贸易中心搞成组织议价粮食流通的交易市场，替代计划流通呢？他心中的这个“交易市场”，其参照物就是美国芝加哥期货交易所。他说，能不能搞一个芝加哥期货交易所那样的粮食市场，搞成会员制，在场内公开交易，场外不能随便交易，让这个交易市场成为粮食放开后替代计划流通和计划价格的方式。那时，上海浦东改革开放在中央积极支持下正热火朝天，这促使上海粮食局大胆向市政府领导建议：在浦东建立大型粮食贸易市场，像美国芝加哥期货交易所那样开展现货交易和期货交易，发挥上海国际贸易中心的作用。上海市政府和当时的国家商业部都很感兴趣，最终采纳了这个建议。于是在 1993 年初，继郑州粮食批发市场之后，上海粮油交易所正式成立，开始农产品期货交易。第一批进场会员有 43 家，分别来自全国 14 个省市。首批上市交易的期货品种有白小麦、红小麦、大豆、玉米、籼米、粳米、豆油、菜油八大品种。后来的期货市场清理整顿中，上海粮油交易所于 1999 年并入了上海期货交易所。

第三件事与石油期货有关。这是发生在早已并入上海期货交易所的上海石油交易所的故事。20 世纪 90 年代初，在商品还是计划管制的背景下，期货市场办起来，拿什么交易呢？期货合约标的物如何选择呢？石油和有色金属一样，也是实行价格“双轨制”，可以拿国家计划外石油产品作为期货标的物。筹备上海石油交易所的负责人杨景民回忆了当初的做法。他说，改革开放以来，国家对石油流通体制进行了调整。之前国际油价在每桶 3~4 美元的时候，我们的油价为每吨 100 元，国际原油价格每桶已经涨到 20 美元左右了，大庆油田的原油还是国家计划价格每吨 100 元。改革后，原油和成品油实行一亿吨包干制，不管国际油价高低，计划内的石油按统一价格、统一销售、统一配置、统一流向来执行。但超过一亿吨的产品部分，可按照国际价格出售，随行就市，所获资金用于筹集勘探开发基金。成品油还实行“收率包干”，当时炼油环节总收率可超国家要求水平（国家要求炼油厂产品总收率为 90.5%）的 1% 以上，节约的部分也可以按照国际价格出售，用于筹集勘探开发基金。这两项加起来大体有近 2000 万吨市场化的石油资源。卖的进市场，买的不批条。期货的标的物就是这部分超产及节约下来的计划外石油，可供交割的总量在 2000 万吨石油限度内。可以利用这部分资源来进行石油期货交易，这样石油期货市场就搞起来了。[①]1994 年 4 月，由于石油流通出现了渠道混乱、市场无序的状况，国务院批转国家计委、国家经贸委《关于改革原油、成品油流通体制的意见》，对原油、成品油实行统一计划分配、政府统一定价。石油流通全部回到计划轨道内，计划定价和市场定价并行的“双轨制”在石油产品上戛然而止。此时，石油期货已经没有存在的价值，刚刚

---

① 杨景民文，上海期货交易所《家园》杂志。

上市交易运行了一年多的石油期货开始摘牌，上海石油交易所偃旗息鼓，并入了上海商品交易所，以后的清理整顿中上海商品交易所又并入了上海期货交易所。

以上三件事想说明的是，按照经济学理论和西方实践经验，期货市场应该是在现货市场高度发达的环境中建立的。中国期货市场建立和发展的初期没有这样的环境，但为了改革需要，政府积极推动期货市场试点，利用市场定价的部分商品来开展期货交易。其特色在于同一种商品，比如铜、铝、小麦、大豆等是在有国家价和市场价两个价格的情况下进行期货交易的。这恐怕在全世界都绝无仅有。

西方发达国家的经济模式是从自由市场发展起来的，形成了今天市场经济的典型模式，期货市场建立初期没有我们现货市场价格“双轨制”的情况。我国期货市场的建立背景与西方发达国家不同，不是市场经济发展到一定阶段自发产生的。我国市场经济、现货市场与期货市场建立基本同步，带有非常明显的“新兴加转轨”特征。西方期货市场的文化是在几百年市场经济的环境（比如契约意识、信托意识、法律意识、诚信意识等）下培养起来的，虽然我国期货市场的有形形态建立起来了，但无形的市场文化或者环境的形成需要一个较长的时间，如美国期货市场已有100多年历史。这种市场有形性和市场无形性即文化、环境之间的矛盾，是建设我国期货市场面临的一个巨大挑战。这是西方发达市场所没有的。

随着我国经济体制改革的深入，“双轨制”逐渐消失，由市场定价的商品越来越多。据统计，1993年我国生产资料实行市场价格的部分超过85%，消费资料实行市场价格的部分超过95%。商品市场化定价比重的上升，意味着生产、流通企业在确定和实现自己的利润目标、控制经营成本方面比以往任何时候都面临更多的价格不确定因素和市场波动风险。期货交易正好是这样一种新工具，能够及时发现价格，帮助企业规避风险，达到控制经营成本、确保利润实现的目的。[①] 期货市场具备了进一步发展的基础。

另类市场：散户多、合约小

我国期货市场是以散户为主的市场。西方一般是机构投资者市场，散户很少。

为什么上海的期货合约比伦敦的小？2001 年 7 月，当我到上海期货交易所任职时，对上海期货交易所的铜、铝等期货合约每手价值仅相当于伦敦金属交易所的 1/5，且交易单位和交割单位不一致表示不理解。交易所的人向我解释说，20 世纪 90 年代初，上海金属交易所刚成立时试点有色金属期货交易，一开始向伦敦金属交易所学艺，照搬它们的铜、铝期货合约，合约的交易单位和交割单位都是 25 吨 / 手（一张标准仓单）。交易一段时间后，发现国内市场没有伦敦金属交易所那样的机构投资者参与交易，交易者大部分是国内并不富裕的散户（自然人）投机者，合约交易单位太大，价值量太高，单手交易占用资金太多，交易不起来。以铜 20000 元 / 吨为例，按 5% 的保证金计算，持有一手 25 吨 / 手的合约，需要保证金 25000 元，而持有一手 5 吨 / 手的合约则只需要 5000 元。为了活跃交易，增加流动性，交易所就把英国搬来的期货合约进行了中国式改造。1996 年 6 月，上海金属交易所按照我国期货市场散户投资者多的实际情况，将交易单位改小成 5 吨 / 手，但交割单位仍然

① 卢建，《中国期货市场的现状与发展趋势》，载《中国期货概览 1994》第 83 页，中国物资出版社，1995 年。

维持25吨一张标准仓单，这主要是考虑到国内现货市场的实际以及进出口方面的惯例。到交割时，交割者将5手交易单位凑成1个交割单位进行交割。这一改，铜期货交易慢慢活跃起来了，流动性多起来了，套期保值的企业也逐渐进来了。这种改造和创新既兼顾了套期保值企业和中小投资者的需求，又不会影响企业最后的交割。

这个结合中国国情的改造是成功的。今天上海期货交易所铜期货是国际上交易量排在前列的商品期货品种，[①] 也是中国期货市场功能发挥最好的品种之一。2004年5月28日，在第一届上海衍生品市场论坛上，中国有色金属工业协会会长康义说，1995年原中国有色金属工业总公司和国家计委相继发文，将上海金属交易所的期货合约加权平均价作为定价基准，此后国内铜、铝现货的交易一般都会参照期货市场的价格。当天同台发言的智利矿产部部长阿尔方索说，2004年智利80%的铜出口到中国，出口量接近85万吨，其中56万吨不同品牌的铜在上海期货交易所交易。铜作为一个世界性产品，将为上海期货交易所发展金属市场起到非常关键的作用。他又说，很明显，这样的交易将会对伦敦的金属市场和纽约的日用品市场产生重要影响。[②] 看来散户提供的流动性，也让上海期货市场的功能发挥得不错！前些年，伦敦金属交易所也挂上了与上海期货交易所铜期货类似的合约。问其原因，它的说法是，因为中国的铜需求量全世界最大，伦敦金属交易所来自中国的客户越来越多，为了适应中国客户的习惯，于是推出了类似上海期货交易所的铜期货合约。真是此一时彼一时矣！类似铜期货的经历在中国其他期货交易所也有发生。

---

① 根据FIA统计，2017年全球金属期货合约中，上海铜期货合约成交量排第8位。

② 姜洋主编，《世界聚焦中国衍生产品市场》第180页，百家出版社，2004年。

不仅仅是上海的有色金属期货合约价值小，我国几乎所有期货合约都比西方成熟市场相应的合约小。在市场经济刚起步的环境中建立和发展期货市场并不容易，找到市场流动性的提供者就是一个大问题。因为早期金融机构和国有企业参与期货市场出了大问题，政府发文要求它们从这个市场退出，市场没有了机构投资者，只能引入个人投资者。而个人投资者的口袋也还不丰裕，尚处在争取温饱阶段的中国人还没有形成一个富裕的群体在期货市场上套利和投机。但国家主导的改革又需要建立和发展期货市场，没有人参与交易，就没有市场。期货交易所在设计制度时，就提出“散户即自然人能不能开户参与交易”的问题。如果不能，那期货市场的参与人是谁？当时已开业的交易所主要是企业法人参与交易，其中大部分是来自相关行业的。就期货交易的原理来讲，这部分主体进入市场主要是套期保值、管理风险的，那么谁是对手方？他们套谁？投机者。那投机者（当时这还是个贬义词，现在好一些，但也经常受到质疑）又是谁？上海粮油交易所的筹备者带着这个问题，到处调研找答案。调查之下，他们感到，要在中国实现期货市场的功能，必须有数量占优的个人投资者加入。但在那个时候，只有证券市场有个人投资者，要让个人参与商品期货交易是有难度的，因为从事商品交易必须有营业许可。于是他们提出，农产品的生产者是农民个体（农业已实行个体承包制），应考虑他们的保值需求，开放自然人入市。[①] 后经有关部门同意，规则中明确了自然人作为客户可以参与期货交易。1993 年 7 月，以上海市政府令形式发布的《上海粮油商品交易所管理暂行规定》中明确规定，“具有法人资格的单

① 劳光熊，《上海粮油商品交易所筹建中的点滴回忆》，上海期货交易所《家园》杂志。

位和具有完全民事行为能力的公民，可以客户名义在交易所会员的代理机构开立账户，参与期货交易”，使得自然人参与期货交易具有了法律法规层面的效力。自然人来了，但他们并不富裕。为吸引有余钱、有兴趣投机但并不富裕的个人参与交易，期货交易所就把英、美机构投资者市场上的同类期货合约拿来改小，比如前面提到的铜期货合约就由每手 25 吨改为每手 5 吨上市交易，降低交易成本以适应国内有投机需要的个人冒险者。与西方市场相比，无论是农产品期货、工业品期货、能源期货，还是金融期货，它们合约的价值量都比我国要大几倍到十几倍（见表 4–1）。如芝加哥期货交易所的大豆期货合约价值，是大连商品交易所大豆期货的 13.6 倍；中国金融期货交易所的沪深 300 股指期货和芝加哥商业交易所的标准普尔 500 股指期货相比，后者的合约价值是前者的 3 倍左右（沪深 300 股指期货合约价值稍大于迷你标准普尔 500 股指期货合约价值）。我们是名副其实的小合约。目前，国际上我们的商品期货交易量排名靠前是按照手数来统计的，如果按照交易额来排名，我们的排位要退后。

表 4–1　国内外代表性品种期货合约规模对比

	中国	国际代表性合约
铜期货	5 吨 / 手	25 吨 / 手
大豆期货	10 吨 / 手	5000 蒲式耳 / 手（约 136 吨 / 手）
股指期货	约 100 万元人民币 / 手	50 万美元 / 手
国债期货	100 万元人民币 / 手	100 万美元 / 手

数据来源：上海期货交易所、大连商品交易所、中国金融期货交易所、伦敦金属交易所、CME 集团。

追溯历史，我们看看美国期货市场成立之初是否遇到过类似的问题。期货市场是从美国芝加哥的粮食商人的贸易集市开始的。市场开初，谁是交易者？市场的流动性由谁提供？如果是商品现货的中远期市场，不需要太多的流动性，商人在行业圈子里就能搞定。1848 年，美国芝加哥期货交易所刚成立时是芝加哥地区的商人建立的一个集中现货、中远期合约交易的场所，还不是交易标准化合约的期货市场。1865 年，这个市场出现了远期标准化合约的期货，由此许多投机者进入了期货市场。由于芝加哥期货市场起步早、品种多、市场大、国际化，吸引了全球的投资者，许多金融机构、专业投资机构成为产业套期保值者的对手方，在交易所进行套利和投机交易，一部分富裕的个人也加入投机者的行列。中国期货市场刚建立初期，自然人不能进行期货交易。由于出了一些风险事件，参与期货交易的银行、信托公司、证券公司等金融机构纷纷被清理出场，禁止进行期货交易。从那时开始到现在，金融机构进行商品期货交易都是受到限制的。套期保值的企业没有了对手方，市场缺乏流动性，这时一些爱冒险、投机心理重的自然人被放了进来。长期以来，我国期货市场的投资者结构基本上就是套期保值客户和散户投资者，基本没有金融机构等机构投资者。直到 2014 年新“国九条”才明确提出，允许符合条件的机构投资者以对冲风险为目的使用期货衍生品工具，一些银行、证券公司和保险公司可以从事金融期货交易，一些基金公司可以进行商品期货和金融期货交易。由于自然人散户多，老百姓自己操盘，为了培育刚刚建立的市场，许多交易所在设计合约时，基本是按照自然人投资者的情况来考虑的。除原油期货等新上市的产品外，大部分商品期货合约每手标的物的价值量都不大，一般在千元以上、万元以下，这样按照每手 5% 的保证金计算，自然人投资者用 200~2000 元就能交易一手。

以散户为主的投资者结构，决定了我国期货市场投机性强的特点。目前，我国期货市场大约有128.7万投资者开户，以开户数和资金论，自然人客户占比97%，资金占比46%；法人客户占比3%，资金占比54%。西方成熟期货市场中70%以上的客户是机构投资者，如美国市场中个人投资者占比不足10%，绝大部分个人投资者是通过购买产品的方式，通过私募基金等资产管理机构间接参与期货市场。投资者结构的差异，导致我国期货市场与西方成熟市场在交易行为与市场运行特征方面存在很大的区别。据统计，2017年，我国期货市场产业客户和机构投资者等法人的持仓量占市场总持仓的57%，而美国期货市场法人持仓占比在90%以上。[①] 这说明我国期货市场现货企业的主要交易对手是广大散户，散户是现货企业实现套期保值的主要贡献者，是现货企业转移风险的主要承受者。美国期货市场现货企业的主要套期保值对手方是大型的机构投资者，而且主要是金融机构，它们是现货企业转移风险的主要承受者。对美国期货市场持仓结构的进一步分析也可以看到，近30年来现货企业在美国商品期货市场主要是持有空头头寸，对冲现货价格下跌风险，而大型机构投资者多头持仓占比则持续增加。此外，由于我国期货市场上绝大多数是“交易活跃但稳定性差”的自然人投机者和“持仓量大、交易频率低”的套期保值者，缺乏具有一定体量、“交易、持仓频率较为均衡，能够提供稳定流动性”的机构投资者，出现了价格波动大、活跃合约不连续等各种“新兴加转轨”市场特有的现象，影响了市场效率，导致价格发现与套期保值功能发挥不

① 根据CTTC持仓报告（COT）估算得到，法人持仓包括商业客户、互换交易商、资产管理机构、其他可报告头寸等，http://www.cftc.gov/MarketReports/CommitmentsofTraders/index.htm。

充分。

我国散户为主的投资者结构的形成，还与20世纪80年代电子化交易兴起有关。信息技术在期货市场的广泛使用，使得获取交易信息的成本极其低廉，这为个人投资者提供了低成本进入期货市场的机会。20世纪80年代以来，随着通信和计算机技术的发展，欧美等国将电子交易逐步应用于期货市场，尔后迅速风靡全球，成为市场发展的主流。90年代初我国建立期货市场时，探索者们在引进西方期货市场的交易机制、交易制度时，一并引入了刚刚兴起的电子化交易系统。《电子化交易所：从交易池向计算机的全球转变》一书的作者美国人迈克尔·戈勒姆（Michael Gorham）说，在20世纪90年代的前几年，中国一些期货交易所的人去欧洲和北美考察期货市场，发现西方期货市场传统的公开喊价方式太过开放，这种交易方式未给交易所留有足够的商业隐私，而电子化交易系统则更加有序、便于管理。他们同时认为，寻找一些懂编程的人比寻找那些懂得在交易大厅喊价的人更加容易。[①] 因此，早期中国许多试点的期货交易所纷纷推出电子化交易系统。中国在交易手段上弯道超车，一下子越过了西方期货市场100多年的发展历史，直接用上了计算机交易系统。而西方虽然有先进的计算机技术，但受制于当时交易所的会员制结构，会员出于自身利益考量，反对利用计算机交易系统。我国刚刚开始兴办交易所，没有这些利益束缚。先进的交易手段，使得个人投资者获取交易信息的成本非常低，因此一开始个人就成为我国期货市场的直接参与者。反观西方电子化交易前100多年的期货发展史，都是场内交易员喊价和手势交易，形成的

---

① （美）迈克尔·戈勒姆，尼迪·辛格著，王学勤译，《电子化交易所：从交易池向计算机的全球转变》，中国财政经济出版社，2015年。

价格写在专门的报价板上并通过交易商或经纪公司的通信系统传给特定的机构，个人投资者很难获取即时交易信息，因此个人投机者一般都是委托专业投资机构来完成投资的。

小人君子：先交钱、后交易

上馆子吃饭，基本都是先吃饭后付钱，这种交易制度，中西方皆然。然而中、西方在期货市场的交易制度却不相同，西方是“先交易、后交钱”，而中国是“先交钱、后交易”。

在中国，期货交易制度规定，要进行期货交易，投资者需先将一笔钱作为保证金存放在中介机构期货公司开设的期货保证金账户里（不能和期货公司自有资金放在一起）。如果客户要买卖期货合约，期货公司首先要瞄一眼客户在期货保证金账户里的钱够不够买卖合约所需要的，如果不够，期货公司不下单。另外，如果这个客户已经有了持仓，一旦保证金不够，期货公司会要求客户随时补充保证金，假如当天补充保证金不到位，期货公司就要强行平掉客户资金不足的仓位，不管客户有没有下达交易指令，法规就是这样规定的。当年“327 事件”发生很重要的原因，就是证券公司保证金不够还大量下单，导致交易所被动出现资金大缺口而引发结算风险。许多客户爆仓后也是弃仓逃走，风险留给期货公司或交易所。有鉴于此，制度规定每次交易前，期货公司的计算机系统要先查验客户的保证金够不够，如果不够，不让开仓。期货公司变国外“先交易、后交钱”的惯例为“先交钱、后交易”，“不见鬼子不挂弦”。中国期货交易结算制度进行了“有保证金可下单、成交即扣款、平仓即回款”的创新。期货公司作为交易所的会员，将客户保证金的一部分以本公司的名义（客户以二级账户的名义挂在期货公司名下）存放在期货交易所在银行的专用结算账户内。期货公司要保证每天和交易所结算时每个客户的资金都是正数，不能出现透支。另外，交易所为了保证每笔交易都能收到保证金，又设立了结算准备金制度，即要求交易所的结算会员必须将一定数量的自有资金存放在交易所作为结算准备金。如果客户的保证金不到位，先以会员的结算准备金补上。因此，目前我国期货市场的保证金分为结算准备金和交易保证金。结算准备金是指会员在交易所专用结算账户中预先准备的资金，是未被合约占用的保证金，而交易保证金是指交易者存入账户中确保履约的资金，是已被合约占用的保证金。结算准备金属于会员预付款，为确保保证金在交易时段及时划转，也要求存放在交易所账户上，但利息归会员所有。

美国、英国的交易所，如芝加哥商业交易所和伦敦金属交易所等的保证金类型分为初始保证金、维持保证金和变化保证金。初始保证金是指交易者为持有期货头寸初始缴纳的保证金，是必须存入的保证金款项；维持保证金是交易者为继续持有已有的期货头寸而必须保持的保证金，通常为初始保证金的75%左右；变化保证金是指随着市场情况变化，当保证金低于维持保持金的要求时，交易者需要追加保证金至初始保证金水平的追加额。也就是说，交易者在没有钱的时候，仍然可以交易，只要能够在与期货公司约定的时间里把钱归还到期货公司的账户上。

我国期货保证金账户中要有钱，交易者的交易才能继续下去，否则期货公司就要平仓。经过多年实践，国内期货市场的结算大致以此模式稳定下来，其原则写入了《期货暂行条例》及此后的《期货条例》中，各期货交易所也按此制定具体的规则。我国的法律制度、契约精神、诚信环境与市场经济体制、期货市场存在着许多不适应的地方。因此，为了让期货市场这一改革开放的标志性市场能够发展起来，不得不采取了一系列创新性的动作。比如期货保证金的收取和交易结算制度就有了与发达期货市场不一样的安排，形成了我国期货市场的特色。与西方期货市场“先交易、后交钱”的信用担保不一样，我国是“先交钱、后交易”。我们中国人说，“先小人、后君子”，在期货保证金与交易结算制度上就是“先查钱、后开仓”。下一步，随着市场信用的逐步建立，机构投资者的比例大量增加，在控制风险的前提下，也要对这种方式与时俱进地进行调整和完善。比如今后原油、铁矿石等国际化品种的境外参与者逐步增加，期货交易所要深入评估与国际市场连通、昼夜连续交易的情况下，逐步调整保证金收取方式以适应市场不断发展的需要。

看透望穿：全球市场绝无先例

2015 年 6 月底，香港交易所 CEO 李小加在上海陆家嘴论坛的发言中提到，“穿透式”账户管理与中央托管制度是中国内地 A 股市场独有的。他说，内地在独特的历史路径下形成的“穿透式”市场，可算是全球仅有。[①] 他的这个发言引起了不同意见的讨论。有人说这不符合国际惯例，有人说这适应了中国国情。中国期货市场也是实行“穿透式”管理制度。记得 2014 年《期货法》起草小组在上海调研征求市场各方意见时，有位律师提出，不应该在《期货法》中明确已实行十多年的“一户一码”制度和期货保证金安全存管监控制度。他的理由就是这些制度是中国人独创的，不是国际惯例，外国人不习惯。当初有多位专家回应说，这些制度在中国实

① 李小加,《中国特色 国际惯例 市场结构内外观》，香港交易所网志,2015 年 7 月 17 日。

行了10多年，效果很好，适应了中国社会诚信度不高的国情，广大市场参与者都认可，写进法律很有必要。过去期货市场上客户输钱跑路的事情多了去了，一眼望穿的“一户一码”能够有效阻止不诚信者的“跑路行为”，同时，由于看穿了每个交易者的账户，可以有效地防止市场操纵者的不法行为，增强市场信心，稳定市场交易。另外，期货保证金安全存管监控制度以“一户一码”、实名制为基础，对交易所、期货公司、存管银行三方汇集到监控平台的资金信息进行比对，能够有效地防止客户保证金被期货公司挪用。记得在进行国际原油期货市场制度设计时，我们多次召开座谈会听取外国金融机构、投资者以及市场使用者对国际化原油期货平台的交易结算制度的意见。许多外国投资者表示，只要市场流动性好，有交易机会，他们可以接受“一户一码”的“穿透式”监管，可以克服困难去适应。因此，市场的设计不仅仅要考虑外国人的需要，更要考虑现阶段中国人的需要，市场建设应该把“以我为主，兼顾各方”作为思考问题的出发点。

我国期货市场采用“一户一码”，实行实名制统一开户的管理模式，即当期货公司（期货交易所会员）从事期货经纪业务时，必须统一通过期货市场监控中心为每一位客户向期货交易所申请交易编码，客户只能通过各自唯一的编码进行交易，交易所对客户交易的确认也依编码进行，期货公司和客户不得“混码交易”。这就意味着期货市场所有投资者的交易、结算账户都集中开在期货交易所的系统内，交易所和期货市场监控中心能够看清每一个客户的交易行为，即监管者可以穿透会员（期货公司）一眼望穿到投资者账户里的合约头寸与资金。如果投资者有任何违法违规活动，就能看得见、说得清，从而有助于管得住。

西方期货市场多数采用综合账户管理模式。综合账户通常是指，执行经纪商与原始经纪商之间签署协议而设置的专门账户，即在二级代理模式下，上一级机构把下一级机构看作一个大客户而为其开立的账户。交易所主要负责对各类清算会员的账户编码进行管理，然后由清算会员监管其下一级综合账户的安全。通常清算会员从交易所获得交易编码，其他没有清算会员资格的期货中介机构向清算会员申请交易编码，它们的终端客户的资金和持仓只有它们知道，连为它们代理清算的清算会员也不知道，交易所就更看不清了。按照法律，西方的期货公司只有在其终端客户的持仓达到报告水平时，才向监管部门和交易所报告终端客户的详细信息。

比较而言，境内外期货市场开户有以下几个不同特点。一是境内期货市场实行“一户一码”制度，能够实施“穿透式”的管理与监督，监管力度大，对投资者保护有力；境外期货市场实行分层管理，存在综合账户，监管部门、交易所和结算机构无法掌握终端客户的信息。二是境内期货市场实行统一开户制度，开户流程和审查标准统一，实名制等各项监管要求得到有力落实；境外期货市场实行分层管理，没有统一的开户路径，开户的审核职责全部落在各级开户机构身上，交易所并不对终端客户的开户进行事前逐一检查，监管部门和交易所通过诚信制度、事后抽查和查处等机制来保障各级开户机构的尽责履职。

我国期货市场之所以实行“一户一码”制度，主要是吸取了早年清理整顿的经验教训。国内期货市场成立之初，也曾经有一段时间实行过“混码交易”，但产生了很多问题：交易所看不到真实的交易情况，从而难以实施合理有效的风险控制措施来化解市场风险；一些不规范的期货公司能够利用“混码交易”提供的空间进行各种利益输送，侵害客户利益；而规范的期货公司在面临客户质疑时，又无法从交易所拿到一一对应的交易结算资料进行举证，从而在纠纷和诉讼中陷入被动。我们没有发达市场那样的诚信环境、健全的法律制度、遵守契约精神的中介机构和投资者群体，而推进改革需要期货市场发展壮大，因此在市场效率与投资者保护之间找到了这样一个平衡点。正如李小加说的，“穿透式”账户管理是中国在独特的历史路径下形成的，可算是全球绝无仅有。

前面提到，以美国为代表的西方期货市场因为建立初期没有计算机信息技术，100 多年来都是实行手势或喊价交易，交易是以会员的名义进行的。那时技术手段落后，交易所只能针对会员即中介机构进行结算，交易所看到中介机构的账户即可，没有必要，也没有技术条件看穿到客户的账户。在手工交易的情况下，交易所给会员分配编码，实行“混码交易”并沿袭至今，即使使用了计算机交易系统，也未改变。随着计算机信息技术的运用，期货交易信息的传递出现了打手势或喊价与计算机并行的情况，比如今天在芝加哥商业交易所集团，功能强大的 GLOBEX 系统与场内的手势或喊价交易还是并行的。2017 年，芝加哥商业交易所集团期货期权交易量中，电子平台交易占比 83%，公开喊价占比 5%，大宗交易等私下协商达成占比 12%。[①] 但是即便如此，交易所和华尔街的中介机构也不愿意进行穿透式的“一户一码”管理。中介机构在为客户代理交易的过程中，有一块客户报价和市场实际执行价的价差被它们无偿占有了，一旦穿透，这块利益就没了。交易所也不愿意监管部门“穿透式”监管，因为它们认为这个制度对交易所的利益来说不是

① 数据来源：CME 集团 2017 年年报。

一个好主意，监管部门一眼看穿的“一户一码”制度对它们不利。2011 年曼氏金融出事后，西方市场也在检讨它们那一套账户管理方式，对混码账户的交易形式也在逐步改进完善。国际惯例不是一成不变的，而是在各种文化的碰撞中共同进步、完善。在这一点上，中国的“一户一码”在过去西方熟悉的惯例之外提供了另外一种解决方案。

中国期货市场建立时，一方面随着交易电子化的兴起，客观上为期货交易所管理到客户账户提供了条件；另一方面由于交易席位是会员名，交易编码是客户名，那么平仓必须平客户的仓，所以就可以直接结算到客户。十多年的实践证明，这套制度有利于中国期货市场发展，符合现阶段中国的国情。2007 年，“一户一码”制度写进了修订后的《期货条例》里。在我国《期货法》立法征求意见过程中，相当多的人支持把这项中国期货市场的制度创新成果写入法律。目前，中国期货市场的保证金安全存管监控制度、限仓制度、关联账户管理、大户报告制度等，都是建立在“一户一码”制度基础上的，这对于防止市场操纵、防范风险起到了不可替代的作用。

在国际上，我国证券期货市场的“穿透式”监管制度也日益受到重视。2017 年 11 月，在国际证监会组织的会议上，中国证监会的代表对“穿透式”监管制度做了专题介绍，引起了与会者的高度关注和好评。中国期货市场设计了西方市场没有的“一户一码”、禁止“混码交易”制度。

国情不同：各自皆有“特色”

阿里巴巴创业不到 20 年，很快就在全球出了名。美国前财政部长亨利·保尔森（Henry Paulson）说："阿里巴巴的商业模式很难说是独创的，亿贝（eBay）在淘宝之前出现，贝宝（PayPal）也先于支付宝问世，网上银行也已在西方盛行多年。但每个案例中，马云都根据本地市场做出关键改变。比如，因为许多中国人没有信用卡，他就非常聪明地设计了一个可信赖的在线支付系统。在中国，各种迫切需求驱动着一切适应性变化。"[①] 今天，阿里巴巴和腾讯的移动支付已经成为全球金融科技的领跑者，为世界所瞩目。美国《财富》杂志网站 2017 年 12 月 6 日有篇文章说："在移动生态系统和移动支付领域，中国领先于美国，部分原因是中国越过固话直接进入移动手机时代。如今，微信支付有超过 6 亿活跃用户，远超苹果支付用户。"与中国国情的紧密结合，使中国的高科技公司在金融科技领域能够弯道超车。因此，对具有中国特色的制度和产品能够在世界上确立领先地位应该有我们的自信，中国也可以成为世界规则制定的参与者与贡献者。

看了伦敦和芝加哥期货市场的一些资料，发现每个国家的期货市场都既有一般性的地方，也有自己特殊性的地方。虽然各国期货市场在大的原则上都差不多，但共性之下每个国家都有自己的特色。

从期货合约设计看，我国目前的 50 多个品种，合约期限都在一年以内，工业品期货一般是 1~12 月每月一个合约；农产品期货一般是隔月一个合约；金融期货一般是当月、下月及随后的两个季月（每季度的最后一个月）合约。成熟市场期货品种合约数量普遍较多，合约期限较长。如美国期货市场，农产品期货一般是隔月一

① （美）亨利·保尔森，《与中国打交道》第 356 页，香港中文大学出版社，2016 年。

个合约或每月一个合约，合约期限最长能到三年左右；能源类期货一般是每月一个合约，合约期限最长可达 10 年左右；金融期货一般是连续多个季月合约，如标准普尔 500 股指期货是连续 5 个季月合约。英国期货市场有日、周、月合约，同时有超过一年以上的合约，如铜、铝期货合约期限最长可达 63 个月，锌、镍期货合约期限最长可达 27 个月等。德国主要是金融期货，一般也是连续多个季月合约，如交易量最大的长期欧元债券期货（Euro-Bund futures），就是连续三个季月合约。

从交易方式看，我国期货交易所采用的是电子撮合交易。美国芝加哥商业交易所是公开喊价和电子撮合交易相结合。英国伦敦金属交易所是公开喊价、办公室间电话交易即场外交易、电子撮合交易三种交易方式并存。德国欧洲期货交易所（EUREX）与中国一样是电子撮合交易。

以上看出，即使祖先同为盎格鲁－撒克逊人的英国和美国的期货交易所也有许多差别。如交割方面，伦敦金属交易所可以每天交割，这是与美国等其他国家期货市场的重要区别。伦敦金属交易所每天都有合约到期并进行交割；而美国期货市场一般是每月交割一次。期货合约持有者如果不想到期交割，可以选择提前平仓，或将合约转到以后的月份去。中国主要学习和借鉴美国期货市场制度，交割方面与美国比较接近。

上面的叙述说明，即使在发达市场国家，也有一个“一般性”和自己国家“特殊性”结合的问题。伦敦国际金融期货交易所（LIFFE）法规部执行总监尼克·韦瑞伯（Nick Weinreb）2010 年参加在北京金融街丽思卡尔顿酒店举行的一次会议上说：“金融市场、期货市场是一个统一的自由市场，每个国家在执行过程中，流程其实差不多，大致原则也非常类似，但国与国之间的细节却非常不一样。美国和英国的法律框架是不一样的，尽管在某些方面非常相似。”①

如前所述，20世纪90年代初，当我们刚刚建立期货市场的时候，采取了照抄照搬国外期货市场“一般性”的做法，但由于缺乏相应的环境支持，没有太多考虑我国国情，期货市场在最初的几年出了许多问题，并进行了两次清理整顿。我们按照不同阶段我国的实际情况进行调整后，我国期货市场开始规范发展。实践告诉我们，在中国“新兴加转轨”的特殊环境中，仅仅照抄照搬国际“一般性”是行不通的，需要依据国情的“特殊性”，实事求是、创造性地去寻找和探索适合我国期货市场的发展道路，寻找一条把“一般性”和“特殊性”结合起来的路子。如果没有期货市场的“一般性”特征，也就不成其为期货市场；但如果不将自己国家的市场环境“特殊性”和国际惯例“一般性”充分结合，期货市场在中国也很难发展起来。这是在20世纪90年代已经被证明的经验。在经过长达7年的清理整顿后，在对过去实践不断反思中，我们按照把国际市场一般规律和中国国情特殊性相结合的思路，逐步建立起了具有中国特色的期货市场。

从一般性看，我国期货市场的制度设计反映了国际主流期货市场的一般性规律，在原则性、流程和交易机制安排上基本保持一致。如产品设计、集中竞价、双向交易、会员制度、保证金制度、中央对手方统一清算、交易所自律管理、行业自律监管、政府部门监管等方面，这些都和美欧等成熟期货市场的制度设计差

① 姜洋主编，《国际期货监管经验与借鉴》第43页，中国财政经济出版社，2011年3月。

不多。

从特殊性看，考虑到我国期货市场与发达国家期货市场产生的背景和环境差异，根据我国"新兴加转轨"的特殊国情和发展阶段特征，特别是适应我国总体信用环境和现货市场发展水平，我国期货市场实行了一些有中国特色的制度安排。一是在交易所体制上，保持交易所的公共性、非营利性并由监管部门直接管理。这与成熟市场追求利润的公司制交易所或会员完全自治的会员制交易所不同，我国的期货交易所无论是会员制还是公司制，都是政府主导，且不以营利为目的。二是在保证金制度上，禁止成熟市场广泛采用的信用交易，必须先交钱才能交易。我国期货市场按照毛头寸收取保证金，而成熟市场普遍按净头寸收取保证金。三是在交易所应对市场风险的财务资源上，由于我国信用环境不发达，一方面交易所普遍设置了较高的保证金水平，另一方面加大了风险准备金的储备。四是在极端情况下的风险处置措施上，除了实行限制开仓、强行平仓等制度外，还实行强制减仓制度[①]。五是在投资者资金的保护上实行保证金安全存管监控制度，专门设立了中国期货市场监控中心，实行保证金存管监控，防止期货公司挪用客户保证金。

前面分析过，我国期货市场是在从计划经济体制向市场经济体制转轨的过程中，由政府主导发展起来的，具有明显的"新兴加转轨"特征。具体表现为以下几个方面。一是在现货市场价格体系不完善的情况下发展我国期货市场，其产品设计、市场运行和功能发挥都会受到改革开放进程及其他宏观政策影响。二是我国期货市场

---

① 强制减仓是指在期货交易连续出现同方向单边市时，交易所将当日以涨跌停板价格申报的未成交平仓报单，以当日涨跌停板价格与该合约净持仓赢利客户按照持仓比例自动撮合成交。

投资者结构特殊，与西方主要是机构投资者（金融机构、资产管理机构和实体企业）不同，我国主要以自然人投资者为主，如何发展机构投资者，消除金融机构参与期货市场面临的种种障碍，有序引导更多的现货企业参与期货市场套期保值，不仅需要市场各方的努力，还需要社会各方的积极支持与配合。三是监管部门承担着加强市场监管和促进市场发展的双重职责，两个角色的不同定位决定了我们需要在监管与创新、规范与发展之间平衡考虑。因此，我国现阶段期货市场制度设计体现出风险控制从紧、监管从严、以牺牲一部分市场效率而换取稳步健康发展的理念。当然，随着我国市场环境的变化，我们也正在对发展理念和思路进行调整，进一步提高市场效率，提升我国期货市场的国际竞争力。

把期货市场发展的一般规律性和中国国情的特殊性结合起来，从中国的实际出发，实事求是，不为所谓“国际惯例”的教条和既定的框框套套所累，这是我国期货市场在实践和探索中总结出来的经验，也是中国特色社会主义理论在期货市场实践中的具体运用。20多年的期货市场发展实践证明，我国的期货市场制度是和现阶段我国市场发展环境相适应的，是和我国社会主义初级阶段的市场经济水平相符合的。

国际国内对我国期货市场20多年的发展评价比较正面。从国内看，党中央、国务院充分肯定期货市场的功能和作用，在“十五”“十一五”规划中都明确提出要稳步发展期货市场，“十二五”规划、“十三五”规划分别提出要“推进期货和金融衍生品市场发展”“积极稳妥推进期货等衍生品市场创新”。从2004年开始，每年的中央一号文件都提到要发展期货市场。国务院文件中多次强调，要发挥期货市场在定价、分散风险、套期保值和推进经济转型升级中的作用。[①] 从国际看，第一次 FSAP 评估（国际货币基金组织和世界银行金融部门评估规划）对我国期货市场最终的评估结论是：在适用的 14 项基本原则中，我国全部符合的有 9 项，基本符合的有 2 项，部分符合的有 3 项。这一评估结论与对最发达的美国期货市场的评估结论基本相当。这表明即使按照国际标准，我国期货市场制度的有效性也得到充分肯定。最新一次 FSAP 评估认为，中国的证券期货监管制度总体符合国际标准的要求，并特别指出中国在投资者保护和市场风险监测方面的先进做法值得其他市场借鉴。

中国期货市场在立足国情、学习借鉴国外及改造创新中快速发展起来，并在短暂而快速的发展过程中形成了自己的一些特色。它既遵循了期货市场发展的一般规律，又契合国情加入了自己的一些特点。我国期货市场 20 多年的健康稳定发展，就是不断地将西方期货市场发展的一般规律性和中国的特殊性结合的发展历史。

南树北移：中国市场之适应性

经常在北京和上海两个城市往来的人，不知是否注意到一个现象：两座城市街边公园的绿化带上，北京的树木，围着树干那块土的形状，一般是园丁挖出一个凹下去的圆形，而上海的树木，围着树干那块土的圆形则是凸起来的。为什么呢？问过内行专家，他们说这主要和两个城市的降水量有关。北京雨水少，年降水量只有 600 毫米左右，为了让树木能成活，要把水留住，聚集起来；上海

① 《国务院办公厅关于金融支持经济结构调整和转型升级的指导意见》（国办发 2013 年 67 号）明确提出，"加快完善期货市场建设，稳步推进期货市场品种创新，进一步发挥期货市场的定价、分散风险、套期保值和推进经济转型升级的作用"。类似关于期货市场作用的表述在最近几年党中央、国务院关于资本市场的文件中也多有表述。

雨水多，年降水量超过 1300 毫米，到了雨季，积水易使树木烂根，就会死掉，因此要把雨水及时疏导掉，圆形凸起可以防止积水。同样一棵树，在不同的气候条件下养法就不一样了。不同地区的两个同心圆，讲出不同的大道理。同样都是期货市场，由于存在的“土壤”不同，“养”的时候就必然呈现出不同的特点。因此，我国期货市场在市场结构、运行机制、交易方式、监管模式上，既有与发达市场一样具有一般性规律的地方，也有中国自己特殊性的地方。

我国期货市场的探索者，在遵循期货市场普遍性规律的同时，也考虑了我国环境的特殊性，因此，期货市场建设与发展中产生了一些与原来发达市场不完全一样的东西，也正是这些东西使中国期货市场在跌跌撞撞中逐步发展壮大。因为有中国经济大发展、贸易量巨大的背景，虽然有些制度是中国式的，外国人开初不习惯，但在利益追求下，他们也在逐渐适应。这些制度是中国期货市场的创新和亮点，并正在成为国际惯例新的组成部分，也是我们正在起草的《期货法》应加以提炼、概括和总结，并固化入法的内容。

当然，我们的市场还不成熟，许多地方还不尽如人意，但是有一个指导思想应该明确，适合自己发展的才是最好的。正是有了一套在移植、借鉴基础上，根据国情改造与创新后的交易和监管制度，促进了中国期货市场的发展，也引来了境外市场的关注。因此，所谓国际惯例，也是集各国成功经验之大成后，贡献自己民族性特色并为国际所接受者也。我们在中国特色社会主义制度下建设期货市场，市场建设初期政府主导和推动、商品价格“双轨制”下合约标的选择、“穿透式”账户管理、“先交钱、后交易”的结算方式、涨跌停板设置、保证金监控、强制减仓制度等，都是国外没有的，但是它们适合中国市场的实际，发展了期货市场，服务了实体经济，壮大了中国实力，那就是好的，不用苛求事事必“国际惯例”。在国际化原油期货市场的制度设计中，我也问过海外的投行与贸易商，中国这套东西与西方不完全一致，会不会影响市场交易。他们的回答是，尽管不符合他们的交易习惯，但只要有利益，他们也会去适应。因此，所谓的影响力、话语权就躲藏在这些具体的规则中，核心是我们的市场对人是否有利可图，是否有吸引力，而不在于我们和发达市场过去的“惯例”是否一模一样、亦步亦趋。对这一点，我们要有充分的自信。这可以说是我国期货市场彰显“四个自信”最好的注脚。

我国河南省南阳地区地处亚热带向暖温带的交接地带，雨量充沛，气候温和，是南树北移、南花北送的过渡区域，树木要先移栽到这里一段时间后再北移才能成活，否则会因水土不服而夭折。中国人移来西方市场经济这棵“树”，栽到中国的土壤里，结出了适合中国人肠胃的“果”。借鉴与创新下的中国社会主义市场经济使中国人的经济社会生活发生了翻天覆地的变化，中国已成为全球第二大经济体。同样，在借鉴、移栽西方期货市场的过程中，我国期货市场的耕耘者结合中国实际进行了艰苦的探索与创新，取得了好的收成。目前中国商品期货市场逐步成熟，对国民经济发展开始发挥积极作用，成为在国际上有一定影响力的市场。

在计划经济占主导地位的大环境中，从西方成熟市场经济中取一个期货市场“断面”直接移栽到我国，难免出现“水土不服”的情况。在成熟市场经济国家，期货合约交易的一个重要条件是标的资产完全由市场定价，行政干预和垄断价格的商品很难作为期货合约上市。而当时中国上市的期货合约，虽然标的资产的价格在逐步放开，但行政力量的影响还很大。因此，在产品合约设计、交易机制创新时，都带上了相应不成熟市场经济的烙印。由于先天不足，在期货市场发展初期，期货合约价格大起大落，出现了一些问题。今天在发展中也出现了许多和西方市场不一致的地方，从而带上了中国期货市场的特色。

第五章

启示中国：美国衍生品市场损益

芝加哥拉萨尔大街是美国期货和衍生品市场的大本营，就如纽约华尔街是美国证券市场的大本营一样，这里产生了全球衍生品市场相当大一部分的交易量。

众所周知，美国金融体系是市场主导型的，除了拥有发达的股票市场、债券市场和外汇市场，还有非常成熟的期货和衍生品市场。据统计，2017 年底，美国期货市场持仓额约为 58 万亿美元，占全球期货市场的 72%；[①] 1364 家银行和储蓄机构持有场外衍生品名义本金 172 万亿美元，约占全球场外衍生品市场 32%。[②] 美国场内场外衍生品市场规模在全球占比超过 40%。

G4 以及 B2：美国衍生品市场

在美国场外衍生品市场中，4 家大型银行占据着绝对的主导地位（见图 5–1），市场占比约为 90%，被称为“G4”。这 4 家银行分

---

① 数据来源：国际清算银行。由于北美期货市场主要在美国，其他市场规模很小，因此用北美数据代替。

② 数据来源于美国货币监理署（OCC）。美国货币监理署每个季度都会对获得存款保护的银行和储蓄机构交易衍生品情况进行统计，其中也包含它们交易场内衍生品的情况，但这部分规模很小，可以忽略不计。

别是摩根大通、美银美林、高盛和花旗。其中，摩根大通和花旗是传统的商业银行，美银美林是2008年金融危机中美国银行收购美林证券而成立的，高盛则是危机中为了获得政府救助由投资银行转为银行控股公司的。因此，总体而言，美国场外衍生品市场的主导力量还是投资银行和商业银行，这与全球场外衍生品市场主要交易商“G14”[①]的构成相同。

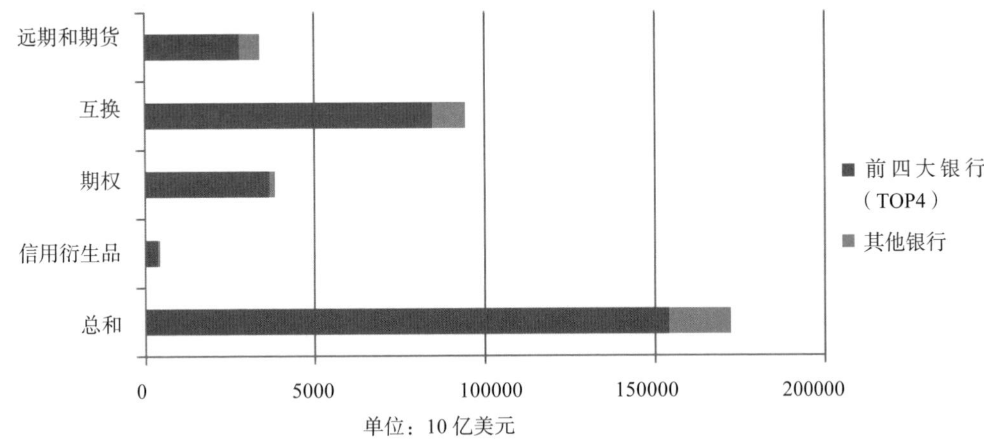

图5–1　美国前四大银行在美国场外衍生品市场占据主导地位

资料来源：美国货币监理署（2017年第四季度末）。

美国期货市场处于全球领先地位，一直是其他国家建设期货市场仿效和借鉴的对象。全球成交量排名前6位的期货交易所中，美国独占4席。在这其中，芝加哥商业交易所集团和洲际交易所集团处于两强相争的状态，业界称之为“B2”。芝加哥商业交易所集团在利率、股票指数及农产品期货等领域具有绝对优势，洲际交易所

① “G14”指的是14家在全球场外衍生品市场占主导地位的金融机构，市场占比超过80%。分别是美银美林、巴克莱、法国巴黎银行、花旗银行、瑞士信贷、德意志银行、高盛、汇丰银行、摩根大通、摩根士丹利、苏格兰皇家银行、法国兴业银行、瑞银、富国银行。

在能源衍生品领域具有领先地位。2017 年，按成交量统计，芝加哥商业交易所集团、洲际交易所的期货期权交易量分别为 41 亿手和 21 亿手[①]，分列全球第一、第三。

法案破土：反推衍生品发展

《格拉斯 – 斯蒂格尔法案》对美国金融体系产生了深远的影响。追溯美国衍生品市场的发展历程，不得不提到这部法案。在 1999 年美国出台《金融服务现代化法案》允许金融机构混业经营之前，美国金融创新的过程是不断绕开和突破《格拉斯 – 斯蒂格尔法案》限制的过程。虽然《格拉斯 – 斯蒂格尔法案》的本意是限制商业银行开展投资银行业务和参与证券市场，但该法案却意外造就了美国衍生品市场的大繁荣。

商业银行和投资银行分离，使得新兴的投资银行在 20 世纪 70 年代以来的金融创新中，成为在经济和政治影响方面可以与商业银行相互竞争、相互抗衡的市场力量。这为衍生品市场尤其是场外衍生品市场的大发展奠定了组织基础。在利率市场化的大背景下，商业银行和投资银行之间的竞争加速了“金融脱媒”，正如今天在中国所看到的，商业银行资产负债表两边都在脱媒：公司将短期贷款换成商业票据，商业银行将短期储蓄负债变为储蓄存单，储户将储蓄转化为货币市场基金。到 20 世纪 80 年代，商业票据市场、短期国债市场、联邦基金市场、存单市场和货币基金市场已经足够成

① 2017 年，印度国家证券交易所场内期货、期权交易量为 25 亿手，连续两年超过洲际交易所，位居全球第二。美国场内衍生品市场与场外衍生品市场是共生发展的。大量的交易已在场外市场完成，风险净敞口进入期货市场利用标准化合约对冲。所以，此处显示的交易量还远未能反映真实的交易活跃度。

熟，收益率之间可以进行套利，一个证券化的、具有高流动性的货币与资本市场已经形成。金融自由化带来的风险管理需求增加，商业银行和投资银行的竞争，高流动性、高效率的货币市场和资本市场形成，这些条件合在一起创造了衍生品市场发展的肥沃土壤。投资银行、商业银行和期货交易所成为风险管理机构，根据市场需求，大力推动期货和衍生品市场发展，使现货市场、期货和衍生品市场之间可以方便地进行套利和风险对冲。

资本为大：金融之美国模式

从 20 世纪 80 年代开始的金融改革，使美国逐步从间接金融为主向直接金融为主转变，目前直接金融已经成为美国金融模式的主要内容之一。相对于美国的经济规模，美国的商业银行体系比世界上其他经济体要小得多，经济对商业银行的依赖程度也要轻得多。美国的企业主要是通过发行股票、债券等直接融资工具来获取生产经营资金，而不是通过商业银行吸收的存款转化为信贷来间接获得。美国的商业银行资产规模与其 GDP 的比例在 G20 国家甚至全世界都是比较低的，大约与土耳其相当，德国、日本、加拿大、中国都高于美国。2017 年底，美国商业银行资产是其 GDP 的 87%，德国、日本、加拿大、中国的商业银行资产分别是本国 GDP 的 2.4 倍、2.0 倍、2.0 倍和 2.4 倍。而 2016 年底（2017 年数据世界银行尚未公布），美国股票市场上市公司总市值占本国 GDP 的比重为 147%，高于德国的 49%、日本的 100%、加拿大的 130% 和中国的 65%。再从商业银行资产占社会金融资产的比例看，2017 年底美国大约是 7.1%，在 G20 国家中最低。日本、加拿大等国商业银行资产在社会金融资产中的占比均在 10%~20%。可以看出，通过金融改革，美国经济更少地依赖商业银行体系。当商业银行体系承压时，美国经济通常还能受益于资本市场，而其他国家比美国更依赖商业银行体系提供资金融通。①

直接金融在金融体系中占比过大也会引发其他风险。投资银行等直接金融的中介，都是没有被传统银行安全网覆盖的非银行金融机构，在危机来临时更容易受到恐慌的影响。因此，它们对使用金融衍生品管理风险的需求更强烈。而 20 世纪 80 年代以来金融工程推动下金融衍生品的大量出现，适应了美国金融结构转变中投资银行等非银行金融机构管理风险的需要。这就形成了美国以直接金融和风险管理金融为显著特征的金融模式。

衍生品推动了风险管理金融在美国产生并输出到全球，实现了美国金融模式的全球化，在促进其经济增长的同时向全球渗透。施泰因赫尔在 20 多年前就认为："目前全球经济正在发生的影响最为深远和最具结果的结构性变化是过去 20 年来全球金融的美国模式的成熟，其成功近年来已经将组成这个模式的制度、做法、工具和金融基础设施向其他主要工业国出口。"② 风险管理金融和灵活的流动性供应成为美国金融模式最突出的特点。提供标准化合约的期货交易所和提供定制化衍生品的商业银行、投资银行成为风险管理机构，它们从金融体系中定义和分离出很多种类的风险，通过设计工具和改变制度来使这些风险能够定价，并且可以在流动性好的市场上进行交易。在美联储的大力支持下，逐渐形成了一个货币市场、

---

① （美）蒂莫西·F. 盖特纳，《压力测试：对金融危机的反思》第 327 页，中信出版社，2015 年 3 月。我们对数据进行了更新，数据来源于 Wind 资讯。

② 阿尔弗雷德·施泰因赫尔著，陈晗、张晓刚译，《金融野兽：金融衍生品的发展与监管》第 43 页，远东出版社，2003 年 8 月。

资本市场和衍生品市场连续流动性供应的可靠机制，从而保证了这三个市场在不利的环境中仍能够保持流动性。

在美国政府的帮助下，美国金融模式成功地进军主要的非美元金融市场，获得巨大经济利益的同时又输出了商业文化与游戏规则。这强化了美国大型金融机构在全球金融市场中的地位和优势，例如全球债券发行、国际支付和全球托管等。当机构投资者开始将资产组合分散到外国货币的时候，美国金融机构将它们的资金和风险管理经验扩展到这个领域。

结构调整：火了衍生品市场

从 20 世纪 70 年代美国的经济结构开始调整，到 21 世纪初，美国经济结构中信息等高科技产业以及金融服务业的比例越来越高，传统制造业持续向国外转移。

于 20 世纪 70 年代在美国创造了利率期货的桑德尔教授，在中国的一次演讲中说了美国这段经济结构调整的历史。他说，从 1945 年到 1970 年，制造业是创造美国财富的动力。当时，美国 GDP 占全球 GDP 总量的一半左右。其中，制造业占美国 GDP 的比重约为 1/4，如美国通用汽车公司占全球汽车市场的份额很大。随后，日本和德国追了上来。现在，世界又发生了变化，中国已经完全追上来了。传统制造业从美国先后转移到德国、日本和中国等国家。今天美国 GDP 占全球的 24%，比高峰时下降了一半，中国则占到了 15%。

他说，1970 年以后，创造财富的动力在美国变得不一样了。美国经历了当时的经济变化，经历了农产品市场上的很多波折，经历了通货膨胀。到 1980 年，美国制造业占 GDP 的比重首次下降到 20% 以下。

1980 年以后，财富创造的动力又发生了变化。这次变化主要是由于金融工具的发展，比如出现了利率商品期货化、资产负债的管理、抵押贷款和银行负债的商品化等。这些变化，在 20 世纪 70 年代是根本想不到的。因为之前都是采用固定利率，不会有创新的金融产品出现。从 1980 年之后，商品期货化的范围不断扩大。垃圾债券也风行一时，它将不良资产组合起来，进行相关的资产负债管理。20 世纪 80 年代，很多大公司的并购重组都是利用了杠杆收购的原理，也运用了银行推出的新产品。1986 年，金融业[①]占美国 GDP 的比重首次超过制造业，达到 18%。同时，与金融业紧密相关的会计、法律等专业服务业也迅速发展起来。到 1990 年，二者合计占美国 GDP 近 1/3。

20 世纪 90 年代财富创造的动力是信息的商品化，最显著的表现是思科和微软的崛起。此时美国已经进入 IT（信息技术）时代，高科技和电信业完全发展起来了。亚马逊（Amazon）、谷歌（Google）就是那时候先后成立的，逐渐发展壮大。20 世纪末，制造业占美国 GDP 的比重继续下降到 15%，信息业占美国 GDP 的比重提高到 5%。[②]

美国经济的结构性变化导致对资本的需求急剧增加。如果没有机会进行融资，市场上的很多参与者将不会有足够的资本进行相关交易。如果要进行相关交易，必须要有统一的标准。无论是大宗商品交易，还是证券交易，无论是个人参与者，还是机构参与者，事实上都不是直接进行实物交易，而是要制定一个统一的标准。首

---

①　根据美国经济分析局的统计口径，此处美国金融业指的是美国银行、证券、保险、房地产及租赁业。

②　以上美国产业结构变动的数据来源于 Wind 资讯。

先，非正式的现货市场和远期市场的发展，有法律效力的工具为所有权提供了证据，各类所有权凭证得到交易。之后，有组织的证券市场和期货市场产生，证券与期货交易出现。在过去的20多年里，上千个场外衍生品市场出现，市场结构变得越来越复杂。[①]

美国从1991年4月到2000年3月的108个月里，经济发展呈现低通货膨胀率、低失业率、高增长的局面。除了科技进步带动劳动生产率提升外，还有两个重要原因：一是，发展以通信技术、网络经济为主体的新经济，大力推进经济结构调整；二是，发展直接金融市场和风险管理金融市场，依靠社会资本和新型风险管理工具支撑新经济的发展，促进美国经济结构调整。

风险管理金融成为美国最具竞争力的领域，提升了美国金融行业的国际竞争力，金融服务业变成美国的主要出口行业。2016年，美国金融服务出口额为982亿美元，实现顺差726亿美元，占全年美国服务贸易顺差额的30%。[②]美国金融机构利用衍生品等风险管理工具为其全球扩张保驾护航，同时这也是其获利最为丰厚的部分。以高盛为例，尽管金融危机后衍生品收入在其总收入中的占比有所下降，但是近两年来仍保持在20%左右。

石头沙子：改革成本摊全球

美国的经济结构调整和金融改革主要是在20世纪八九十年代完成的。这次改革积累了很多问题和矛盾，但被美国持续较长时间的经济大繁荣掩盖了，金融衍生品在其中起到了很大的作用。有专家

---

① 姜洋主编，《国际期货监管经验与借鉴》第171~172页，中国财政经济出版社，2011年7月。

② 数据来源：Wind资讯。

认为，这些问题和矛盾之所以能够得以分散、转移和延后，主要得益于金融创新出现的大量场外衍生品。许多金融机构利用金融衍生工具，把经济结构调整和金融改革所积累的问题和矛盾分散了、转移了、延后了。虽然问题和矛盾可以分散、转移、延后，但风险仍然存在，问题是会爆发在谁手里、谁接击鼓传花的最后一棒。有如岩浆在地壳里运行，遇到薄弱环节就将穿透大地，喷薄而出。2007年的次级贷款危机撞开了地壳的缺口，2008 年金融危机横空出世。一夜之间，世界变了样。多少金融机构被烈焰吞没，多少家庭倾家荡产，多少国家债台高筑。欧洲、亚洲等远离美国本土的国家都感受到美国引发的这场危机的冲击和震荡。金融海啸的滔天巨浪，拍打着太平洋西岸的亚洲国家和大西洋东岸的欧洲。即使如今离危机爆发已过去 10 年，危机的影响仍然继续困扰着许多国家的经济。

这是一个金融市场动荡的时代，也是一个金融政策分化的时代。2014 年以来，全球主要经济体货币政策显著分化：美联储结束量化宽松政策（QE），货币政策逐渐回归正常，开始启动加息；日本央行则持续加码，维持超宽松货币政策；欧洲央行实施了数年之久的超宽松货币政策，从 2017 年下半年开始探索货币政策的艰难转向。当美国认为金融危机已经结束的时候，世界其他国家还在承受着由美国引起的这场危机的折磨，尽管美国不这样认为。美国在危机后经济金融的恢复是全世界最好的。惹祸的人没事了，无辜卷入祸水的人还在忍受着危机后遗症的煎熬。

应该说，美国摆脱危机除了其他各种原因以外，衍生品市场在转移风险中的作用不可低估。美国在金融改革和经济结构调整中，大量使用了衍生品，利用衍生品分散和转移了相当一部分风险到美国之外，比如欧洲。金融危机爆发时的风险冲击以及危机后的经济恢复中，美国承受的压力减轻了许多。2014 年已经卸任的美国前财政部长盖特纳在他的自传《压力测试：对金融危机的反思》中写道，金融危机爆发后，美国经济遭受了巨大的打击。2009 年，美国有近 900 万人口失业，房地产和汽车产业正在不断萎缩。房利美、房地美、美国国际集团、花旗集团和美国银行这 5 枚炸弹处于时时刻刻都可能爆炸的危险中，而且它们的危险要比雷曼的危险大得多。然而这一切开始改变，火药桶并没有爆炸，美国经济摆脱了它的死亡周期。[①] 数据显示，2017 年美国的 GDP 比金融危机前提高了 15%，而日本、欧元区的产出刚刚恢复到经济危机前的水平；美国失业率降至 4.1%，达到 17 年来的历史最低水平；道琼斯工业指数、标准普尔500指数自2009年3月以来持续上涨，屡创历史新高，上涨了 300% 多。

美国在 2008 年金融危机中遭受的打击比 1929 年那次更大，但是这次的后果却要远远好于 1929 年那次大危机。当然主要是因为美国采取了较为积极主动的货币政策和财政政策，但同时美国还通过发达的期货和衍生品市场把实体经济的风险向全球转移和分散。记得 1997 年香港回归之前，我在香港参加由中国人民银行和香港金管局合办的金融高级研修班。当时的香港金管局副总裁沈联涛讲金融衍生品的一个比喻很形象，至今我仍然记忆犹新。他从桌子上拿起一张 16 开的纸，对折撕，不断地重复，一直撕到手里全是纸屑。然后说，这就是衍生品分散风险的本领，把大风险化解成小风险，就如这样，撕成碎片。总量不变，但风险分散了。风险是消灭不掉的，只能切割分散。一块大石头可能压死人，如果切成块，会

---

① （美）蒂莫西·F. 盖特纳，《压力测试：对金融危机的反思》第 375 页，中信出版社，2015 年 3 月。

打伤人，如果磨成沙，吹到大家的脸上，有点感觉，不痛不痒就过去了。实际上就是把本应由少数人承担的风险分散到更多的人身上。衍生品把本来应由美国人承担的风险分散到了全世界，从目前的情况看，有人认为欧洲受损最大。据国际货币基金组织 2010 年 4 月的统计，金融危机使全球银行业共损失 2.28 万亿美元，美国仅承担了其中的 39%，其他国家分摊了 61%。[①]

益智在盖特纳的自传中文版译者序中说："华尔街聚集了美国精英中的精英，但 2008 年之前美国房地产市场持续向好的形势，激发了这些精英的发财梦，他们居然设计出不考虑还款能力，而且没有首付的住房按揭产品，并且将之证券化后卖给全球投资者。……这些有问题的金融产品，通过羊群效应传染给了全球的投资者。"[②] 从雷曼倒闭以来，欧洲各大银行受到沉重打击，金融系统和经济动荡不安。欧洲是美国最大的贸易伙伴，并且金融系统与美国联系最紧密，美国利用衍生品转移到欧洲的风险最多，对欧洲的伤害也最大。美国经济从 2013 年下半年开始持续复苏，而欧元区经济到 2017 年才刚刚走出泥潭。2017 年第三季度，欧元区季调后的 GDP 同比增速达 2.5%，所有成员国有望实现 10 年来首次共同正增长。经济学家认为，尽管欧元区经济复苏已经开始，但仍然受到生产率疲软、劳动力参与率下降以及部分国家债务高企的拖累，中期增长前景仍未稳定。尤其是欧元区不同经济体间的结构性差异显著，2017 年欧元区失业率最高的 5 个国家分别为希腊（22.3%）、

---

① IMF，《全球金融稳定报告》，2010 年 4 月，http://www.imf.org/external/pubs/ft/gfsr/2010/01/pdf/text.pdf。

② （美）蒂莫西·F. 盖特纳，《压力测试：对金融危机的反思》译者序部分，中信出版社，2015 年 3 月。

西班牙（17.1%）、塞浦路斯（11.8%）、意大利（11.4%）和葡萄牙（9.7%）。可以预见，欧债危机虽然已渐行渐远，但其留下的后遗症仍对欧洲中长期增长构成威胁。[①]

尽管美国人认为欧洲的问题是由泡沫破灭前疯狂的信贷繁荣造成的，即以德国和法国银行为核心的欧洲银行业提供大量的风险贷款给欧盟的那些边缘国家，但欧洲人却毫不让步地将欧洲出现问题的根源归咎于2008年美国的金融危机。欧洲的银行在经济繁荣时期借入了大量的美元，并用来投资美国的房地产抵押贷款证券。其中，包括购买了大量的场外金融衍生品。应该说双方的论点都不全面，但又都有一定的道理。

稿费故事：汇率期货与美元霸权

有一年，梅拉梅德拜访上海期货交易所，讲了一个他付5000美元稿费，推动外汇期货上市的故事。他说芝加哥商业交易所在1972年上市外汇期货时，找经济学家米尔顿·弗里德曼（Milton Friedman）帮忙。之前的一年，美国总统尼克松停止了外国政府或央行用美元向美国兑换黄金的政策。布雷顿森林体系瓦解[②]，美元和

---

① 程实等，工银国际首席经济学家，《2018：欧洲经济增长模式换挡——2018年全球经济展望系列之六：欧洲经济》，2017年11月3日。

② 布雷顿森林体系是指以外汇、资本及贸易自由化为主要内容的多边经济制度，其实质是建立一种以美元为中心的国际货币体系。它始于1944年由44个国家在美国参加的“布雷顿森林会议”。这个体系有两个重要的核心内容：一是，成立国际货币基金组织，在国际间就货币事务进行共同协商；二是，美元和黄金挂钩，成员国货币和美元挂钩，实行可调整的固定汇率制度。但在20世纪六七十年代，由于美元不断贬值，世界各主要货币被迫实行浮动汇率制度，至此布雷顿森林体系完全崩溃。但是由布雷顿森林会议诞生的两个机构——国际货币基金组织和世界银行，今天仍然存在，仍然在世界贸易和国际金融治理中发挥着非常重要的作用。

黄金脱钩，美元汇率频繁波动。当时芝加哥商业交易所交易活牛、黄油、鸡蛋等没有什么影响力的农产品期货，面临和芝加哥期货交易所的激烈竞争。梅拉梅德突然有了上市外汇期货的灵感，借着外汇期货这个新产品的监管机构还不明确的机会，他邀请芝加哥大学著名教授，后来的诺贝尔经济学奖获得者弗里德曼写篇文章，从理论上阐述在美国建立外汇期货市场的重要性和迫切性，鼓吹上市外汇期货会对美国经济带来很多好处。后来弗里德曼不仅写了文章，还给他的朋友，同样是芝加哥学派的教授、财政部长乔治·舒尔茨（George Shultz）写信打通关节，请求财政部支持芝加哥商业交易所上市外汇期货。最终，此事居然办成了。梅拉梅德在回忆起30多年前的这段往事时津津乐道。他说，我当初想借用弗里德曼的名声来推动外汇期货在芝加哥商业交易所上市。他约弗里德曼在纽约的一家餐馆聚一聚，二人见面后他提出想委托弗里德曼写一篇表达外汇期货市场能够给社会带来益处的立场的文章。弗里德曼对梅拉梅德说："我是一个资本主义者，你必须为此给我一个补偿。"梅拉梅德欣喜地问他需要多少钱，他回答"5000美元"。"后来我们成交了，"梅拉梅德回忆说，"当然，我明白他这样一个伟大的人物押上自己的声誉不是为了钱，也不仅仅是为了芝加哥商业交易所，而是为一个即将到来的新时代的想法。"即通过外汇期货等金融期货的上市，建立和巩固美国全球金融交易中心和大宗商品定价中心的地位。弗里德曼在那篇文章中写道："不管在什么地方，一个成功的期货市场应当发展起来，这显然符合我们的国家利益，因为这会促进美国的对外贸易和投资。但在美国而不是在国外发展这样一个市场更加符合我们的国家利益。在这里的发展会鼓励我国的其他金融活动，通过服务出口提供更多的附加收入，并减轻执行货币政策的问题。”①

在第二次世界大战临近结束之前的1944年，美国牵头建立的布雷顿森林体系是由商品货币向信用货币过渡的一次重要尝试。经过第二次世界大战的洗礼，美国取代英国成为全球的经济中心和金融中心，一种以美元和黄金为核心的国际货币体系应运而生。1971年，布雷顿森林体系瓦解，美元与黄金脱钩，哪种商品能够和美元挂钩呢？几年后，美国人找到了石油商品。美国人依靠第二次世界大战后独一无二的政治、经济和军事优势，设计并建立了符合自身利益的全球能源金融战略体系。在这一体系支撑下，美元与石油的软挂钩代替了与黄金的硬挂钩，美国和美元的国际霸权地位得以维系甚至增强。美国在此基础上建立了一整套包括定价评级、中介服务、交易清算、信息监测等在内的全球网络系统，从而使其他国家产生了对美国和美元的依赖。而服务于美元波动的风险管理，建立美元外汇期货市场，可以为美国正在处心积虑建立的石油与美元挂钩的能源金融新体系添砖加瓦，提供基础性支持。弗里德曼这个时候积极支持梅拉梅德在美国推出美元外汇期货是非常有眼光的战略动作，绝不是一个“资本主义者”为了那5000美元的收入玩儿的“小儿科游戏”。有评论说，如果说布雷顿森林体系解体以后，美元与石油挂钩巩固了美元的霸权地位，那么随后的40多年里，美国利用期货和衍生品市场，成功建立了全球的大宗商品定价中心、金融资产交易中心，则进一步强化了美元的地位。以大宗商品期货市场为例，全球的主要农产品如大豆、小麦、玉米、棉花、白糖等，贸易谈判价格均以美国期货市场发现的农产品期货价格作为基准

---

① 利奥·梅拉梅德、鲍勃·塔玛金著，杨柯、陈晗、张晓刚译，《逃向期货》第187页，百家出版社，2004年5月。

价；石油、天然气等能源贸易谈判，买卖双方也主要参考的是纽约商业交易所、洲际交易所交易的原油期货、天然气期货价格。

目前，在全球外汇储备中，美元约占64%；在国际贸易中，有40%是用美元支付结算的；在外汇市场上，以美元交易结算的占88%。[①] 全球金融市场形成一种怪异的现象，即3/4的流通货币来自美国提供的美元，但美国真正通过国际贸易所提供的美元只有1/4左右。换句话说，美国通过美元控制了其他国家之间贸易的一大半，这就是美元霸权地位所在。美国能够解决金融危机的一个原因，是全世界盛行对美国信用的特殊信念。这既是美国成为金融中心的因，也是美国成为金融中心的果。其中重要原因之一是美国首先在国际上建立外汇期货市场，进一步夯实了美元的霸权基础。

剑走双刃：风险与损失

2008年金融危机显示，金融衍生品“双刃剑”的负面作用因控制不好，风险很大，导致美国经济受到巨大损失。

在衍生品市场风起云涌的20世纪90年代，英国《经济学人》杂志1994年5月14日的一篇文章，对热火朝天的衍生品市场兜头泼了一盆冷水。文章预言：“人们害怕衍生品通过放大杠杆的作用，基于债务的买方力量，对冲基金和其他投资者加剧了金融市场的不确定性。这种不确定性在事情朝坏的方向发展的时候，可能威胁整个世界的金融体系。”这个预言在14年后成为现实。规模庞大又缺乏监管的场外衍生品市场，被认为是引发2008年金融危机的一个重要因素。我们看到，随后这个危机被放大并扩散到全球，直到今天其影响还清晰可见。

① 数据来源：IMF、SWIFT、BIS。

正如前面所分析的，美国已经率先从金融危机引发的经济衰退中走了出来，但这次危机波及范围之广、影响之大，仍有必要对其造成的损失做一个客观评估。美国金融危机调查委员会 2011 年 2 月 25 日发布的《美国金融危机调查报告》从多个角度对此进行了描述：2007 年第二季度末到 2009 年第一季度末，金融危机导致 17 万亿美元家庭财富蒸发，超过 2008 年美国 14.4 万亿美元的 GDP；共减少了 830 万个工作岗位，失业率一度高达 10.1%；房价从最高值下跌了 32%，400 多万家庭丧失房屋抵押权，房屋拥有率从最高的 69.2% 下降到 66.9%；商业地产空置率超过 20%；标准普尔 500 指数下跌了大约 1/3，影响雇员养老金、企业年金账户，如 401k 计划损失了 2.8 万亿美元，约为其管理资产价值的 1/3；消费者信心指数下降到 1992 年以来的最低点，消费支出缩减 3.5%；由于家庭财富缩水及失业等因素，2009 年有 140 万户家庭宣布破产；由于商业票据发行不出去和难以获得银行信贷支持，很多企业尤其是中小企业陷入财务困境，2009 年有 6.1 万家企业破产。政府层面，联邦政府和州政府都面临税收减少和公共支出大增的局面，联邦政府赤字从 2008 年的 4590 亿美元上升到 2009 年的 1.4 万亿美元，有 48 个州在破产边缘挣扎；美联储共实施了三轮量化宽松政策，累计向市场注入 3 万多亿美元流动性。具体到金融行业，2007—2009 年减少工作岗位约 71 万个；2009—2010 年共有 297 家商业银行倒闭，占商业银行总数的 4%；投资银行业受到重创，五大投资银行中，雷曼倒闭，贝尔斯登、美林证券分别被摩根大通和美国银行收购，高盛和摩根士丹利为获得美联储救助，转型为银行控股公司。[①]

---

① 美国金融危机调查委员会，《美国金融危机调查报告》第 430~442 页，中信出版社，2012 年。

另外，金融危机对欧洲经济衰退的影响，至今仍未完全消退。中国虽然金融开放程度不高，但危机总体上也对中国经济造成了冲击和影响。

争论再起：衍生品能否继续发展

金融危机后，大家都在说美国金融体系出问题了，不该发展金融衍生品。这话乍一听有道理，但仔细分析一下，虽然不受监管的金融衍生品损害了包括美国在内的许多国家与投资者的利益，但美国从发展这个市场得到的好处是显而易见的，其收益远远大于损失。美国通过衍生品市场积极推动金融改革和经济结构调整，完成了很多想做的事。衍生品市场为美国资本向全球扩张管理风险、保驾护航。据统计，美国企业利润的 1/3 来自海外，海外利润总计超过 2 万亿美元。同时，利用衍生品市场的风险分散作用，美国将金融改革和经济结构调整的成本分摊到全球。美国把发展金融衍生品获得的利益全占了，带来的成本还要让其他国家分摊。这对美国来说值不值？我认为值。不可能什么东西都得到，只有收益，没有付出是不可能的，但是要看风险和收益谁大谁小。发展衍生品市场帮助美国巩固了经济强国地位，实现了大国战略，成为全球金融交易中心和大宗商品定价中心，强化了美元的霸权地位。当然，负面影响也是明显的，雷曼、美国国际集团等很多金融机构倒闭或陷入困境；美国经济出现衰退，经济负增长、企业倒闭、失业率居高不下。总体算下来，美国发展衍生品市场，得失皆有，但得大于失，创新发展总要付出一些代价。

尽管很多国家、社会大众对衍生品市场心存疑虑，但美国主要财经高官都非常重视衍生品市场的作用，即使在金融危机后的监管改革中，改革措施的出台也把不损害美国衍生品市场的全球竞争力放在优先考虑的位置。20 世纪 80 年代英国和美国的全球金融中心之争，倒逼美国放松监管，推动金融创新。1987 年，格林斯潘任美联储主席之后，对发展金融衍生品抱有极大的热情，鼓励银行绕过《格拉斯－斯蒂格尔法案》的限制，金融衍生品开始大行其道。格林斯潘无论是会见政府官员、出席国会听证会，还是在听众云集的公众场合发表演讲，一直坚决反对限制衍生品交易。他说，市场会自动教会参与者如何控制风险，政府不需要去监管。1997 年，格林斯潘与时任美国财政部长罗伯特·鲁宾（Robert Rubin）、时任美国证监会主席阿瑟·莱维特 (Arthur Levitt) 坚决反对美国商品期货交易委员会关于必须要对场外衍生品市场进行监管的提议，认为这会摧毁华尔街，美国金融机构会将业务转移至海外。在格林斯潘、鲁宾等人的大力推动下，1999 年美国国会通过了《金融服务现代化法案》，废除了《格拉斯－斯蒂格尔法案》，银行控股公司可以升级为金融控股公司，开展任何性质的金融业务。2000 年出台了《商品期货现代化法案》，明确商品期货交易委员会不能对场外衍生品市场监管。

金融危机爆发后，金融衍生品市场一度成为众矢之的，加强监管成为大势所趋。但大部分观点认为，应该区分两种衍生品，一种是主流公司日常用来管理风险的衍生品，另一种是如雷曼和美国国际集团这样的大公司用来追求利润而承担过度风险的衍生品。[1] 企业日常用来管理风险的衍生品，一直受到美国财经高官的推崇与支持，他们认为衍生品出问题不在产品，而在监管缺失和衍生品被滥

① 米尔肯研究院，《衍生品对经济增长的影响分析——从风险管理的角度》，2014 年 3 月。

用。美国前财政部长亨利·保尔森的说法颇有代表性："如果某个想法是错的，它就根本不会带来多大麻烦，因为它自身发展不到哪儿去。证券化、衍生品之所以能引发如此大规模的危机，正是因为它们本身是个'好主意'，只是增长太快，而监管没与时俱进。"[①] 对保尔森这一观点最好的注脚是梅拉梅德2010年在北京的一次演讲中透露的信息。他说，因为2008年危机而出台的《多德–弗兰克华尔街改革和消费者保护法》的基本原理似乎是，金融危机发生的主要原因是没有足够的政府监管机构，但这不是主要原因。他指出，危机的主要原因是：钱来得容易；空前的低利率与浮动利率抵押贷款；因"居者有其屋"的政治动机而造成的房地产泡沫；授权房利美和房地美——两个政府特许机构购买近乎无限量的次级抵押贷款；资本相对于银行资产不足而导致负债与资产比率不合理的杠杆比率；场外交易销售的担保债务凭证和结构性投资工具（SIV）的风险披露不充分；评级机构未能合理披露这些金融工具的风险性质；投资银行和对冲基金的错误决策和偏松的职业操守导致风险扩散。他认为，虽然新法案的一部分内容是必须的，但也有相当一部分内容错误地将矛头指向了华尔街。其直接结果就是加大了美国金融市场的成本并压制它的发展。更为严重的是，新的法案会摧毁创新这一现代金融的支柱，还可能推动全球金融中心转移，比如向亚洲新兴市场转移。在如今这个竞争激烈的年代，任何一个国家的错误决定都将提高其他国家的竞争力。[②] 梅拉梅德的想法和盖特纳相同。盖特纳在危机后的金融法规制定过程中一直呼吁，法规不能太

① 2011年4月18日，《最大的挑战——专访美国前财长保尔森》，财经周刊2011年第15期，2011年4月18日。

② 姜洋主编，《国际期货监管经验与借鉴》第188页，中国财政经济出版社，2011年。

严，否则将导致监管套利，要防止他国借美国衍生品监管加强之机渔利，收获金融中心转移的红利。

美国金融业关于新法案的推进会加强监管，从而导致金融中心向其他国家转移的担心有点过虑了。其实，2010 年美国出台的《多德－弗兰克华尔街改革与消费者保护法》总体上不但没有弱化，反而强化了提升衍生品市场竞争力的立法取向。美国在国内开展衍生品市场监管改革的同时，通过 G20 等多边及双边对话机制，以及金融稳定委员会（FSB）、国际清算银行、巴塞尔银行监管委员会（BCBS）、国际证监会组织等国际组织强势推行衍生品市场监管规则的全球一体化，希望能够防范监管套利，维护美国衍生品市场的国际竞争力。

梳理这些事实我们可以发现，无论是 20 世纪 80 年代以后放松监管、鼓励衍生品市场发展，还是 2008 年金融危机以来的加强衍生品市场监管，其核心都是为了提升美国衍生品市场及整个金融体系的竞争力。事实上，衍生品已经无处不在，成为全球金融体系不可分割的一部分。面对各国迥然不同的货币、规则等体系，衍生品发挥了协调衔接的作用，使各国跨越地缘政治的边界，建立了基本一体化的全球体系。一旦缺少衍生品，这一点将无法实现。如今，全球没有任何一家金融机构，包括中央银行在内，能够离开衍生品而正常运行。[①] 也正因为如此，自始至终，美国都将衍生品市场作为其实现国家战略的重要工具，不容任何国家动摇其在全球衍生品市场中的地位。

---

① 罗伯特·莫顿，《论衍生品市场的价值——在世界交易所联合会第 52 届年会上的演讲》，上海证券报，2015 年 1 月 30 日。

欲说还休：金融危机之教训

美国金融危机之后，我们来检讨投资银行、商业银行、评级机构、保险公司的作用，发现金融机构内部治理失灵，监管不到位，导致场外衍生品市场无序发展，过度膨胀，最终酿成金融危机。从衍生品市场的角度来总结教训，主要有两点：第一，不该搞以次贷为基础资产的衍生品；第二，搞起来之后监管没有跟上。主要原因可以归结为以下几个方面。

一是美国银行系统的制度安排里面，暗藏着导致危机的因素，助长了“大而不能倒”的金融机构无节制地发展场外衍生品业务。这种制度安排完全依赖商业银行保持场外衍生品市场的流动性，而商业银行接近中央银行的特权对流动性供应至关重要。商业银行利用中央银行执行货币政策提供的流动性做了很多事，倒逼中央银行放松银根——这一点要检讨。由于监管宽松，银行开展了大量的场外衍生品交易。美联储“补贴”给银行的许多资金已经不是提供流动性的问题，而是助推了场外衍生品市场规模越来越大。银行许多业务通过子公司到表外做衍生品去了，表内业务流动性不够时再找中央银行，在同业拆借市场上以非常低的成本融入资金，然后再以高价卖出去，哪个银行不愿意干？

二是场外衍生品市场缺乏监管。场外衍生品市场自诞生以来，一直游离在监管之外。尤其是2000年《商品期货现代化法案》从法律层面明确了其免受监管，市场参与者无须遵守报告或披露的要求，也无须接受任何监管部门的监管。因此，关于这个市场存在的风险的充分信息，对于监管机构和投资者而言，皆不可获得。交易对手方信息的不透明，以及缺乏必要的资本金和保证金要求，在危机中，这种基本信息的缺乏导致了严重的不确定性，只要对手方违约，就会引发多米诺骨牌效应。一旦某一持有大量场外衍生品头寸的大型金融机构陷入困境，市场就会极度恐慌，流动性迅速消失，风险向其交易对手方蔓延。2008 年下半年，场外衍生品市场经历了前所未有的萎缩，严重影响了套期保值和价格发现。

三是对投资银行等金融机构的监管不到位。SEC 对投资银行实施自愿监管制度。SEC 在 1975 年制定的规则是，投资银行应维持负债与净资本比率（杠杆率）不高于 12 ∶ 1，如果超过 12 ∶ 1，所有证券交易将被禁止。2004 年，SEC 在高盛等投资银行的压力下，授权投资银行参照巴塞尔银行监管委员会公布的标准评估自身业务的风险度，制定自己的净资本比率要求并实行自愿监管。这实际上就是无监管，导致投行杠杆率飙升。在 2007 年，贝尔斯登、高盛、雷曼兄弟、美林证券、摩根士丹利的杠杆率升至 40 ∶ 1 以上。此外，监管当局还修改监管规则，允许投资银行采取资产负债表外记账等方式，为其隐瞒实际负债情况提供了空间。

四是“两房”（房利美和房地美）、信用评级机构、保险公司对危机发生也负有很大责任。金融机构的游说使房利美和房地美的主要业务从传统的优质贷款转向次贷市场，并成为次贷市场的主要买家，它们的参与使得房地产泡沫进一步扩大。2006 年出台的《信用评级机构改革法案》，削弱了 SEC 对信用评级机构的监管权力。信用评级机构普遍存在的利益冲突、评级虚高等问题及投资者对评级结果的过度依赖，促进了抵押贷款证券市场的虚假繁荣。此外，以美国国际集团为代表的大型保险公司出售了远远高于实际需要的信用违约互换产品，扩大了风险的传递途径。

五是金融创新脱离实体经济需要。大型金融机构花费巨资进行各类游说活动，从国会及政府部门获得越来越宽松的金融监管环境，金融创新层出不穷，金融资产规模急剧膨胀。据统计，如果将美国金融危机前所有金融资产（包括担保债务凭证、信贷违约互换、各种金融衍生合约，以及可以交易和转让的各种资产等）都计算在内，未到期金融资产名义本金达到 400 万亿 ~500 万亿美元，而当时美国一年的 GDP 只有 12 万亿 ~14 万亿美元。这就是说，按照流量与存量的关系，美国 12 万亿 ~14 万亿美元国民收入形成的资产价值达 400 万亿 ~500 万亿美元。另一项统计显示，2000—2007 年，美国 GDP 从 98170 亿美元增加到 138075 亿美元，同期金融资产从 895280 亿美元增加到 1419210 亿美元，金融资产对 GDP 的倍数从 9.12 倍上升为 10.27 倍，虚拟经济与实体经济已经完全脱离。[①]

格局重构：衍生品市场之调整

场外衍生品市场发展过度，严重偏离实体经济，放松监管，爆发危机，教训深刻。相比之下，美国的场内市场即期货交易所衍生品交易由于监管严格、透明度高，市场风险可测可控，在 G20 峰会上受到肯定。金融危机后，全球期货市场非但没有萎缩，反而继续增长。2017 年，全球期货（含期权）市场交易量为 252 亿手，比 2008 年增长 43%。

2009 年 G20 匹兹堡峰会明确要求将场外衍生品市场纳入监管范围，并将提高市场透明度、降低系统性风险和防范市场滥用行为作为监管改革的目标。鉴于期货市场在金融危机期间的良好表现，场外衍生品市场监管改革基本采用了期货市场的核心原则和基础框架。主要内容包括：所有的场外衍生品合约应向注册的交易报告库

---

① 李长久，《美式金融垄断 埋下美国“愤怒之年”》，经济参考报，2012 年 2 月 16 日。

报告。所有标准化场外衍生品均应通过交易所或电子化交易平台交易，在适当的情况下，应采用中央对手方清算。非中央清算的衍生品合约应适用更高的资本和保证金要求。场外衍生品“场内化”成为衍生品市场发展的主要方向。

目前，场外衍生品市场监管改革已经取得一定的成效。据 FSB 统计，截至 2017 年 6 月底，全球有 22 家交易报告库及 12 家类似交易报告库的实体投入运营，覆盖了所有场外衍生品类别。有 32 家中央对手方投入运营，美国、中国、欧盟、日本、加拿大、澳大利亚、韩国、墨西哥 8 个国家或地区新开展的场外利率衍生品交易中，预计 60% 以上的交易进行集中清算。根据 CFTC 发布的统计数据，2017 年第一季度，美国新开展的场外利率衍生品交易和信用衍生品交易，集中清算的比例分别达到 82% 和 73%。全球最大的两家中央对手方，芝加哥商业交易所清算所（CME Clearing）和伦敦清算所（LCH）月均清算场外利率衍生品名义本金合计达 70 万亿美元。电子化交易进展较为缓慢，主要在美国、中国、日本取得了一些进展。[①] 截至 2017 年底，美国有 25 家互换执行设施（SEF）投入运营，利率、外汇、信用类场外衍生品已经有部分产品在互换执行设施上进行交易，日均交易量约为 0.5 万亿美元，与全市场日均 6 万亿美元左右的交易量相比，占比仍然很低。[②] 总体而言，场外衍生品市场的透明度及风险状况得到了一定的改善，尽管国际互换与衍生工具协会（ISDA）、部分交易商认为这些措施在一定程度上牺牲了市场效率，提高了交易成本。

---

① FSB, OTC Derivatives Market Reforms Twelfth Progress Report on Implementation, June 2017.

② FIA，SEF Tracker Overview, December 2017.

为了解决危机中暴露出来的银行“大而不能倒”问题，监管改革对银行的衍生品业务进行了限制，主要包括：禁止银行开展与客户需要无关的自营业务，除了利率互换、外汇互换等业务被保留外，包括农产品互换、能源互换等高风险衍生品交易业务需要拆分至附属公司；允许银行投资私募基金和对冲基金，但资金规模将被限制在一级资本的3%以内。

此外，为了更好地监管整个衍生品市场，《多德－弗兰克华尔街改革与消费者保护法》扩大了对CFTC等监管机构的授权，扩大了CFTC禁止价格操纵及反欺诈的权力；赋予CFFC对互换执行设施进行注册管理；赋予CFTC实施对场内、场外衍生品市场的统一持仓限制；对场外衍生品交易商及交易量达到一定规模的参与者（称为主要互换参与者“MSP”）进行注册管理等。总体而言，随着监管改革的逐步深入，场外衍生品市场不再是“法外之地”，标准化场外衍生品的交易、清算规则及监管方式与期货的界限越来越模糊，而非标准化场外衍生品虽然保留了双边交易、双边清算的方式，但也要履行交易报告、信息披露、保证金方面的要求。衍生品市场格局正在重构！

第六章

三足鼎立：市场新结构

金融活动是围绕企业家的创新创业、生产经营活动展开的。用我们今天的话说就是，金融是为实体经济服务的。离开实体经济，金融就成了无源之水、无本之木。企业在生产经营活动中，需要金融机构为其提供存贷款、投资融资、汇兑业务、支付清算、风险管理等一系列金融服务。为适应实体经济的发展需要，同时随着信息技术的大量使用，从 20 世纪 70 年代以后，国际金融市场上产生了一系列金融创新活动，其结构发生了比较大的变化。有的观点认为，在传统的间接金融市场、直接金融市场之外产生了一个新的市场——风险管理金融市场。

有经济学家认为，金融市场进入了银行信贷、资本市场和衍生品市场“三足鼎立”的新时期。我赞同这一观点。[①] 间接金融市场存贷款的中介服务机构主要是商业银行，直接金融市场的证券承购包销和做市商的中介服务机构主要是投资银行，而风险管理金融的主要服务平台和中介服务机构则是期货交易所、商业银行和投资银行。

---

① 参见姜洋主编《金融衍生品市场发展趋势与中国的选择》第 4~17 页，百家出版社，2003 年 5 月。

挑战风险：金融机构之动能

20世纪50年代，美国的一些经济学家把金融市场的结构分为间接金融市场和直接金融市场，并将间接金融定义为资金盈余者通过存款等形式，将闲置的资金存入银行，再由银行贷款给资金短缺者的资金融通活动；将直接金融定义为资金盈余者与短缺者相互之间进行协商，或者在金融市场上由前者购买后者发行的有价证券的资金融通活动。从世界金融史看，间接金融的发展早于直接金融。

教科书告诉我们，金融市场具有六大基本功能：一是提供支付服务以完成资产、货物和服务的交换；二是为大型项目或企业提供资金来源；三是将资源从储蓄者转移到贷款者；四是管理风险；五是为非集中化决策的协调提供需要的价格信息；六是创造激励使得贷款者能够绩效良好。早前的理论一般认为，金融功能主要是通过银行信贷的间接金融和资本市场的直接金融这两类市场发挥出来的。金融机构的存在，其动力就是去寻找风险、管理风险，同时获取利润。由此，不同的金融机构驰骋在不同的金融市场上。传统的分工，商业银行在间接金融市场上发力，证券公司等投资银行在直接金融市场上使劲。

吸收风险：在每一块岩石下寻找

寻找风险赚钱，是金融机构练摊的活儿。

金融市场既是资金融通的市场，也是风险管理的市场。传统的这两类金融市场，其实就是金融机构在吸收存款、发放贷款，或帮助客户发股发债进行投融资的同时，也把风险吸收到自己身上，这要求它们必须管理好转移来的风险。

无论是从事间接金融服务的商业银行，还是提供直接金融服务的投资银行，这些金融机构的核心技能都是风险和报酬管理，这是它们能否获得成功的保障。这不同于非金融公司。当然，大多数企业在生产经营活动中都要冒这种或那种形式的风险，如石油公司要冒打干井的风险，计算机公司或软饮料公司要冒产品无人购买的风险。但对这些生产工业品或消费品的公司而言，其业务经营活动成功所需要的核心技能，并不是为得到报酬而管理风险，而分别是地质学知识、计算机设计和营销以及饮料的调制与销售。生产工业品或消费品的公司试图把注意力集中到这些关键技能上来，并把风险转移给其他公司，以便自己能够专心致志于本行业的制造和销售产品。但对金融机构而言，为得到报酬而管理风险才是其核心技能。金融机构必须要找出风险，并从中榨出利润；而生产工业品或消费品的公司则力图把风险减到最小，并把注意力集中在掌握获取利润的不同技能上。这些风险管理的供需市场就形成了。

按照咨询公司麦肯锡的分析员多米尼克·卡瑟利（Dominic Casserley）的观点，当今世界上的经济活动存在信用、市场、经营、环境和行为风险 5 类风险，而且这 5 类风险相互交织，对企业的生产经营活动产生着巨大影响。[①]

如果把经济活动的主体分为非金融企业和金融企业两大类，可以看到人们兴办企业虽然都是以盈利最大化为目的，但在实现方式上这两类企业的表现迥然不同。在整个赚钱活动中，非金融公司在生产工业品或消费品的时候总是想规避风险，它们的心思是在实体经济的利润增长上，而金融机构的心思是如何把这些公司想规避掉的风险找出来，转移到自己手中并进行管理，通过自己管理风险的

① （美）多米尼克·卡瑟利著，《挑战风险——金融机构如何生存和发展》，商务印书馆，1997 年。

技能，实现利润最大化。二者出发点不一样，但殊途同归，都是为了赚钱。

实体企业厌恶风险，找人管理风险，专注主业去追求利润；而金融机构挑战风险，吸收并管理风险，实现赢利。金融机构从客户那里吸收风险，再借助各种工具、产品、业务来转移或分散手中的风险，并获取利润。因此，金融机构和实体企业最大的不一样在于，实体企业是想方设法逃离风险，而金融机构则必须直奔风险而去，它们在每一块岩石下面寻找风险，把风险暴露出来，并通过自己的管理而获利。

在间接金融市场上，资金富裕者不愿意承担自己直接借钱给资金短缺者而万一收不回的风险，把钱存到愿意承担风险的银行作为储蓄并向银行收取利息。而银行把储蓄者的钱贷给需要者并向后者收取贷款利息。这样储蓄者作为风险厌恶者，将自己的资金连同风险一起转移给了银行（大部分风险转移到银行，但银行万一倒闭收不回存款的风险也存在，因此需要政府监管银行以保护存款人的利益）。银行的规模经营使得其在信息、技术和人才方面比个人更具优势，具备管理风险的能力。当银行把存款作为贷款放出去时，内部有一整套风险管理程序、制度和机制，比如建立贷款人的信用档案，采取抵押贷款、银团贷款、分散贷款等方式（刚刚兴起不久的互联网银行则依靠大数据来获取贷款人的信用并管理风险）。通过这个过程，存款人获得了利息，借款人获得了急需投入生产或贸易的资金，银行则通过承担风险并主动进行管理，获得了存贷款之间的利息差。

银行的存贷款活动，每一秒钟都使其资产负债表处于危险之中。银行必须有效地转移风险、管理风险，这是银行经营管理的本事。银行作为间接融资的中介，就是要去不断发现不愿承担风险的人，并将他们吸收为存款人。银行在吸收存款人的资金同时，也吸收了这些不愿成为个人放款人的资金富裕者的风险。由于银行能够以比个人放款人低得多的成本管理借款人的信用风险，才能向借款人提供优惠的条件和利率。正是银行吸收风险和分散风险的行为，降低了工商业资本成本和个人借款成本，同时自身也获得了报酬。

而在直接金融的资本市场上，由于是融资者和投资者之间直接交易，证券公司等投资银行仅仅作为提供服务的中介机构，没有像银行那样和融资投资双方建立直接、密切的债权债务关系，其提供服务收取的是服务费而非利差。投资者根据融资者的表现自己来判断（譬如股票发行人依法如实披露信息，投资人根据信息判断是否购买股票，监管者监管发行人信息披露的真实性、准确性和完整性，以保障证券市场投资者的合法权益），从而决定投资金额的大小和投资时间的长短。这不像间接金融市场那样，储蓄者把钱存入银行后，资金贷向哪里、时间长短、盈亏如何、风险大小，完完全全交给银行考虑，只等收取利息。资本市场的投资者要考虑自己的风险。尽管如此，由于证券公司要为融资者发行证券承购包销，要为证券交易者提供做市交易等中介服务，因此它们也吸收了直接融资的风险。在证券发行活动中，证券公司吸收了万一证券发行失败可能带来的风险。比如，当市场行情不好时，证券包销商就必须以某一价格购买证券发行人没有卖出去的证券，以吸收这些市场风险。由于它们掌握的投资银行技术，证券包销商能够分散每年包销的大量证券风险，能够利用对市场的了解来吸收风险。另外，在某些证券交易活动中，证券公司也提供风险吸收服务。比如当证券公司作为做市商时，要在证券市场尤其是在柜台市场上持续不断地报价，即使不能立即把证券转让给另一方，也需要不断按确定的价格买卖证券，以维持市场的流动性。如果所有投资者都是卖主，证券公司的证券存货便会增加；如果所有投资者都是买主，证券公司的证券存货便会减少。证券公司通过做市交易，活跃了市场，提高了流动性，方便了二级市场的投资者进出，降低了投资者的风险，让他们愿意把更多的钱投入市场，增强了投资者对市场的信心，有利于广大企业在一级市场以较低的成本发行证券筹集资金，方便了实体经济的融资活动。但证券公司吸收了证券市场的风险，这种风险不能长期存留于公司体内，需要进行管理和化解，以利于持续经营。

因此，无论是银行提供的间接金融服务，还是证券公司提供的直接金融服务，都在社会上发挥了吸收风险、管理风险的作用，从而服务了实体经济，促进了实体经济的发展。但是它们吸收的风险，向哪里转移，向哪里分散，用什么方式和工具来转移、分散才能化解呢？

转移分散：风险管理金融崛起

行文至此，有必要回顾一下本书开头泰利斯“期权”的故事。他应该是世界上风险管理金融的创始人。他的金融工作既不是为人吸收存款、发放贷款，也没有为人发行股票上市去做承销商或做市商。他提供的产品是一个金融衍生品，他从事的是风险管理金融工作。他的工作完成了榨油机所有者和榨油机使用者之间风险的分散与转移。不过，哲学家泰利斯仅仅是风险管理金融市场的“票友”。那个故事中的榨油机所有者是风险的厌恶者，所以他们把榨油机可能闲置的不确定性风险转移给了泰利斯。泰利斯是吸收风险并打算通过管理风险来赚钱的人，因为他有预测未来的能力和技术，所以敢于管理风险并获利。购买泰利斯“期权”的榨油机使用者是风险管理金融市场的需求者，他们对期权之类的衍生品有需要。因为如果他们也购置榨油机放家里，万一来年橄榄收成不好，他们就会遇到榨油机闲置的风险，但万一收成好呢？于是泰利斯“期权”提供了这样一个风险管理的市场。泰利斯“期权”的道理和商业银行吸收存款发放贷款的原理大同小异。商业银行存贷款活动中，有钱人把钱存到银行收取利息，把放款的风险转移到银行，银行吸收风险并将贷款放出去，进行风险管理并获取利差，实现自己的利润。银行有管理风险的能力和技术，所以银行到处拉存款，在“岩石下寻找风险”。这和泰利斯“期权”本质上无不同之处。泰利斯时代金融衍生品还很小，处于原始状态，难以撑起一个市场，他也不会想到 2000 多年后自己的创新会在全球星火燎原。但是在现代社会，由场内场外构成的金融衍生品市场已经足够鼎立一方，成为现代金融市场结构的一个组成部分。期货交易所、投资银行和商业银行构成了这个市场的主要服务提供商。

前面说到，商业银行和证券公司吸收了风险，方便了实体企业，润滑了国民经济的发展，促进了经济活动的活跃。但随着经济活动的广度和深度不断拓展，转移到商业银行、证券公司的信用、市场、经营等各类风险越来越多，越来越难以管理，需要有一个专业的市场来进一步吸收和分散这些风险，需要把 2000 多年前泰利斯“期权”一类的金融创新做大做强，以顺应经济金融的发展。

美国是风险管理金融市场的开创者和主导者。风险管理金融之所以首先在美国出现，与当时美国的经济全球最大和领先，对金融服务的需求也全球最大和领先密切相关。为适应实体经济对资本市场的直接融资需要，美国金融体系经历了一场变革，其金融体系结构从间接金融为主向直接金融为主转变。许多研究文献表明，从20世纪70年代开始，美国风险管理金融市场在需求端和供给端的双重推动下迅速发展起来，成长为一个新兴的金融市场，与间接金融市场、直接金融市场一起鼎足而立。

从需求端看。20世纪七八十年代，布雷顿森林体系瓦解，美国经济结构调整和金融改革，促进了汇率、利率市场化步伐加快，许多商业银行希望盘活信贷资产，渴望风险管理在资产负债表外完成。从当时的情况看，“金融脱媒”影响着商业银行的存贷款业务。1929—1933年大危机后，美国国会通过《格拉斯－斯蒂格尔法案》，对金融业实施分业经营，规定商业银行不能从事证券业务，“防火墙”把商业银行挡在了证券市场之外。虽然工商企业所需资金大部分还是来自商业银行贷款，但它们以发行股票和债券的方式从证券市场筹集资金的规模明显增长。在证券市场规模快速扩大的同时，产品日新月异、类型更加多样，交易商、经纪人、中介机构、咨询投资顾问机构等也越来越多，带着巨额资金的保险公司、养老金与名目繁多的投资基金也都进入了这个市场。证券市场迅速发展起来，在美国金融业中的地位显著上升，并为金融机构和投资者提供了巨额回报。证券市场一时热闹非凡，面对这种变化，商业银行如坐针毡。许多大胆的商业银行大打法律法规的“擦边球”，最常见的方式是建立银行控股公司。20世纪60年代以来，美国大商业银行几乎无一例外地都有了自己的银行控股公司。银行控股公司可以拥有若干家不同的公司，其中除了控股最主要的商业银行外，它们还可以拥有能够从事“与银行业务紧密相关”的经营活动的公司。这些活动包括投资咨询、信息服务、信用卡服务、发行商业票据、租赁、不动产评估等。由于“与银行业务紧密相关”的经营活动不易界定，几十年来，美国的大商业银行实际上已经进入资本市场，许多做法已经突破了《格拉斯 – 斯蒂格尔法案》的规定。但美国金融监管部门对此的态度是“睁一只眼闭一只眼”。尤其是1987年任美联储主席的格林斯潘又是一个坚定的自由市场人士，他反对政府干预市场，要求放松金融监管，对金融机构创新活动中许多“踩红线”“越底线”的行为视而不见。1999年，时任美国总统克林顿签署了国会通过的《金融服务现代化法案》，这部法案对《格拉斯 – 斯蒂格尔法案》限制商业银行从事证券业务的规定进行了修正。该法认可已经存在的金融业混业经营的现状，鼓励银行业、证券业和保险业混业经营，金融机构既可以从事银行存贷款业务，也可以做投资银行业务和保险业务。法律上的确认，加快了美国金融体系从间接金融体系向直接金融体系的转变。其实，在此之前，美国商业银行的传统业务已经发生非常大的变化。从负债方看，商业银行的存款被收益率更高的货币市场基金分流，减少了间接金融的资金来源。从资产方看，商业银行把抵押贷款进行信贷资产证券化，作为债券重新出售，从而提高了信贷效率，减轻了信贷风险。货币市场基金发行和信贷资产证券化的蓬勃发展，从资产与负债两个方向推动美国间接金融体系向直接金融体系转变。前者引导商业银行存款流向货币市场基金，后者引导商业银行沉淀的贷款流向债券市场，从而推动资金从银行体系流向证券市场。

我们来具体分析一下美国商业银行抵押贷款业务的变化情况。在金融工程技术大规模应用之前，美国商业银行发放的抵押贷款是记在其资产负债表上的，这产生了两个问题：一是，面临贷款到期能不能收回的不确定性；二是，存量贷款资产难以盘活，较低的杠杆率使得商业银行的资金使用效率受到影响。但通过金融工程，商业银行可以把贷款进行资产证券化处理，把不同期限、利率的贷款进行划分，重新进行组合变成一体的、统一的、容易买卖的证券进行售卖，从而把自己的贷款风险转移出去。通过这样的操作后，商业银行规避了监管部门的资产负债等监管指标的控制，变现了其资产负债表。风险从基础资产中剥离出来，不再体现在资产负债表上，使得商业银行可以绕开监管部门的资本充足率监管，加大杠杆率，提高资金使用效率。需求推动了供给，供给又反过来创造了新的需求。

同时随着全球经济一体化步伐加快，金融机构的跨国金融活动越来越频繁，这一切都逼迫金融机构不得不通过创新来对大量的风险进行管理。于是 1972 年世界上第一个金融期货——外汇期货在芝加哥商业交易所诞生，随后利率期货、股指期货、国债期货等场内金融衍生品相继上市交易。过去仅仅交易农产品等商品期货的交易所，开始交易金融期货期权产品，芝加哥与华尔街的交往更加频繁。不到 20 年的工夫，金融期货期权的交易量就占到整个期货期权市场交易规模的 90%，将商品期货期权远远抛在了后面。场内股票、利率期货期权交易对股票、债券等现货市场的影响越来越大。场外金融衍生品市场发展更快，尤其是商业银行的信贷资产证券化创新大行其道，通过这类金融创新活动将商业银行的贷款转化为债券，直接进入资本市场。商业银行和投资银行在其中觅得巨大商机，加快了相关抵押贷款证券化衍生品的创新步伐，利率、信用等衍生品市场迅速成长起来。场外衍生品市场规模很快超过了场内期货期权市场的规模。场外“一对一”的金融机构柜台衍生品交易，使得金融机构为实体企业特殊需要而设计开发对特定财务问题的解决方案成为可能。由此，在美国形成了一个规模庞大的以衍生品为主的风险管理金融市场。

美联储的统计表明，1978—1998 年，银行业负债在美国金融机构负债中占比从 46% 大幅降至 21%，存款占比从 32.5% 降至 12%。金融机构负债结构的变化带来相应资产结构的变化，同期股权类资产占金融机构资产的比例从 10% 上升至 30%，信贷类资产占比则从 41.5% 下降至 24%。[①] 这一变化推动了衍生品市场的发展。

从供给端看。信息技术的进步，金融工程的推动，将风险从基础资产中剥离和转移出来，设计成新的商品——衍生品，并使其买卖与交易成为可能。依托金融工程，金融机构可以把过去吸收和积存的大量风险从基础资产中分离出去，按投资者偏好进行设计、重组、出售。商业银行在发放贷款，投资银行在证券承购包销、做市交易中吸收的风险，都可以作为商品进行买卖与交易。

贷款为什么可以作为商品进行买卖，贷款为什么可以变成债券？前面说到是“火箭科学家”的金融工程技术提供了解决方案。金融工程把贷款进行资产证券化处理变为债券，可以源源不断地接收商业银行信贷资产并证券化。商业银行的间接金融产品，通过金融工程进入资本市场成为直接金融产品。这种创新提高了市场上对金融衍生品的需求，扩大了风险管理金融市场的规模。在美国金融市场上，住房抵押贷款、信用卡应收账款、飞机租赁款、汽车贷款、健身俱乐部会费等都可以通过金融工程使之证券化后变成债券卖出去，加大杠杆再融资。其中影响最大、最深远的是住房抵押贷款的证券化。金融创新可以让商业银行的死资产通过债券融资的形

① 数据来源：美联储。

式活起来。

商业银行的逻辑是：通过金融工程，使继续发放的贷款不出现在银行的资产负债表上，然后将表外的贷款资产卖给大型投资银行的定息债券部门，套现回来的资金可以继续放款赚利差。

投资银行的逻辑是：前面有商业银行源源不断的贷款供应作为衍生品的原料，然后将贷款打包、切割、重组、设计成债券，通过评级增信、保险后，出售给投资者，赚取佣金和价差。

保险公司的逻辑是：卖出为这些债券进行保险的衍生品比如信用违约互换是一门只赚不赔的生意。

各类金融机构利用金融工程，创造了一个新的债券市场和债券衍生品市场。这个市场的规模已经超过美国国债市场。2008 年底，美国债券市场中抵押贷款相关债券和资产支持债券的规模合计超过 11 万亿美元，占比超过 1/3（见图 6–1），远远超过了美国国债 5.7 万亿美元的规模。[①]2003—2008 年，美国的信用违约互换市场更是以年均超过 100% 的复合增长率增长。其中，1997—2007 年美国商业银业持有信用衍生品情况如图产 6–2 所示。到 2008 年底，美国全部商业银行持有的信用违约互换名义本金超过 15 万亿美元。

以上我们从需求和供给两端分析了美国 20 世纪七八十年代，由于金融改革，直接金融成为美国金融体系的主要形式，因而推动了金融衍生品的大量创新和使用，成为美国经济金融活动中的一个重要内容。

---

① 数据来源：Wind 资讯。

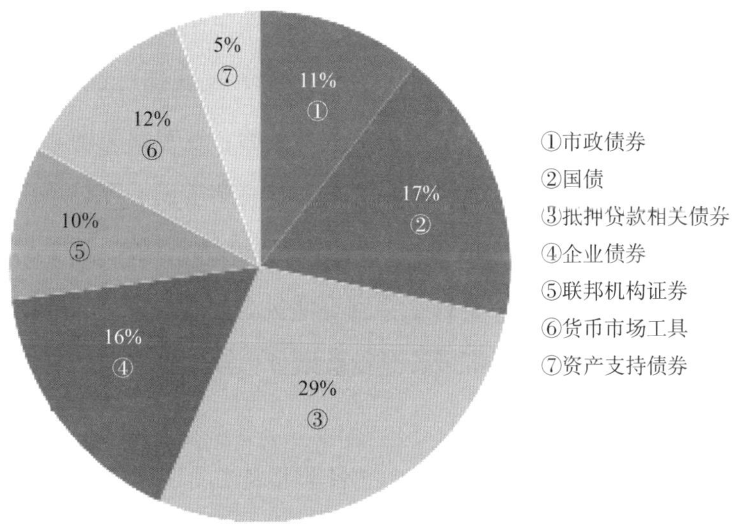

图 6–1　2008 年美国债券市场不同品种占比情况

数据来源：Wind 资讯。

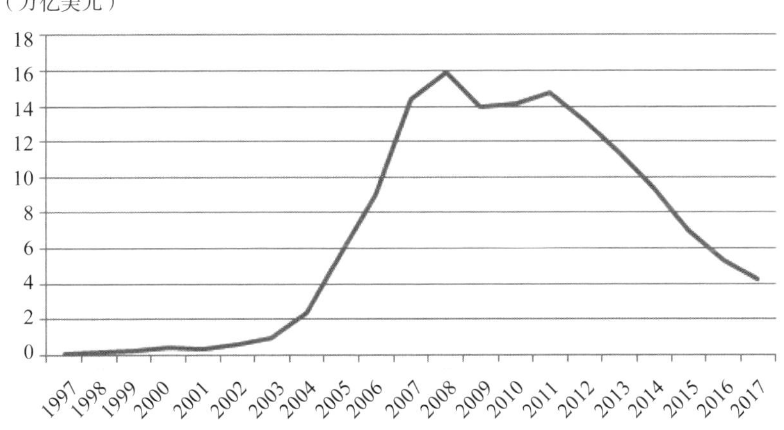

图 6–2　1997—2017 年美国商业银行持有信用衍生品情况

数据来源：美国货币监理署。

金融期货：农产品商人之创新

谈金融期货不能不谈到美国期货界的两个人。他俩与中国期货市场的关系比较紧密，常来咱中国串门。一个叫利奥·梅拉梅德，是芝加哥商业交易所集团的终身荣誉主席。一个是芝加哥气候交易所的前董事长，叫理查德·桑德尔。这两个人现在都已经 80 多岁了，梅拉梅德是学法律的，桑德尔是学经济的。这两位美国犹太人对期货市场都无限热爱，他们年轻时把农产品期货设计理念运用到了金融产品上，经过他们的努力，美国期货市场分别在 1972 年和 1975 年推出了外汇期货、抵押债券利率期货。之后这二位国际期货界的名人，还推动创新上市了股票指数期货、碳排放权期货等许多新的金融期货产品。

说起来，这二位金融期货的创立者都是农产品期货出身。19 世纪中期，农产品期货交易在美国的芝加哥等地兴起。到 20 世纪 70 年代中期以前的 100 多年时间里，美国期货市场交易的主要还是农、林、畜等有形商品的期货产品。美国期货市场可上市交易的后续产品逐年减少，市场交易低迷和众多期货交易所之间激烈竞争，逼着各个期货交易所进行创新。梅拉梅德和桑德尔都在想，能不能以诸如外汇、利率、股票等金融资产为标的物，按照设计农产品期货合约的思维与方式，对它们进行标准化合约设计呢？二人分别探索，经过不懈努力，最后都取得了成功。1972 年，梅拉梅德担任理事长的芝加哥商业交易所上市了外汇期货。1975 年，桑德尔设计的抵押债券利率期货在芝加哥期货交易所成功交易。他们二人的金融期货设计灵感都来自农产品期货，他们按照农产品期货合约的原理和技术，分别以美国与其他国家货币的汇率为标的设计了货币期货，以美国房利美的抵押贷款债券为标的开发了利率期货，二者都成功上市交易。

金融期货与农产品期货的不同之处在于，农产品期货分级和标准化的对象是可识可摸的实物，而外汇、利率等金融期货分级分等的对象是不可识不可摸的虚物。二位美国老者的创新改变了芝加哥期货市场的参与者结构，商业银行、投资银行、保险公司以及各类投资基金等金融机构大量参与到过去仅仅以农场主、农产品贸易商和投机客为主的期货市场中来。面对这种变化，华尔街还表现出愤愤不平："赤脚穿草鞋的怎么就穿上了皮鞋呢？"但的确是农产品期货合约启发了二位老先生的灵感，从而以交易奶酪、鸡蛋、猪肉、活牛为生的芝加哥商业交易所和以小麦、大豆、玉米等谷物期货起家的芝加哥期货交易所，大踏步地跨进了金融体系的大门。尽管有了以实物交割的外汇、利率期货产品上市，但要上市更多的金融期货产品，必须解决实物交割的替代问题。现金交割是期货市场从农产品期货为主变成金融期货为主"鲤鱼跳龙门"。1982 年，梅拉梅德推动芝加哥商业交易所在股指期货上实现了现金交割，这项革命性创新突破了传统期货交易必须现货实物交割的束缚，从而使各种金融资产都可以作为期货期权的标的物设计产品来进行交易，这成为场内衍生品市场发展的一个重要里程碑。今天，芝加哥商业交易所已经收购了包括芝加哥期货交易所、纽约商业交易所等一系列过去有影响的交易所而成为全世界最大的交易所集团，是全球最大的场内衍生品市场，其交易量中 90% 是金融期货、期权等。

从 20 世纪 80 年代开始，由于利率、汇率以及资产价格不稳定，场内场外衍生工具向企业和金融机构提供了在市场不稳定过程中更好地进行风险管理的方法。金融衍生品市场成为企业、商业银行和投资银行经常进出的场所，掀起了一股新浪潮。格林斯潘说，随着资本市场的不断扩张，顾客对商业银行的融资服务需求正在急剧下降，因为许多企业更加依赖资本市场和内部渠道来解决资金问题。[①]资本市场的发展需要与之匹配的风险管理工具，而金融机构利用了20世纪80年代出现的以新信息技术为依托的金融工程制造了衍生工具满足了这一需要。这些金融机构通过创新，完成了美国间接金融体系向直接金融体系的过渡，同时创造了一个全新的市场——风险管理金融市场。

三足鼎立：金融市场之新结构

长期以来，人们对金融市场结构的视角，仅仅停留在间接金融和直接金融这两类市场上。直到20世纪90年代，有经济学家把视角移到另外一个崛起的市场——风险管理金融市场。他们认为，金融市场结构出现了新变化，在直接金融和间接金融这两个市场之外，还有一个独立的风险管理金融市场，即衍生品市场。有学者认为，20世纪70年代金融期货的产生是风险管理金融市场的开端。这个判断有道理。风险管理金融市场崛起于20世纪70年代。看看衍生品市场的发展史，在1972年之前的100多年里，期货主要是农产品合约。1972年之后，芝加哥商业交易所率先将农产品期货交易的原理应用于金融产品，推出外汇期货合约。紧接着芝加哥期权交易所、芝加哥期货交易所、堪萨斯期货交易所（KCBT）相继推出股票期权、债券期货、股指期货合约等场内金融衍生品。此后欧洲、亚洲等地的主要期货交易所纷纷效仿。到今天，金融期货和期权在期货市场交易量中的占比超过90%，其他是农产品、能源、金属等大宗商品期货品种。随着20世纪80年代金融工程的广泛运用，

---

① （美）戴维等，《格林斯潘效应》第153页，机械工业出版社，2009年。

利率、汇率的远期、期权、互换等场外衍生产品层出不穷。目前，据估算全球衍生品市场年交易额超过4000万亿美元，远高于股票市场和债券市场。按场外衍生品市场总市值和场内衍生品市场持仓合约价值统计（场外衍生品市场未平仓合约的名义本金和场内衍生品市场持仓合约价值并不能简单等同，因为场内衍生品市场是集中交易，不同笔交易对冲后，互相抵消，持仓就很少了；而场外衍生品市场是"一对一"交易，交易者进行一笔场外衍生品交易后，如果再和其他对手方做另外一笔对冲交易，头寸不能互相抵消，导致其名义本金偏大。因此，国际上认为用总市值这个指标来衡量场外衍生品市场的规模更加准确），2017年衍生品市场总规模为92万亿美元，高于全球GDP的78万亿美元[①]，低于证券市场市值（包括股票市场和债券市场）的177万亿美元和银行贷款余额的140万亿美元[②]，但差距在不断缩小。[③]直接金融、间接金融、风险管理金融"三足鼎立"的金融市场新结构已经形成（见图6–3）。

总结一下，风险管理金融产生的原因主要有四个。一是由于20世纪70年代以来国际政治经济的一系列变化，如布雷顿森林体系瓦解导致的汇率巨幅波动，规避美国《格拉斯–斯蒂格尔法案》限制的金融创新推动利率市场化加快，发达国家普遍放松金融

---

① 世界银行尚未公布2017年全球GDP数据。但根据其2018年1月9日发布的《全球经济展望》，2017年全球经济预计增长3%，据此估算2017年全球GDP应为78万亿美元左右。

② 银行信贷余额根据世界银行的相关数据估算得到，2017年的数据尚未出来，暂用2016年的数据代替。

③ 由于这些指标的经济含义不同，是否能简单类比还值得商榷，但仍能从一个角度反映上述三个市场之间的规模对比情况。其中，衍生品市场数据根据国际清算银行季度报告（Quarter Review）及三年一度调查报告（Triennial Central Bank Survey）估算得到。其他数据来源于世界银行、Wind资讯等。

管制，金融自由化的浪潮不断涌现，这些产生了大量的风险管理服务需求；二是商业银行和投资银行在相互竞争中不断地推销其风险管理服务，以获得较高的利润增长；三是具备了风险管理金融壮大发展的基础设施和条件，包括高流动性、高效率的货币市场和资本市场，活跃的机构投资者。四是计算机技术的发展，交易手段的进步，或有合约定价理论的出现以及高度的市场完整性，这些条件合在一起，创造了使用衍生工具来对财务风险定价和交易的肥沃土壤。以衍生品市场为主的风险管理金融在美国崛起，并迅速向全球推广，成为美国金融模式的主要内容。

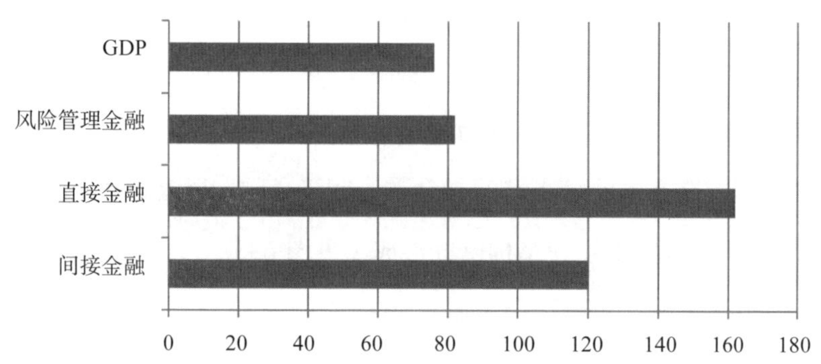

图 6–3 “三足鼎立”的金融市场新结构

数据来源：世界银行、BIS、Wind 资讯。

在 2005 年 9 月的那场中国金融衍生品论坛上，斯科尔斯说，风险转移其实就是出售风险源。如果我们认为手中持有的资产风险太大，就可以卖掉风险源，愿意承担风险的人可以购买。我们看今天这个世界，是一个在权益和套期保值之间互相矛盾的世界。这像一场“打斗”，因为这里面有权益的花费，也有套期保值的花费。如果套期保值的费用低一点，我们就会用套期保值代替权益，因为这样降低了开销。如果我们不套期保值，就要承担公司里所有业务的风险，比如外汇风险、利率风险、商品价格风险等。不把风险转移到市场中，我们就需要更多的资产来支撑这家公司，否则公司可能倒闭，无法继续提供服务。从另一个方面说，我们将风险转化得越多，我们就需要的资金越少。所以，在市场中权益成本和套期保值成本是此消彼长的关系。

风险管理金融存在场内、场外两个衍生品市场。在场外市场上，商业银行、投资银行等金融机构开发定制式衍生品以满足市场参与者的个性化需要。在场内市场上，期货交易所开发标准化衍生品以满足市场参与者的流动性和风险定价需要。按照 20 世纪 90 年代经济学家阿尔弗雷德·施泰因赫尔的说法，由于企业和金融机构大量使用衍生工具来从事与传统金融风险管理不一样的工作，风险管理金融市场成为间接金融市场、直接金融市场之外的第三级而崛起了。场外市场的定制化合约和期货交易所的标准化合约，都在被金融机构和企业大量而广泛地使用。风险管理金融市场在金融工程技术的推动下应运而生，彻底改变了过去金融机构的风险管理方式。

经过 40 多年的发展，风险管理金融市场已经成为现代金融体系的重要组成部分，与间接金融市场、直接金融市场相对独立而又相互关联、相互作用。在现代金融体系中，这三个金融市场有着不同的分工：间接金融市场以银行融资为主，直接金融市场以资本市场融资为主，风险管理金融市场则以价格发现和风险管理为主。三个市场的功能互为补充，既有区别又有联系，共同服务实体经济的发展。通过间接金融和直接金融，企业获得了进一步发展的资金，而由于风险管理金融的存在，则给企业大胆创新发展增强了信心，并为企业节约资本提供了可能。

有经济学家认为，在间接金融为主的国家和直接金融为主的国家，衍生品市场的发展是不一样的。在美国这样直接金融占主导地位的国家，对风险管理金融有巨大的渴望，它们对金融的风险管理、价格发现、激励机制功能的需要，要比间接金融为主的国家强烈得多。衍生品市场发展也快得多、市场规模也大得多。因而，美国就成为全球衍生品市场的交易中心。

浓淡相宜：衍生品与市场成熟度

美国20世纪80年代的金融改革，促进美国金融市场由间接金融向直接金融模式转型。因此，引发对衍生品的大量需要，促进了风险管理金融市场的形成。衍生品市场的发展不是偶然的，往往与一国市场经济模式的转变密切相关。在不同国家市场经济发展条件下的金融市场格局大致分为三种模式。

一是新兴国家处在建立和完善市场经济体制的过程中，如中国、俄罗斯、印度以及东南亚的一些国家等，融资模式以银行为主导：民间储蓄主要在银行，银行靠吸收的存款发放贷款。企业资金融通主要来自银行贷款，资本市场不发达。货币市场是银行间市场，商业银行是主要的金融中介。

二是欧洲大陆的德国以及亚洲的日本等成熟市场经济国家，融资模式是银行融资与资本市场融资平行：虽然它们的市场经济成熟，但银行仍然是企业融资的主要来源，同时银行也面临资本市场的挑战。银行持有的股票、债券等可交易资产比例上升。家庭持有和交易的证券较少。资本市场主要是为政府和企业融资。

三是美国和英国等以证券化金融市场为主导的模式：市场经济成熟，资本市场发达，主要依靠资本市场为金融机构和非金融企业提供资金。公司股票、债券和商业票据取代银行贷款，共同基金、货币市场基金等取代银行储蓄。同时，信贷资产证券化，把间接金融的贷款产品转化为债券产品在资本市场买卖。为管理相关风险，衍生品市场迅速发展，规模巨大。商业银行传统的借贷活动大规模地被投资银行的证券承销、交易、咨询和资产管理活动取代。证券化金融为市场经济带来较高的活力。在证券化的金融体系里，金融资产风险的配置和管理不再通过传统商业银行，而是通过资本市场进行。在这种情况下，管理风险需要衍生品市场。

因此，是否要发展衍生品市场，在什么规模上发展衍生品市场，取决于各个国家市场经济成熟度和资金融通模式。计划经济体制的国家，资金融通模式是国家按计划统一分配和调度资金，没有市场机制，效率低，也没有市场风险，因此不需要衍生品市场管理和配置风险。新兴市场国家的市场经济体制处于建设和完善之中，不充分的市场机制对衍生品市场提供价格发现和规避风险的工具存在一定的需求，但迫切性、全面性和深入性都不够。我国改革开放前实行计划经济体制，目前处于“新兴加转轨”阶段，在市场经济建立过程中既遇到了计划经济体制留下的问题，也遇到了新兴市场国家发展面临的问题，现阶段对衍生品的需求就没有美国、英国那么巨大。成熟市场经济国家在全球化的今天，需要一个完整的衍生品市场体系，为管理和配置金融资产风险提供交易场所。

这些年，尽管我国的衍生品市场发展也很快，但与美国等发达市场相比还是有很大差距。我国市场经济的成熟度、资本市场的深度和广度与成熟市场的差距还很大。我国衍生品市场的发展还是应该根据市场经济的成熟度、实体经济的需要度，以及资本市场的深度和广度而逐步推动，稳中求进，不能揠苗助长。

桃红李白：证券期货之区别

期货期权等衍生品被投资银行广泛运用，这表明直接金融与风险管理金融关系更加密切。由于股票期货期权、股票指数期货期权、股票指数 ETF 期货期权都是以股票、股票指数、ETF 等基础资产作为期货期权的标的物，这让一些人产生了一个错觉，认为此类衍生品和基础资产都是一样的产品，将二者混为一谈，认为衍生品市场是证券市场的一部分，期货、期权是证券的一种。就像有人认为大豆是农产品，大豆期货也是农产品一样。其实，二者虽有联系，但不同处远远大于相同处。它们的联系在于，一个是基础资产；一个是基于这个基础资产设计的产品，业界就把衍生于基础资产的产品称为衍生品。我国期货市场交易的期货期权产品中有基础资产为工业品的铜、铁矿石、螺纹钢的期货等衍生品；基础资产为农产品的大豆、玉米、小麦的期货等衍生品；基础资产为金融产品的股票指数、国债的期货等衍生品。2018 年 3 月刚推出的原油期货，就是以多个不同来源地原油为基础资产设计的衍生品。因此，基础资产和衍生品不是同一个东西。基础资产的生产和交易有自己的规律、逻辑与文化，产生在它之上的衍生品也有自己生产和交易的规律、逻辑与文化。不清楚二者的异同，用同一套规律和逻辑去管理，不仅不能促进市场的发展，还会引出市场风险。

证券与期货相同的另一个地方就是都在交易所市场进行集中竞价交易，都需要风险控制制度，都需要交易所自律管理和监管机构的行政监管。但二者之间有本质的区别，不同的地方太多了。期货期权等衍生品市场的一般性特征表现出与证券市场不同的四个方面。

一是期货市场与证券市场发挥的功能不同。期货市场是以价格发现、套期保值为主要功能。它向社会贡献的是为参与交易和没有参与交易的所有人提供定价基准，产生的社会效益不仅体现在期货合约的交易者身上，更是一种社会福利。比如黑龙江种大豆的农民，他卖大豆时参考大连商品交易所大豆期货价格来和买家谈判，他并没有参加期货交易，也不向任何人付费，直接就从媒体上获得需要的价格信息。而证券市场主要是融资和投资功能，上市公司发行股票融资，投资者买入的股票是上市公司资产证券化的产物。它向社会贡献的是低成本、高透明、高效率的投融资平台。股票背后是有生产经营活动的企业实体上市公司，它可能因经营管理好、技术创新以及并购重组而增值；也可能因生产经营失败而破产导致股票一钱不值。因此，股票除了市场波动会带来股价变化外，更重要的是股票所代表的上市公司价值会因为各种因素而发生变化。期货合约没有实体企业作为依托，它是期货交易所在一种商品或资产的基础上，设计衍生出的标准化合约。

二是期货市场是交易风险而不是交易资产的场所。期货等衍生品市场交易的是资产的权利，而不是资产本身。也就意味着，其交易的是风险，而不是资产。这与股票、债券等证券市场交易不同。交易者买进铜、大豆期货合约是在一定时间内按照一定价格买进一定数量铜或大豆的承诺，而不是买进铜或大豆本身。卖出期货合约时也不需要持有期货的标的资产。交易者交易的只是这个时段内的价格差别，或者说价格风险。期货市场的交易者获利，不是因为所持资产增值，而是因为他对资产价格的评估比交易对手高明。或者说，他规避了价格波动带来的风险，而交易对手则承担了这个风险。证券市场交易的是股票、债券等证券资产本身。

三是期货市场是保证金交易的杠杆市场。期货市场实行保证金交易，保证金制度下的杠杆交易是其一大特征。期货市场使用杠杆力，并不是为了给博弈增加筹码，而是为了用少量的资本来规避大量资产的价格风险。期货等衍生品交易的杠杆力，使得投资者有可能用有限的成本套期保值和配置资产。由于期货交易的保证金相对于现货资产的价值量一般在 5%~10%，对于套期保值者来说，可以用较少的资金成本，为企业管理库存等价格风险，具有“四两拨千斤”的杠杆效益。对于投机者来说，因为成本低，他们频繁进行交易以博取投机收益，从而提供了流动性，帮助市场发现价格和套期保值，因此期货等衍生品市场才有可能发挥为标的资产定价的作用。股票市场不实行保证金交易制度，即使是股票交易中的融资融券，也不是保证金交易。融资融券业务实际上是券商和客户之间的证券质押贷款业务，严格来说是一项银行业务。

四是期货市场是期货合约总价值可以大于标的资产的市场。期货合约所代表的标的资产总价值可以超出实际存在的标的资产总价值，如股指期货持仓合约所代表的价值有可能大于沪深 300 指数代表的 300 家公司的总市值，因为衍生品市场交易的是标的资产权利而不是标的资产本身。但如果是 ETF 的持仓市值，则不会大于 ETF 组成股票的总市值，因为 ETF 是由实际股票份额构成的。①

90% 的期货交易在合约到期之前都会平仓了结（商品期货的交割率一般不到 1%，大部分期货合约都会在进入交割期交割日之前平仓了结，金融期货的交割率稍高，一般也不会超过 10%）。所以，这些权利的交易大部分不会变成实际的标的资产。不过，少数恶意操纵市场的交易者持有过多的单方向期货合约持仓，会影响实际标

① 以上部分内容参考了芝加哥期权交易所原董事总经理、中国证监会顾问委员会原委员郑学勤的相关文章。

的资产的价格。所以，对这种权利同实际标的资产的比例关系，监管机构和交易所是在对投机力量进行评估的基础上，通过持仓头寸的限制来加以调节的。这也是监管机构、交易所与市场主体争论最激烈的问题。

这些本质上的区别，决定了期货和衍生品市场与证券市场在监管目的、信息披露要求、保证金性质、功能发挥、风险控制上都有很大的不同。后面关于期货和衍生品市场的监管中，还会专门进行论述。

谁在干活：衍生品之提供者与服务商

间接金融中，商业银行是存贷款客户金融服务的提供者与服务商。直接金融中，投资银行是投资者和融资者金融服务的提供者与服务商。而到了风险管理金融，从 40 多年的市场实践看，期货交易所、商业银行和投资银行都成为金融衍生品的提供者与服务商。

具体来说，场内衍生品市场和场外衍生品市场的提供者与服务商是不同的。

在场内衍生品市场即期货市场，期货交易所处于中心地位，是标准化衍生品的提供者与服务商。期货经纪公司作为期货交易所会员，提供与之相配套的服务。与证券市场中证券交易所承担的角色相同，期货交易所为期货交易提供场所、设施和交易规则。但与证券交易所不同的是，证券交易所主要是作为投融资的交易与服务平台，平台上交易的股票是由上市公司自主发行并挂牌的，而期货交易所平台上市的期货、期权产品，是由期货交易所一手设计、提供和维护的，并由其向市场参与者提供中央对手方清算服务（如果在证券交易所内交易股权类期货期权等衍生品，其产品提供者就变成了证券交易所，但交易的已经不是证券，而是其衍生品。这个市场也就不是证券市场，而是期货期权市场了）。在场内衍生品市场中，期货交易所首次取代商业银行、投资银行等大型金融机构，成为金融产品最直接的设计者、提供者与服务者。2017 年，全球场内衍生品市场日均成交额 7.6 万亿美元。[①] 据 FIA 统计，全球共有 79 家期货交易所提供了涵盖利率、个股、股指、外汇、商品的期货和期权等数千种场内衍生品。

在场外衍生品市场，商业银行、投资银行等大型金融机构是定制式衍生品的主要提供者与服务商。它们负责产品设计、定价交易、双边清算和风险控制等。如在信贷资产证券化业务中，商业银行、政策性住房贷款机构将信贷资产打包成债券出售给投资银行，投资银行重新打包分层成结构化产品出售，保险公司则卖出大量信用违约互换产品为投资者提供保险，从而形成一个完整的链条。在场外衍生品市场中，商业银行、投资银行提供的衍生品及服务，一般是与其传统的间接金融或直接金融业务结合在一起的。如德意志银行为客户提供贷款、债券发行等融资服务的同时，设计利率互换、货币互换等产品帮助客户解决面临的现金流错配、货币错配等风险。国际清算银行组织开展的最近一次三年一度调查结果显示，2016 年 4 月全球场外衍生品市场日均成交额为 6.1 万亿美元。场外衍生品交易高度集中在一些大银行手里，全球 14 家商业银行和投资银行占场外衍生品市场的份额在 80% 以上。[②]

① 数据来源：国际清算银行。

② ISDA：Concentration of OTC Derivatives among Major Dealers, 2010.4。

谁在买卖：衍生品之机构投资者

美欧国家的衍生品市场一般是机构投资者市场，尤其场外市场主要是金融机构活跃其间。

传统概念中的机构投资者是指自身资产和业务有套期保值的需要，进入期货市场进行交易的机构，像粮商、矿企、轮胎厂和航空公司等。从某种意义上来说，对冲基金和私募基金也属于这一类。但今天说的机构投资者，更多地应当是指代客理财的中介机构，像证券投资基金、商业保险基金和养老保险基金等。它们对居民储蓄发挥的是银行在历史上起的集资和保险的作用，综合起来，它们管理资产的风险已经不是单个企业或个人的局部风险，而是系统性的社会风险。衍生品市场作为一个整体，在更大程度上是为这些机构提供有效的工具。这个层面的风险管理，涉及的不是个别企业的成败，而是整个社会的和谐稳定与保障体系的健全。

机构投资者在衍生品市场中主要做三件事：套期保值、配置资产和追求收益。如果大致分一下类，可将它们分成两大类：为企业自身商业运作而交易的机构，作为金融中介的机构。在金融中介机构里，又可以分为投资类机构、资产管理类机构和提供流动性的机构。

这些机构由于入市目的和管理者激励制度不同，在衍生品市场中有各自不同的表现。2008 年金融危机后美国衍生品市场监管改革中，对银行开展衍生品交易进行了一定程度的限制（据媒体报道，特朗普政府上台后，提出要对金融危机后出台的金融监管改革措施重新进行评估和调整）。不过，作为整体，金融机构特别是金融中介机构，为衍生品市场提供了骨架和血液。

期货经纪公司严格说来不是投资机构，它们是帮助个人或机构投资者进入市场的中介，而不是吸收储蓄和管理资产的中介。因此，衍生品市场的机构监管不仅要对期货经纪公司进行监管，更重要的是要为各类管理客户资产的金融中介机构进入衍生品市场提供监管框架。

一方面，机构比个人更需要管理大规模风险的工具。机构越大，管理风险的需求就越强，使用衍生品的频率就越高。美国期权行业协会（OIC）2014 年 5 月发布了一篇对美国机构使用期权情况的调查报告。根据调查结果，美国管理 5 亿美元以上资产的投资顾问中，使用期权的占 94%；1 亿美元到 5 亿美元之间使用期权的占 78%；5000 万美元到 1 亿美元之间使用期权的占 48%；少于 5000 万美元使用期权的占 36%。① 另一方面，同股票市场相比，衍生品市场对入市者的资格和信用要求更高，同时，衍生品的杠杆力放大了机构同个人之间在拥有知识、信息和技术资源方面的不对称性。当然，机构在衍生品市场中相对比例的增加并不等于个人投资者绝对数量的减少。事实上，个人投资者特别是在股票市场中交易频繁、受教育程度较高的投资者，参与期权交易的人数一直在增加。不过，在所有衍生品市场中，机构的比重都越来越大。美国芝加哥期权交易所刚成立时，期权交易中个人投资者占了 90%，现在个人投资者占比不到 20%，机构投资者占了 80% 以上。随着衍生品经济功能的成熟，越来越多的机构投资者被吸引到市场中来。

金融中介机构在提供衍生品市场流动性方面的作用巨大。金融中介机构中的一个重要范畴是做市商。由于历史原因，国内对做市商有一定的误解，往往把他们同“庄家”等同起来。做市商是为市

① Financial Advisor Benchmark Study, OIC, May 2014. http://www.optionseducation.org/documents/literature/files/benchmarkstudy–presentation–2014.pdf.

场提供流动性的机构。金融市场中的流动性，指的是不引起价格实质变化的交易量。对衍生品市场来说，流动性比价格更重要。衍生品市场是用来分散风险的，让有意愿和能力承担风险的人来接受风险。在这样的市场里，流动性代表信心，在同一价格上能够成交的数量代表了市场的深度。在高流动性的市场里，价格波动性较小，连续性较高。价格是个“锚”，它可以锁定实际供需关系的均衡态势，也可以为市场中过度看空或看多的投机活动的滋长提供心理佐证。风险管理得越好，冒险的人就越大胆。流动性是对价格的检验，从而也是对依靠价格而自我膨胀的投机心理的一种约束。在美国的期权市场里，做市商是不承担市场运动方向的风险的。他们有为市场提供流动性的义务，靠不同市场之间相似资产的差价和交易的数量赚钱。换句话说，他们的头寸基本上是 delta 中性[①]的。美国债券市场、衍生品市场的发达，在很大程度上同做市商的作用是分不开的。

传统衍生品理论把价格发现和套期保值作为衍生品市场的两大功能。衍生品的发展确实是从这两项经济功能开始的。但是，随着金融证券化成为经济发展和社会福利事业的主导力量之后，衍生品市场对整个金融市场起到的配置和交易风险的作用，就逐步凸显出来了。套期保值和价格发现仍然是具体交易活动的直接目的，但是，它们更多地融进整个衍生品市场的社会效益这个大框架之中。这里一个重要的变化是机构投资者的概念发生了变化。

---

①　在金融领域，如果一个投资组合由相关的金融产品组成，而且其价值不受标的资产小幅价格变动的影响，这样的投资组合具有 delta 中性的性质。这种投资组合的成分通常包括期权和相对应的标的资产，让 delta 正负相消，使投资组合的价格对标的资产的价格相对不敏感。

谁正需要：衍生品与养老退休制度

“在养老金投资组合管理的背景下，衍生品应该被视为一种帮助，而不是一种障碍。受托人和基金经理应该密切关注如何从衍生品配置中获益，而不是简单地忽略它们。”经合组织（OECD）早在其2004年发布的一篇报告中，对衍生品在养老金管理中的作用就做出了这样的评价。[①]这个评价也受到了美国、英国等发达市场的养老金管理者的高度赞同。[②]

许多人把衍生品市场看作高投机和高风险的市场。我国也有不少人认为，养老金作为老百姓的“养老钱”“保命钱”，不能配置衍生品。事实上，衍生品市场的繁荣同养老退休制度有很大关系。全球金融体系面临的一个共同问题是，帮助大量的退休家庭维持像样的生活水平。根据联合国经济和社会事务部人口司的预测，2035年中国60岁以上人口将突破4亿人，占比28%，2055年达到峰值4.8亿人，占比36%；2045年美国60岁以上人口突破1亿人，占比27%。[③]欧洲的经验说明，即使在富裕发达的小国家，政府也无法承担全民退休福利。美国的经验说明，依靠企业自身无法赡养退休职工。因此，大量的储蓄流入金融市场，通过退休基金和共同基金来管理。据OECD统计，2016年底全球最主要的22个养老金市场，养老金规模合计达36.4万亿美元，占这些国家和地区GDP的62%。[④]2017年底，美国养老金规模达到28.2万亿美元，占同期美

---

① “Developments in pension fund risk management in selected OECD and Asian countries”, OECD Secretariat paper, December 2004.

② “Fixed–income derivatives made simple: What a trustee needs to know”, NAPF, March 2005. https://www.jpmorgan.com/jpmpdf/1320663533358.pdf.

③ https://esa.un.org/unpd/wpp/Download/Standard/Population/.

④ Global Pension Assets Study 2017, OECD.

国 GDP 的 145%。[①] 这些基金有支付的义务，也有增值的需要。这样的资金越积累越多，它们必须到各类和各地的市场中寻找增值机会。要管理这样规模的资金，管理它们面临的风险，需要有一个成系统的衍生品市场。英国养老金协会（NAPF）2013 年开展的一项年度调查结果显示，在受调查的 203 个养老金产品中，各有 43% 的产品使用了利率互换和通胀指数互换衍生品，23% 使用了期权、21% 使用了股权类期货、17% 使用了债券期货（见图 6–4）。[②]

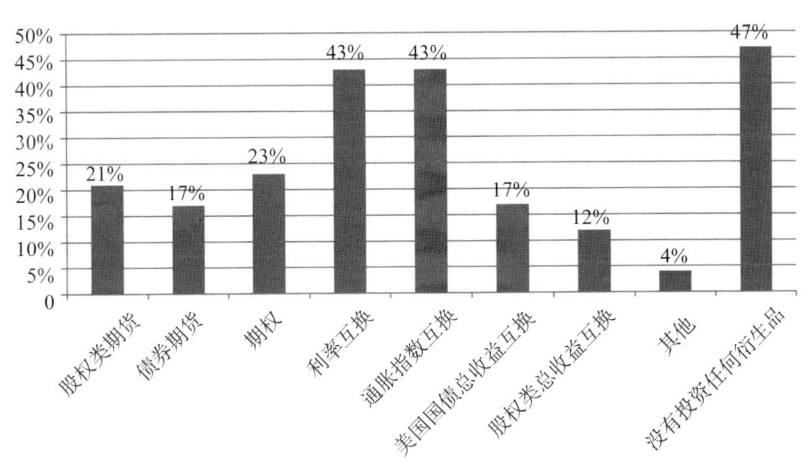

图 6–4　英国养老金利用衍生品情况

资料来源：英国养老金协会（NAPF）。

证券化的金融市场在资产保值方面，有一点是不如银行的。资本市场可以通过分散化的投资组合来规避在同一时间点上各种资产价值波动的风险，譬如，通过指数得到整个股票市场的平均收益。但是，资本市场本身没有能力规避时间域的风险。如果资金在银行，银行存款的利息此时此刻可能不如金融市场的回报，但由于存

① 数据来源：Wind 资讯。

② NAPF Annual Survey 2013. A survey of 263 DB, DC and Local Authority funds.

款的稳定性，它可以在利息高的时候将盈余搁置起来，到利息低的时候贴补回去，从而可以得到不同时间段上收益的平均值。在资本市场中，由于竞争激烈和资金的高流动性，分散化投资组合得不到时间平均的好处。[①]

如果用衍生品市场来补充标的市场中的投资组合，由于衍生品可以锁定未来的价格，使用的策略得当，就可以得到这种时间平均的好处，并大大降低交易成本。此外，因为衍生品具有“四两拨千斤”的作用，所以基金可以在不必实际持有资产的情况下，利用不同资产的相关性，将各种资产的表现引入自己的投资组合。这一点对于退休基金特别重要，因为退休基金需要大范围地吸收各种资产的收益。

衍生品特别是期权的交易，同时可以帮助基金减少所持有投资组合的波动率。波动率是投资的风险，对有定期支付义务的退休基金来说尤其如此。过高的波动率会摧毁资产的价值，对必须长期稳定持有大量资产的退休基金来说，管理波动率风险是帮助保存和增加资产价值必须做的工作。

总而言之，完整的市场经济需要证券化的金融体系，而证券化的金融体系需要通过衍生品市场来配置和管理风险。衍生品市场的成败取决于金融中介机构是否成熟，以及对金融中介机构的监管是否有效。可靠的养老退休体系离不开成熟的衍生品市场。

---

① 这一节的部分内容参考了芝加哥期权交易所原董事总经理、中国证监会顾问委员会原委员郑学勤的相关文章。

第七章

国际惯例：中央对手方清算

“有了我们，伦敦夜里才能安眠。”

伦敦清算所的人如此自豪地描述他们在金融世界中的角色。确实，从全球期货市场的发展历史看，其得以安全运行并越来越兴旺发达，最根本的保障在于建立了中央对手方清算制度。成熟市场国家的期货市场中央对手方都有明确的法律地位，这已成为国际惯例。

中央对手方作为期货市场的一项基本制度，在2008年国际金融危机中表现出色，受到国际社会的高度重视。2009年G20匹兹堡首脑峰会上各国领导人承诺，要在场外衍生品市场上推行中央对手方清算制度。这次危机，使得全球政治领导人第一次清楚地看到中央对手方清算制度对于防范和化解金融风险的巨大作用。

一枝独秀：金融危机中的“不倒翁”

英国人彼得·诺曼（Peter Norman）在其《全球风控家——中央对手方清算》一书中写道：“得力于它们强大的技术和风险管理能力，中央对手方清算所就像一个断路器那样保护着我们的金融系统，避免了2008年9月15日那场危机演变为全球经济整体崩溃。”

他进一步评论说："有些制度，在危机时人们才发现它的重要作用，比如中央对手方清算制度。"[①] 此话不虚，2008 年美国发生金融危机并迅速席卷全球，场外衍生品市场哀鸿遍野、风声鹤唳，市场参与者人人自危，信心丧失殆尽，流动性迅速枯竭。而期货市场依旧保持着正常、有序的运转，一枝独秀，成为金融危机中的"不倒翁"。为什么？这主要归功于期货市场建立多年的中央对手方清算制度。可以说，中央对手方清算制度是金融市场防范系统性风险的重器，是牢牢守住不发生系统性风险底线的制度保障。

彼得在书中不惜笔墨，重彩描摹中央对手方清算制度的好处，详细论述了其对防范金融风险的重要性。这方面，雷曼破产提供了一个很好的观察案例。在期货市场上，从雷曼破产开始的 2008 年 9 月 15 日到 23 日，8 天时间内，其在中央对手方清算所的风险敞口缩小了 90%，剩余风险敞口也在保证金覆盖范围内。中央对手方清算制度成功管理了雷曼破产给期货市场带来的风险，较好地防范了风险的蔓延与扩散，让美国、欧洲、亚洲的期货市场安然渡过了险关。同样，在场外衍生品市场上，是否采用中央对手方清算机制对风险的化解和处置至关重要。雷曼破产后三周内，伦敦清算所按照中央对手方风险管理程序，迅速处置了雷曼持有的包括 9 万亿美元利率互换在内的巨额未平仓头寸，没有给其他市场主体和伦敦清算所带来任何损失。但是，雷曼持有的尚未纳入中央对手方清算机制的 720 亿美元信用违约互换未平仓头寸，最终给其他市场主体带

---

① 彼得·诺曼著，梁伟林译，《全球风控家——中央对手方清算》第 8 页，中国金融出版社，2013 年 10 月。

来了大约52亿美元的净损失。[1]

按照英格兰银行金融稳定部执行董事安德鲁·霍尔丹（Andrew Haldane）的说法，中央对手方清算制度可以有效防止金融危机蔓延，就如同疾病疫苗抑制流行病传播或森林的防火墙限制火灾蔓延那样有效。[2]这一制度对期货和衍生品市场夯实发展基础、降低系统性风险、促进市场稳定健康发展意义重大。

演进完善：中央对手方清算制度

回顾西方期货市场历史，中央对手方清算制度一开始是为了抵消商品期货交易的对手方风险而发展起来的。由于期货合约实行保证金交易，具有杠杆性，资金、货物不是即时交付，交易能否最终履约主要依赖对手方的信用，而对其信用状况进行全面细致的调查，费时费力，成本高，这使交易者长期暴露在对手方违约风险之下。为了使这种高风险性的交易机制能够正常进行，历史上初具规模的期货市场都会尝试建立一些制度来确保交易的履行，以增强交易者对交易安全的信心，从而吸引更多的交易者进入市场。在这一过程中，从单纯依赖会员信用[3]到利用交易所自身信用确保合约履行，人们逐渐发现由交易所作为所有买方的卖方和所有卖方的买方，以合约当事人身份直接承担合约义务的方式能够给交易安全提

---

① 《许臻：建立场外利率衍生品清算机制——访上海清算所董事长许臻》，国际金融报，2012年7月20日。

② 彼得·诺曼著，梁伟林译，《全球风控家——中央对手方清算》第9页，中国金融出版社，2013年10月。

③ 芝加哥期货交易所最早通过会员资格控制市场中的信用风险。如果会员出现违约，就会被剥夺会员资格，禁止在交易所交易。然而，这种约束机制对于经营状况良好、具有履约能力的会员具有正向的激励作用，但对于濒临破产、丧失履约能力的会员来说，失去在交易所交易的权利对其影响不大。

供最有力的保障，中央对手方清算制度因此逐渐被各国交易所普遍采用。当确保合约履行的任务交由独立于交易所之外的清算机构承担时，清算机构则取代交易所承担中央对手方集中履约责任。

追溯中央对手方清算机制的源起，18 世纪 30 年代日本堂岛大米市场创造的清算所可谓是现代中央对手方清算所的源头。2002 年春，我在参观芝加哥商业交易所大楼一楼的期货史展厅时，发现解说词中说日本堂岛大米市场是商品期货市场最早的形态，是现代期货市场的萌芽。根据专家的研究，当时日本幕府颁布了一项法令，把大阪的堂岛大米市场转变为官方交易所，规定了大米仓库的仓单或提单的交易规则，类似于现代的期货交易所规则。法令同时要求堂岛大米市场所有交易的清算必须通过清算所进行，每个交易者都要与清算所有一定的信用额度；清算所不允许用自己的账户交易，它对交易头寸收取服务费和保证金，同时承担保证合约履约的义务。当时，一共有五六十家清算所为堂岛大米市场的交易者提供清算服务。美国加利福尼亚大学圣迭哥分校的副教授乌尔丽克·舍德（Ulrike Schaede）考证了这段历史，他说："商人在清算所清算他们的头寸就可以了，不必考虑最终对手方的商誉如何。"① 这些清算所通过承担交易参与者的对手方信用风险和保证交易完成，扮演了类似现代中央对手方清算所的角色。

1882 年，商品事务清算所在法国勒阿弗尔的成立标志着一个革命性的开端——清算开始被作为一种独立的商业活动来运营和管理。为支持当地的棉花和咖啡期货市场的发展，交易商们成立了商品事务清算所，对通过其登记的合约提供担保服务。商品事务清算

① 彼得·诺曼著，梁伟林译，《全球风控家——中央对手方清算》第 64 页，中国金融出版社，2013 年 10 月。

所与它所服务的市场密切相关，但理论上是独立的。作为一家私营有限责任公司，它从其登记并担保的合约中收费而获得收入，但不在期货合约的谈判和缔结中扮演任何角色。商品事务清算所的运作与现代的中央对手方清算有类似的效果：在登记合约时，它同时向买卖双方收取定金（相当于现代期货交易中的初始保证金）；随着买卖双方持仓盈亏的变化，它可以责令持仓亏损的一方逐日追加保证金（相当于收取变动保证金）；如果发生违约事件，它可以在不需要任何其他手续的情况下清算该违约者的全部头寸（相当于中央对手方清算所的违约处理）。与后来的中央对手方清算所不同的是，商品事务清算所在自身的章程中规定“它自身并不代替交易的对手方”，只是以交易合约之外的第三人担保合约的履行。之后，这种合约担保制度被欧洲各地成立的清算普遍采用。①

19 世纪末的美国，诞生了现代意义上的中央对手方清算制度。当时明尼阿波利斯商会（谷物交易所）决定成立一个清算所，通过确保合约的履行来提高小麦期货交易保值的机会。该清算所在章程中明确规定其是“每一个买方的卖方”和“每一个卖方的买方”，这被认为是现代中央对手方清算所的开始。之后，这一清算机制逐渐推广，芝加哥商业交易所和芝加哥期货交易所分别于 1919 年和 1925 年设立清算所，并引入了中央对手方清算制度。到 20 世纪 80 年代，随着美国人创新发明的金融期货进入欧洲，伦敦农产品清算所开始采用美国的清算机制，从商品事务清算所和其他欧洲清算所发展而来的担保机制就此终结。②

① 彼得·诺曼著，梁伟林译，《全球风控家——中央对手方清算》第 79 页，中国金融出版社，2013 年 10 月。

② 彼得·诺曼著，梁伟林译，《全球风控家——中央对手方清算》第 93 页，中国金融出版社，2013 年 10 月。

总结下来，中央对手方清算机制破土萌芽自日本，发展成型在欧洲，改革创新于美国，并以美国模式为当今世界的主流模式。现代意义上的中央对手方机制主要指的是美国模式，成为公认的国际惯例。美国模式的中央对手方清算制度是指清算所介入金融合约交易的对手方之间，成为所有买方的卖方、卖方的买方，从而使期货合约买卖双方的对手都被替换成了作为中央对手方的清算所。按专业说法，中央对手方主要有 4 个功能：重新分配合约对手方风险，防止多边净额结算失败；降低结算参与人的风险；提高结算效率和资金使用效率；提高市场流动性。

管理风险：中央对手方全球落地生根

从中央对手方清算制度与期货市场发展的历史来看，中央对手方清算制度在期货市场的最终确立是必然且必要的。期货市场作为“以小博大”、实行杠杆交易的高风险市场，需要中央对手方清算制度这样能够最大限度利用期货交易所或清算所信用来确保合约履行的特殊制度。目前，世界上主流的期货交易所或清算所都采用中央对手方清算制度，包括境外市场的芝加哥商业交易所、洲际交易所，欧洲期货交易所和伦敦清算所，境内的 4 家期货交易所等。

在期货市场建立现代中央对手方清算制度近 100 年后，从 20 世纪 70 年代开始，美国、欧洲的证券市场如股票、债券市场开始逐步引入中央对手方清算机制。在我国证券市场上，中国证券登记结算公司对沪深交易所的股票、债券交易实行中央对手方清算制度。从世界各国证券市场看，在中央对手方清算制度的推动下，市场从缺乏生气的交易俱乐部模式蜕变成一个竞争激烈、高科技推动的行业。但是，直到 2008 年金融危机发生之前，中央对手方清算机制还被公认只能为标准化的产品提供服务，仍主要用于支持交易所内进行的股票、债券、期货和期权的交易。随着危机后金融监管改革的推进，这一局面和认识被彻底扭转和改变。场外衍生品市场开始大量推广中央对手方清算制度，美国、欧盟、中国等许多国家和地区的场外衍生品市场已经部分实行了这一制度。

从全球范围看，发端于期货市场的中央对手方清算机制，如今已经逐渐拓展到股票市场、债券市场、外汇市场以及更加复杂的场外衍生品市场上。中央对手方清算机制在全球金融市场各个主要领域的落地生根，推动了全球金融市场的发展与繁荣。据伦敦清算所的年报显示，2017 年伦敦清算所共为 1.47 亿手的期货期权合约交易、约 886 万亿美元名义本金的场外衍生品交易（包括 874 万亿美元名义本金的利率互换交易、11.2 万亿美元名义本金的外汇场外衍生品交易，以及 5490 亿欧元名义本金的信用违约互换交易）和 87 万亿欧元名义本金的债券现货交易、8 亿笔股票现货交易提供清算服务。芝加哥商业交易所清算所（CME 清算所）每年为超过 1000 万亿美元名义本金的期货和衍生品交易提供清算服务。

法律规定：中央对手方实现的基础

法律安排是中央对手方实现的基础，是防范化解金融风险的最高制度保障。中央对手方清算制度包含合约更替、担保交易、多边净额清算等核心内容，涉及多个民事主体之间的法律关系变动。同时，中央对手方清算所在防范和化解风险时，要采取事前与各方约定的措施来进行处理，对各方的经济利益直接产生影响。这些主体之间的法律关系以及中央对手方清算所拥有的权利和义务，必须在法律上有明确的界定，否则中央对手方清算所会面临巨大的法律风险。

经过长期的市场实践与发展，国际上已经总结出一套关于中央对手方较为成熟的标准。2004 年，国际证监会组织和国际支付结算体系委员会（CPSS）共同发布了《中央对手方建议》（RCCP），提出了中央对手方的 15 项标准。2012 年，国际证监会组织和国际支付结算体系委员会发布了《金融市场基础设施原则》（PFMI），在原来标准的基础上，进一步提出了涉及中央对手方的 22 项原则。这些标准和原则，简化通俗地说有这么几大块：一是要有法律对中央对手方的地位和作用进行规定；二是中央对手方要对参与者的资质、保证金有明确要求，要有一定的财务、运营能力，要有清晰的制度安排来维持充足的财务资源，以保证履约；三是中央对手方应有较高的自我风险管理能力和严格的风险控制制度；四是在跨境和跨市场交易中，中央对手方之间应该有良好的合作与协调；五是中央对手方清算所必须遵循法律法规和监管要求等。

美国、欧洲期货交易所或独立清算所的中央对手方清算制度有详尽的法律规定做支持。2011 年修订的美国《商品交易法》对中央对手方的规定很明确："衍生品结算组织……在处理协议、合约或交易时，通过更替或其他方式，使协议、合约或交易各方的信用能被衍生品结算组织的信用替代；对于衍生品结算组织参与者执行协议、合约或交易产生的债务，衍生品结算组织以多边的方式为其安排或提供结算或净额结算；或以其他方式提供结算服务或安排，使衍生品结算组织参与者执行的该等协议、合约或交易产生的信用风险能在参与者之间进行风险分摊或转移。"同时法律还规定，只有衍生品结算组织才是中央对手方。该法还用较多的条款，对衍生品结算组织的财务资源、会员和参与者的适格性、风险管理、结算程序、资金处理、违约处理规则和程序、规则执行、技术系统保障，以及内部治理、法律风险和监管等方面进行了详细规定。[①]

对比国际标准以及成熟市场的法律规定，我国期货市场中央对手方制度仅在行政法规层面有规定，法律层面没有规定（因为我国目前还没有一部《期货法》），面临法律保障不足的问题。尽管这些年中央对手方清算制度在我国期货市场防范和化解风险方面发挥了很大作用，但是由于没有法律安排这一制度，在具体实施中也出现了一些纠纷，存在较大的法律风险问题。关于我国期货市场中央对手方制度"是否入法"的问题，下面还会专门进行论述，这里先不展开。

风险控制：中央对手方的核心依靠

中央对手方为什么能够给市场增信？中央对手方何以如此牛气，敢于承担市场所有买方和卖方的违约风险？这是因为中央对手方清算机制后面有一套全面系统的风险控制制度作为它的依靠和支撑。

从中央对手方清算制度的演进中可以清楚地看出，期货交易所或清算所以中央对手方的方式进行期货结算的最大动因，在于解决交易对手方的信用风险从而增强市场信心。但是，中央对手方清算制度并没有减少期货市场的信用风险，只是将各交易对手的信用风险集中于中央对手方清算所上。正如彼得在他的书中指出的："中央对手方清算所通过消除违约导致连锁反应的威胁，降低市场的风险，但这样做的同时它们将风险集于自身，变为了金融体系中潜在

① 中国证监会编译，《美国商品交易法》第9~10页，法律出版社，2013年10月。

的高风险单一失败点环节。”[①]风险的累积及分布结构的变化，使得中央对手方清算所对自身风险控制与管理的重要性极为关键，如果中央对手方清算所发生风险问题，其影响的不仅仅是单个对手方，而是会引发系统性风险。

中央对手方的风险底线必须牢不可破。目前，国际上主要期货交易所或清算所按照国际标准的要求，都建立了一套较为完备的风险控制制度。虽然每家中央对手方清算所面临的市场情况各有不同，在具体的风险管理制度设计上也会有些差异，但总体上讲还是大同小异。总体而言，期货市场中央对手方清算主要的风险管理工具和机制包括以下几个方面。

严格的市场准入要求

为了防止市场参与者违约风险，中央对手方清算所对会员实行严格的准入规定，对其财务能力和运营能力提出较高的要求，并持续进行跟踪评估，只有满足这些条件的会员才能直接参与期货市场的交易和结算。

以 CME 清算所为例，其采用的是分级清算机制，清算所和清算会员进行清算，清算会员和客户进行清算。清算会员作为客户的代理人，对其名下的所有交易和持仓承担对清算所的财务担保与履约义务。在该结算体系下，清算所主要负责监控清算会员的风险，清算会员负责监控其客户的风险。CME 清算所根据不同产品的风险状况，对清算会员制定了不同的资质门槛，建立了相适应的清算会员体系：如清算会员仅清算交易所上市的期货、期权产品，对其净资本要求较低，至少 500 万美元；如清算场外衍生品，则净资本要

---

① 彼得·诺曼著，梁伟林译，《全球风控家——中央对手方清算》第 93 页，中国金融出版社，2013 年 10 月。

求至少 5000 万美元。另外，CME 清算所的规则规定，持有清算会员公司 5% 以上股权的股东，必须对清算会员自营业务的债务在其出资范围内做有限保证。持有清算会员公司 50% 以上股权的股东，必须对清算公司自营业务的债务做无限保证。

我国期货交易所对期货公司会员也制定了非常全面的准入规定。除了证监会发布的《期货公司管理办法》对期货公司的申请设立、持续运营有要求外，期货交易所在其会员管理办法中有更加明确、具体的规定。以上海期货交易所为例，其会员管理办法规定，要成为期货公司会员，申请者注册资本不得低于人民币 3000 万元，要成为非期货公司会员，申请者注册资本不得低于人民币 1000 万元，而且申请者还必须拥有健全的组织机构和完善的财务管理制度及期货业务管理制度。上海期货交易所对所有会员实行年度检查，并就会员有关要求的落实情况进行持续监督。我国期货交易所实行全员结算和会员分级结算两种制度。与上海期货交易所全员结算制度不同，中国金融期货交易所实行会员分级结算制度。在全员结算制度中，所有的交易会员都同时是结算会员。而在会员分级结算制度中，区分了结算会员和非结算会员（仅有交易会员资格）。中国金融期货交易所对结算会员有更高的财务要求。

完善的风险管理机制

风险控制是中央对手方清算机制的核心，是中央对手方清算所的生命线。CME 清算所认为其最主要的风险管理机制是履约保证金、盘中实时监控以及逐日盯市结算制度。按照我国《期货条例》的规定，期货交易所应当建立健全［包括保证金制度、当日无负债结算（逐日盯市）制度、涨跌停板制度、持仓限额和大户持仓报告制度、风险准备金制度以及其他风险管理制度］的风险控制体系。这里将主要的风险管理制度介绍如下。

1. 保证金制度。期货交易实行保证金制度，期货买方和卖方必须按照其所买卖期货合约价值的一定比例（通常为 5%~15%）缴纳资金，用于结算和保证履约。保证金制度是中央对手方清算所进行风险管理最基本的手段，是其他风险控制制度如当日无负债结算、强行平仓等制度建立和发展的基础。

在各国期货市场中，交易者缴纳的保证金对于提高期货交易的效率，降低期货市场信用风险发生的可能性具有重要的作用。正常情况下，期货交易所或清算所作为中央对手方并不承担市场风险，但却承担信用风险。中央对手方每一空头部位，必定有相对应的多头部位，反之亦然，所以其净仓位为零。如果没有结算参与人违约，无论价格如何变动，都不会引起中央对手方损失；如果有结算参与人违约，且交易处于亏损状态，则会导致中央对手方损失。保证金制度是现货交易与期货交易的区别所在，期货交易的杠杆作用正是通过保证金体现出来的：投资者不必交付期货合约标的物的价值，而只需按规定交付保证金即可，在标的物价值相同的情况下，现货交易与期货交易所需的资金有巨大的差别。

CME 清算所为降低信用风险，建立了初始保证金、维持保证金和变化保证金制度。其对市场参与者的最低保证金要求根据市场风险状况来确定，并随着市场情况的变化而及时调整：对于场内交易的期货、期权等品种，清算所设置的保证金水平要求能够在 99% 的置信水平下，至少覆盖一日的价格波动风险；对基于农产品、能源、金属等的互换产品，设置的保证金水平要求在 99% 的置信水平下，至少覆盖一日的价格波动风险；而对于利率、外汇、信用等其他互换产品，设置的保证金水平要求在 99% 的置信水平下，至少覆盖5日的价格波动风险。若互换产品和交易所期货期权产品的风险可以折抵，则可以通过交叉保证金制度减收部分保证金，但不能完全抵销。

我国《期货条例》中要求期货交易所建立的第一项风险管理制度即是保证金制度。由于我国期货市场还实行涨跌停板制度，限制了期货合约每日价格最大波动的幅度，为了控制风险，期货交易所作为中央对手方收取的保证金要大于该品种的涨跌停板幅度，一般覆盖价格最大波动风险的1.5天左右。如上海期货交易所的铜期货合约，涨跌停板为上一交易日结算价的±3%，最低保证金要求为合约价值的5%；大连商品交易所的豆粕期货合约，涨跌停板为上一交易日结算价的±5%，最低保证金要求为合约价值的7%。此外，第六章已经提到，与成熟期货市场按交易者的净头寸收取保证金不同，我国期货市场按毛头寸收取保证金。

保证金的形式除货币外，还包括中央对手方清算所认可的仓单、国债等有价证券。保证金的目的，是保证期货合约交易过程中的一切义务能得到履行。在理论上，除了作为支付工具的货币能作为保证金外，其他任何具有价值的资产都可以作为保证金的形式。不过，在期货市场，流动性是最基本也是最重要的要求，而且计算保证金时更要求其价值易于确定，因此，具有高度流动性并很容易确定客观价值的资产，才可以作为保证金。由于有价证券能满足上述要求，其可以作为保证金的形式。CME清算所规定可作为保证金的资产包括现金、黄金、美国国债、外国主权债、股票、货币市场基金、交易所基金等。伦敦清算所接受可作为保证金的资产范围也大致相同。2017年底，伦敦清算所沉淀的保证金规模为1597亿欧元，其中现金和有价证券分别占 45% 和 54%。[①]

关于保证金的管理，中国和美国的期货市场都规定客户保证金应当与自有资金分开。美国《商品交易法》规定，客户资产实行分离制度，即客户资金与公司自有资金分户存放、相互隔离。CME 清算所规定，清算会员的客户资产通过隔离账户得到保护。我国《期货条例》规定，期货交易所向会员、期货公司向客户收取的保证金，应当与自有资金分开，专户存放。期货交易所向会员收取的保证金，属于会员所有，除用于会员的交易结算外，严禁挪作他用。期货公司向客户收取的保证金，属于客户所有，除客户自身需要和证监会规定的其他情形之外，严禁挪作他用。

2. 当日无负债结算制度。期货市场实行当日无负债结算制度，或称为逐日盯市制度（Marked to Market），这是与保证金制度配套的风险控制手段。2008 年金融危机期间担任美国商品期货交易委员会代理主席的沃尔特·卢肯（Walt Lukken）在中国证监会 2010 年组织的一场研讨会上说，中央对手方风险防控机制的核心内容是相应的保证金水平和逐日盯市制度，在 2008 年的危机中，美国期货市场上没有一家清算所发生违约。他说："一天两次的逐日盯市操作降低了扩散效应的风险。"

逐日盯市制度是指在每个交易日结束之后，中央对手方清算所先计算出当日各期货合约结算价格，核算出每个会员每笔交易的盈亏数额，以此调整会员的保证金账户。若保证金账户上的金额低于保证金要求，交易所通知该会员在限期内追加保证金以达到初始保

① 数据来源：伦敦清算所集团 2017 年年报，《LCH Group Holdings Limited – Financial Statements 2017》https://www.lch.com/system/files/media_root/LCH%20Group%20Financial%20Statements%202017.pdf.

证金水平，否则不能参加下一交易日的交易。

逐日盯市制度，作为期货结算独有的保证金风险管理手段，被认为是期货结算制度的核心，也是期货结算区别于现货结算的重要标志。期货交易与现货交易不同，采用保证金的杠杆交易机制，因此具有很大的违约风险。中央对手方清算所在结算时是所有交易者的交易对手，如果交易者发生亏损而致其保证金账户中的资金不足以承担履约责任，中央对手方清算所将面临损失。为了控制该风险，中央对手方清算所需每天（有时一天多次计算）对结算参与人进行结算，以及时发现其账户盈亏情况，并将结果及时通知给结算参与人。逐日盯市，能保证每一位结算参与人的保证金账户的盈亏被及时、真实而具体地反映，并使结算参与人保证金账户的负债限制在很短的时间内，从而有效地对结算风险进行管理。

如 CME 清算所，不允许清算会员对持仓损失进行累计，而是采取严格的逐日盯市制度。对场内期货、期权等基础产品，CME 清算所每日进行两次盯市，对利率违约互换和信用违约互换产品，CME 清算所每日至少进行一次盯市。在价格剧烈波动或清算所认为有必要时，清算所有权紧急盯市并要求立即完成保证金缴纳义务。根据前一交易日的结算价格计算的损益，CME 清算所要求清算会员于每个交易日上午开市前收取或者支付结算款项，交收业务由清算银行根据清算所的交收指令于当日完成。我国期货市场上，各期货交易所也都严格执行逐日盯市制度，相关要求和操作流程与之基本相同。

3. 持仓限额制度。持仓限额制度是指监管机构或交易所规定会员或客户可以持有的、按单边计算的某一合约投机头寸的最大数量。通过实施该制度，主要目的是防范过度投机，防止市场操纵行为，同时，也可以防止风险过度集中于少数交易者身上。

美国商品期货交易委员会对持仓限制作了如下定义：持仓限额是 CFTC 或期货交易所规定的一个交易者可以持有或控制的最大净多或净空持仓量；这一限制既可以针对某一月份的期货（或期权）合约持仓，也可以针对某一商品所有期货（或期权）合约合并后的持仓；符合资质的套期保值持仓不受该限制约束。根据该定义，美国期货市场的持仓限额制度包括以下几方面的内容。

（1）限仓层次分为联邦限仓和交易所限仓。2011 年之前，CFTC 仅对 9 个农产品期货品种施行“联邦限仓”（Federal Limits）。2011 年，CFTC 根据《多德 – 弗兰克华尔街改革与消费者保护法》的要求，通过了新的持仓限额规则［该规则虽经 CFTC 表决通过，但由于国际互换与衍生品协会、证券业与金融市场协会（SIFMA）向法庭起诉，至今尚未正式生效］将“联邦限仓”扩展到包括农产品、能源、金属期货的 28 个品种。“联邦限仓”范围以外的其他品种，由交易所自主设定持仓限额或使用持仓报告水平①作为限制手段。

（2）限仓标准分为单个月份持仓限制（包括一般月份持仓限制和交割月持仓限制）以及所有月份合并持仓限制。一般月份持仓限额基于以往持仓规模测算，通常采用“10，2.5%”标准，即以前一年度平均持仓规模在 2.5 万手以内部分的 10%，加上超出 2.5 万手以外部分的 2.5% 作为一般月份限仓标准。交割月持仓限额基于品

---

① 应部分交易所要求，美国商品期货交易委员会于 1991 年开始试行批准部分交易所限仓品种采用“限仓报告水平”代替一般月份限仓。试行品种具有成交量较大、合约规模较大、高流动性的现货市场及便利的期现套利机会等特点。相对于限仓制度，限仓报告水平是指投资者的持仓可超过此水平，但需要根据交易所要求报告持仓属性、交易策略及对冲需求等情况，且交易所可根据品种运行情况要求其减仓或保持现有持仓。

种可供交割量测算，通常以该品种可供交割量的 25% 作为交割月限仓标准。交割月持仓限额通常都会大大小于一般月份持仓限额。2012 年之前，所有月份合并持仓限额通常为一般月份持仓限额的 1.5 倍，但从 2012 年开始，二者基本保持一致。CFTC 或交易所对限仓标准每两年调整一次。此外，2011 年 CFTC 的限仓新规要求，要把“经济上等同的”[①] 在境外期货交易所上市的期货、期权合约以及场外互换合约纳入合并限仓的范围。

（3）持仓限制豁免规定。对于非投机持仓，可以申请持仓限额豁免。目前美国持仓限额豁免的对象主要包括套期保值持仓（一般是商业用户）、利差 / 套利头寸（一般是套利者）、风险管理头寸（一般是互换交易商）三类。

和国际期货市场一样，我国期货市场也实行了持仓限额制度，但目前我国还没有在法规上明确证监会和交易所双层的限仓规定，仅仅是由期货交易所确定各期货品种合约的持仓限额，在大体遵循国际标准的同时，还有如下三个规定。

（1）采用限制会员持仓和限制客户持仓相结合的方式，来控制市场风险。

（2）商品期货合约在进入交割月份前一个月和进入交割月期间，持仓限额逐级递减。

（3）各期货交易所对套期保值交易头寸实行审批制，其持仓不受限制。

美国 CFTC 的监管实践中，对“超仓”的监管是重要的监管范畴，有很多处罚“超仓”的案例，我国主要由期货交易所进行自律

① “经济上等同”主要指直接或间接与 CFTC 限仓的 28 个期货合约价格挂钩的衍生品，以及直接或间接与这 28 个合约标的商品在期货交割地的价格挂钩的衍生品。

管理。可以看出，境内外期货市场通过实施投机持仓限额制度以及对套期保值等特定目的持仓的头寸限制豁免制度，兼顾了防范市场风险和服务实体经济需要之间的平衡。

4. 其他风险管理制度。除以上制度外，境内外期货市场还普遍实施了其他风险管理制度。

（1）涨跌停板制度。这个制度又被称为每日价格最大波动限制制度，即指期货合约在一个交易日中的交易价格波动不得高于或者低于规定的涨跌幅度，超过该涨跌幅度的报价将被视为无效报价，不能成交。美国、英国等成熟市场对期货合约价格波动设置熔断机制，而中国等新兴市场一般都设置涨跌停板制度。二者叫法不同，实质一样，都是对价格过度波动设置的一种冷却机制。

（2）大户报告制度。当交易所会员或客户在某品种、某合约的持仓达到交易所规定的持仓报告标准时，会员或客户应向交易所报告。通过实施大户报告制度，交易所可以对持仓量较大的会员或客户进行重点监控，了解其持仓动向、意图，有效防范操纵市场价格的行为。中国和美国期货市场在大户报告制度的基础上，还实施了实际控制关系账户报备制度，以防止市场参与者通过开立多个账户刻意规避向交易所履行报告义务的行为。如 CFTC 规定清算会员、期货经纪商、外国经纪商三类中介机构应在某账户首次触及大户报告水平的三天之内，向 CFTC 书面提交《102 表：特殊账户识别表》，主动报告账户所有人及控制人关系等关键信息。中国期货市场监控中心发布的《期货市场实际控制关系账户管理办法》规定，符合实际控制关系账户认定标准的客户应当在签署经纪合同后 10 个交易日内完成实际控制关系报备，实际控制关系的控制人和被控制人都应当通过各自开户期货公司填写实际控制关系报备信息。

（3）盘中实时监控制度。境内外期货交易所都对期货市场实施盘中实时监控，如CME清算所实时监控交易时段内价格变动和交易行为，监控市场参与者实时仓位、保证金、盈亏和风险暴露情况。我国4家期货交易所均建立了市场风险实时监控和预警系统，对市场的资金、交易、持仓及价格变动进行实时监控，以及早发现各类违法违规行为，及时采取措施控制以化解市场风险。我国期货市场在期货交易所自身的实时监控之外，证监会还集全市场之力，专门建设了“期货市场运行监测监控系统”，由中国期货市场监控中心对全市场进行实时监测监控，为证监会的期货市场监管工作提供有力支撑。

（4）强行平仓制度。强行平仓，指的是按照有关规定对会员或客户的持仓实行平仓的限制措施，其目的是控制期货交易风险。强行平仓分为两种情况：一是，期货交易所对会员实行的强行平仓；二是，期货公司对其客户持仓实行的强行平仓。强行平仓制度适用的情形一般包括：第一，因会员（客户）交易保证金不足而实行强行平仓；第二，因会员（客户）违反持仓限额制度而实行强行平仓；第三，违规处罚下的强行平仓及紧急情况下的强行平仓。

（5）追加保证金制度。该制度与强行平仓制度紧密相关。追加保证金分为盘后追加保证金与盘中追加保证金。盘后追加保证金是期货结算中的常态，指每天结算结束后，如结算参与人的保证金不足，则应在规定的时间内予以追加。盘中追加保证金指在交易日内尚未结算时，中央对手方清算所根据市场风险状况，要求风险较大的结算参与人及时追加保证金，这种保证金追加方式是市场风险加大时的一种应对方法。当结算参与人的保证金不足，且未能在规定的时间内追加保证金或自行平仓而释放风险时，中央对手方清算所将对该结算参与人持有的头寸进行强行平仓。

充足的财务安全保障体系

中央对手方清算所要确保自身有足够雄厚的财务资源，来抵御清算会员或客户违约风险以及其他各类清算风险。国际上把中央对手方清算所用于管理违约损失的一系列已融资财务资源称为违约瀑布序列（Default Waterfall）[①]，具体如表 7–1 所示。《金融市场基础设施原则》明确建议中央对手方清算所的违约瀑布序列依次为：违约清算会员的保证金、违约清算会员的担保基金、清算所部分自有资金、未违约清算会员的担保基金，以及清算所用于吸收违约风险的其他财务资源。与之对应地，在欧洲期货和衍生品市场上，欧盟于 2012 年 7 月正式发布《欧洲市场基础设施监管规则——关于场外衍生品、中央对手方和交易信息库》（EMIR）。EMIR 中有单独的一个章节（第 45 章）对违约瀑布序列做出了详细描述，规定违约瀑布序列顺序依次为：违约清算会员的保证金、违约清算会员的担保基金、清算所一部分自有资金、未违约清算会员的担保基金。事实上，EMIR 第 45（4）章明确规定：清算所必须先使用一部分自有资金，然后才能动用未违约会员的担保基金；且未违约会员的保证金，不能用于偿付其他违约会员造成的损失。

以 CME 清算所为例，其建立了三个独立的分别针对基础产品类别（场内期货、期权产品）、利率互换以及信用违约互换的保障基金，每类产品的清算会员都需缴纳相应的保障基金，以应对可能发生的清算会员违约。目前这三个违约保障基金的总额已经超过

① 该定义源自支付结算体系委员会和国际证监会组织技术委员会联合发表的《金融市场基础设施原则》（文中简称 PFMI）第 3.4.17 款。

183 亿美元。其中，每一个单独的保障基金规模都足够覆盖该产品类别规模最大的两家清算会员违约可能带来的最大损失。任何一个单独的保障基金都不可以用来弥补另一个保障基金所保障的资产类别中发生的违约损失。

与 CME 清算所的保障基金类似，我国期货市场建立了风险准备金制度，期货交易所按照手续费收入、期货公司会员按照佣金收入的一定比例提取风险准备金，用于应对市场风险。目前，4 家期货交易所都积累了充足的风险准备金和自有资金，而且由于实施了严密的风险控制制度，近 20 年来从未出现过需要动用交易所风险准备金以应对市场风险的情况。

境外市场的实践证明，当风险真正发生时，设计完善的违约瀑布序列能够有效化解违约风险，保证金融系统稳定。2008 年金融危机中，伦敦清算所在雷曼破产后三周内，仅使用到雷曼自身 35% 的初始保证金便成功弥补了违约损失，没有影响任何交易对手，最后还退还了雷曼剩余的保证金。伦敦清算所的违约瀑布序列依次为：违约会员的变动保证金和初始保证金、违约会员的担保基金、清算所风险准备金、未违约会员的担保基金以及清算所剩余资本。违约瀑布序列的每一个构成要素在违约损失分摊处理中发挥着不同的功能（见表 7–1 和图 7–1）。

表 7–1 国际主要衍生品交易所或清算所的违约瀑布序列

交易所清算所	违约瀑布序列设置					
	第一层	第二层	第三层	第四层	第五层	第六层
美国 CME	违约会员的保证金与担保基金	交易所自有资金作为准备金，1.5 亿美元（基础商品）、1 亿美元（利率互换）和 5000 万美元（信用违约互换）等	未违约会员的担保基金	—	未违约会员追加的担保金	—
欧洲 Eurex	违约会员的保证金与担保基金	准备金约 5000 万欧元	未违约会员的担保基金	—	未违约会员追加的担保金	母公司担保和清算所资本
美国 ICE	违约会员的保证金与担保基金	准备金 2500 万美元	未违约会员的担保基金	准备金 2500 万美元，与未违约会员的担保基金 1 ： 1 使用	未违约会员追加的担保金	—
英国 LCH	违约会员的保证金与担保基金	准备金 3580 万欧元（利率互换）等	未违约会员的担保基金	—	未违约会员追加的担保金	清算所资本
澳大利亚 ASX	违约会员的保证金与担保基金	准备金 1.2 亿澳元	未违约会员的场外担保基金 1 亿澳元	准备金 1.5 亿澳元	未违约会员其他担保基金 1 亿澳元	准备金 1.8 亿澳元

（续表）

交易所清算所	违约瀑布序列设置					
	第一层	第二层	第三层	第四层	第五层	第六层
印度 CCIL	违约会员的保证金与担保基金	准备金 2500 万美元	未违约会员的担保基金	—	未违约会员追加的担保金	—
中国香港 HKEx	违约会员的保证金与担保基金	准备金 15000 万港币	未违约会员的担保基金	准备金 600 万到 6.5 亿港币	未违约会员追加的担保金	—
日本 JSCC	违约会员的保证金与担保基金	准备金 2000 万美元	在未违约会员的担保基金提取一定比例	准备金 2000 万美元	未违约会员追加的担保金	清算所资本
新加坡 SGX	违约会员的保证金与担保基金	准备金 1.36 亿新元，或全部资金池的 15%（取较大值）	未违约会员的担保基金，以及追加的担保金	按产品单设准备金（例如 OTC 产品准备金 1000 万美元）	未违约会员其他产品类别的担保基金，以及追加的担保金	剩余准备金（如有），以及清算所资本
中国上清所	违约会员的保证金和担保基金	准备金（不超过剩余损失总额的 5%，且不超过准备金余额的 10%）	未违约会员的担保基金		未违约会员追加的担保金	剩余准备金

资料来源：由中金所研发部陈乐、王宇超、贾倩、李龙华根据各清算所业务规则条款、PFMI 框架下的披露材料和《Risk》杂志资料整理。

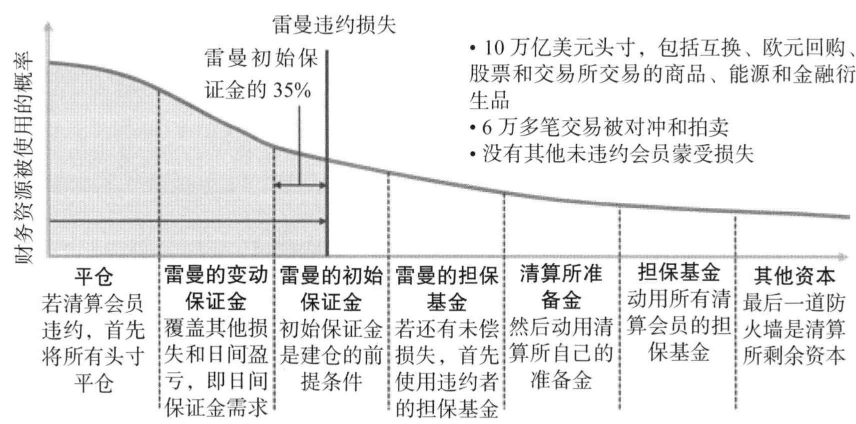

图 7–1　雷曼破产事件中伦敦清算所的违约瀑布序列 ①

资料来源：中国金融期货交易所研发部陈乐、王宇超整理，根据 Oliver Wyman 研究报告《场外衍生品集中清算：监管形势透视与政策制定考虑》绘制，2012 年 5 月发布，作者为 Jason Quarry 等。

风控缺失：中央对手方刹车失灵闯祸

“跑得越快，对刹车性能的要求越高”，开车的人都知道这个道理。对于在公路上高速行驶的车辆来说，遇到紧急情况刹不住车，后果将是灾难性的。中央对手方清算机制作为全球金融市场的一项重要制度创新，极大地促进了金融交易、清算的速度与效率。在这个每时每刻都在高速运转而且还在不断加速的市场上，中央对手方自身的安全性能否得到保证，风险控制制度是否足够有效，至关重要，否则可能“车毁人亡”。正如彼得在书中所称的，中央对手方清算所已经处于巨大的、具有系统重要性的市场的中心位置。但中央对手方自身并非没有风险，其在减少风险的同时又聚集了风

① 中国金融期货交易所研发部陈乐、王宇超，《清算所违约瀑布序列研究——来自韩交所 HanMag 违约处理的启示》，中国证监会期货部《期货研究前沿》第 221 期，2014 年。

险，使自身成为金融系统的单一高风险环节。因此，彼得在大书特书中央对手方清算制度对金融市场风险控制的积极作用以后，不得不在书中的结尾部分提醒参与者“设想中央对手方违约”带来的恐怖。而用欧盟理事会金融市场基础设施小组主管帕特里克·皮尔森（Patrick Pearson）的话说，这可能带来“金融末日”。[①]

在全球金融市场的参与者越来越注重“短期”而非“长期”，越来越追求“套利”而非“价值”，越来越注重“杠杆放大收益”而非“成长创造收益”的今天，很多市场人士甚至包括一些监管人士不愿去设想中央对手方违约的可能性，不想去研究这件事发生的概率到底有多大，甚至根本不愿意提及这个话题，抱着“鸵鸟心态”，好像不提及就不会发生一样。但实际情况是，中央对手方违约难以想象，却并非不可能，而且随着市场规模的扩大、跨境跨市场联动的加强，更要引起高度警惕。以史为鉴，20世纪七八十年代全球期货市场就曾发生过数起中央对手方违约甚至倒闭的事件（见表7–2）。例如，1974年，巴黎清算公司眼见白糖期货市场波动加剧而未能及时提出追加保证金要求，直到价格大幅跳水，在交易者无法补足高额日间保证金之后宣布难以为继。1983年，马来西亚的吉隆坡商品结算所同样因为未能及时监测到棕榈油期货的价格异常而及时提高风控标准，最终倒闭。1987年香港股票、期货市场因“黑色星期一”停市4天，香港政府联合各方救市才总算渡过危机。香港期货市场长期各自为政早已埋下隐患，香港期货交易所关心盈利而忽略风控，香港期货结算所制定风控制度却实际不担风险，

① 彼得·诺曼著，梁伟林译，《全球风控家——中央对手方清算》第410页，中国金融出版社，2013年10月。

香港期货保证公司直面结算风险却不负责监测市场、不了解市场情况。[①]

表 7–2　历史上发生的清算所风险控制举措失当事件

清算所	国家或地区	年份	清算所在违约事件中的举措失当
巴黎清算公司（Caisse de Liquidation）	法国	1974	• 白糖价格的急剧攀升吸引了众多无足够经济实力的投机客，白糖价格大幅跳水后，投机客未能补足高额日间保证金 • 清算所在价格波动加剧时而未能及时加强保证金要求 • 清算所缺乏与交易所的有效沟通和配合
吉隆坡商品结算所	马来西亚	1983	• 棕榈油合约价格跳水导致 6 家经纪商违约 • 从市场价格跳水到经纪商违约共 12 天，其间，清算所没有做出任何反应清算所缺乏管理经验以及与市场参与者沟通的能力
香港期货交易所、结算所和保证公司	香港	1987	• 香港市场经历“黑色星期一”后停市 4 天，市场信心崩溃。财政司清楚重新开市后将面临大范围违约，现有财务资源肯定不足以覆盖复市后的违约损失；与银行和财团等联合出巨资救市 • 交易所、结算所和保证公司长期各自为政，信息和权责严重不对称 • 结算所一直未能根据交易量的长足攀升及时修改和提高保证金要求 • 没有持仓限额制度，而经纪商又过于集中

资料来源：根据中国金融期货交易所研发部陈乐、王宇超根据 Hills 等（1999）“中央对手方清算所和金融稳定”、Quarry 等（2012）“场外衍生品集中清算：监管形势透视与政策制定考虑”以及 Tucker（2013）“资本市场进程中的 CCP”整理。

① 香港市场案例详情，参考陈晗、张晓刚、鲍建平著《股票指数期货：理论、经验与市场运作构想》第 229~238 页，上海远东出版社，2001 年。

这是境外市场发生的一些例子，由于发生的时间比较早，当时我国境内还没有股票市场和期货市场，所以境内市场后来的参与者和监管者没有特别深的感受。可 1995 年发生的“327 事件”却是我国期货市场因中央对手方失灵而经历的一次大风险。前面已经提到，20 世纪 90 年代中期发生在上海证券交易所的“327 事件”，让我国金融市场相关各方有了真正的切肤之痛，让中国金融界刻骨铭心。刘鸿儒在其 2008 年出版的《突破——中国资本市场发展之路》一书中专门对“327 事件”进行了反思，把“327 事件”的发生归结为四大方面的原因：（1）最根本的原因在于整个社会对国债期货的套期保值需求不足，投机气氛过于浓烈；（2）相关法律法规不健全、监管缺位，是导致“327 事件”的重要原因；（3）信息披露不规范，使得国债期货成为“消息市”的牺牲品；（4）合约设计不符合国际惯例，忽视了对风险的控制。[①] 作为当时的亲历者，刘鸿儒对“327 事件”的分析可以说是非常深刻。但如果刨除国债期货产品先天不足、万国证券等机构内控制度缺失、法律法规不健全、政府监管缺位等方面的原因，主要从中央对手方风险控制的角度看，上海证券交易所作为国债期货市场的中央对手方，没有一整套风险控制制度安排或者说有些制度虽然有，但实际上没有严格执行，当遇到风险的时候“刹车失灵”，这才是导致“327 事件”发生的一个重要原因。

1997 年，作为组长，我带领国务院“辽国发”资产负债联合调查组前往上海调查“辽国发”的资产负债问题（“辽国发”是“327 事件”中的一个重要角色），发现当时上海证券交易所在“327 事

① 刘鸿儒，《突破——中国资本市场发展之路》第 633~638 页，中国金融出版社，2008 年 12 月。

件”中，其作为中央对手方的职责定位和风险认识并不清晰，在风险控制上只有很粗略、概括的安排，规定既不详细，执行也不到位，更难有什么周密、精细可言。因此从这个角度看，风险的发生似乎是必然而且顺理成章的。与之形成对比的是，当时也在进行国债期货交易的北京商品交易所，建立了一套较为完备的包括保证金制度、限仓制度、逐日实时盯市制度、涨跌停板制度的风险控制机制，中央对手方风险控制制度的落实比较到位，所以没有出现大的风险。归结下来，当时上海证券交易所在国债期货市场中央对手方风险控制方面存在以下几个问题。

一是限仓管理太松、制度形同虚设。当时的上海证券交易所国债期货交易风险管理制度规定：“交易所根据会员公司的资本金、经营信誉和管理经验，按20万口[①]、10万口、5万口与1万口的标准，核定各会员公司国债期货的最高持仓限额。……任意客户在单一品种合约上的最高持仓额不得超过5万口。”[②]但在实际操作中，持仓限额的规定并未得到严格执行。一方面，上海证券交易所为了做大交易量，对于市场份额比较大的会员公司，主动突破持仓限额的规定，且没有统一的标准和依据。比如交易所核定给万国证券和“中经开”的持仓限额均为40万口（万国证券的说法是，交易所核定给它的持仓限额是70万口）。另一方面，对会员和客户明目张胆地突破持仓限额的规定，交易所则视而不见。比如1995年2月23日一开盘，“辽国发”控制下的无锡国泰期货公司超仓数倍卖出200万口“327合约”。此外，为了规避交易所的限制，当时市场无论做多或做空，到处外借席位开仓成为风气，如万国证券、“辽国发”

① 这里的“口”即“手”，一口等于一张合约。

② 陆一，《中国赌金者——327事件始末》第64页，上海远东出版社，2015年1月。

等空头先后在外借用了广发、兴业、海发、京发、安徽、财政、华夏、深发等券商的期货仓位大量开设空仓，多头也是如此。而交易所在“327事件”发生前，对市场上普遍出现的分仓、借仓等行为基本采取不闻不问、放任自流的态度。交易所的失职，最终导致了两方面的后果。

1. 由于没有任何的外部监管约束和干预，在国债期货市场上“杀红了眼”的万国证券在“327合约”上的空头持仓节节攀升。从1月23日的25万口、1月27日的40万口、2月16日的87万口、2月17日的130万口、2月22日的144万口，一直上升到2月23日离收盘8分钟前的193万口。仓位越来越高，价格的任何不利变动都会使万国证券面临巨大的亏损，最终只能选择孤注一掷。如果交易所严格认真执行限仓制度，把任何会员的仓位都牢牢控制在40万口的限额以下，万国证券就不会发生那么大的亏损，也就不会激发起它越来越大的“赌性”。这就是期货市场外部监管的作用，有效的监管制度能够抑制市场参与者的非理性行为和赌徒心理，而无效的监管制度则会使这种非理性行为进一步放大。

2. 限仓制度未嵌入交易所技术系统，给了万国证券拼死一搏的机会。如果限仓制度在交易所技术系统中得到真正实现，无论是2月23日一开盘“辽国发”的200万口空单，还是离收盘最后8分钟万国证券的2000多万口空单，都下不到交易所的技术系统里，也就不会使结算系统出现巨大的风险敞口。这说明制度不能仅停留在纸上，必须要在技术上实现，这样即使投机者已经失去理性，其交易指令也会被技术系统挡住，就能杜绝这种巨大的穿仓风险发生。而当时上海证券交易所国债期货市场的实际情况恰好相反！

二是保证金制度没有得到严格的执行。上海证券交易所的老员工陆一在其《中国赌金者——327 事件始末》一书中写道，上海证券交易所的国债期货交易规则中，保证金控制和持仓限额这两条是明文公布并得到市场各方认可的、维持上海国债期货市场运转的基本法则。[①] 但就是这两条基本法则的失守，最终导致了灾难的发生。限仓制度如此，保证金制度更是如此。

1. 保证金制度“似有实无”。上海证券交易所虽然有保证金的规定，但实际执行的是完全的信用交易。会员或客户在下单时不用计算保证金，收市后按净头寸计算保证金，所以在没有资金的情况下也能抛出巨额仓单，信用风险很大。

2. 保证金设置“名高实低”。期货交易的保证金一般都是按照期货合约市场价格的一定比例收取的，而上海证券交易所则是按票面价值计算。对于会员自营，只收取票面价值（100 元）1% 的保证金，若按市场价格（150 元左右）计算只有 0.7% 左右。对于一般投资者，只收取 2.5% 的保证金，实际只有 1.8% 左右。在这种方式下，随着国债期货市场价格上涨，实际收取的保证金比例还在不断下降，杠杆进一步加大。

3. 保证金收取“虚实难辨”。当时，“辽国发”等国债期货交易大户用国债“代保管单”或“入库通知单”作为国债期货交易的保证金，而这些“代保管单”或“入库通知单”都是一些没有现券依托的虚假空单。其在与交易所进行的国债回购业务中也是“如法炮制”。此外，在“辽国发”持有的国债期货合约空仓到期交收时，其无法交付足够的符合要求的现货券，用于替代交收的“代保管单”或“入库通知单”也是空单。在上述国债期货交易和国债回购

① 陆一，《中国赌金者——327 事件始末》第 117 页，上海远东出版社，2015 年 1 月。

业务中，“辽国发”对上海证券交易所共形成总负债 64.38 亿元，其中直接和国债期货交易相关的有 20 多亿元。[①]

4. 会员与客户的保证金“彼此不分”。国际期货市场的惯例是中介机构的资金应与客户的资金隔离。但上海证券交易所对会员国债期货保证金的使用没有专门的规定，会员的自营交易与代理客户交易混在一起，会员经常对少数大户以“融资”、少收保证金、垫支保证金等形式，允许他们“透支”进行国债期货交易。

三是没有涨跌停板制度与保证金制度的协调安排。“327 事件”发生之前，北京商品交易所就对国债期货交易实行了涨跌停板制度，但上海证券交易所一直没有实行，这在一定程度上助长了交易者的投机心态。而且，当市场价格波动加大时，容易导致会员或客户的保证金穿仓风险。“327 事件”发生之后，北京商品交易所决定将国债期货的保证金提高到 3%，将涨跌停板限制到 2%，确保交易所收取的保证金水平能够覆盖单日可能发生的最大波动。这是期货市场 100 多年总结出来的覆盖风险的逻辑和风险文化。而上海证券交易所是以现货交易为主，文化理念、风险防范逻辑与期货不同。因此，上海证券交易所出台的新规定，虽然也开始对国债期货交易实行涨跌停板制度，但并未考虑与保证金制度匹配的问题，仍然无法有效覆盖价格波动的风险。这也许是证券现货与期货风险文化有区别而导致的。

四是盘中实时监控（盘中盯市）缺位。有了交易规则，但技术系统跟不上，没有技术手段控制，也是没有用的。对市场交易行为“看不见”“说不清”，最后的结局就是“管不住”。从当时上海证券

① 陆一，《中国赌金者——327 事件始末》第 167 页，上海远东出版社，2015 年 1 月。

交易所的情况看，对国债期货市场既没有盘中实时监控的意识和概念，也没有相应的技术和人才配置，导致持仓限额和保证金控制这些风险控制制度只停留在纸面上，根本落不到实处。体现在以下 4 个方面。

1. 对于万国证券、“辽国发”等大户盘中公然的超额开仓、突击砸盘等行为，上海证券交易所事前无法控制、事中无法制止，束手无策。

2. 对市场上普遍存在的规避交易所规则限制的借仓、暗仓等行为，上海证券交易所没有任何监测监控的手段，发现不了。直到“327 事件”发生的当天上午，上海证券交易所对万国证券长期存在的严重超仓行为还完全不知道，更别提按规定强行平仓了。

3. 对盘中的保证金透支和风险缺口底数不清、情况不明。和北京商品交易所的“逐笔盯市”不同，上海证券交易所的保证金只是“逐日盯市”，所以无法实时控制每笔交易的保证金是否足够。2 月 23 日上午，在万国证券、“辽国发”的账户已经巨额亏损、保证金严重透支的情况下，它们还能大量透支开设仓位，进一步放大了市场风险。

4. 对市场操纵、对倒等严重违规行为司空见惯、听之任之。当时的国债期货市场上，中介机构联手操纵市场，同一会员不同席位、同一客户不同账户间互相对倒操纵市场价格的行为非常普遍。这些行为扭曲了市场价格、扰乱了市场秩序，无论是按国际期货市场上的规定，还是按我国期货市场现在的规定，都属于严重的犯罪行为。但当时没有法律法规，交易所也没有相应的规则，对此一直处于司空见惯、听之任之的状态。

五是缺乏其他风险控制制度安排，即使有，也执行不到位。如上海证券交易所没有大户报告制度，不能及时掌握“辽国发”等持仓大户的交易情况；没有单笔报单的最高限额；没有严格执行逐日盯市制度等。

由于上海证券交易所的风险控制制度不完善，实际执行中又存在这样或那样的问题，严重影响和极大削弱了其作为中央对手方的公信力和权威性。当市场中有一方发生较大亏损时，他们不认为是自己的市场判断、风险控制、交易策略出了问题，不是想着自己要去调整或补救，而是认为大家都在违规，“认赌却不服输”，寄希望于交易所临时改变规则或取消对他们不利的交易。“327 合约”上如此，在这之前的“314 合约”上也是如此。在这种情况下，市场参与者的非理性或赌性被急剧放大了。当这些恶性投机者的无理要求被交易所拒绝以后，2 月 23 日当天，无论是万国证券还是“辽国发”都抱着同样的心思，那就是妄图用规模更大的违规交易绝地反击，万一胜了则一举扭转局面，败了就把所有的透支和亏损甩给交易所，让交易所去擦屁股。从某种意义上来说，在当时的上海国债期货市场，不健全的中央对手方清算机制不仅没有起到控制风险的作用，反而为违规者肆无忌惮的惊天豪赌提供了可乘之机，风险潮水般地涌过来，穿过那一道道形同虚设的控制阀门，迅速堆积到交易所的结算系统上。一旦风险足够大，交易所的结算系统不堪重负而崩溃，清算中断，系统性风险也就发生了。所幸，“327 事件”发生的当天，在上海市政府的紧急协调和相关金融机构的支持下（当时交易所还属地方管理），结算得以完成，系统性风险最终得以避免。上海证券交易所逃脱了中央对手方违约致使市场崩溃的命运。①

“327 事件”发生后，举国关注。政府处理了一些人，停了国

① 这次风险事件留下的 30 多亿元结算资金缺口，上海证券交易所和中国证券登记结算有限公司从 1998 年开始到 2001 年 4 年时间通过动用坏账准备、风险基金，以及上海市财政的拨付资金才逐步补上。

债期货交易，大大延缓了中国金融期货市场的发展进程。但从另外一个角度看，这对中国期货市场是一次深刻的风险教育，从此市场各方的认识高度一致了，建立并执行严格的风险控制制度更加容易了。而有了完善的风险控制制度支撑的中央对手方清算机制，为中国期货市场长远的健康稳定发展提供了保障。

可分可合：中央对手方和交易所不是必然一体

中央对手方是期货清算所的必然机制而不是期货交易所的必然机制。期货交易所和期货清算所是功能不同的两个机构。期货市场的运作包括两个基本环节，一个是被称为“前台”的期货交易环节，一个是被称为“后台”的期货结算环节。期货结算是期货市场的核心，关系整个期货市场健康、高效而安全地运行。

期货交易所和中央对手方清算所有各自独立发展的历史。二者关系紧密，但可分可合。交易所属于交易处理行业，而清算所则是风险管理行业。为了进行清算工作，中央对手方清算所必须和交易所、交易平台或其他交易场所保持密切联系。中央对手方可以是存在于期货交易所外的专门清算机构，也可以是存在于期货交易所内和交易等部门同在一个屋檐下的结算部门或全资子公司。独立者如历史上的英国、法国，欧洲的清算所大多都是独立于期货交易所的，是在期货交易所之外的公司。比如过去伦敦金属交易所（目前 LME 已经依靠自己的清算公司进行清算）、伦敦国际金融期货交易所（其业务已经并入洲际欧洲交易所）都依靠独立的伦敦清算所提供服务。我国证券市场的中央对手方也是独立于沪深交易所的清算机构，即中国证券登记结算公司。混合者如美国芝加哥商业交易所、洲际交易所，我国的上海、大连、郑州以及中国金融期货交易所等都有自己内部的清算部门或全资的清算子公司。这就是清算环节平行和垂直两种模式的表现，两种模式各有利弊。

由于美国、中国等国家的大部分期货交易所把结算置于交易所一体内，一个屋檐下的生活，模糊了二者的界限。有人简单地把交易所认为是风险管理中心，其实不然。交易包含两部分，即交易和交易后的服务。交易即是买卖双方意愿的达成，但交易指令完成后的服务包括算账和结清货物与钱款，这就是清算与结算，这可以是另一个机构来完成的事。《全球风控家——中央对手方清算》一书中详细地描述了交易和中央对手方清算是如何分成两个不同的机构来完成的历史。如果拆分，清算所才是风险管理中心，所谓具有系统性风险的金融机构应是指中央对手方清算所，所谓金融市场基础设施也是指中央对手方清算所。我国期货市场中央对手方清算是独立设立公司，还是维持现在垂直于交易所的部门，一直有争论。目前，我国4家期货交易所的意见，比较倾向于清算所属于交易所内垂直的部门或子公司，认为这样可以把交易所做大做强，以便更好地参与国际竞争，同时也便于协调和处置风险。而结算参与者和投资者的意见，更希望清算所成为独立于交易所的机构，认为这样可以节约交易成本、提高效率、优化服务。后一种意见涉及的利益主体更广泛，应该被关注。

国际货币基金组织和国际证监会组织认为，无论是期货交易所作为中央对手方，还是独立清算所作为中央对手方，它们都属于金融风险管理行业，都涉及公众利益，因此都要被纳入金融市场基础设施范畴。国际上把金融市场基础设施定义为：参与机构（包括系统运行机构）之间，用于清算、结算或记录支付、证券、衍生品或其他金融交易的多边系统。根据该定义，金融市场基础设施包括支付系统、中央证券存管、证券结算系统、中央对手方和交易数据库五大类。国际金融组织对我国实施《金融市场基础设施原则》情况开展评估，评估对象包括中央国债登记结算公司、中国证券登记结算公司、上海清算所和4家期货交易所，没有沪、深证券交易所。因为在我国证券市场上，中央对手方功能已经从证券交易所分离出来到了中国证券登记结算公司，证券交易所仅仅具有交易功能，不具备风险管理功能，不属于金融市场基础设施的范畴。

貌似相同：支付宝与中央对手方之异同

说到中央对手方，我们常用的支付宝倒是和它有点儿“貌似相同”，但实质各异。

到淘宝网购物已经成为大多数中国人日常生活的一部分，我家大部分的购物就是在淘宝网上完成的。由于工作的习惯，我常把期货市场的中央对手方清算制度和淘宝网的支付平台进行对比。在淘宝网购物，买家选定卖家的商品下单后，随即通过与淘宝网的支付平台——支付宝绑定的银行卡支付购物款，但买家支付的款项不是马上进入卖家的账户，而是放在支付宝平台账户上，待买家收到商品并验收无异议后，支付宝才将买家的购物款划入卖家的账户，至此钱货两清，交易结算完成。在这个过程中，支付宝平台上可实现对买卖双方交易行为的全程监控。经过多次买卖以后，买家和卖家之间建立了商业信用。淘宝网还通过建立买卖评分机制，来促进交易双方的信用养成。支付宝对双方信用如何，看得一清二楚，但其不介入双方的交易，而是作为监督平台发挥作用。如果卖家的商品有问题或者买家的资金有问题，产生了纠纷，支付宝可暂不付款，待二人之间谈妥后再付款，“不见鬼子不挂弦”。即使支付宝已经将买家的款项支付给卖家，如果遇到产品质量方面的问题，也可监督卖家退款。

支付宝开展的支付业务俗称“第三方支付业务”，是大众对非金融机构开展支付业务的通俗说法，这是需要在中国人民银行申请牌照后才可以开展的业务。目前，在中国类似于支付宝这样持有支付牌照的第三方支付机构还有腾讯的微信支付等200多家。按照中国人民银行的相关规定，“第三方支付业务”，即非金融机构支付服务，指的是非金融机构在收付款人之间作为中介机构提供货币资金的转移服务，包括网络支付、预付卡的发行与受理、银行卡收单及中国人民银行确定的其他支付服务等。支付宝与微信支付开展的就是其中的网络支付业务，即支付机构依托公共网络或专用网络在收付款人之间转移货币资金的行为，包括货币汇兑、互联网支付、移动电话支付、固定电话支付、数字电视支付等。[①] 第三方支付机构为在网上买卖商品的双方提供支付结算服务，凭借平台的公信力，监督网上交易的进行，维持网上商品交易市场的信心。

与淘宝网提供商品买卖平台类似，期货交易所提供的是交易商品衍生品——期货、期权合约的平台。和支付宝一样，期货交易所对交易所平台上期货期权合约交易双方的合约头寸和钱款情况也看得一清二楚（中国能看穿入场的交易所会员，直接看到客户的交易账户，美国等西方市场只能看到交易所会员的账户，我们称之为“看不穿”），并为所有交易者提供清算结算服务。因此，从这个角度看，期货交易所和支付宝有许多共同之处。

二者的不同之处主要在于，期货交易的清算结算实行中央对手

① 《非金融机构支付服务管理办法》，中国人民银行〔2010〕2号令，自2010年9月1日起施行。

方制度，由期货交易所作为所有交易者的中央对手方，承担履约责任。而在淘宝网的商品买卖结算中，支付宝的制度安排属于一种担保制度，它仅仅是为买卖双方提供资金转移服务的支付平台和交易履约的监督平台，可以为市场参与者提供一定程度的保护，尽量减少对手违约造成的损失。这有点儿像 19 世纪欧洲期货清算所的清算模式。对期货交易所来说，为保证中央对手方清算制度得以贯彻执行，需要有一系列的风险控制制度安排。而对支付宝来说，它不是中央对手方，并没有介入买卖对手方中间去，不是所有买方的卖方和所有卖方的买方。由此它不需要相应的保证金、每日无负债、盘中盯市、强制平仓、开仓限制、风险准备金等一系列风险控制制度安排进行配套。作为第三方支付机构，支付宝承担的风险主要还是技术风险、客户资金安全风险等，这也决定了它的风险关注点、风险控制措施和中央对手方清算所有很大的不同。

犹疑之间：中央对手方是否入法的讨论

中央对手方制度，在中国不是一开始就被接受的。

尽管发达国家期货市场的中央对手方清算制度已经有 100 年左右的历史，尤其是 20 世纪 80 年代以后进一步发展完善，在防范系统性风险方面的作用十分显著。但在我国期货市场建立后较长一段时间里，这个系统性风险防范化解的基础制度，并没有得到足够的重视。

20 世纪 90 年代初，刚引进期货市场时，我国各家期货交易所对中央对手方的理解不同，认识也不全面，它们经历了一个从学习、了解到逐步深化的过程。期货交易所刚建立，没有实践、没有经验、没有人才，也没有系统的期货交易清算结算方面的知识与培训。一些交易所的开创者、建设者从美国芝加哥或英国伦敦考察一圈回来后，根据自己的理解搞起了期货交易的清算结算制度。各家交易所对这一期货市场核心制度的碎片化学习借鉴，有点儿“盲人摸象”的味道。当时，这些交易所对期货交易的结算交割在认识上存在的问题是，仅仅把交易所作为期货交易的履约监督者，交易所的责任仅仅是监督交易双方履约，保证合约的履行，而不是合同替代（交易所成为买方的卖方、卖方的买方），就如今天的支付宝一样，没有把自己看成是市场信心的支撑和提供市场信用的机构，也没有想要主动承担双方结算交割不能履约的风险。交易所没有把中央对手方清算作为期货交易结算交割制度的核心内容，没有把为市场提供信用作为应该坚持不渝的办所理念。因此，在早期期货交易所的结算交割制度里，没有关于中央对手方的明确规定。这也许是因为早期的市场建设者主要来自商品流通领域，对中央对手方在防范化解结算风险方面的重要性，没有从金融的系统性风险角度来认识或认识不足，仅仅从商品交易的结算交割角度去理解期货市场的支付结算系统，而没有从清算机构的金融属性来看待商品期货交易的结算交割行为。

这种认识从上海期货市场早期开拓者贺涛的研究中可窥一斑。他认为：“结算方式是区别期货交易和现货交易最重要的标志之一。如果不采用逐日盯市的每日结算，就很难称作期货交易，因为逐日盯市才是期货交易的本质特征，只有逐日盯市才有可能控制期货风险。”贺涛的研究中对期货交易结算的认知在当时已经是很先进的了，对防范风险的作用是明显的，但是在这段话里，虽然涉及了中央对手方机制需要的一些条件，但并不能说这就是期货交易的本质特征。期货市场得以安全运行，首先要建立期货交易所的信用，而交易所信用的建立，最根本的在于期货交易结算制度中要有中央对手方机制的安排。但在相当长的一段时间里，我国期货市场对这个制度的认识是模糊的，只知道逐日盯市可以保证市场的安全和防范风险，不知道逐日盯市仅仅是中央对手方制度应该包含的重要内容之一。中央对手方制度才是期货市场长此以往的根本保证，这是从发达国家期货市场100多年的发展实践中总结出来的经验。贺涛的研究说："郑州商品交易所在批发市场阶段，基本上由买卖双方自行结算；期货交易阶段，明确实行每日结算，但对如何结算，规则仅规定了基本程序，对持仓差价和平仓盈亏具体结算方法规定较原则化。深圳有色金属交易所对持仓差价和平仓盈亏规定较笼统，从交易规则本身看不出如何结算。上海金属交易所初期只明确交易所统一结算，没有明确实行逐日盯市的每日结算，而且其规定对保证金可以用银行保函代替；当会员当日应交保证金在银行保证金账户存款总额25%以下时，不需要追加保证金；会员平仓盈余每个月结算划转一次到会员账户中，这些规定与期货保证金控制风险理论要求有一定的差距。相比较，上海粮油食品交易所结算规定较细致、明确和完善，最早明确实行逐日盯市和一次净额交收办法，这对发挥保证金控制期货风险作用是较为有利的；而且对于平仓盈亏、持仓盈亏及应追加（清退）的保证金如何清算规定得比较清晰明了，从规则角度看是符合国际惯例的期货交易结算方式。"[①] 对贺涛这个研究，也许存在各种争论，但对于本书想说明的观点，即初期我国期货市场对中央对手方清算的认识不够清晰，还是有证明作用的。我国期货市场在一段时间里，一些交易所仅仅把自己看成是期货合

① 贺涛，《改革开放初期期货交易所交易规则比较》，上海期货交易所，《期货与金融衍生品》，2018年1月总第99期，第22页。

约交易双方履约的监督者而不是作为买方的卖方和卖方的买方，认为交易所不应该介入交易双方成为各自的对手方并承担履约责任。2011 年我们在修改《期货条例》时，一些期货界人士就反对把中央对手方机制明确写入《期货条例》中。如果期货交易所仅仅是期货交易结算的监督者，这就和现在支付宝的第三方支付功能一样。其实期货市场 100 多年来之所以能够安全运行，就在于它是建立在中央对手方制度基础上的，就在于它是所有买方的卖方和所有卖方的买方，这样让所有交易者都能够放心大胆地交易，因为交易所为交易双方提供了信用，交易者不愁拿不到钱、收不到货。

从我国期货市场建立早期到 2012 年版《期货条例》出台之前，期货市场各方包括期货监管部门，对这一点也是没有达成共识的。2004 年，上海期货交易所在处理橡胶期货风险时，按照当时交易所的结算交割制度规定介入交易对手双方之间，作为买方的卖方和卖方的买方，由交易所将买方存放在交易所的仓单（按照交易所规定，仓单和有价证券可以作为保证金使用，而当时交易所握有该买方的仓单的价值量远远大于其应向卖方支付的资金的量）作为抵押，向卖方支付了资金。上海期货交易所以自己的信用保证合约履行，用中央对手方机制成功化解了交易对手方可能存在的违约风险。这是我国期货市场上首个期货交易所明确地用中央对手方机制防范和化解风险的案例，但是在当时，业界包括监管部门有一部分意见并不认同中央对手方机制在期货市场防范化解风险的作用。为此，上海期货交易所按照规则运用中央对手方机制的行为，还引发了一场关于期货市场是否采用中央对手方机制的争论。一些观点认为，交易所不该介入买卖双方，成为买方的卖方和卖方的买方，不该去替可能违约的一方去履约，而应该对违约方的仓单进行拍卖，以拍卖所得来支付给对手方。上海期货交易所认为这不仅不能化解风险，而且还将引发风险。因此，上海期货交易所坚持用中央对手方机制化解了此次风险，从而成为多年来第一次明确运用中央对手方清算应对风险的案例，为以后中央对手方入法提供了实践参照。

2006 年 6 月，我从上海期货交易所调回证监会工作后，代表证监会参与了国务院法制办主导的《期货条例》的第一次修改。基于多年的市场实践，我们认为期货市场的稳定健康发展，需要中央对手方制度作为保障，力推将中央对手方制度明确写入修改后的《期货条例》中。但当时争论比较大，尤其是期货交易所之间还有不同的意见。因此，2007 年版的《期货条例》中没有中央对手方制度的法律安排，其表述是期货交易所“保证合约的履行”，没有明确写入期货交易所是中央对手方的内容。

2011 年，我国启动了《期货条例》的第二次修改，我又代表证监会与国务院法制办一起组织修法的市场调研。在与相关部委、市场各方的讨论中，对于中央对手方入不入法，还是有不同的声音。有一些人认为不应该写入，他们仍然认为期货交易所是期货交易的担保人，不是期货交易关系的当事人，只为期货交易提供担保。因此，在《期货条例》中不宜将期货交易所具有“买方的卖方，卖方的买方”的中央对手方地位写明确。但证监会立场坚定，坚持要把中央对手方制度写进修改后的《期货条例》中，因为那时 2008 年金融危机已经在美国发生并影响全球，场外衍生品市场的风险传递是危机发生的一个非常重要的原因，而核心问题就是场外衍生品市场没有实行中央对手方清算制度。西方所有的期货交易所都有法律认可的中央对手方清算制度安排，这个制度保证了金融危机中期货市场没有出现违约情况，从而防止了风险蔓延、传递到期货市场。

2009 年，G20 匹兹堡首脑峰会上与会的各国领导人承诺，在场外衍生品市场推广期货市场的中央对手方清算制度，我国时任国家主席胡锦涛参加了这次会议。但在我国法律法规中，一直对期货交易所的中央对手方地位缺乏明确的规定，期货交易所在按此采取措施防范化解风险时存在法律风险，需要在这次《期货条例》修改中明确期货交易所作为中央对手方的法律地位。

中央对手方入不入法争论激烈，难以达成共识。当时，讨论主要集中在四个问题上：一是，什么是中央对手方，为何期货市场要采用中央对手方制度？二是，国外期货市场中央对手方制度是何模样？三是，中央对手方制度的理论依据如何？四是，中央对手方制度为何在法律上要有安排？由于市场各方没有完全达成共识，有关部门对把中央对手方制度直接写进《期货条例》中有畏难情绪。他们说，这个制度国外是什么样还不清楚，国内研究也不充分，他们提出让证监会提供关于国外期货交易所中央对手方制度的理论书籍或者文章。那时国外这类书籍和文章在国内翻译的不多，大家对国外的期货交易结算交割制度有一定的了解，但缺乏全面系统的研究，证监会也一时难以从国外经验和理论依据上向相关部门提供完整和系统的答案。

当时《期货条例》修改的主持者、国务院法制办领导认为，目前还是求同存异，抓紧《期货条例》修改出台，待以后把国外中央对手方制度研究清楚后，起草《期货法》时体现在法律里面。作为妥协，有关各方当时达成的共识是："在《期货条例》正文中对中央对手方的表述可以模糊些，在修改说明中进行具体表述。这样把条款正文和修改说明结合起来读，证监会的立场也能体现出来。"于是在《期货条例》里写了一条，即"期货交易所为期货交易提供集中履约担保”，同时在修改说明中写上“期货交易所在统一组织结算中，作为交易各方的中央对手方的地位是明确的”。这两条结合起来，期货交易所中央对手方的地位就很明确了。这样的表述虽然不是最理想的，但中央对手方的意思总算入法了。由此统一了市场各方对“集中履约担保”的理解，即《期货条例》相关条文确立的是中央对手方制度，“期货交易所为期货交易提供集中履约担保”指的正是期货交易所作为中央对手方确保合约的履行。此外，《期货条例》和相关部门规章以及司法解释中都有进一步细化的规定，如《期货条例》第 40 条第 1 款规定：“会员在期货交易中违约的，期货交易所先以该会员的保证金承担违约责任；保证金不足的，期货交易所应当以风险准备金和自有资金代为承担违约责任，并由此取得对该会员的相应追偿权。”[①] 自有资金是中央对手方应对违约风险的最后一道防线，上述规定实际上是要求期货交易所以自己的信用保证合约履行，间接反映出我国现有法规要求期货交易所履行中央对手方的职责。在此基础上，国内 4 家期货交易所在各自的业务规则中都建立了相应的违约处理规则和程序。可以说，从 2012 年起，我国期货市场已经建立起中央对手方的法规规则体系。

---

① 其他规定如《期货交易所管理办法》第 84 条规定：“会员在期货交易中违约的，应当承担违约责任。期货交易所先以违约会员的保证金承担该会员的违约责任，保证金不足的，实行全员结算制度的期货交易所应当以违约会员的自有资金、期货交易所风险准备金和期货交易所自有资金承担；实行会员分级结算制度的期货交易所应当以违约会员的自有资金、结算担保金、期货交易所风险准备金和期货交易所自有资金承担。期货交易所以结算担保金、期货交易所风险准备金和期货交易所自有资金代为承担责任后，由此取得对违约会员的相应追偿权。”《最高人民法院关于审理期货纠纷案件若干问题的规定（一）》第 48 条规定：“期货公司未按照当日无负债结算制度的要求，履行相应的金钱给付义务，期货交易所亦未代期货公司履行，造成交易双方损失的，期货交易所应当承担赔偿责任。期货交易所代期货公司履行义务或者承担赔偿责任后，有权向不履行义务的一方追偿。”

但是，该法规规则体系还面临法律层级较低的问题，与国际标准相比还有一定的差距。2004 年国际金融组织发布的《中央对手方建议》中规定："中央对手方应当在所有相关司法管辖范围内具有稳健的、透明的、可执行的法律框架。"2012 年《金融市场基础设施原则》中进一步强调："在所有相关司法管辖内，就其活动的每个实质方面而言，金融市场基础设施（FMI）应该具有稳健的、清晰的、透明的并且可执行的法律基础。"国际金融组织先后对我国开展的两次 FSAP 评估，均认为中国期货市场已经建立了中央对手方制度，基本符合国际标准。但第一次 FSAP 评估（当时还是 2007 年版的《期货条例》，中央对手方评估的国际标准是《中央对手方建议》）结果认为，我国现行《期货条例》和相关规则、细则"涵盖了清算方面的大多数关键概念，但不是以成文法的形式"，并认为"鉴于没有针对期货交易的成文证券法律，因而法律框架存在重大缺失"。第二次 FSAP 评估（已经是 2012 年版的《期货条例》，中央对手方评估的国际标准是《金融市场基础设施原则》）结果认为，关于我国期货市场中央对手方制度安排的法律层级仅仅是国务院行政法规，应该上升为全国人大的法律。虽然在第二次评估中，我国期货市场中央对手方制度已经有了成文法的形式，但法律层级依然较低。

2013 年起草《期货法》时，关于中央对手方制度的书籍和文章翻译到国内的越来越多，其中有一本书就是前面多次提到的《全球风控家——中央对手方清算》。这本书详细而通俗地介绍了中央对手方清算的理论和国外期货交易所 100 多年来的实践。我看完该书，发现第二次修改《期货条例》时讨论的 4 个问题都能在书中找到答案。为此，我还专门写了一篇读后感[①]，向更多的关心期货市场的读者推荐该书。随着了解中央对手方制度的人越来越多，在全国人大财经委牵头组织的关于《期货法》草稿的多次讨论中，将中央对手方制度写入《期货法》的呼声很高。相关各方对这一制度保障期货市场安全运行的认识越来越全面和深入，达成了高度共识。目前，《期货法》草案中已经非常明确地将中央对手方清算作为期货交易所（内设结算部门）和期货结算机构的重要制度写入。

场外市场：需要中央对手方清算新安排

金融危机期间雷曼公司场内场外冰火两重天的际遇，让人们看到中央对手方清算制度在控制风险方面具有不可替代的作用。人们说，雷曼持有大量的场外信用衍生品头寸违约是其破产的一个重要原因。时任美国总统乔治·布什（George Bush）在 2008 年 G20 华盛顿首脑峰会期间，强调了加强场外信用衍生品市场的基础设施建设以降低系统性风险的重要性。美国总统对这样一个专业性、技术性的制度发表这么微观的意见，说明这个制度对危机控制和防范的作用已经被国家领导人放到政治层面来考虑了。

场内、场外衍生品有如下几个共同特点。一是都是为满足某种需要所产生的合约，买卖双方关于权利、义务的细节达成一致。标准化合约在交易所挂牌交易，双方谈判议价的衍生品在柜台市场中交易。二是采用保证金交易制度，即在注册交易时，投资者只需要向清算所支付交易额的一定比例资金即可。三是衍生品合约与股票不同，都是远期交割的，一般少至几周，多至几个月、几年等才会

① 姜洋，《“中央对手方清算”是守住风险底线的制度保障》，中国证券报，2014 年 3 月 19 日。

到期，并且很少持有到期交割的合约。四是与证券融资投资不一样，衍生品提供的是套期保值与管理风险。这些特点突出了中央对手方清算机制介入交易的必要性。因此，如果把场内、场外衍生品放到同一部法律中，如美国《商品交易法》那样，对我国市场进行规范，将是一件合情合理、有依有据、低投入高产出的事情。

其实，美国在2008年危机之前的好几年，就开始探讨在场外衍生品市场引入中央对手方清算机制的可能性，拟将其写入美国《商品交易法》中。2000年，克林顿总统任期届满前，通过修改的《商品期货现代化法案》，对场外衍生品交易进行了监管豁免。但2001年安然事件后（祸起场外能源衍生品，因此被称为“安然漏洞”），美国期货和衍生品市场的主要监管机构CFTC已经开始意识到场外衍生品市场可能引发系统性风险，当时的CFTC主席坚决要求将场外衍生品交易纳入监管，并着手推动中央对手方清算介入场外衍生品市场，但因阻力太大，尤其是当时美联储的掌门人格林斯潘认为市场会自己调整自己，管理自己的风险，坚持市场比监管者更聪明的论断，使这一行动受到极大影响。随着雷曼的崩塌，场外衍生品市场引发的系统性风险随之扩散，由流动性危机触发金融危机，金融危机触发经济危机并波及全球。场外衍生品市场纳入中央对手方清算又回到了政治家和监管者的议题中。危机后，在场外衍生品交易中引入中央对手方清算制度得到大力推进。2009年G20匹兹堡峰会公报中也列入这一内容，欧美的监管部门将其作为一项监管的重要事项列入了重要议程，目前欧美正在逐步实施。我国场外衍生品市场尚处于发展初期，法律制度是否应有所安排值得思考。

跨境合作：中央对手方需要国际监管协调

“没有此类情况，这一条不适用”。这是中国证监会在国际金融组织评估时的回答。国际金融组织对中国期货市场中央对手方制度的检查评估中有一条，即“在中央对手方为跨境交易提供清算服务时，相关监管机构之间应该有良好的合作与协调”。当时中国期货市场还没有对境外参与者开放，因此关于中央对手方的跨境监管是否有良好的合作与协调还谈不上，只能做如上回答。但是随着我国期货市场对外开放加速推进，上海期货交易所上市了面向全球投资者的原油期货，大连商品交易所的铁矿石期货也引入了境外交易者，境外投资者参与我国期货市场的程度逐步加深，简单地回答“不”看来是不行了。目前，我国和美国、欧洲许多国家的监管机构都签署了监管合作备忘录。但是具体到期货市场上，还未真正遇到需要监管机构间相互协作和配合的问题。国际监管协调与合作对于跨境风险的防范化解意义极大，需要抓紧准备和谋划。

中央对手方清算所跨境监管协作具有防范风险加深和扩散的极端重要性。还是拿雷曼破产说事儿。金融危机时，雷曼在美国、欧洲和亚洲的期货交易所都有未平仓头寸。因为破产，全球相关交易所和清算所都行动起来，采取措施防止雷曼破产带来的冲击。由于法律管辖的国家和地区的不同，在执行制度的操作上遇到了一些困扰。由此引发了两个问题：一是在全球化的今天，如何协调和监管跨国（地区）的交易清算引发的系统性风险；二是如何适用和协调各个主权国家的法律管辖权问题。比如美国的破产法重点在于维持受困公司的持续经营，而英国法律规定，破产管理人的主要职责是保护和变现公司资产，为债权人利益负责，并且对所有债权人一视同仁。《全球风控家——中央对手方清算》写道，当伦敦清算所的专业人员意欲在雷曼破产后的第一个周一冲进雷曼欧洲投行（伦敦）的办公楼处理和对冲数万亿美元的未平仓合约时，被破产管理人普华永道挡在了门外，并将处理时间延误了一整天，直到监管当局介入后，清算所才得到管理人的配合。前者声称按照英国法律行事，后者则说要按照美国法律处理（雷曼总部在纽约）。按照雷曼公司规定，全球所有子公司的现金在当天交易结束后都要全部返回美国，集中在雷曼纽约公司存放，第二天再返回境外，所以每天早上所有的子公司都得靠美国那边发放的资金来应付当天的支出。而雷曼纽约公司总部 9 月 15 日寻求破产保护之后，没有将上周末集中到美国的 80 亿美元放回英国，而这 80 亿美元正是雷曼伦敦公司周一在期货交易所开盘后急需用到的。后来通过两国监管部门之间的紧急协调，虽然耽误了一些时间，但最后雷曼的问题在欧洲期货交易所的清算没有造成违约事件，保证了市场的稳定，防范了系统性金融风险的发生。又比如，美国制度规定，清算所必须把客户和会员自营的资金账户与头寸分开来管理，进行“客户账户隔离”。而英国的监管要求与美国不一样，英国不要求金融机构的自有资金与客户资金在清算所内隔离。

由于各国法律和监管方式不同，如果国家间的风险控制和监管协作处理不好，就可能把一国国内的风险传递到他国，从而导致全球的系统性风险蔓延与扩散。随着我国原油期货国际交易平台的上线运行和铁矿石期货引入境外交易者业务的启动，我国期货市场对外开放已经迈出关键性的步伐。国际投资者进入原油期货和铁矿石期货市场后，我国还将继续开放有色金属等其他商品期货品种，会有大量的国际投资者参与我国期货市场交易。境外交易者的增加、交易规模的扩大，跨境交易可能遇到的清算风险是绕不开的坎儿。

在与境外市场制度差异、语言不同、人员交流不够的情况下，如何应对现在就应该抓紧研究、及早谋划、有所安排。尤其是正在起草的《期货法》中，对跨境风险控制、监管上与其他国家的合作与协调方面应有清晰的制度安排。同时，在证监会层面与相关国家监管机构间的合作备忘录的条款应该越来越具体；在境内外交易所和清算所层面都应有具体的合作协议和清晰的条款安排。另外，人员之间的经常性交流十分必要，“混个脸熟”对今后处置跨境风险传递是十分重要的人脉因素。

破三角债：吸引中国企业踏上期货之路

中央对手方的信用，曾经吸引了许多中国企业参与期货市场，尽管它们是不知不觉中撞入的。

2003 年秋，我当时还在上海期货交易所工作，带队去江西鹰潭的江西铜业公司开展期货市场套期保值效果评估调研。江西铜业是一家利用国内外期货市场套期保值交易比较成功的大型企业。集团当时的总经理何昌明对我们说：“别看我们目前的经营管理已经离不开期货市场了，可当初参加期货交易是懵懵懂懂、误打误撞，一开始参与期货市场的目的不是套期保值而是卖货。”他说，包括江西铜业在内的中国铜企业参与期货市场大体分为三个阶段：第一个阶段解决了它们卖货收回货款的问题；第二个阶段是注册品牌问题，它们在上海期货交易所注册了阴极铜交割品牌，市场对它们的产品就有了信心，有了信任。产品质量有保障，卖出去的价格就比非注册品牌的价格高。第三个阶段才是利用期货市场定价和套期保值服务生产经营。1992—1994 年是第一个阶段，那时它们根本就不懂什么叫发现价格、套期保值。只知道在期货市场卖货回款快，没有“三角债”之虑。他说，他们有一部分阴极铜是计划外的，按照政策规定公司可以按照市场价卖，于是在期货市场卖了一批货，回款特别快，他们非常惊喜，发现没有现货市场长期存在的拖欠货款的情况发生。那时企业之间的“三角债”很麻烦，于是，他们决定将所有的计划外阴极铜都在期货市场上卖。这个阶段的期货市场，帮助江西铜业等一批铜企业解决了“三角债”难题。何昌明回顾说，20世纪90年代初期，由于我国企业间存在大量的“三角债”，使得企业的经营压力与风险日益增大。由于全社会信用机制不健全，企业间违约司空见惯，一旦交易对手发生违约，即使通过法律追索也往往没有结果，货款追不回来，企业损失惨重。到1992年底，江西铜业未收回的货款总额高达一亿多元。也就在这一年，江西铜业进入期货市场，由于期货交易所具备履约保证功能，为企业提供了更加安全的规避信用风险的途径。因此从1993年开始，江西铜业发了内部文件，规定两个“一律”：凡是不能以现金交易方式收回货款的合同一律取消；销售计划内的富余产品一律由上海金属交易所（后并入上海期货交易所）通过期货交易卖出，以实物交割履约收回货款。1993年江西铜业全年的电解铜产量为9万吨，其中50%通过期货交易方式卖出。到2003年我们去调研时的10年中，江西铜业通过期货市场卖出的货物货款回笼率100%，成功避免了“三角债”问题。

从这位企业领导人口中，我们听到了期货市场中央对手方机制的作用。尽管那时，中国的法规规则和规范性文件里没有明确写上中央对手方制度。但是，因为早期期货市场的探索者从西方囫囵吞枣地学习，上海期货交易所把中央对手方制度的一些东西零零散散搬了过来，体现在交易所的交易结算规则之中。有色金属企业觉得在期货市场销售阴极铜回款快，不存在令人烦心的“三角债”问题，踊跃参与期货交易。这些参与期货交易的企业歪打正着，保证了企业能够及时收回销售货款。就凭这一点，吸引了中国有色金属行业的一大批企业积极参与期货市场交易。而今天中国已经有 3 万多家企业直接参与期货市场交易，还有很多中小企业出于各方面的考虑[①]，以企业主个人名义参与。其中，有色金属行业是我国利用期货市场最为成功的工业制造行业，全行业基本上都参与期货市场交易，在本书前面的叙述中多有提及，在此不再赘述。

① 据调研了解，这些考虑包括：个人开户、交易更加方便；个人期货交易盈利不用纳税；避免在企业账面上显示，不影响企业的会计处理等。

第八章

面向未来：中国市场的机遇和挑战

机遇与挑战是事物发展的一体两面。当前，中国发展既面临大有作为的重大战略机遇，也面临诸多矛盾相互叠加的严峻挑战。如果成功地把握住了这个宝贵的机遇期，中国将顺利实现经济转型和结构调整，现代化的强国梦可期。一旦错过，就可能像很多国家一样，落入“中等收入陷进”。习近平总书记在党的十九大报告中深刻指出：“中华民族伟大复兴，绝不是轻轻松松、敲锣打鼓就能实现的。全党必须准备付出更为艰巨、更为艰苦的努力。”这个机遇期，有的说还有 10 年，有的说还有 20 年，不管有多少年，总是有时间限制的，而且相对于中国经济转型升级的任务来说非常紧迫。这个判断同样适用于中国的期货和衍生品市场。只有因势利导，抓住机遇，加快发展，才能真正地确立中国衍生品市场在全球的影响力，提高中国的“软实力”。正所谓“机不可失，时不再来”。

中国因素：阿尔卑斯山上之议题

2002 年秋，风景如画的阿尔卑斯山上的一座酒店，眺远山，银装素裹，观近处，野花竞放，缓坡中牛铃叮当响彻山谷。“第 23 届国际衍生品市场论坛”在瑞士小镇卢塞恩召开。来自上海期货交易所的一行 4 人，第一次参加瑞士期货期权协会（SFOA）主办的这个论坛。[①]

这是国际金融衍生品行业多年形成的一个惯例，衍生品行业的许多参与者与监管者每年 9 月都要到这里参加这个创办于 1980 年的论坛（这类论坛还有美国的佛罗里达博卡论坛、上海衍生品市场论坛等。我国从 2004 年开始举办上海衍生品市场论坛，目前也已成为世界上有影响力的衍生品年会之一），与会者边休闲、边交友、边开会，对全球衍生品市场进行回顾与展望。参会者包括全球衍生品市场的终端用户、金融机构、经济学者、交易所以及监管机构等，与会者主要还是来自西方国家。这是论坛创办 40 多年来，中国大陆代表第一次参会。论坛的组织者把“中国：机遇与挑战”作为这次会议最重要的议题之一。记得当时组织者请我们做了一场题为“新世纪中国衍生品市场前景展望”的演讲，紧接着又组织了中国市场专题讨论会，把参会的香港联合交易所主席、里昂信贷（欧洲）主席、中国驻联合国参赞以及上海期货交易所总经理 4 人请到台上，和参会者一起互动，讨论中国经济。100 多人的会场里，大家对中国经济的未来提了许多问题，也对中国经济崛起和衍生品市场发展充满了期待。这次论坛上，“中国因素”成为一个非常热门的话题。

阿尔卑斯山上的这一幕，是“中国因素”在全球范围内受到热捧的一个缩影。前一年，也就是 2001 年底，中国正式加入 WTO。在这同一年，高盛集团资产管理部主席吉姆·奥尼尔（Jim O’ Neill，后来担任英国商务大臣）创造了“金砖四国”（BRIC）的概念。此

---

① 瑞士期货期权协会（SFOA）年会、美国期货业协会（FIA）博卡年会、上海衍生品市场论坛、中国国际期货大会等为国际上比较有影响的衍生品年会。

后，这个概念因为成功地预测了以中国为代表的新兴市场的增长而广为流行，这也为吉姆·奥尼尔本人赢得了巨大的声誉。

“中国因素”的出现绝非偶然。20 世纪最后几年里，中国经济高速增长对大宗商品的强烈需求已初露端倪。中国加入 WTO 以后，三股力量共同推动形成了世界范围内的“中国因素”。一是投资迅速增长。中国加入 WTO 以后，放宽了许多领域的投资限制，吸引了大量民间投资和外商直接投资的涌入。外商直接投资从 2001 年的 468 亿美元增长到 2017 年的 1310 亿美元，创历史新高，我国成为全球吸引外商直接投资最多的国家之一，仅次于美国。此外，基础设施建设和房地产开发规模不断扩大，也为固定资产投资的火爆起到了推波助澜的作用。二是贸易自由化。加入 WTO 以后，中国进出口贸易发展很快，货物进出口总额从 2001 年的 5096 亿美元增长到 2017 年的 4.10 万亿美元，年均增长 13.9%，2009 年以来连续保持全球第一大货物贸易出口国和第二大进口国地位；服务进出口总额从 2001 年的 719 亿美元增长到 2017 年的超过 7000 亿美元，年均增长 15.4%，是全球第二大服务贸易国。三是城镇化进程加快。大量农村人口向城市结构性转移，许多家庭收入大为改观，消费需求水涨船高。与之相适应，加入 WTO 后，外资公司被允许在中国市场上销售商品，琳琅满目的商品和更具竞争力的价格进一步刺激了中国消费者的消费需求。在这些力量的共同作用下，2002—2011 年，中国经济保持年均 10% 左右的高速增长，并于 2010 年超过日本，成为全球第二大经济体。这个发展速度早已被美国的一些战略家预测到了。1989 年，美国发表了由亨利·基辛格（Henry Kissinger）、兹比格涅夫·布热津斯基（Zbigniew Brzezinski）等人为美国综合长期战略委员会编制的一份报告。这份报告透露：“在今后20年的世界经济产值方面，中国将令人眼花缭乱地上升到第二位。”同年，英国人罗伯特·托马斯（Robert Thomas）提前20多年预测说：“如果中国繁荣了，世界秩序将会发生变化，大约到2010年，中国有可能成为世界第二号经济大国。”① 战略家们的预言如今已成为现实。

中国庞大的经济体量及较高的增长速度使其对全球经济影响越来越大，“中国因素”受到世界瞩目。在2005年5月举办的第二届上海衍生品市场论坛上，英国商品研究局主席罗伯特·帕尔曼（Robert Perlman）说：“自1980年以来，全球GDP年平均增长速度约为2.8%，这一增长的推动力主要来自北美、西欧和日本的经济发展。未来，我们盼望中国、俄罗斯和印度的经济增长成为全球经济的新引擎。”帕尔曼颇为大胆地预测，2030年中国经济总量将是1980年的50倍，占全球GDP的比重超过10%。②

未到2030年，帕尔曼的盼望早已变成现实。2007年9月，《经济学人》杂志发表文章认为，大约在2006年之前，世界经济的引擎还是以西方为主，但“随着中国经济的增长，它对于其他国家和地区的重要性与日俱增，它现在对全球GDP增长率的贡献（按照市场汇率计算）首次超过了美国。……如今，世界经济的前途命运不仅取决于美国，也取决于中国经济的健康状态。……世界经济不可能单独依靠美国需求这一台引擎永远飞下去。……世界在中国等新兴经济体身上找到了一些强有力的新引擎。”

尽管有如帕尔曼、《经济学人》杂志等很有先见之明的预测，

---

① 姜洋著，《润物无声》第136页，知识出版社，1992年。

② 罗伯特·帕尔曼在第二届上海衍生品市场论坛上的发言：全球经济和金属市场发展，2005年5月。

但中国经济的发展速度、取得的成就仍远远超出了大部分人的想象。2017 年，中国 GDP 达到 82.7 万亿元，是日本 GDP 的 2.5 倍，约为美国 GDP 的 2/3，占全球 GDP 的 15%。帕尔曼 2005 年预测 25 年后中国经济总量占全球 GDP 的比重将超过 10%，但时间仅过了一半，中国占全球 GDP 的比重已经达到 15%。尽管中国经济总量仍低于美国，但 2006 年以后对全球经济增长的贡献已经超过美国。据世界银行统计，中国对全球经济增长的贡献占到 30%，而美国为 10%。尤其是在金融危机期间，中国对全球经济增长的贡献率高达 40%，中国经济率先实现回升向好，成为促进世界经济复苏的重要引擎。

图 8–1　2000 年以来中、美对世界经济增长的贡献情况对比

数据来源：Wind。

“中国因素”深刻地改变了全球经济运行格局。那些年，许多外国媒体称中国为“世界工厂”，它既是全球最大的产成品出口国，也是最大的原材料需求国。金属、能源等基础原材料及农产品等大宗商品源源不断地从世界各地运往中国，加工成品后，或就地消化或销往全球。“中国买啥啥涨、卖啥啥跌”成为国际大宗商品市场运行的显著特点。也正是这段时间，利用大宗商品“大进”的有利条件，借中国经济快速崛起的东风，我国期货市场尤其是商品期货市场迎来了大发展的机遇。经过市场参与者和监管者的共同努力，中国商品期货市场一跃成为规模仅次于美国的全球第二大商品期货市场，并获得了一定的国际影响力。

2012 年之后，中国经济从年均超过 10% 的高速增长下降到 6%~8% 的中高速增长，年均增长 7.25%，开始进入“速度从高速增长转为中高速增长”“经济结构不断优化升级”“从要素驱动、投资驱动转向创新驱动”的新常态。2017 年 11 月党的十九大报告提出，我国经济已由高速增长阶段转向高质量发展阶段，正处在转变发展方式、优化经济结构、转换增长动力的攻关期，建设现代化经济体系是跨越关口的迫切要求和我国发展的战略目标。站在新的历史起点上，我国期货和衍生品市场既面临千载难逢的历史机遇，也面临“中国因素”影响可能下降等问题带来的挑战。

历史机遇：建立定价基准之好时机

机遇一：“规模大”的优势

孟子说：“天时不如地利，地利不如人和。”中国期货市场形成定价中心的潜在优势就是中国人多势众，可以利用这个“人和”优势（潜在投资者群体优势）形成的流动性，加快建立有影响力的定价中心。

2014 年，旅美华裔著名学者朱云汉在其作品《高思在云：一个知识分子对 21 世纪的思考》中说，中国拥有三大得天独厚的优势：一是特殊政治体制的优势；二是“规模大”的优势；三是“后发优势”。他深入地分析了中国的“规模优势”给世界带来的影响。他说，中国可充分发挥“规模优势”及其带来的“磁吸效应”。在现代经济中，许多核心产业若没有规模是无法发展的。韩国很难建立一个完整的航空工业体系，中国台湾也很难建立独立的高铁工业体系，因为它们都没有巨大的市场和规模。全球现在完整的航空工业体系只有两个：一是美国；二是欧洲。第三个最有可能建成完整航空工业体系的是中国。“规模优势”带来的“磁吸效应”十分惊人。世界 500 强企业基本上都制定了中国战略，在跨国企业抢着挤进中国的情况下，中国政府可以对外资怎样进入中国，设定许多特别的、一般情况下跨国企业不会轻易答应的条件。如美国通用汽车公司进入中国，就把新的研发中心放在上海，而对其他国家的要求，通用公司根本不会理睬。①

朱云汉的以上论述可谓一针见血。2015 年 9 月，习近平总书记访美期间，波音公司和中国航空器材集团公司签署了一份关于采购 300 架飞机的总体协议，总价值约 380 亿美元。作为交换，一直以来颇为骄傲的波音公司，一改不愿在中国设立总装线的立场，决定在中国建立 737 飞机完工中心。这将是波音公司设立的首家海外工厂，也是其首次将总装生产系统的一部分延伸到海外。在此之前，波音公司鉴于工会等方面的压力，别说在其他国家，在华盛顿州之外的美国本土建设其他工厂都不容易。

这就是“规模优势”的完美体现。这个“规模优势”有多大？目前，我国已成为全球第二大经济体和第一大货物贸易国，经济增长在未来较长一段时间内仍将保持在 6%~7%，这虽然比过去 10%

① 朱云汉，《高思在云：中国兴起与全球秩序重组》第 125~130 页，中国人民大学出版社，2015 年。

左右的增长速度降低了不少，但由于基数大，这个增长率对金属、能源等基础原材料和农产品等大宗商品的需求量仍很大。2017 年，中国的原油、铁矿石以及大豆的进口量均创历史新高，原油进口依存度接近 70%，铁矿石、大豆进口依存度均超过 80%。其中铁矿石进口量 10.75 亿吨，约占同期全球铁矿石贸易量的 70%；大豆进口量 9554 万吨，约占同期全球大豆贸易量的 62%。

这种“规模优势”就是前面提到的“中国因素”的另一种表述。如果这种“规模优势”带来的机遇能够被我们抓住，并运用得当，可以让中国“后来居上”，实现赶超。阿里巴巴集团创始人、董事局主席马云是抓住机遇的典型代表，中国的“规模优势”被马云运用得淋漓尽致。2014 年 9 月 19 日，阿里巴巴在纽约证券交易所成功上市，当天开盘价达到每股 92.7 美元，市值 2285 亿美元，成为仅次于苹果、谷歌和微软的全球第四大高科技公司和第二大互联网公司。《环球时报》评论说：“这是一个重要的‘中国时刻’，也必将成为全球互联网发展史里程碑的一天。阿里巴巴作为世界级公司亮相，展现了独特的中国式全新商业模式和商业思想。”[①] 世界舆论认为，阿里巴巴是成功的。马云认为，阿里巴巴的成功之道在于发挥中国独有的优势，这就是“中国巨大的买量和卖量”。

今天阿里巴巴的成功，来自马云多年前的自信。在 2008 年草长莺飞的那个春天，马云在西子湖畔的预言让人半信半疑。他坚信 10 年之内，中国一定会成为世界上最大的互联网国家，世界上最大的互联网国家里肯定会诞生一家世界上最大的互联网公司。马云说，以前信息时代的竞争，跟美国人拼有一定难度。但互联网领

① 《阿里上市标志着互联网的中国时刻到来》，环球日报，2014 年 9 月 20 日。

域中国和美国处于同一条起跑线上，尤其是电子商务更是如此。他认为，电子商务的核心不是技术（当然技术也很重要），而是需求。核心竞争力是谁有卖家量、谁有买家量。中国经济处于崛起期，有巨大的买量和卖量。从这个角度看，中国一定会诞生一家世界级的互联网公司。互联网是一种理念，不是一种技术。谁掌握这个理念谁就能掌握未来。[①]

如果巨大的买量和卖量是阿里巴巴成功的外因，那么支付宝就是成功的内因。有评论认为，美国的亿贝和亚马逊在中国市场“败走麦城”是因为不了解中国国情，一般的西方信用卡业务解决不了中国式的信用问题。西方是信用交易，先交易，后付款，而中国因为信用缺失，不能采取这种交易方式。支付宝的第三方支付业务有效地解决了这个问题。阿里巴巴通过这项业务创新，为买卖双方解决了互不信任的中国式“信用缺失”问题。支付宝作为中间人和“准中央对手方”清算平台（为交易双方提供履约担保，但不是合同更替），提升了买卖双方的信用，解决了买卖双方互不信任的问题，增加了交易机会，提升了交易效率，促进了中国电子商务的大发展。

阿里巴巴的成功经验也可以借鉴应用到我国期货和衍生品市场上。2011 年 9 月 28 日，在中国证监会与农业部共同举办的首届“风险管理与农业高端论坛”上，来自世界银行的农业风险管理专家马克·塞德勒（Marc Sadler）认为，我们生活在一个高风险的世界，低波动、低风险的时代已经一去不复返，高波动、高风险的时代已经到来。确实我们可以看到，进入 21 世纪以来，大宗商品价格波

① 阿里巴巴集团，《马云内部讲话：相信明天》第 15 页，红旗出版社，2015 年。

动更加频繁、剧烈（见图 8–2）。2001—2008 年，大宗商品价格指数上涨 2.21 倍。其中，金属价格上涨 4.51 倍，农产品价格上涨 1.44 倍，石油价格上涨 6.71 倍。2008 年下半年，受美国金融危机扩散影响，大宗商品价格指数从高位回落，短短半年内降幅达 40%。进入 2009 年，随着各国大规模注入流动性，商品价格重拾升势，至 2011 年 4 月大宗商品价格指数上涨近一倍，再创历史新高。此后受全球经济放缓的影响，大宗商品价格又进入下行通道，到 2015 年底从最高点下跌了 30% 多，随后逐步企稳回升。以原油为例，仅 2008 年一年里，原油价格就经历了从 89 美元 / 桶上涨到 147 美元 / 桶，再下跌到 35 美元 / 桶的“过山车”行情。

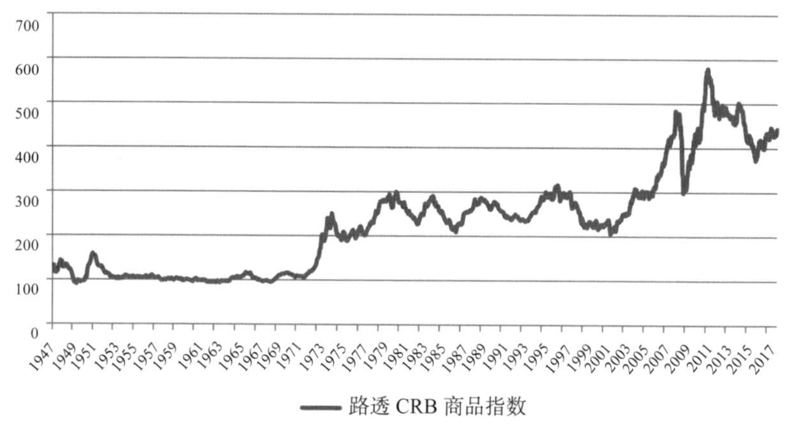

图 8–2　1947—2017 年路透 CRB 商品指数情况

数据来源：Wind 资讯。

在巨大的市场波动面前，中国庞大的经济体量需要在期货和衍生品市场上进行风险管理，套期保值的需求是很大的。我国存在把市场购买力等经济实力通过期货市场转化为定价影响力的有利条件。这个巨大的买量和卖量的“规模优势”，可以让马云的阿里巴巴抓住机遇，也可以让我国的期货和衍生品市场抓住机遇。如果国家在政策上引导得好，期货市场也同样可以搭上中国贸易量巨大的“规模优势”的顺风车，在不远的将来形成具有国际影响力的大宗商品定价中心。正如2014年11月习近平总书记在G20领导人布里斯班峰会上所指出的，“中国经济增长是世界经济的重要动力。中国经济将继续保持强劲、可持续、平衡增长势头，每年增长量相当于贡献了一个中等发达国家的经济规模。未来5年，我们将进口超过10万亿美元商品，对外投资超过5000亿美元，这些将为世界经济提供更多需求，创造更多市场机遇、投资机遇、增长机遇。”[①]

英、美经济崛起的标志之一，就是在工业化过程中，巨大的国际贸易量促进了本国商品期货市场的发展，形成了有国际影响力的大宗商品定价中心。100多年前英国形成了伦敦金属交易所的有色金属定价中心，美国也逐渐形成了芝加哥期货交易所的农产品定价中心、纽约商业交易所的贵金属定价中心和能源产品定价中心。今天，即使全球制造业中心已经转移到中国，大宗商品定价中心仍然留在了英国和美国，它们仍然牢牢掌握着国际大宗商品定价话语权。

交易形成价格，大宗商品贸易量是获得定价话语权的基础。但是许多事实也证明，如果一个国家没有一个高效的商品期货市场，即使它是再大的买家或卖家，也很难掌握商品定价话语权。尽管中国期货市场目前尚未成为国际定价中心，但由于它有效地反映着世界最大的贸易能量点——中国的市场，左右着相当的国际定价成分，许多国际机构和资本仍力图从中国期货市场价格中找到更有效

① 资料来源：人民网 http：//politics.people.com.cn/n/2014/1/16/c70731–26032496.html。

的前瞻。如果我们抓住机会，运筹得当，就有可能形成真正意义上的大宗商品国际定价中心。实际上，目前以充分市场为基础的国内期货交易所，已经在相当程度上参与了国际定价。长期参与期货市场交易的美国泛达资产管理公司中国顾问马林说："如果说诸多商品，中国定价的分量已经占据了国际定价 50% 以上的权重因素，那么国际市场的定价并没有过分偏离中国的价格。而那些国内没有期货交易的商品，即使中国的贸易量足以影响价格趋势，也经常成为利他的潮流而非利我的顺势。"①

不充分、不自由、不透明的现货市场机制，使得强势的资源和贸易优势沦落为利他的结果不足为奇。美、英等国的发展经验已经证明，期货市场是利用巨大的大宗商品现货买卖能量形成全球定价影响力的有效机制。如果没有自身期货市场的发展壮大，不论中国在国际上是多大的现货商品买家，将来终究得不到大宗商品的定价权。今天，巨大的买量为中国期货市场发展提供了极好的发展机遇。中国的铜期货价格之所以在国际上有一定的影响力，相当程度上得益于中国在有色金属行业大发展形成的大量铜精矿进口贸易中，建立和发展了自己的铜期货市场。

2007 年，美国约翰·霍普金斯大学高级国际问题研究院中国研究系主任戴维·蓝普顿在《中国力量的三面：军力、财力、智力》一书中指出，中国崛起的经济力量的表达形式概括为买方力量、卖方力量、投资者力量、发展援助者力量以及创新力量。他认为，中国发展中的广阔市场以及从其他国家进口的购买意愿，给予北京强大的力量，这就是"用大量购买其商品和服务的方式支撑其他国家

---

① 马林文，上海期货交易所《家园》杂志。

经济”的能力。目前，国际大宗商品定价权的本质是美元定价权及其主导的期货定价机制，在美国期货市场定价的情况下，中国企业只能被动接受定价，在竞争中很有可能处于不利地位。从战略层面看，本轮全球金融危机，对欧美国家内部来说是一场政治经济危机，但从全球看，是一场世界级的政治经济博弈，将改写世界政治经济格局，也因此可能成为中国最大限度地缩小与发达国家差距的重要历史机遇期。美国经济学家弗里德曼认为，国际大宗商品定价中心由经济发展的历史决定。定价中心之所以有利在于可以扩大本国贸易，增加就业，减少不必要的跨境流动，有利于宏观金融稳定。当前，我国实体经济仍以较高的速度在增长，实体经济产生的巨大风险管理需求对期货和衍生品市场发展构成有力支撑。因此，抓住机遇，利用具有“规模优势”的巨大买卖量，因势利导加快期货和衍生品市场发展，形成国际大宗商品定价中心，将是中国崛起的一个重要内容。

机遇二：金融转型对衍生品的需求大

长期以来，中国金融体系主要建立在银行信用的基础上，一方面支持了中国改革开放 40 年来经济快速发展的资金需求，另一方面又严重制约了实体企业和城乡居民的金融产品选择权，严重限制了商业信用和市场信用的发展。这不仅使得金融产品价格体系长期处于不合理的扭曲状态，难以充分发挥市场在配置金融资源方面的决定性作用，市场内生性的大量金融需求难以得到满足，而且使得国民经济各项活动建立在信贷债务关系基础上，债务风险持续积累，成为制约金融深化改革的重要因素。中国金融体制改革的方向，就是要发展多层次资本市场，提高直接融资比重。由此改变以银行信用为基础、以存贷款为主体的间接金融架构，更多更好地利用资本市场，通过直接融资为企业提供低成本、高效率的资金供给服务。这是我国金融体系很大的一个转变。在这个转变过程中，各类市场主体必然产生大量的风险管理需求，需要利用期货和衍生品市场管理风险。

2014 年，国务院发布了《关于进一步促进资本市场健康发展的若干意见》，对发展多层次资本市场、提高直接融资比重进行了全面部署。经过持续努力，我国已初步建立了包括主板、创业板、新三板、区域性股权市场、证券公司柜台、私募股权以及债券市场在内的多层次资本市场体系。尽管如此，我国资本市场的发展仍然不充分，满足不了实体经济的需要。2015 年下半年，中国股市发生异常波动，引起国际社会的高度关注。美国前财政部长保尔森评论说，中国应该继续深化金融改革。他说，尽管中国经济已经发展成熟，但资本市场发展没有跟上，任何发达经济体如果有一个资本错配和定价不当的封闭金融体系，那就不会成为高收入国家。2015 年 9 月，习近平总书记在访美期间重申，发展资本市场是中国的改革方向，不会因为当前的市场波动而改变。

在我国金融体系结构从“间接金融为主”向“更多更好地发展直接金融”转变的过程中，“金融脱媒”是必须经历的一个阶段。2014 年以来，我国出现了较为明显的“金融脱媒”现象，其中最具标志性的就是资产管理行业的大发展。根据中国人民银行《中国金融稳定报告（2017）》统计，截至 2016 年底，银行表内、表外理财产品资金余额分别为 5.9 万亿元、23.1 万亿元；信托公司受托管理的资金信托余额为 17.5 万亿元；公募基金、私募基金、证券公司资产管理计划、基金及其子公司资产管理计划分别为 9.2 万亿元、

10.2万亿元[①]、17.6万亿元、16.9万亿元；保险资产管理计划余额1.7万亿元。剔除交叉持有的因素后，资产管理业务总规模60多万亿元。[②]与2014年底相比，各大类资管产品规模普遍增长了1~3倍。按未剔除交叉持有因素的大数估算，短短两年时间，资管产品规模占同期GDP的比例从55%上升到109%，占同期商业银行各项存款余额的比例从30%上升到58%，已经成为我国金融体系内不可忽视的重要力量。

资管业务的快速发展，在满足居民财富管理需求、优化社会融资结构、支持实体经济等方面发挥了积极作用，但同时也带来了一些金融风险和弊端，存在部分业务发展不规范、监管套利、产品多层嵌套、高杠杆、刚性兑付、规避金融监管和宏观调控等问题。2018年4月27日，中国人民银行、银保监会、证监会、外汇局4部门联合印发《关于规范金融机构资产管理业务的指导意见》，通过统一同类资管产品的监管标准，实行公平的市场准入和监管，来最大限度地消除监管套利空间。

资产管理行业大发展深刻地改变了我国金融市场的结构。首先，银行存贷款增速下降。2014年以来，银行存贷款增速持续放缓，从以前两位数以上的增长回落到10%以内，大量的居民存款和企业储蓄转移到了银行理财、货币基金等资管产品上（见图8–3）。2017年底，我国货币市场基金规模6.7万亿元，下半年规模增长1.6万亿元，其中余额宝作为单一货币基金规模超过1.5万亿元，而同期商业银行居民存款仅增长6000多亿元，其中2017年10月更是单月负增长8000亿元。其次，助推了直接融资市场发展。当金融体

---

① 该数据为在中国证券投资基金业协会备案的私募基金认缴规模，非实缴规模。

② 中国人民银行，《金融稳定报告（2017）》，2017年7月25日。

系以银行存贷款为主的时候，由于绝大部分存款都用来发放贷款，股票、债券等直接融资市场难以得到发展。而随着资管业务的发展，各类资管产品为了追求更高的收益率，很大一部分资金将会配置到债券市场和股票市场，还有相当比例的资金会通过股权投资、非标准化债权投资的形式投向实体经济，从而连通了居民储蓄与资本市场，推动提高直接融资比例。据业内人士分析，以银行理财产品为例，与银行表内资金一般 90% 投向贷款、10% 投向债券不同，银行理财资金的 50% 左右投向债券市场、10% 左右投向权益类市场、20% 左右投向非标准化债权类资产，仅 20% 不到投资现金及银行存款。

图 8–3　近 5 年我国货币市场基金发展情况

数据来源：Wind。

在“金融脱媒”的大背景下，随着各类金融机构及企业参与资本市场程度的逐渐加深，金融创新及产品的不断丰富，我国债券市场、股票市场的规模不断扩大。2017 年底，我国股票市场总市值

56.7 万亿元，比 2013 年底增长了 146%，是仅次于美国的全球第二大市场；债券市场存量规模 75 万亿元，比 2013 年底增长了 153%，是仅次于美国、日本的全球第三大市场。以债券市场为例，企业发行债券融资的积极性不断提高，2014—2017 年我国非金融企业累计发行债券融资 25.3 万亿元。同时，作为债券市场的主要参与者，商业银行持有债券资产的规模也越来越大。2017 年底商业银行持有主要债券品种规模达 23 万亿元，比 2013 年底增长了 47%①，债券资产在商业银行资产负债表中的重要性不断提高。

但总体而言，与间接融资相比，直接融资比重仍然过低。从存量看，中国人民银行发布的 2017 年底我国社会融资规模存量统计数据显示，社会融资规模存量 174.6 万亿元，其中主要通过银行渠道产生的各类融资余额共 148.4 万亿元（包括银行直接发放的各项贷款余额 121.5 万亿元；与银行表外业务密切相关的委托贷款余额 14 万亿元、信托贷款余额 8.5 万亿元、未贴现的银行承兑汇票余额 4.4 万亿元），占比 85.7%；以非金融企业债券和股票形式进行的直接融资余额为 25.1 万亿元（包括非金融企业债券余额 18.4 万亿元，非金融企业境内股票余额 6.7 万亿元），占比 14.3%，直接融资比例比 2015 年第一季度末提高了 1.7 个百分点。② 从增量看，2016 年直接融资占新增社会融资规模的比例为 23.8%，较 2013 年提高了 12 个百分点，已是连续三年增长，达到了历史最高水平。但 2017 年由于债券市场信用违约事件增多及利率上行等因素影响，非金融企

---

①　该统计口径包括债券市场主要债券品种，但地方政府债券等部分品种未公布投资者持有结构，未包括在内。因此，商业银行实际持有债券资产的规模更大。

②　中国人民银行从 2015 年第一季度开始公布社会融资规模存量统计数据，在此之前仅公布社会融资规模增量统计数据。

业债券融资在新增社会融资中的占比从 2016 年的 16.8% 大幅下降至 2.3%，拖累直接融资占比回落到 6.8%。

提高直接融资比重、优化金融结构，是党中央、国务院的一项重要决策部署和长期的战略性任务。党的十九大强调，要深化金融体制改革，增强金融服务实体经济的能力，提高直接融资比重，促进多层次资本市场健康发展。随着十九大精神的贯彻落实，我国资本市场迎来了新的发展机遇和更大的发展空间。前面说到，发展资本市场即直接融资体系，比间接融资体系需要更多的衍生品来管理市场风险。这是成熟市场的一条经验，也是人类文明的一项成果。巨大的直接融资市场，需要个股、股指、利率、信用类期货、期权、互换、远期等场内外衍生工具进行对冲，完成风险管理。如美国，早期没有股票相关的衍生品，从 1982 年开始，先后推出了股指期货等多种权益类衍生工具，有效地促进了美国股票市场的发展。可以预见，中国资本市场的发展也将为期货和衍生品市场发展提供巨大的机遇。

除了发展直接金融外，正在进行的资产证券化，利率、汇率市场化等金融改革也将推动期货和衍生品市场的发展。回顾美国、日本等主要经济体衍生品市场的发展历程可以看出，衍生品市场的发展与一国金融市场化改革的进程紧密相关。20 世纪 70 年代初期，布雷顿森林体系瓦解直接催生了外汇期货市场；20 世纪 70 年代到 80 年代中期，美国、日本均是在逐步放开利率管制、利率市场化改革的过程中，分别推出了利率期货产品；20 世纪 90 年代场外金融衍生品市场的大发展（如信用违约互换等）则主要源于资产证券化的需要。总的来说，一方面金融市场化改革产生的庞大风险管理需求，为金融衍生品市场的诞生与发展创造了客观条件，另一方面金融衍生品市场的完善，也进一步促进了利率、汇率市场化改革的进程，并为更大范围、规模和程度的金融创新打开了空间，提高了整个金融市场的弹性。

一是资产证券化的发展催生了对衍生品的需要。资产证券化是指企业或金融机构将能够产生可预期现金流的资产打包、组合形成基础资产，以该基础资产产生的现金流为支持发行证券产品的过程。资产证券化对于盘活存量企业资产和银行信贷资产、提高资金使用效率、促进经济结构调整具有重要意义。根据主管部门的不同，国内资产证券化可分为央行和银保监会主导的信贷资产支持证券、证监会主导的企业资产支持证券和银行间市场交易商协会主导的非金融企业资产支持票据等形式。目前，国内资产证券化产品主要以前两者为主。

我国资产证券化业务试点始于 2005 年，当年 4 月中国人民银行、原银监会联合发布《信贷资产证券化试点管理办法》，标志着我国信贷资产证券化业务正式启动。但试点启动以来，发展一直较为缓慢。2013 年 8 月，国务院常务会议决定进一步扩大信贷资产证券化试点。2013—2014 年，证监会、原银监会和中国人民银行相继出台规定，对企业资产证券化、信贷资产证券化实行备案制或注册制，资产证券化市场迅速崛起。2014—2017 年三年时间，我国资产证券化产品累计发行规模达 3.37 万亿元。其中，信贷资产支持证券和企业资产支持证券平分秋色，累计发行规模大体相当，分别为 1.67 万亿元和 1.61 万亿元（还有在银行间市场交易商协会注册发行的不到 1000 亿元的非金融企业资产支持票据）。2017 年，企业和金融机构通过资产证券化实现净融资 7450 亿元，成为一个重要的直接融资渠道，而同期非金融企业发行债券（不包括资产证券化）净融资总和还不到4500亿元。

目前，我国社会存量资产规模庞大，有三个“百万亿”需要盘活：商业银行信贷资产超过100万亿元，非金融企业总资产超过300万亿元，不动产总值超过200万亿元。这些资产中符合条件的可以分别通过信贷资产证券化、企业资产证券化和房地产信托基金（REITS）等方式盘活，释放资本，增加流动性，降低融资成本。以信贷资产证券化为例，随着《巴塞尔协议Ⅲ》对商业银行实施更为严格的资本充足要求，很多银行的资本充足率徘徊在满足监管要求的边缘，一不小心就低于监管标准，可能丧失贷款投放能力。通过信贷资产证券化，银行在扩大贷款规模，支持实体经济发展的同时，又不会突破监管规定，保证自身的财务安全。根据市场机构估算，在100万亿元的信贷总量基础下，如果银行信贷结构腾挪的比例在10%~30%，信贷资产证券化业务的潜在规模将达10万亿—30万亿元。再看发达市场的情况，2017年底，美国抵押贷款相关债券和资产支持债券的规模分别为9.3万亿美元、1.4万亿美元，二者合计超过10万亿美元，占美国债券市场整体规模的38%。2017年底，我国资产证券化市场规模1.9万亿元（其中信贷资产支持证券和企业资产支持证券的余额分别为9132亿元和9482亿元），占整个债券市场存量规模的2.6%，还有很大的发展空间。当然，在这个过程中，我们要深刻吸取美国次贷危机的教训，不能让类似于“次级贷款”这类资产作为资产证券化的标的资产，要完善监管规则，防止道德风险和逆向选择，不能搞成击鼓传花、脱实向虚的游戏，切实服务实体经济的发展。

根据国外经验，资产证券化的大发展，必然伴随着场外衍生品市场的兴起。金融机构在结构化产品的设计中，要大量地运用期权、互换等衍生工具，如利用信用衍生品把金融资产中的信用风险分离出来，并通过信用分层、信用增级、破产隔离等金融工程技术，重新改变金融资产的风险收益特征，将其改造成可交易的金融产品。金融危机前，美国信用违约互换市场规模高峰值一度超过 50 万亿美元，目前也仍然在 10 万亿美元左右。我国资产证券化市场的发展过程中，无疑也会产生对衍生品的巨大需求，这为衍生品市场尤其是场外衍生品的发展提供了机会。

二是我国利率市场化步伐加快，也必然增加对利率衍生品的需求。利率市场化是指利率形成和利率水平主要由市场机制决定，它主要包括利率决定、利率传导、利率结构和利率管理等的市场化。2013 年 11 月党的十八届三中全会明确提出，要加快推进利率市场化。关于如何加快利率市场化改革，中国人民银行时任行长周小川在《人民日报》发表署名文章指出："近期，着力健全利率市场化定价自律机制，提高金融机构自主定价能力；做好贷款基础利率报价工作，为信贷产品定价提供参考；推进同业存单发行与交易，逐步扩大金融机构负债产品市场化定价范围。近中期，注重培育形成较为完善的市场利率体系，完善央行利率调控框架和利率传导机制。中期，全面实现利率市场化，健全市场化利率宏观调控机制。"[①]2015 年 10 月，在前期已经实现银行间同业拆借利率、债券利率、贷款利率、贴现利率市场化的基础上，中国人民银行宣布不再设置商业银行存款利率浮动上限，标志着我国基本实现了银行间同业拆借市场、债券市场、存贷款市场三个主要市场的利率市场化，利率市场化基本完成。

① 周小川，《全面深化金融业改革开放 加快完善金融市场体系》，人民日报，2013 年 11 月 28 日。

在利率市场化的推进过程中，市场利率波动的幅度和频率明显提高。以 2014 年为例，有 17 个交易日银行间市场 7 天期质押式回购加权平均利率突破了 5%，最高达 6.6%，远高于市场年平均利率水平。利率波动使商业银行不能像以前一样仅靠吃“净息差”就可以稳坐钓鱼台，任尔东南西北风，迫使商业银行必须积极应对和管理市场风险，这将产生对利率衍生品的庞大需求。观察国际上，美国、日本等发达市场利率市场化进程与衍生品发展时间高度重叠，它们的利率期货及相关场外衍生品市场就是在利率市场化改革过程中推出，并逐步发展壮大成为今天这个样子的（见图 8–4）。

美国		
时间	利率市场化措施	金融衍生品
1970—1973 年	短期定期存款利率自由化，大额存单利率管制	
1975—1977 年		长期政府债券期货，抵押债券期货，国债期货
1982 年	6 年内取消存款利率上限	
1981 年		利率互换，CD 期货，利率期权
1982 年	基本实现利率自由化	
1983 年	取消所有定期存款利率上限	远期利率协议（FRA）
1986 年	取消利率管制，利率自由化	
1989 年以后		利率期货、期权、互换、各类复杂衍生品

日本		
时间	利率市场化措施	金融衍生品
1988 年	国债利率市场化	10 年期国债期货
1988—1989 年		20 年、30 年期国债期货
1989 年	同业、短期利率放开	日元和美元的短期利率期货
1990 年		债券期货期权交易
1994 年	利率基本实现市场化	高级利率衍生产品

图 8–4　美、日利率市场化与衍生品发展高度重叠

资料来源：中国金融期货交易所。

三是汇率市场化改革同样需要衍生品市场的支持。2015 年 8 月 11 日，中国人民银行发布《关于完善人民币兑美元汇率中间价报价的声明》，自即日起，做市商在每日银行间外汇市场开盘前，参考上日银行间外汇市场收盘汇率，综合考虑外汇供求情况以及国际主要货币汇率变化向中国外汇交易中心提供中间价报价。当日人民币兑美元汇率中间价为6.23，较上日人民币中间价（6.12）贬值1100个点。汇改之后的一周，人民币汇率贬值到6.40，贬值幅度超过4%。短时间内人民币大幅贬值引起了世界舆论的极大关注。这种货币之间价格的剧烈变化，不仅从宏观上影响国家的外汇储备，而且在微观上影响企业的生产经营活动，甚至老百姓出国旅游、购物等日常生活。据当时彭博社统计，中国企业未偿欧元和美元债券及贷款合计5290亿美元，由于缺乏风险对冲渠道，在2015年8月11日人民币中间价下调后，中国企业这些外债的成本可能增加100亿美元。因为当中国企业偿还离岸借款本金和利息时，必须将人民币兑换为欧元和美元，人民币贬值会增加企业的偿债负担。①

截至2017年底，我国外汇储备余额3.14万亿美元，企业、个人持有的外汇存款约7900亿美元，银行月结售汇规模3000亿美元左右。无论是国家、进出口企业，还是逐渐富裕起来的个人，均有管理外汇风险的强烈需求。尽管中国已经有了一些外汇远期、互换、期权等衍生品，这些柜台产品交易中形成的风险敞口，急需到标准化的期货市场进行风险管理，但目前中国还没有外汇期货市场，满足不了实体经济发展和个人管理外汇风险的需要，衍生品市场的发展还是不平衡。因此，加快建设包括期货在内的外汇衍生品市场，为人民币国际化提供风险对冲等支持，仍然是一项重要的工作。

机遇三：社会转型避险需求大

随着金融市场的发展及很多国家进入老龄化社会，居民资产的构成发生了很大的变化，除了传统的现金及储蓄以外，养老金、共同基金、保险成为居民资产配置的主要渠道。有研究表明，美国家

---

① 王维丹，《人民币贬值“副作用”中国企业外债或增百亿美元》，华尔街见闻，2015年8月11日。

庭金融资产的构成中，退休账户（养老金）占据的地位越发重要，占比从1995年的28%上升到2010年的38%；其次是共同基金和股票，占比分别为15%和14%；持有现金及储蓄较少，仅为4%。欧洲家庭金融资产构成中，现金和储蓄占比达35%；保险和养老金储备次之，占比为32%；股票和共同基金占比为17%。日本家庭持有的金融资产中，超过一半为现金和储蓄类资产，占比达53%；保险和养老金储备占比为27%；股票和共同基金占比为10%。[①] 可以看到，美、欧、日家庭虽然因为风险偏好不同，持有的金融资产结构有所差异，但无一例外，养老金、保险、共同基金都成为家庭资产的配置重点，成为连接居民和金融市场的纽带，对居民个人的资产保值增值、未来养老保障发挥着关键作用。

前面分析过，期货和衍生品市场的发展与养老退休制度紧密相关。大量的储蓄流入金融市场，通过退休基金、保险产品和共同基金来管理，它们到各类和各地的市场寻找投资机会的同时，必须有效地管理它们面临的风险，这无疑需要一个高效的期货和衍生品市场。这些机构管理的是老百姓的“养老钱”“保命钱”，对风险非常敏感，当市场出现不确定性时，需要利用衍生产品及时进行风险对冲。此外，如果出现突发事件，需要迅速调整资产组合时，由于衍生品市场尤其是场内期货市场流动性好，它们更倾向于首先在期货市场上调整其头寸，然后再逐渐地调整其现货市场头寸。

中国比发达国家面临的养老问题更为严峻，“未富先老”是摆在我们面前的突出问题。民政部发布的最新数据显示，截至2017年底，我国60岁及以上老年人口2.41亿人，占总人口的17.3%。中

---

① 数据来源：日本银行，《日本、美国和欧元区资金流转概述》，2014年；杜春越、韩立岩，《家庭资产配置的国际比较研究》，国际金融研究，2013年第6期。

国正在加速进入人口老龄化社会。“老有所养、病有所医”，这是中国千百年来的治国理想，也是我们未来必须要妥善解决的大问题。2013 年《国务院批转发展改革委等部门关于深化收入分配制度改革的若干意见》指出，要全面建成覆盖城乡居民的社会保障体系。要完善基本养老保险制度。要发展企业年金、职业年金。要求扩大社会保障基金筹资渠道，建立社会保险基金投资运营制度。截至 2017 年底，我国保险资金运用余额为 14.9 万亿元，公募基金规模 11.6 万亿元，养老金结存规模 4.1 万亿元，社保基金规模超过 2 万亿元，合计超过 32 万亿元。在中国老龄人口庞大、人均可支配收入不高、社会保障水平较低的国情下，这些“养老钱”“保命钱”更需要安全运营，它们的保值增值需要股票市场、债券市场，同样也需要期货和衍生品市场来管理风险。

2010 年 4 月，证监会发布《证券投资基金参与股指期货交易指引》，规定证券投资基金可以套期保值为目的参与股指期货交易。2012 年 10 月，原保监会发布《保险资金参与股指期货交易规定》，规定保险机构可以对冲风险为目的参与股指期货交易。2015 年 8 月 17 日，国务院发布《基本养老保险基金投资管理办法》，明确养老保险基金可以投资股票和期货市场，投资股票、股票基金、混合基金、股票型养老金产品的比例，合计不得高于养老基金资产净值的 30%；可以参与以套期保值为目的的股指期货、国债期货交易。这些政策的陆续出台，为养老金、保险资金、公募基金参与期货市场交易提供了制度保障，有助于丰富市场参与主体，完善投资者结构，促进期货市场长期稳定健康发展。

机遇四：“一带一路”倡议带来的机遇

2000 多年前，汉武帝派张骞出使西域，开辟了丝绸之路。秦汉时期的海上也有一条丝绸之路。海陆两条路，皆是中国古代形成的中外贸易大通道。

往事越千年！2013年习近平总书记提出了建设“一带一路”倡议，即建设“新丝绸之路经济带”和“21世纪海上丝绸之路”，该倡议强调相关各国要打造互利共赢的“利益共同体”和共同发展繁荣的“命运共同体”。2013年9月7日，习近平总书记在哈萨克斯坦纳扎尔巴耶夫大学发表演讲时表示，为了使各国经济联系更加紧密、相互合作更加深入、发展空间更加广阔，我们可以用创新的合作模式，共同建设“丝绸之路经济带”，以点带面，从线到片，逐步形成区域大合作。2013年10月3日，习近平总书记在印尼国会发表演讲时表示，中国愿同东盟国家加强海上合作，使用好中国政府设立的中国—东盟海上合作基金，发展好海洋合作伙伴关系，共同建设21世纪“海上丝绸之路”。

建设“一带一路”，是以习近平同志为核心的党中央主动应对全球形势深刻变化、统筹国内国际两个大局做出的重大战略决策。此战略构想一经提出即受到国际社会的高度重视，得到沿线国家和地区的广泛支持。“一带一路”沿线国家和地区约65个，大多是新兴经济体和发展中国家，总人口约44亿，经济总量约21万亿美元，分别占全球的63%和29%。2017年，中国与沿线国家贸易额7.4万亿元，同比增长17.8%，增速高于全国外贸增速3.6个百分点。目前，我国是不少沿线国家的最大贸易伙伴、最大出口市场和主要投资来源地。①

“一带一路”倡议为我国期货市场服务实体经济“走出去”，发

---

① 商务部：“一带一路”经贸合作成效明显。商务部网站，2018年2月1日。

挥价格发现和风险管理功能，提供了难得的历史机遇和广阔的舞台。随着“一带一路”倡议的逐步实施，将从以下4个方面对我国期货和衍生品市场产生重大影响。一是激发实体企业对风险管理的庞大需求。预计经过10年努力，“一带一路”沿线相关国家与中国的年贸易额将达到2.5万亿美元。同时，中国将会有大批实体企业走出国门，在沿线国家进行投资。这些企业“走出去”后，直接参与国际市场竞争，不仅面临目的地经营环境风险，还面临各种市场波动风险，需要利用期货和衍生品市场来规避风险、保驾护航。二是沿线国家经济要素的有序自由流动需要期货市场去推动。“一带一路”沿线国家大多为发展中国家和新兴经济体，面临相似的发展阶段和发展任务，在资源需求等方面与我国具有很高的契合度。“一带一路”倡议下，国内外要素有序自由流动和市场的深度融合强烈需要期货市场去推动，以更好地促进国际经济合作和竞争。三是推动我国期货市场国际化进程。当前，国内期货市场对外开放刚刚起步，国外现货企业和投资者直接参与国内期货市场刚刚开始，而“一带一路”倡议的提出，不仅有助于引进境外投资者参与境内特定期货品种交易，而且有助于内地交易所和期货经营机构“走出去”。四是为区域间期货市场加强合作和协调发展创造空间。“一带一路”沿线区域大宗商品资源丰富，与我国经济需求关联紧密，资源互补优势明显。据专家统计，我国从沿线国家进口原油、天然气、煤炭、棉花、矿产品分别占进口总额的68%、92%、42%、35%和11%。[①] 比如，2017年我国从中东地区进口原油占总进口量的43%；从土库曼斯坦进口管道天然气占总进口量的81%；从泰国

① 杨保军、陈怡星、吕晓蓓、朱郁郁，《一带一路战略的空间响应》，《城市规划学刊》，2015（2）。

进口天然橡胶占总进口量的45%；从马来西亚进口棕榈油占总进口量的63%；从缅甸进口锡矿砂占总进口量的99%；从菲律宾进口镍矿砂占总进口量的83%。[①] 区域间期货市场加强合作和协调发展，有助于增进合作交流，增强区域经济粘合力，加速实现设施联通、贸易畅通和资金融通，进而推动区域一体化进程，从期货市场交易的产品、标的物的选择，合约计价货币、结算货币的安排，交易结算规则的制定，交割仓库的布局等方面，都会从经济利益上逐步将“一带一路”沿线国家紧紧绑在一起，实现相关各方互补共赢、共享共发展。

机遇五：交易、风控、监管经验及人才的多年积累

历史造就未来。我国期货和衍生品市场发展的另一个机遇在于其自身经过20多年的发展，积累了丰富的交易、风控及监管经验和人才储备。这主要体现在以下几个方面。

一是我国借鉴先进国家的经验和技术，利用后发优势，在过去20年建立了一流的电子化交易平台。当今世界期货交易所之间的竞争，最重要的就是核心交易系统之间的竞争。正如梅拉梅德1969年首次尝试将芝加哥商业交易所交易和结算过程自动化时所说的：“我们的自动化越高级，可以承受的交易量就越大。交易量将按你能够清算的能力同比例增长。”[②] 我国期货交易所立足技术系统的自主知识产权，坚持国产化、核心技术自己掌握，长期持续对交易系统大量投入，为进一步的品种创新、交易方式创新奠定了坚实的基础。

---

① 数据来源：海关总署。

② 利奥·梅拉梅德、鲍勃·塔玛金著，杨柯、陈晗、张晓刚译，《逃向期货》第160页，百家出版社，2004年5月。

二是形成了一套既符合国际市场运行规律，又具有中国特色的风险防范和监管制度。逐步建立并完善了统一开户、一户一码、保证金存管监控、市场运行监测监控、“穿透式”监管、跨市场监管、稽查执法、投资者适当性管理等制度，形成了一套行之有效且富有特色的市场风险预警、监测和防范处置的机制。

三是积累了丰富的期货产品开发及管理经验。目前，我国期货市场不仅有农产品、化工品、金属、能源等商品期货品种，而且上市了股票、利率等金融期货品种；不仅有期货交易，也开始期权交易。经过多年的发展，我国期货市场已经建立了一整套从市场调研、产品开发、宣传推广、市场培育、功能评估到合约修改、规则完善的完整流程，铜、螺纹钢、铁矿石、豆粕、天然橡胶、PTA 等期货品种都具备了一定的国际影响力。

四是建立了一支期货交易、结算、交割、风险控制、市场监管的专业人才队伍。20 多年来，我国期货行业培育并储备了一大批既懂期货又懂现货的复合型人才。我国在期货中介服务，交易所产品设计、风险控制与一线监管，政府行政监管等方面积累的技术、经验和能力，能够适应市场创新发展和规模增长的需要。根据中国期货业协会统计，截至 2017 年底，全行业共有期货从业人员 5.6 万人，其中期货投资咨询从业人员 3000 多人。此外，在银行、证券、保险等行业也有一大批衍生品专业人才。同时，随着中国期货和衍生品市场的发展，还吸引了许多海外专业人才回国投身于市场。这些人才在银行、证券、保险、期货及资产管理等金融机构之间频繁流动，部分人才又分流到有期货交易及风险管理需求的现货行业，这反过来又为加快期货和衍生品市场发展创造了条件。同时，前面章节中已提到，十多年来我国许多大专院校开办了期货和衍生品的相关专业和课程，为期货衍生品市场培养了大批储备人才，这些人才可以作为不断增加的生力军随时补充到专业人才队伍中来。

面对挑战：能形成定价中心吗

挑战一：抓住“机遇”的能力挑战

建设定价中心需要政府引导和市场努力。“倘若不努力，有了芝麻也榨不出香油来”。后发国家的市场建设如果没有政府引导，也很难建设成有影响力的市场。

机遇在前，机不可失，时不再来。发达期货市场国家的经验告诉我们，利用实体经济高速发展的机遇期，可以极大地助推期货和衍生品市场发展。今天的大势有利于中国期货和衍生品市场发展，我们只要努力顺势而为，则可收事半功倍之效。“抓住今天，才能不丢失明天。”但我们也要清醒地认识到，机遇也是挑战，中国期货和衍生品市场面临的最大的挑战就是抓住这个历史性机遇的能力挑战。

世界已经进入移动互联网时代，云计算、物联网和大数据时代也正向我们走来。信息化与材料技术、生物技术、能源技术以及先进制造技术的结合孕育新的产业革命。新一轮信息化浪潮已经显现其重塑产业生态链的影响力，产业表现出比过去更大程度的融合和渗透。2014 年 11 月，美国《外交》杂志发表一篇题为《龙网——中国的下一个奇迹》的文章指出，尽管数字市场已经改变了中国零售业的格局，但其他重要部门如制造业和医疗业对互联网的拥抱却缓慢得多。中国的数字转型才刚刚开始，这意味着在今后几年里，世界第二大经济体将从根本上改变商业模式。文章说，根据麦肯锡的预测，到 2025 年，大数据和物联网等尖端创新，可能会在中国 GDP 总体增长中占据 22% 的份额。这些类型的变革正开始传遍高技术部门之外的传统产业。

同月，国际货币基金组织与世界银行的一份研究报告认为，全球贸易的“巅峰”已过，世界经济不太可能再现2008年金融危机之前推动全球化的贸易迅猛增长的局面，主要原因在于中国的制造商正转向国内。他们认为，全球供应链的发展在很大程度上推动了20世纪90年代以来国际贸易的快速增长。但近年来，如今已成为全球最大货物贸易国的中国，在外商投资和本土工业发展的推动下，夺得了这些供应链越来越大的份额。这是国际金融危机后出现的一个结构性趋势。贸易增长放缓的这种结构性特点可能会增强一个论点，即全球经济正面临较慢增长的“新常态”。正是基于世界新技术可能带来的产业革命，及中国经济增速放缓和经济结构的调整，国际国内这些变革不可避免会带来中国在国际贸易中大宗商品买量的减少（随着低端制造业从中国转移到其他劳动力成本更低的国家），从而使全球商品供应链在未来发生渐进性变化。国际货币基金组织和世界银行的专家认为，中国经济崛起导致的贸易上的巨大买量，引发了全球大宗商品价格飙升的超级周期。而今天，中国经济增长对于进口产生的影响已经大不如前。从英、美、日等国家经济崛起的经验看，随着经济结构调整和发展速度减缓，大宗商品（能源除外）进口逐渐减少。

这些经验提示正在崛起的中国经济，随着大宗商品买卖量的减弱，可能会使形成大宗商品定价话语权的经济能量减弱。因此，抓住我国资源性商品大批量进口还会维持一段时间的战略机遇期，不断深化改革，大力推动开放，从各个方面促进我国期货和衍生品市场的壮大与发展，扩大期货市场规模和国际影响力，对形成国际性的定价中心十分有利，也非常关键。英国和美国在本国经济崛起时期顺势而为，建立起了具有全球影响力的期货和衍生品市场，而日本则受到国内外各种因素掣肘，失去了建立有影响的期货和衍生品市场的机会，从而在大宗商品定价上默默无语。战略机遇期对我们来说不会太长，稍纵即逝。

以钢铁生产为例，目前我国钢铁工业已经出现阶段性、结构性过剩。随着国内工业化进程接近完成，钢铁工业将逐步向东南亚、南美洲、非洲等新兴工业化国家转移。钢铁工业最早发源于英国，19 世纪末传导至欧洲大陆、美国，20 世纪 70 年代传导到日本、苏联，1995 年前后传导到韩国、中国。世界钢铁工业发展史表明，哪里正在进行工业化，钢铁工业就会传导到哪里。当中国完成工业化后，钢铁工业也会向其他国家转移。因此，我国应该在这个转移完成之前建立起包括铁矿石、钢材等大宗商品的定价中心。就如今天的伦敦一样，它虽然早已不是制造业的中心和世界工厂，但仍然是全球的有色金属定价中心。

2015 年 8 月 26 日，《华尔街日报》文章指出："中国至今仍然消耗着全世界一半的铜，并是世界第二大石油进口国。它还消耗着全球 45% 的钢铁，但有分析师认为其需求可能已经见顶。"情况正在发生变化。2012 年以来，中国经济基本结束了长达 30 余年的高速增长期，进入了增长速度换挡期、结构调整阵痛期以及前期刺激政策消化期"三期叠加"的阶段，而结构性减速是中国经济新常态的主要特征。2014 年，中国社会科学院宏观经济运行与政策模拟实验室预测，在 2011—2015 年、2016—2020 年、2021—2030 年三个时段内，中国潜在的增长率区间分别为 7.8%~8.7%、5.7%~6.6% 和

5.4%~6.3%，增速递减的趋势甚为明显。[①]那些为中国基础设施、能源和钢铁等传统繁荣产业提供原材料的企业（比如澳大利亚的采矿企业必和必拓公司及法国能源设备制造商施耐德电气公司）在中国经济增长率达10%以上的岁月里曾经财源滚滚，如今收入急剧下降。相比之下，像iPhone手机制造商苹果公司和箱包制造商新秀丽公司这些迎合中国消费者的企业处境较好，因为中国的消费需求总体上依然强劲。世界大型企业研究会的经济学家安德鲁·波尔克说，这是一个双经济体故事，旧的经济增长动力因素显然不行了，新的经济增长推动因素——消费和服务——目前势头良好。

进入新常态以后，我国开放型经济发展方式要从"大进大出"向"优进优出"转变。20世纪80年代以来，我们的开放主要依靠"大进大出"模式，实现了对外贸易持续高速增长，奠定了"世界工厂"地位，有力支撑了中国经济30多年的增长，其历史成绩应该充分肯定。但也要看到，在"大进大出"模式下，绝大部分利润被外国企业拿走了，我们所得只是就业和微薄的利润，同时还付出了巨大的代价，特别是环境污染的代价。中国钢铁工业协会测算，每生产一吨粗钢，平均要排放二氧化硫1.14公斤、烟粉尘0.86公斤、废水0.95立方米。全国约有6.5亿吨粗钢是进口铁矿石冶炼的，仅二氧化硫排放就超过7亿公斤。而且大量来回的国际长途运输，物流成本高昂，还潜伏着很高的安全风险。随着我国劳动力成本不断攀升、资源环境约束日益强化，加上国际需求持续低迷，这种发展方式越来越难以为继，必须加以改变。中国装备"走出去"和推进国际产能合作，实质上就是要逐步转变"大进大出"的发展模式，

① 《新常态，一个具有历史穿透力的战略概念——访中国社会科学院副院长李扬》，经济日报，2014年12月10日第6版。

形成“优进优出”的开放型经济新格局，推动我国产业从“微笑曲线”[①]底部向两端延伸，提高开放型经济发展的质量和效益，使中国经济与世界经济在更高的层次上深度融合。“优进”就是要从我国长远和根本利益出发，基于国家总体发展战略，有选择地进口，重点是进口紧缺资源、先进技术、关键设备和重要零部件等，特别是要少进口初级原料，多进口中间产品，以减少污染、降低成本、提高综合效益。“优出”就是要更多出口高质量、高档次、高附加值的产品，积极推动从单一产品输出向包括产品、技术、标准、服务、品牌在内的全产业链输出转变。

随着“一带一路”倡议的落地实施，中国的制造业正在逐步向“一带一路”沿线国家转移。2015 年 8 月 10 日，小米手机开始在印度生产，由印度安德拉邦的富士康工厂为小米代工“红米 2 增强版”。“印度制造”的小米手机和不断转移出去的其他制造能力，将会使中国如英、美等曾经的制造业大国的发展路径一样，对原材料的需求逐步减少。

根据国际一般经验，工业化先行国家人均 GDP 达到 10000 美元左右，潜在经济增速普遍下降。我国 2017 年人均 GDP 超过 8800 美元，京、津、沪、浙、苏、粤等部分省市人均 GDP 超过 10000 美元。按照有关专家的研究，我国在 2020 年前后，人均 GDP 将达到 10000 美元；2030 年前后，人均 GDP 将达到 30000 美元。我国的工业化率自 2006 年达到 47.7% 的峰值之后逐步下降，2017 年工业化率为 40.6%。中国社科院发布的《中国工业发展报告 2014》认为，中国已经步入工业化后期阶段，到 2020 年将基本实现工业化。

① 微笑曲线：微笑嘴型的一条曲线，两端朝上。在产业链中，附加值更多地体现在处于两端的设计和销售上，处于中间环节的制造附加值最低。

与工业化中期相比，工业化后期一个重要的特征变化是，在中期依靠高投资、重化工业主导发展而支撑的高速增长将难以为继，潜在经济增长率将会自然回落。唯一还有很大潜力的就是城镇化，我国城镇化水平仍大大落后于工业化及经济总体发展水平。2017 年，我国常住人口城镇化率为 58.52%，户籍人口城镇化率为 42.35%。与发达国家平均 70% 以上的城镇化率相比，未来 20 年我国城镇化仍将处于快速发展阶段，并成为支撑我国经济发展转型的重要引擎。

挑战在于机遇稍纵即逝！综合来看，留给中国期货和衍生品市场建立起大宗商品定价中心的时间窗口非常短，也就是未来 15~20 年的时间，考验我们能否抓住机遇。在这方面，无疑中国还有很多短板。

从期货和衍生品市场发展的外部环境看。一是基础资产的市场化程度还需要进一步提高。衍生品是在基础资产之上设计的产品，基础资产市场化了，期货和衍生品市场的功能才能有效发挥。40 年的改革基本全部放开了商品市场，但一些生产要素市场仍受到行政管制因素影响。典型的如能源领域的石油、电力、天然气，农业领域的粮食等。如国家对小麦、水稻等主要农产品实行最低收购价和临时收储政策，这些行政管制扭曲了农产品的市场价格，也影响了部分农产品期货市场的功能发挥。对于这些产品，市场主体风险管理需求不高，发展相应衍生品就有很大的难度。二是法律意识和市场经济意识还需要进一步加强。党的十八届四中全会通过的《中共中央关于全面推进依法治国若干重大问题的决定》强调："社会主义市场经济本质上是法治经济。使市场在资源配置中起决定性作用和更好发挥政府作用，必须以保护产权、维护契约、统一市场、平等交换、公平竞争、有效监管为基本导向，完善社会主义市场经济法律制度。”随着期货和衍生品市场逐步对外开放，投资者可以双向参与境内外市场交易，将更加看重我国的整体法律环境和市场秩序，是否有良好的法律制度保障，是否具备良好的诚信环境，参与者是否普遍有契约精神和规则意识等。三是微观环境不配套。目前，在社会认知度、企业考核评价体系、企业会计制度等方面，还存在很多妨碍企业参与和利用衍生品市场的制度、机制障碍。社会对期货和衍生品市场的经济功能认识不足，对期货市场运作不了解，对期货市场“投机交易、高风险”恐惧过度，对企业利用期货市场套期保值、稳定经营方面的积极作用重视不够。行业主管部门在考核企业时往往不能综合评估期货、现货经营的总体效果。如果不参与期货交易，现货经营即使面临再大的价格波动风险，企业管理层一般也不用承担责任；但如果参与期货交易，即使期货交易发生的亏损有现货交易的盈利冲抵，实现了稳定经营，企业管理层也要为期货交易损失承担巨大压力。此外，根据《企业会计准则》原来的规定，企业参与期货市场套期保值交易在会计处理中易被认定为投机交易，影响企业尤其是上市公司参与期货市场的积极性。可喜的是，经过期货市场参与者多年的反映，我国会计制度的主管部门财政部进行了深入调研，逐步加深了对期货市场的认识。财政部在吸收国际先进理念的基础上，于 2017 年修订发布了《企业会计准则 24 号——套期会计》，解决了实践中大部分套期保值操作无法适用套期会计的问题。套期会计可将企业利用期货市场进行风险管理的过程和效果反映在财务报表中，方便企业对外直观地解释参与期货交易的目的和作用。但套期会计比较复杂，现在很多企业财务人员甚至会计师事务所还没搞明白，需要加大各层面的培训，尤其是上市公司。根据中国证监会 2017 年开展的调研，目前我国仅有不到 12% 的上市公司参与衍生品市场交易。

从期货和衍生品市场自身来说。一是战略眼光、全局统筹、长远规划有待加强。提高定价能力、维护金融安全、保障经济崛起等多方面因素，都需要发展期货和衍生品市场，但我国在衍生品市场发展方面还缺乏统筹规划，目前主要是受全球化影响在被动接受衍生品。二是期货和衍生品市场发展很不协调。这种不协调体现在场内和场外、商品和金融、期货和期权等诸多方面。从场内和场外来看，我国场内衍生品市场起步早于场外衍生品市场，积累了较为丰富的发展和监管经验，法规制度和监管体系更为完善，而场外衍生品市场虽然近些年发展较快，但仍处于起步、摸索阶段。2017 年，我国场内衍生品市场成交额为 188 万亿元，场外衍生品市场成交额为 114 万亿元[①]，约占场内市场的 61%。从商品和金融来看，我国期货市场已经形成了较为完整的商品期货品种体系，按成交量看是全球第一大商品期货市场，但我国的金融期货市场仅有少量几个股指、利率类产品上市交易，品种数量、市场规模都远远小于美国、英国、德国、日本等发达国家，甚至也不如韩国、印度、巴西、墨西哥等新兴市场国家。从期货和期权来看，国外主要交易所在上市产品时，一般同时推出期货和期权交易，两者相互促进、共同发展。目前，我国期货市场已经上市了 54 个期货品种，但仅试点推出了上证 50ETF 期权、豆粕期货期权、白糖期货期权三个期权品种。这些不协调制约了期货和衍生品市场服务实体经济的整体效果，导致服务能力不足，广度和深度不够。三是散户为主的投资者

① 包括以下部分：2017 年银行间场外衍生品市场成交额 108.6 万亿元，商业银行柜台、证券公司柜台、期货公司柜台场外衍生品成交额分别为 4.3 万亿元、0.67 万亿元和 0.31 万亿元。

结构制约大。投资者是期货和衍生品市场的基础。投资者是信息的载体，是市场流动性的提供者。只有开放环境下多元化的专业投资者广泛参与，才能把不同的供求信息和宏观、产业等方方面面信息汇聚到市场中来，才能形成权威性的价格，国际贸易的参与者才会自动将其作为定价基准，才能形成真正的国际性定价中心。当前，我国期货市场中，个人投资者数量占全市场的97%，是典型的散户市场。散户投资者相对于专业机构，在资金、知识、风险管理及专业分析能力上都有较大的劣势，对新的产品、交易方式、交易技术和制度规则接受能力较差。以散户为主的投资者结构对期货和衍生品市场进一步创新发展制约较大，要求在提高市场效率和保护散户合法权益之间不断平衡，如下一步推广期权交易、实施组合保证金制度、引入做市商制度、发展交易商、允许部分市场主体开展程序化交易和套利交易等，都不可避免地要考虑散户多的市场特点。四是市场的封闭性。迄今为止，我国仅有原油期货、铁矿石期货真正地实现对外开放。此外，还有QFII等少数境外主体可以参与国内股指期货交易，期货市场缺乏国际定价影响力。

挑战二："领跑者"对"追赶者"的防范

在长跑竞赛中，"领跑者"唯恐"后来者"追上自己。目前，中国已经是全球第二大经济体。美国这个全球第一大经济体"领跑者"担心中国这个"追赶者"后来居上，有防范之心是可以理解的。当你离它的距离比较遥远的时候，它是以胜利者的姿态来看待弱者，时不时赞扬你几句，但当你和它仅有一步之遥的时候，它就把你看成了危险的竞争者，生出防范之心。

20世纪八九十年代，日本在取得世界第二大经济体的地位后，美国就开始不断打压日本。日本从20世纪50年代中期经济开始起飞，经过30多年的高速增长后，日本的商品尤其是汽车、家电畅销全球，三菱公司买下了洛克菲勒广场，日本民间弥漫着一种在经济上打败了美国的感觉。“日本可以对美国说不”的报道充斥着日本媒体。美国2008年金融危机期间，时任财政部部长盖特纳在回忆录中说：“那段时间，日本被视为美国的主要经济威胁……出版商曾经出版书籍预测日本的资本会埋葬美国模式。政客们誓言要阻止日本的公司继续抢走美国人的工作。好莱坞电影的特点是把日本企业当作反面教材。”[①] 美国认为日本低估了汇率，层层施压迫使日本签署“广场协议”，逼迫日元升值。其实，这些防范与打压，与美国国内就业、经济增长及其在国际上的规则制定权紧密相关，核心是国家利益。

美国现在又拿曾经对付日本的这一套来对付中国。比如，即使国际货币基金组织已经认为人民币不再低估，美国国会仍坚称中国有意压低人民币汇率，以此为由要求人民币升值；中国企业收购美国企业，面临的安全审查比其他国家的企业更为严格，仅2018年前两个月，美国就先后否决了中国企业对美国支付企业速汇金（Money Gram）、芝加哥证券交易所、半导体测试企业Xcerra公司的收购；美国在奥巴马政府时期牵头推动的《跨太平洋伙伴关系协定》（TPP）有意将中国排除在外；中国发起设立亚洲基础设施投资银行（简称亚投行），美国有点儿不自在，先是劝其他国家不要加入，见阻挠不成，又提出要按照它们认可的高标准确定规则。凡此种种，不一而足。

2017年美国大选，特朗普政府上台后奉行“美国优先”原则，

---

① （美）蒂莫西·F. 盖特纳，《压力测试：对金融危机的反思》第19页，中信出版社，2015年3月。

遏制中国的行动更加直接。特朗普政府先是拒绝履行 WTO 规则，否定中国的市场经济地位。接着在发布的国家安全战略报告中，33 次提到中国，明确将中国定位为美国“战略上的竞争对手”。2018 年 3 月，美国单方面发起对中国的贸易战，计划对至少 500 亿美元的中国进口商品征税，6 月 15 日特朗普宣布将于 7 月实施这一征税计划。

“领跑者”对“追赶者”的防范与打压，这就是中国崛起面临的现实环境。在包括衍生品市场在内的金融领域，中国要追赶的“领跑者”的优势尤为强大。一是以美元为中心的货币体系，短期内难以撼动。美元在国际金融中拥有无与伦比的霸权地位，凭借美元的影响力，美国制定的规则往往成为全世界都要遵守的规则。美元的强势地位体现在以下三个方面。（1）美元是世界上最主要的支付结算货币，美元供求影响全球贸易发展。环球同业银行金融电讯协会（SWIFT）发布的数据显示，2017 年底美元占据全球货币支付 39.9% 的市场，欧元为 35.7%，英镑为 7.1%，日元为 3.0%。人民币是世界第五大支付币种，在全球市场的份额为 1.6%。（2）美元是世界上最主要的交易货币，主导全球金融市场。根据 BIS 每三年统计一次的全球交易货币情况，2016 年 4 月，美元日均交易量达 4.44 万亿美元，占全球外汇交易量的 88%，欧元与日元日均交易量分别为 1.59 万亿美元和 1.10 万亿美元，占比 31% 和 22%。人民币日均交易量为 2020 亿美元，占比 4.0%，排在第八位。（3）美元是世界上最主要的储备货币，被视为最“硬”的通货。根据国际货币基金组织的统计，截至 2017 年底，美元占全球官方外汇储备的 62.7%，其次为欧元，占 20.2%，日元、英镑、加元、澳元位居其后，占比分别为 4.9%、4.5%、2.0% 和 1.8%，人民币占比为 1.2%。二是具体到衍生品领域，美国领跑优势明显。在场内衍生品市场中，2017年按交易量排名的全球前六大交易所集团中，美国独占4席，包括分别排名第一、第三、第四和第六的芝加哥商业交易所集团、洲际交易所集团、芝加哥期权交易所、纳斯达克交易所（NASDAQ）。美国期货市场成交量在全球占比29%，成交额和持仓额占比均超过50%。在场外衍生品市场中，美、欧占据主导地位。14家最大的交易商占据全球场外衍生品市场80%以上的市场份额，其中美国6家，欧洲8家。

可见，短期内中国在金融领域要和美国并驾齐驱是非常困难的。尽管如此，美国对中国期货和衍生品市场的发展仍高度警惕。比如对于我国刚刚推出的原油期货（以人民币计价，面向全球投资者开放），美国就非常关注，这就和关注人民币国际化是同样的道理。一是担心石油人民币会取代石油美元的地位。在中国人看来，这起码在相当长时间内是难以做到的，但美国人未雨绸缪，危机意识极强，你离它还有十步之遥，它就动了防范与打压之心。二是担心我国原油定价基准形成后抢了美国的风头。这其实也是杞人忧天。我国原油期货推出后，如果能够成为亚洲有影响力的定价中心，也仅仅是填补了目前亚太时区原油定价基准缺失的空当，对美国的原油定价中心地位构不成威胁，同时还可以与WTI、Brent原油期货定价系统互补。尽管上海期货交易所的原油期货价格能不能成为原油贸易的定价基准还不确定，但美国已经看到这个新的定价基准的战略影响，并表现出担心。2018年6月5日，CFTC主席克里斯托弗·吉安卡洛（J. Christopher Giancarlo）在美国参议院预算委员会的会议发言中指出："中国期货市场对外开放是中国政府扩大关键产业大宗商品国际定价影响力长期战略的一部分。随着中国商品期货市场的发展，其有望成为区域性定价基准，并可能对美形成竞争威胁。对此，美国期货市场不应满足于过去的辉煌，而应在市场开放和有序程度、流动性、监管等方面持续保持全球领先地位。”[①] 总结我国过去在金融商业活动中受到美国种种措施的防范和牵制的前车之鉴，上海期货交易所建立亚洲原油定价基准之路不会是平坦的。这是美、英当年建立大宗商品定价中心时没有遇到的，无疑是我国发展期货和衍生品市场面临的又一挑战。

挑战三：国门打开，抵得住竞争吗？

发达国家期货市场是市场经济发展到一定程度后自发形成的，各期货交易所从成立之初就面临着激烈的市场竞争，是在国际国内竞争中逐步发展壮大的。竞争压力和“优胜劣汰”的市场法则，要求它们必须时时刻刻关注自身的生存和发展问题，这种压力是与生俱来的。梅拉梅德在他的回忆录《逃向期货》一书中说：“CME一直争取的一样东西是活力。有过生机勃勃的短暂时期与良好开端，但直到 1964 年，都没有戏剧性的变化。黄油品种死掉了，洋葱也死掉了，鸡蛋正苟延残喘。”到了 1969 年梅拉梅德就任理事长后，他决定改变这种状况。他在书中写道：“我知道我们要生存必须使产品多样化。在第一手目击了单一品种交易所的危险之后，我拼命不再重复同样的错误。这个使命成为一个优先任务。”这种想法推动了芝加哥商业交易所的创新，其推出了一系列金融期货期权合约。

与此不同，国内期货市场一开始是政府主导推动建立和发展

① Testimony of Chairman J. Christopher Giancarlo before the Senate Committee On Appropriations Subcommittee on Financial Services and General Government, Washington, D.C. https://www.cftc.gov/PressRoom/SpeechesTestimony/opagiancarlo47.

起来的。名义上，期货交易所作为市场的组织者，是以会员制或公司制形式存在的，但实际上，期货交易所一直作为政府下属机构进行管理，行政色彩较浓，市场竞争力不强。在这种体制下，国内期货交易所之间不存在直接的激烈竞争关系，上市品种互有侧重且不重复，仅在品种开发、市场推广、投资者服务上存在有限程度的竞争。另外，国外期货交易所也不能直接进入中国市场发展客户，中国期货交易所尚未真正地参与到国际竞争中去。

2015 年 9 月 17 发布的《中共中央国务院关于构建开放型经济新体制的若干意见》，从国家层面对期货和衍生品市场对外开放工作进行了部署，明确提出要“扩大期货市场对外开放，允许符合规定条件的境外机构从事特定品种的期货交易。研究境内银行、证券公司等金融机构和企业在有真实贸易和投资背景的前提下，参与境外金融衍生品市场。在风险可控的前提下，研究逐步开放金融衍生品市场”。期货市场对外开放、直面国际竞争、吸引境外投资者参与，是我国建立国际性定价中心的必经之路，目前正在加快推进。这既为国内期货交易所提供了新的机遇，同时也意味着将直接面对国际期货交易所巨头的竞争，以前相对受保护的状态将逐步消失。目前，我国上海、大连期货交易所的原油、铁矿石期货虽然已对境外交易者开放，但对境外投资者的吸引力度还不够高。这需要我们继续完善各项开放政策，在既照顾国情又考虑境外规则的情况下，逐步让更多的境外交易者参与到我国期货市场中来。

期货市场完全开放后面临的国际竞争压力，将体现在诸多方面。一是对投资者的争夺。前面讲过，投资者是期货市场最重要的资源。对外开放后，国外期货交易所会通过各种手段来吸引国内投资者，可能导致我国投资者资源大量外流，失去我们的优势。二是市场效率的竞争。由于我国市场的成熟度总体不如英、美等国，且主要是散户市场，我们的监管比英、美更加严格，一旦大幅开放，参与者可能从交易成本角度考虑，将交易转移到成本更加低廉的海外市场。三是法规规则的适应性。封闭市场环境下形成的法规体系、监管规定、合约规则，是否能够很好地与国际法律制度、规则体系接轨，适应境外参与者的要求。尤其是，我国到目前为止还没有一部《期货法》，可能使境外投资者产生较大的疑虑。四是对监管的压力。期货市场双向开放后，投资者类型更加复杂，资金进出频繁，境内外市场联动日趋紧密，对风险监测、跨境监管与执法都将带来不小的挑战，对监管的精细化、专业化、国际化水平提出更高的要求。

挑战四：规则博弈，后发者的劣势

中国搞市场经济是后发者。我们的市场经济是有中国特色的社会主义市场经济，有自身的特点。在经济全球化条件下，我们的市场规则与国际通行的规则有能对接的，也有不能对接的。先行者如美国、欧洲已经按照它们的特点、国情制定规则并运行多年，新兴经济体尤其是如中国这样体量巨大的经济体融入全球，我们的特色如何在现行的国际经济金融框架下体现，这些几十年前根据一两个大国的利益定下的所谓国际惯例和规则应不应该反映新的经济金融形势，对这些问题都需要深思。这些年来，在 G20 国家内部，新兴经济体和发达国家之间因发展阶段和国情不同，在规则的制定上存在激烈的博弈，面临“发达规则”与“新兴规则”如何兼容并蓄的挑战。

新兴市场国家经济崛起后发现，过去发达市场国家确定的“国际规则”包容度不够，因为规则制定时新兴市场国家的经济还比较落后，处于跟随阶段，在规则制定上没有话语权。如今世界已经发生了很大变化，包括西方发达国家和金砖国家在内的 G20 影响力已经超过了 20 世纪 70 年代建立的七国集团（G7）。全球前十大经济体中，新兴市场国家占据三席。从 21 世纪的前 10 年开始，新兴市场国家逐步成为世界经济发展的新动力和新引擎，和美国等发达国家共同引领和推动世界经济的增长。比如，中国对世界经济增长的贡献率超过了 30%。但如果新兴市场国家的做法不利于现有的世界格局，不利于现存的国际惯例，就会受到成熟市场国家的指责与打压。

2015 年 5 月，我向 CFTC 前委员、ISDA 现任主席斯科特·奥玛利亚（Scott O'Malia）转述了亚洲一位监管者讲的话。这位亚洲监管者说，现在对场外衍生品市场的监管要求在亚洲许多国家不切合实际。美国坚持的标准，是按照美国场外衍生品市场的情况来的，主要从美国等西方国家的角度着眼，但各国情况完全不同。比如在它们国家，整个场外衍生品市场每天就几十笔交易，但还是要求它们像发达市场那样建立一整套基础设施。打个比方，开初规则制定者让我们建了一座房子。我们刚把房子建好，有人说："不够格，应该建二层小楼。"我们建好了二层小楼，又有人说："你们还应该建消防通道。"消防通道建好了，还有人说："房顶应该留出直升机的停机坪。"它们有点儿沉不住气了，说："我们又不是住在摩天大楼里，风险来了，我们直接从二楼往下跳不就得了！"这位美国人听了我转述的故事哈哈大笑。他也认为只有一个标准很难适合不同的国家。不同的国家应该有不同的标准，但是这些标准间应该有接口，既有一般性的东西，又有特殊性的东西。话虽然这样说，但如果我们这些后发国家制定出一些适合自己国情的标准，很难被发达国家认可和接受。

适应发达国家的规则，不一定适应新兴市场国家。第二次世界大战后的国际经济金融治理体系主要是根据当时欧美国家的情况、文化背景建立的。在已经确立的国际规则下，中国、印度等经济落后的国家是没有选择的“跟随者”。我们在现有国际金融体系框架内发展衍生品市场，但由于文化不同、国情不同，客观上存在着大量需要和现行国际规则协调的事项，而“领跑者”不愿意随便改变它们一手建立并已经习惯的规则体系。当前许多国际金融的规则是1945年以后在美国等国倡导下建立的，美国人习惯于从自己的角度来看待、理解和规划世界上所有的事情，认为美国的规则优先，当然应该统一全世界的规则，全世界的金融规则应该向美国看齐，其实他们忽略了每个国家之间的不同。阅读沃尔克、鲁宾、格林斯潘、保尔森、盖特纳等美国财经高官的回忆录，你就可以了解美国人对金融影响力的看法和规则的设计思想。尽管这些人掌握美国财经大权的时间前后跨度近40年，这个时间段里世界经济格局已经大变样，可他们从来都是从美国的角度来看世界金融体系如何更好地适应美国的国家利益，这一点不因时间而改变。由于美国在全球金融市场的超级影响力，使美国人容易形成美国的就是世界的，世界性的就必须符合美国的规则的看法。

就期货和衍生品市场而言，CFTC代理执行主席马克·维特金（Mark Wetjen）2014年3月在迈阿密博卡雷顿小镇举行的FIA第39届国际年会演讲时说，衍生品市场需要全球统一的监管制度。他认为，衍生品市场对于全球金融体系和世界经济有效运行有着至关重要的作用。无论是农业生产商，还是全球制造商，都离不开衍生品的风险管理和价格发现功能。衍生品市场是一个全球性的市场，参与衍生品市场的很多企业本质上是全球性的公司，需要具备在各大洲市场上进行风险管理的专业知识和能力。中国的规模优势要和国际通行制度最大可能地对接，才可能形成国际定价影响力。但是美国人不知道每个国家在衍生品市场的发展程度上是有巨大差距的，他们的思考是基于美国国情的。

尽管如此，在世界各国相互依赖加深和更加注重国际协作的今天，中国作为国际社会的一员和负责任的大国，要在积极地适应现有国际规则的基础上，合情、合理、合法地提出自己的主张，推动完善国际金融治理结构。2009 年 9 月，G20 领导人匹兹堡峰会就场外衍生品市场监管改革达成共识，确立了交易报告、集中清算、电子平台交易、加强资本金和保证金约束等监管改革目标。2013 年 7 月 12 日，第五轮中美战略与经济对话中，中国承诺迅速落实 G20 关于场外衍生品监管改革的声明。我国场外衍生品市场在发展严重不足的情况下，已然面临国际场外衍生品监管改革的直接压力。这些规则不一定完全适合中国场外衍生品市场的发展实际，但作为 G20 的成员国，中国必须在满足国际监管要求和促进市场发展之间取得平衡。

正如中国经济一样，在落后的时候对国际贸易规则、国际金融体系、全球治理是基本没有发言权的，即使发言，分量也不重。只有经济强大了，才能去争取相匹配的话语权，参与制定规则以反映本国的利益和诉求，争取公平的结局。现在中国提高了在国际货币基金组织、世界银行的投票权，人民币加入特别提款权（SDR）的货币篮子，牵头成立亚投行和金砖国家开发银行，是因为中国的经济发展到了这个阶段，可以推动对现有国际经济金融体系的补充和完善，可以参与制定对全世界更为公平的经济金融活动规则。期货和衍生品市场也一样，现阶段我们的衍生品市场总体上与美、欧等发达市场还存在不小的差距，从国内封闭市场到融入全球市场体系的过程中，我国衍生品市场发展必然面临规则上的“困境”，这是我们后来者必须克服的劣势。

行稳致远：机遇与挑战并存

美国彼得森国际经济研究所研究员阿尔温德·苏布拉马尼亚（Arvind Subramanian）在 2011 年 9 月出版的《日蚀：在中国经济霸权的阴影下生活》一书中写道，中国经济的崛起，将比预想时间更早，范围更广，力度更大。他预测，中国将在 2030 年前后取代美国，在经济货币领域确立全球统治地位。他认为，中国与 20 世纪 60 年代的苏联和 80 年代的日本不同，中国的崛起不太可能被美国逆转。即使美国再度“复兴”，也难以挽回相对衰落的颓势。假定美国找到新经济增长源，顺利解决了当前面临的结构性问题，并以年均 3.5% 的速度保持 20 年的增长（美国当前潜在增长率约 2%），而中国的增长率为 5.5%（假设中国经济增速降低，大部分专家认为中国当前的潜在增长率为 6%~7%），双方年增长率差距收窄至 2%，也只是使中国追赶的速度降低，无法改变 2030 年美国被中国大幅赶超的局面。

还有很多机构和学者持有类似的观点。国际货币基金组织 2014 年发布报告称，按照购买力平价计算，中国经济规模已经超过美国跃居全球第一。高盛公司、汇丰银行等国际金融机构，安格斯·麦迪森（Angus Madison）、罗伯特·福格尔（Robert W. Fogel）等知名学者，英国《经济学人》杂志，美国国家情报委员会等也对中国经济总量超过美国的时间进行了预测。这给很多人感觉，中国超过美国成为全球第一大经济体已经不是能否达到的问题，而是何时达到的问题。有趣的是，前两年国际货币基金组织在关于将人民币纳入SDR货币篮子、明晟公司在关于将中国A股纳入MSCI指数（明晟）两个问题上也是同样口吻的表态，不是做不做，而是何时做的问题。这两件事已经分别在2016年10月、2017年6月实现。

也许这些评论家的预测过于乐观，但世事难料，未来难测。不管中国超过美国成为全球第一大经济体的预测能否成真，但这毕竟代表了相当一部分专业机构和有影响力人士的看法，这意味着很大的可能性。对于中国的期货和衍生品市场来说，前面已经分析过了，它的发展和中国经济崛起紧密相连，既面临很好的发展机遇，也有着诸多挑战，存在把经济实力优势转化为定价优势的战略机会。因此，中国形成大宗商品国际定价中心具有很大的可能性。法国大文豪巴尔扎克说过："机会来的时候像闪电一样短促，全靠你不假思索的利用。"我国典籍《淮南子》上也说："时，难得而易失也。"中国需要做的，就是抓住这个历史机遇，立足于国内市场20多年发展实践的基础上，进一步研究借鉴美、英等发达市场发展的经验教训，从国家战略层面进行顶层设计，去粗取精，兴利除弊，以我为主，为我所用，积极发展期货和衍生品市场。

第九章

衍生产品：经济大国绕不开

大国经济中，期货和衍生品市场是一个重要的内容。

哈佛大学教授、诺贝尔经济学奖获得者罗伯特·莫顿（Robert Merton）在世界交易所联合会（WFE）第53届年会的演讲中说："事实上，衍生品已经无处不在，成为金融体系不可分割的一部分。面对各国迥然不同的货币、规则等体系，衍生品发挥了协调衔接的作用，使各国跨越地缘政治的边界，建立起了基本一体化的全球体系。一旦缺少了衍生品，这一点将无法实现。如今，全球没有任何一家金融机构，包括中央银行在内，能够离开衍生品而正常运行。"[①]

发展期货和衍生品市场，对于中国这样的经济大国来说，其重要性是不言而喻的。我们正处在实现中华民族伟大复兴的历史进程中，处于经济、金融转型的关键时期，如何正确地定位、发展和利用衍生品市场，对深化金融改革、服务实体经济、维护国家经济金融安全都非常重要。可以说，积极发展期货和衍生品市场关乎国家战略。

---

① 罗伯特·莫顿，《论衍生品市场的价值——在世界交易所联合会第53届年会上的演讲》，上海证券报，2015年1月30日。

发展定位：服务实体经济和国家战略

全球化背景下，影响大宗商品及金融资产价格的因素不断增多，同时由于各类金融资本，如短期投机、长期投资、中性套利等的存在，价格大起大落，容易被操纵。中国庞大的大宗商品进口量、不断开放的金融市场，如果本土没有一个强大的期货和衍生品市场来有效地汇聚信息、反映真实的供求关系、参与全球定价，我们在国际贸易活动、全球金融资源配置中就会缺乏话语权。本土市场的政府可以通过调整监管政策来矫正过度投机，或者制定有利于本土经济发展的规则，但如果本土没有衍生品市场，企业只能到境外市场套期保值管理风险，被动接受当地的监管要求和制度规则。对于一个经济大国来说，没有这种监管主动权，对国家经济安全是极为不利的。前面提到，弗里德曼从国家利益的角度支持在芝加哥商业交易所上市外汇期货，其中他指明的重要一点，就是市场建立在本土具有国家战略利益。为了留住本国的交易者，美国的法律规定，不要因监管过严的原因，让交易者流失到其他市场，削弱美国的地位。美国多位财经高官都谈到，如果监管导致交易者从美国市场外流，就必须放松监管，留住交易者。这应该是给我们中国人一个很好的提醒。

因此，中国发展期货和衍生品市场的定位就是为了服务实体经济和国家战略。发挥期货和衍生品市场套期保值、价格发现的功能，为实体企业提供高效的风险管理工具，帮助企业在全球范围内配置资源、组织生产经营活动，提高企业的核心竞争力和抗风险能力。同时，期货和衍生品市场是通过市场方式确定游戏规则的平台，一国的利益和诉求可以在这个平台上市场化地展现。如果这个平台能吸引全球投资者参与交易，就能发挥定价中心的作用，就能提高中国在国际大宗商品贸易定价上的话语权，从而更好地服务“一带一路”倡议。

经济大国：衍生品市场是“软实力”吗

“软实力”这个新名词已经在国际上叫了很久。我国要善于把日益增长的综合国力转化为在国际上的制度性权力。资源控制力和定价影响力就是制度性权力在期货市场上的具体表现形式，它是一种软实力。

1990 年，美国哈佛大学教授约瑟夫·奈在美国著名杂志《外交政策》上发表《软实力》一文，首次明确提出了“软实力”的概念。根据约瑟夫·奈的理论，一个国家的综合国力分为硬实力（hard power）与软实力（soft power）两种形态。硬实力是指支配性实力，包括基本资源（如土地面积、人口、自然资源）、军事力量、经济力量和科技力量等；软实力则主要包括文化吸引力、政治价值观吸引力，以及塑造国际规则和决定政治议题的能力。他认为，在当前全球化和信息化大潮下，软实力在国际竞争、国际关系中变得越来越重要。正如现实中所揭示的那样，当一个国家的军事实力处于上升状态时，其所作所为可能会引起邻国的恐惧。但倘若一个国家的软实力也在增长，那么就能吸引其邻国，它们产生恐惧以及建立制衡联盟的可能性也就更小。

在大国崛起的过程中，硬实力和软实力二者缺一不可。与硬实力相比，软实力看不见、摸不着，主要体现为通过文化、制度、规则等形成潜在的影响力、吸引力和控制力。对于中国来说，经过 40 年的经济高速发展，综合国力在日益增长，硬实力在不断增强，但面临着一个很大的挑战就是如何把经济优势转化为软实力。期货和衍生品市场是其中一个需要关注的领域，这个市场的强大能够在形成制度性权力方面发挥独特的作用，可以使涓涓细流汇入国家软实力大海。

前面分析过，总体而言期货市场都具有价格发现、套期保值、风险管理的功能，但是商品期货和金融期货在不同功能的发挥上还是存在一定区别的。商品期货在价格发现、定价基准上发挥的作用就强于金融期货。对商品期货而言，由于现货市场一般较为分散，透明度和集中度低，因此期货市场的价格发现功能体现得非常充分，国际上大宗商品的定价基准主要利用期货市场的价格发现机制。对金融期货而言，由于现货市场本身就高度集中，交易公开、透明，因此期货市场和现货市场相互影响，共同发现价格。比如股票市场和股票指数期货市场，两个市场每时每刻的指数都透明、公开、及时，大家一目了然。所以，金融期货的价格发现功能不如商品期货那样受到经济实体的重视，而它的风险管理功能则为许多金融机构所使用。在大宗商品领域，建立一个发达的期货和衍生品市场、一个成功的国际性大宗商品定价中心，往往意味着资源控制力、商品定价影响力以及由此而生的规则制定权的政治经济影响力。

资源控制力

场内、场外衍生品市场的期货期权合约、未了协议以及货物交割仓单，大部分掌握在以美国为首的西方金融机构手上。其中相当一部分是大宗商品，最重要的两项是石油和粮食。一个是工业的粮食，一个是人类的粮食，断了炊都是不得了的惊天大事。

石油，又称“黑金”，是全球最重要的能源资源，是各国经济发展和军事实力的重要依靠。石油是如此的重要，以至于20世纪以来围绕石油资源的争夺成为观察国际政治格局变化的一条主线。期货和衍生品市场在帮助美国控制石油资源方面发挥了重要的作用。格林斯潘在其自传《我们的新世界》一书中说，许多石油公司通过期货合约出售石油给投资者，于是便暴露在石油飙涨的需求下而没有避险。它们迅速想办法补充这些附加出售义务的新库存。结果，所累积的库存包括传统的预防性库存和业者为履行期货合约交付义务而以“附加条件”方式所持有的库存。换言之，全球的储油槽和管线里的石油，有一部分已经是属于投资人的了。金融机构大量参与石油期货期权交易所累积的石油实物交割请求权的量已经非常大，也就是说，金融机构的石油期货期权持仓中，相当一部分是以库存方式存在的，随时可以兑现提走。据国际清算银行报告，反映在 2004 年 12 月到 2006 年 6 月之间，以石油为主的大宗商品衍生品名义合约价值增长了将近 6 倍。[①] 这表明，全球地下和管道的石油通过期货期权合约集中到投资银行和对冲基金等美、欧金融机构（美国占 65%、欧洲占 25%）手上。美国在 140 多天战略储备（约 7 亿桶原油）之外，还控制了大量的动态库存——期货期权合约持仓，不声不响地将石油输出国组织欧佩克（OPEC）国家油井中的石油转移到美国。美国认为除了政府的战略储备之外，还可以通过金融市场机制让全球油库里面的油为其所用，由其掌握。格林斯潘在书中表达了这样一个意思，如果你直接到一个国家去买油，人家还有警惕性，但是如果通过金融市场交易，就是一个市场行为，具有隐蔽性。我们知道，全球主要的大型金融机构都是西方国家的。现在美国有很多大的投资银行、商业银行都在参与商品交

---

① （美）艾伦·格林斯潘，《我们的新世界》第 497 页，台湾大块文化出版股份有限公司，2007 年 10 月。

易，同时也是商品的贸易商和加工商。前些年，高盛、摩根士丹利、摩根大通等国际大投行不仅拥有金属、原油等大宗商品仓库，还组建了自己的船队，经营炼油厂、电力公司等。据媒体报道，高盛和摩根大通曾一度控制了伦敦金属交易所在全球1/4以上的仓库（以上情况在2008年金融危机后有所调整，国际投行出售了许多大宗商品仓库）。由于利用了金融市场的交易机制，美国慢慢地完成了把人家地底下的石油向自己国家转移的过程，不显山不露水地完成了这样的事。因此，石油储备除了靠国家直接在现货市场上购买之外，还可以通过期货和衍生品市场，采取市场化的机构持有金融产品——期货合约买卖方式，实现石油储备的"动态库存"。

近10年来，美国"页岩油气革命"深刻地改变了世界能源格局。得益于页岩油气开发技术的突破，美国于2009年首次超过俄罗斯成为世界第一大天然气生产国，有望实现"能源独立"。随着油气生产能力的大幅提高，美国正在向天然气净出口国转变，并于2015年取消了持续40年之久的原油出口"禁令"。美国对石油资源的依赖程度下降，加之进入21世纪以来，石油美元的战略地位在国际上受到多方面的严峻挑战，主要包括欧元瓜分国际石油贸易中的美元市场份额（伊拉克、伊朗、俄罗斯、委内瑞拉先后宣布接受欧元计价的石油交易，但目前都没有明显成效）、俄罗斯推动石油贸易"去美元化"、中国正在推动人民币国际化（包括推动人民币跨境贸易结算、推出人民币计价的国际化原油期货市场）等，美国可能进行战略调整。但即使美国在国际石油市场上进行战略收缩，也并不意味着美国将放弃或降低对大宗商品市场的控制。

另外，粮食也是一个重要的战略资源。国内外已经有学者指出，美国瞄准粮食这一大宗商品，试图以"粮食美元"取代"石油美元”，实现美元复兴。目前来看，美国的“粮食美元”战略已经具备了一定的条件。一是虽然美国由于“页岩油气革命”，在未来几十年内可能再次成为石油生产大国，但从世界范围看，无论是石油的储量，还是生产量、出口量，中东地区仍占据主导地位，美元锚定石油需要美国与主要石油出口国达成协议。若美元锚定粮食，则美国自身就可以主导该体系，因为美国是世界上最大的粮食生产国和出口国，出口量占世界粮食总出口的 50% 左右。二是与掌控国际原油市场定价话语权一样，美国芝加哥商业交易所集团旗下的芝加哥期货交易所以及美国洲际交易所集团是全球的农产品定价中心，它们的大豆、小麦、玉米、白糖、棉花期货价格是国际农产品贸易的定价基准。三是美国农业竞争力具有比较优势，通过 WTO 谈判及北美自由贸易协定等多边、双边协定，美国进一步打开了主要国家的粮食大门。“ABCD”四大粮商（美国 ADM、美国邦吉、美国嘉吉、法国路易达孚）中，有三家都是美国的，这些企业凭借强大的资本运作和风险管理能力，在全球配置资源，充分利用现货市场、期货和衍生品市场，牢牢地控制了世界粮食体系的上游（种植、农资）、中游（物流、仓储）、下游（销售）。据统计，目前世界粮食贸易量的 80% 都垄断性地控制在四大粮商手中，而这四大粮商都在期货市场持有大量的未平仓期货和期权合约。

美国通过原油期货期权、粮食期货期权市场等金融衍生品的交易和规则的制定权力，牢牢地把控着全世界能源市场和粮食市场的定价话语权，体现了美国强大的软实力。

商品定价影响力

商品定价影响力是一种战略工具。

目前，国际大宗商品贸易定价主要是以美国和英国的期货市场价格为基准。如果期货交易所在我国本土，全球投资者来参与，我国期货市场价格将影响全球大宗商品贸易定价。而在我国本土的期货交易所的交易规则和制度就将成为影响价格的一个重要因素。我们知道，大宗商品价格的形成，受供求、市场预期、金融投机和期货交易所规则、所在国监管制度等多种因素影响。如果本国有一个具有影响力的期货和衍生品市场，可以通过市场化的方式调整规则来影响大宗商品短期价格，进而影响全球的政治经济格局。美国是这方面的行家里手。

2015 年 9 月 7 日，英国《每日电讯报》网站用了一个极为夸张的标题，对当时以为即将上市的中国原油期货合约进行了报道，标题是：中国新石油合约预示背离布伦特原油和美元的转变。报道指出："布伦特原油期货合约被当作全球约 2/3 的石油的定价参考。北海布伦特油田的轻质低硫油在全球现货供应中仅占 100 万桶 / 天，而全球石油需求为 9200 万桶 / 天，但布伦特原油期货合约仍然是可贸易石油中的王牌。不过，下个月预计将有一个新合约出现在市场上。布伦特原油期货作为受欢迎的全球定价基准地位很快将受到挑战。"[①] 外国媒体的报道，反映出英、美对我国原油期货上市对它们主导的定价基准地位形成挑战的关注，担心定价影响力从以美国为首的西方转移到中国。该报道还说，中国正策划让布伦特原油及与其地位相当的西得克萨斯中间基原油走向没落，因为这个全球第二大经济体试图对其主要能源来源的定价获得更多的控制权。这个报道有点儿多虑了。

当时，我们还没有推出原油期货交易，英、美就表示出如此的

① 《中国将推全球性原油期货合约 英媒：挑战布伦特地位》，参考消息，2015 年 9 月 8 日。

担心，可见大宗商品定价话语权对一个国家至关重要。国际上普遍认为，中国原油期货合约的推出，反映了中国对全球能源和大宗商品市场的影响力与日俱增，并预测随着国际投资者越来越多地参与中国期货市场交易，中国以原油等大宗商品为标的的期货合约价格将影响全球大宗商品定价，形成美、英之外的另一个定价中心。

规则制定权的政治经济影响力

世界上任何一个期货交易所，无论位于哪个国家，必然要遵守所在国家的法律法规制度，法律法规制定的主动权在这个国家。如果企业是在境外参与期货交易，虽然也能够利用国外期货交易所发现的价格进行贸易谈判，对经营活动进行套期保值管理，但是要被动接受外国期货交易所的规则制度和所在国的法律法规及政府监管。而这些规则制度受期货交易所所在国家的政治制度、法律制度以及价值观的影响比较大，一国的法律法规也主要考虑的是本国利益。如果在中国本土的期货交易所内进行交易，则是本国的规则制度起作用，国家的意志和价值取向可以通过期货市场的监管制度的传导来体现。这一点，对中国的重要性非同一般。因为我国结合自身国情在社会主义市场经济中创造的一些经验，适合我国国情，有利于我国期货和衍生品市场稳定健康发展，而不是被动地接受完全有利于西方的期货市场交易结算、监管制度安排。

这种规则制度对定价的话语权、影响力在美国期货市场上已经得到充分反映。如 2007 年至 2008 年上半年，国际原油期货价格飙升，短短一年半时间从 60 美元 / 桶左右上涨到 147 美元 / 桶的历史高位。高油价对美国经济政治带来了很大的影响：一方面，当时美国页岩油气技术尚不成熟，60% 的原油依赖于进口，原油进口量高达 900 万桶 / 日，高油价对美国实体经济的损害更大，且增加了通货膨胀的压力；另一方面，2008 年正值总统选举，通胀压力增大对执政党非常不利，如何让共和党能够继续留在白宫是小布什政府不得不考虑的事情。当时，美国国内对原油市场投机活动的指责日益高涨。在美国国会的压力下，2008 年 5 月 29 日，CFTC 宣布对原油期货市场展开全面调查。2008 年 6 月 17 日，CFTC 宣布，将要求提供美国原油期货合约交易的外国交易所（如位于伦敦，提供 WTI 原油期货合约交易的洲际欧洲期货交易所），对交易者采取更加严格的持仓限制措施。稍后，美国期货监管当局修改监管规则。2008 年 8 月 6 日，CFTC 将一家持有 3.2 亿桶（约 5000 万吨）原油期货头寸的石油交易商，从原来的"商业交易商"身份划入"非商业交易商"身份，即该交易者的持仓由套期保值持仓变为了投机持仓。这家单一交易商身份的重新认定，引起了整个市场结构的重大变化——以往交易所提供给 CFTC 的持仓报告中，"非商业交易商"（投机交易商）的持仓比例接近 38%，而重新"站队"以后，"非商业交易商"在未平仓合约中的持仓比例上升到 48%。除了修正最新报告以外，CFTC 还追溯修改了 2007 年以来的全部市场数据报告。

CFTC 监管规则的调整会带来什么影响呢？按照 CFTC 的期货交易规则，商业交易商的套保持仓可以申请豁免，不受投机持仓限额的限制，而非商业交易商的持仓头寸则不能超过投机持仓限额。由于 CFTC 调整监管规则，将金融机构互换交易不计入套期保值，它们的持仓就要受到限制，必然导致重新定位后的超仓交易者调整仓位，对超过持仓限额的部分进行平仓，抛出期货期权合约。这种因为监管政策调整引发的抛售，导致了在纽约和伦敦的期货交易所交易的 WTI 和布伦特原油期货价格暴跌（见图 9–1），原油期货价格从 100 多美元 / 桶一路下跌到 50 美元 / 桶以下。

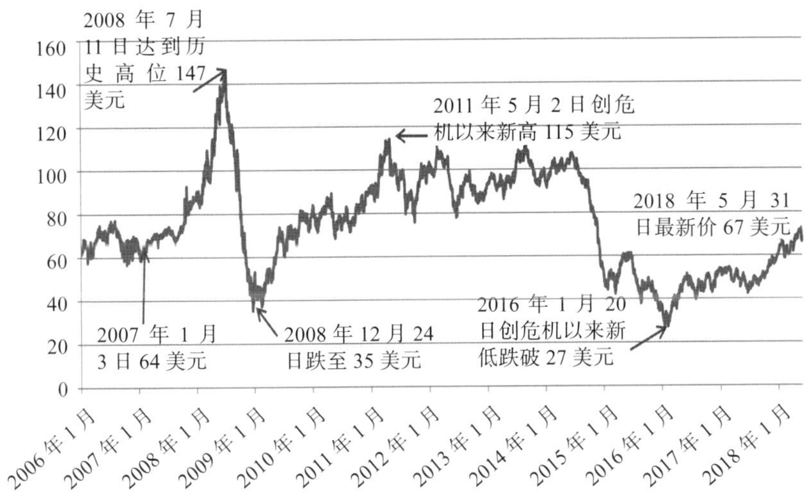

图 9–1　2006 年以来 WTI 原油期货价格情况（单位：美元 / 桶）

数据来源：Wind 资讯。

这两个国际原油贸易定价基准的大幅下跌，造成了全球对原油价格下跌的恐慌。其中最为担心的是俄罗斯、委内瑞拉等与美国比较对立的国家。2008 年下半年油价波动对俄罗斯经济产生了很大的冲击，引起了俄罗斯高层的担心和忧虑。石油出口在俄罗斯经济中具有重要地位，石油出口收入是俄罗斯最主要的外汇收入和预算资金来源。按照俄罗斯当年的财政预算，如果油价太低，俄罗斯财政就会入不敷出，社会稳定就可能出现问题。从以上分析中可以看出，国际原油价格大幅波动会影响一个国家的社会稳定。而这个价格在短期内受期货价格影响，期货价格除由供求关系决定外，还受到期货交易所所在国政府的监管规则影响，归根到底受到这个国家的核心利益左右。

从这个案例可以看到纽约商业交易所原油期货价格波动和美国期货监管部门监管政策变动之间的关系，这次由监管当局修改规则导致原油价格下跌的结果是有利于美国国内、国际政治需要的，这个波动符合美国的政治利益。美国通过改变原油期货市场监管规则，影响原油期货价格，彰显了政治影响力，从而影响美国国内的通胀预期，也影响了俄罗斯政府预算平衡，在短期内对俄罗斯社会稳定造成潜在影响。油价的确可以影响一个国家的政治经济，或者成为对他国政治经济施加影响的工具。除了在地缘政治上、产量上采取一些手段影响油价外，期货市场是一个重要的平台，可以通过对具有定价权的原油期货市场的监管规则调整，影响油价，从而达到阶段性的政治目的。

不仅原油期货市场，农产品期货市场也会对相关国家的经济安全造成影响。美国人对期货市场的价格影响力非常看重。早在 20 世纪 70 年代，他们用自己的思维揣度当时苏联在芝加哥小麦期货市场上的交易，对苏联的交易保持高度警惕。美国国会检查了 1972 年苏联的谷物销售情况，认为期货市场存在苏联等外国公司逼仓或者操纵价格的危险，这些公司中的一部分已经控制了外国政府的大量资源。尽管后来美国监管部门的调查证明苏联政府既没有操纵期货市场，也没有通过操纵期货市场危害美国经济的政治目的。[①] 但在一些具有冷战思维的美国国会议员那里，他们始终认为，苏联人在小麦期货市场上购买那么多小麦有政治阴谋，“苏联人要把巨大的风险转移到毫无戒备之心的美国生产商和加工商身上”。其实，20 世纪 70 年代搞计划经济的苏联人根本就不知道期货市场还有这种影响力，因为他们不懂期货市场，把期货下单和现货下单看成一码事，在期货市场上“买了比他们实际需要多 50% 的小麦”。苏联领导层的思维里压根儿就没有这个盘算，可这引起了美国政府的高度关注，因为美国按照自己的思维和认知来揣度别国的行为，以为其他国家和美国一样。用中国人的话说，就是“以己之心，度人之

① （美）杰瑞 · W. 玛卡姆著，《商品期货交易及其监管历史》第 75 页，中国财政经济出版社，2009 年 6 月。

腹”。这一点和现在美国对待中国崛起的态度是相同的。

战略思考：经济大国与衍生品市场

俗话说：“人往高处走，水往低处流。”

今天的国际金融秩序，随着资本在全球流动，财富流向金融管理水平高的国家，风险沉淀在金融管理水平低的国家。2017 年 9 月 11 日，英国知名智库 Z/Yen 集团发布了最新一期的“全球金融中心指数”（GFCI）。[①] 根据该指数，全球前 20 大金融中心里，中国（含香港）占据了 4 席，美国、加拿大各占据了 3 席，澳大利亚、瑞士各占据了 2 席，英国、新加坡、日本、德国、卢森堡、阿联酋各占据了 1 席。从这个排名我们可以看到，除了中国以外（中国由于经济体量庞大，城市之间发展水平差异较大，大量财富和金融资产集中在北京、上海、深圳三个城市），金融管理水平高的国家（地区）同时也是全球最富裕的国家（地区），汇聚了全球大量的财富。2008 年金融危机以来，风险沉淀在管理水平低的国家，更是一再得到验证。美国作为金融危机的发源地，利用发达的国际化金融市场包括股票市场、债券市场、期货和衍生品市场，将风险在全球范围内分散、转移。它引发的金融危机造成的损失让全球被动分摊，对世界经济造成了严重冲击。而危机后，美国凭借自身完善的科技创新体系、有弹性的劳动力市场、高超的金融管理能力在全球率先复苏，摆脱了金融危机的困扰。经济表现同样强劲的还有位于大西洋彼岸的英国，和美国一样，英国也拥有发达的金融市场，伦敦是全球最主要的外汇、贵金属和场外衍生品交易中心，是公认的唯一可

---

① 全球前 20 大金融中心排名依次为：伦敦、纽约、香港、新加坡、东京、上海、多伦多、悉尼、苏黎世、北京、法兰克福、蒙特利尔、墨尔本、卢森堡、日内瓦、旧金山、温哥华、迪拜、波士顿和深圳。http://www.longfinance.net/images/gfci/gfci_22.pdf。

以比肩纽约的全球金融中心。相比之下，金融市场不发达、风险管理水平低的国家和地区至今仍然没有完全摆脱金融危机的困扰，经济复苏乏力甚至处于衰退之中。如欧元区虽然经济总体较为发达，但由于是间接金融为主的模式，资本市场和期货衍生品市场没有美、英那么成熟，金融资源配置效率和风险转移分散能力受到限制，危机后经济复苏缓慢，远没有恢复到正常状态。新兴市场国家表现得更为明显，由于经济的内在脆弱性、资本市场和期货衍生品市场不发达等因素，大部分新兴市场国家经济波动较大，抗风险能力弱。MSCI 在这方面提供了很好的例证。MSCI 发达市场指数自 2007 年 10 月开始下跌以来，金融危机期间最大跌幅 59%；MSCI 新兴市场指数在危机期间最大跌幅为 66%。虽然两个指数看起来跌幅差距不大，但市场恢复的速度差别巨大。全球股市从 2009 年初开始基本企稳，2014 年 2 月 MSCI 发达市场指数重新达到了危机前的点位，2017 年底比危机前的指数水平上涨了 25%。而 MSCI 新兴市场指数从 2014 年 2 月到现在又经过了 4 年多，仍然没有恢复到危机前的水平（见图 9–2）。

图 9–2　2005 年以来 MSCI 发达市场指数和新兴市场指数走势

数据来源：Wind 资讯。

国际政治经济实践已经证明，资本市场和衍生品市场成熟与否、风险管理水平高低，事关一国经济发展的主导权、优先权和可持续发展。美国纽约大学国际政治学终身教授熊玠提出了“地缘经济时代”的观点。他认为21世纪之前是“地缘政治时代”，国家之间的较量体现在意识形态、地理位置、领土等方面，但今后的竞争将更多地集中在自然资源、市场、劳动力资源等领域，这个观点得到德国《国际政治》杂志刊登的《亚洲世纪的开始》一文的佐证。该文指出，按购买力平价计算，中国2014年就成为全球最大的经济体。中国是世界上最大的商品市场之一。权力和财富以极快的速度向中国为首的亚洲国家转移。文章认为，经济实力向亚洲转移的主要原因很简单：人多势众。到2025年，全球2/3的人口将生活在亚洲。相比之下，美国人口仅占5%，欧盟和英国人口约占7%。过去数百年，西方国家巨大的财富和技术优势使它们不受人口差异的影响，可以统治国际政治和经济。但亚洲过去两代人的快速经济发展使东西方财富差距缩小，中国等亚洲国家的人口规模开始改变全球的力量平衡。一国对国际金融和经济的控制力决定着该国的国家竞争力。中国作为全球第二大经济体的实力和人口规模优势，将为中国金融市场的发展壮大提供强力支撑。期货和衍生品市场作为金融市场的重要组成部分，为基础能源、农产品、大宗原材料和核心金融资产进行定价、套期保值及风险管理。经济大国需要利用强大的经济实力和规模发展期货衍生品市场，服务本国经济发展，形成具有国际影响力的大宗商品定价平台和具有吸引力的全球金融中心。

对这一点，美国人认识得非常深刻。从20世纪70年代开始，美国通过推出外汇期货、推动美元与石油挂钩并大力发展原油期货市场、完善农产品期货市场、鼓励场外金融衍生品创新等，始终牢牢控制着基础能源、核心农产品和美元国际货币的主导权，一旦受到挑战和威胁就出手干预。

衍生品市场的发展减弱了美国直接金融体系发生危机时可能对实体经济的冲击，缓释了资本市场风险，有利于实体经济的发展。当然，无节制的场外衍生品创新，让监管者没能发现次级贷款市场已经累积的问题，引发了金融危机。但是美国人利用金融衍生品这种工具，把可能出现的问题转移到全球，让全球投资者分担。

美国发展衍生品市场试图缓释美国经济结构调整可能带来的震动，希图减少对实体经济的冲击。这一点看来是做到了。格林斯潘对衍生品市场的肯定，也就是看中了它转移风险的强大功能。早在1987年格林斯潘刚担任美联储主席时，他就对金融衍生品市场推崇备至。20世纪80年代初期，美国经济中利率不稳定，汇率和其他资产价格上升成为主要原因。格林斯潘认为，衍生工具为企业和金融机构提供了在不稳定过程中更好地进行风险管理的方法，即通过将原来合并在一起的风险进行分散，并将其转移到最愿意接受并管理这种风险的人身上。公司财务结构的变化也使衍生工具越来越具有吸引力。随着资本市场的不断扩张，企业对商业银行传统融资服务的需求急剧下降，许多企业更加倚赖资本市场来解决资金问题。格林斯潘认为，在资本市场大发展的时候，衍生工具更需要大发展。当时对衍生工具是发展还是限制，美国存在很大的争论。格林斯潘对要求立法对衍生品交易进行限制的人说："私有企业和金融管理者在应对衍生工具的挑战方面做出了成绩，而且以后成绩还会更大。在这个时候进行与衍生工具有关的补救立法既不必要，也不可取。"他代表美联储旗帜鲜明地反对立法限制衍生品市场的发展。

格林斯潘说，针对衍生工具的立法取代不了更广泛的改革，而没有这种改革，创造一个本身无效的管理体制实际上会增加美国金融体系的风险，并削弱市场规律的有效性。虽然衍生工具是新生事物，但它们的风险本质上同银行所面临的基本风险——信用风险、运作风险、市场风险和其他风险等——是完全一样的。银行业不是严格无风险的产业，冒险是经济进步和生活水平提高的必要条件。“衍生工具确实是用来降低风险的。”格林斯潘认为。[①]2002 年，他在伦敦发表“世界金融和风险管理”演讲中进一步评论说：“金融衍生品市场的迅速发展使对冲风险的成本显著降低，对冲风险的机会大大增加。因此，美国的金融体系比 25 年前更为灵活、有效和富有弹性，现代经济抗冲击能力显著增强，美国经济变得更有弹性了。”

格林斯潘对衍生品的评价还是比较中肯的。但场外衍生品市场后来的发展偏离实体经济太远，因为有相当一部分场外金融衍生品采用了金融机构发放的次级贷款作为基础资产来设计产品，好比在沙滩上建高楼，基础不牢，地动山摇。2008 年金融危机发生后，以信用违约互换为首的场外衍生品成为众矢之的。英国《期货期权世界》杂志（《FOW》杂志）的特约评论员戴维·威根（David Wigan）在 2013 年写道：“金融体系核心的定时炸弹就是信用违约互换合约。CDS 在 20 世纪 90 年代中期以定量项目的形式出现，不到 10 年，它已经成长为一个有 50 万亿美元的全球行业。它在场外交易，灵活性极佳，可用于任何信用敞口。它是一种能让任何一笔贷款都感觉良好的迷幻药。”[②] 时任美国总统小布什在危机期间对时任财政部

① （美）戴维·B. 西西利亚，杰弗里·L. 克鲁克香克著，《格林斯潘效应》第 153~159 页，机械工业出版社，2000 年。

② 大连商品交易所，《国际金融衍生品市场动态》，2013 年 8 月期第 25 页，大连商品交易所。

长保尔森说："华尔街的人喝醉了，可宿醉的却是我们。"[①]

2013年，格林斯潘在其新书《地图与疆域》中对2008年金融危机的原因进行了反思。他认为，这不是放松监管的问题，而是现有监管体系失灵导致了这场危机。特别是，监管者未能意识到金融机构资本不足的程度。出问题的不仅仅只有私营住房抵押贷款机构和投资银行家。对抵押贷款证券化的最大需求来自房利美和房地美，这两家由政府出资支持的企业这么做是希望实现政府的"房价可承受目标"。他还认为，住房泡沫的破灭之所以具有毁灭性，是因为由住房抵押贷款支撑的不良资产被高度杠杆化的机构持有，而且这些债务是短期的，不是永久性的，因此放贷方不愿将它们的短期贷款展期时，这些债务就容易出现积欠。格林斯潘写道："引发这场危机的是金融机构资产负债表上的资本减损。"在他看来，答案不在于监管，而是在于资本。[②]

不仅仅是格林斯潘，保尔森及继他之后担任美国财政部长的盖特纳等人也认为，期货和衍生品市场的发展关乎美国的全球经济竞争力。2008年金融危机后，美国舆论普遍对衍生品市场提出指责，要求进行严格的监管。盖特纳在推进监管改革的同时，始终强调监管改革不应损害美国衍生品市场的竞争力。他公开宣称，监管改革如果导致出现美国金融影响力向世界其他地方转移的倾向时，美国就要不惜放松监管，扭转这种倾向，以巩固美国的金融竞争力。这一点对我们的启示是，我们在期货市场改革开放的过程中，应该做好监管的力度与获得国际参与和影响力之间的平衡，因时因势来把

① （美）乔治·沃克·布什著，《抉择时刻》第417页，中信出版社，2011年8月。

② 《参考消息》，2013年10月23日，转载美国《华尔街日报》网站2013年10月22日文章，题：书评：艾伦·格林斯潘的《地图与疆域》。

握监管与国际竞争的节奏和力度。

从目前的情况看，美国似乎达到了它的目的。无论是衍生品的场内市场，还是场外市场，美国、英国的市场规模都比其他国家要大得多，影响也要深得多。从能源产品、农产品、有色金属和贵金属等大宗商品的价格决定看，定价话语权主要分布在美国和英国的期货交易所。场外衍生品市场也主要是由美国、英国的商业银行和投资银行主导。英、美作为两个先后崛起的大国和经济强国，它们在崛起的过程中不断增长的经济实力为其衍生品市场的强大和全球影响力奠定了基础。不可否认，这两个经济强国的先后崛起，其衍生品市场影响力来自强大的经济实力和政府不遗余力的政策扶持。经济崛起大国的战略眼光在这里可见一斑！

衰落沉思：日本商品期货之萎缩

为何日本的商品期货市场默默无闻？

与美国、英国成功建立衍生品市场定价中心相反的是日本的例子。有学者认为，日本期货市场尤其是商品期货市场不发达，是没有抓住经济崛起的机遇，成为一个建设国际大宗商品定价中心失败的案例。日本错失了期货市场对外开放的有利时机，且未能在事前自主制定金融市场对外开放路线图：一方面，日本金融市场的开放主要是迫于国外特别是美国的压力，没有从根本上改善固有金融制度；另一方面，金融市场对外开放推进速度受制于经济发展和日元汇率波动状况，开放举措缺乏系统性。

在第二次世界大战结束之后很长一段时间内，日本的商品期货市场一直雄居亚洲第一，在全球占据重要地位。根据FIA统计数据，

1955年全球期货期权交易排名前20的期货品种中[①]，日本就有10个。20世纪后半叶，日本的商品期货市场经历了一个高速发展的黄金时期，2001年交易量在全球商品期货交易量中占比达到31%。雄厚的经济背景、独特的地理位置，以及发育良好的市场态势为日本打造亚洲商品期货交易中心创造了得天独厚的优势，距离国际大宗商品定价中心仅一步之遥。

然而2003年以后，日本商品期货市场达到顶峰后快速下滑，市场规模直线下降，资金大幅缩水，投资者数量明显较少，衰落迹象明显（见图9–3）。2017年，日本商品期货市场交易量从2003年最高的1.54亿手降至0.24亿手，在全球商品期货市场的交易量占比仅为1‰。曾经是世界第二大商品期货交易所的东京工业品交易所（TOCOM）早已失去往日的风光，排名跌到第32位，其他几家商品期货交易所基本没有交易量，处于倒闭的边缘。无论是能源、金属，还是农产品期货，日本期货市场已经没有品种能够列入FIA全球商品期货期权交易排名前20的名单里。日本商品期货市场保证金从2003年高点5100亿日元下降到2017年的1320亿日元，跌幅达74%。投资者人数从2003年的11.82万人降至2016年的4.43万人，跌幅达63%。[②]日本商品期货经纪业大幅萎缩，经纪会员和营业部数量大幅下降，从业人员大量流失。而与日本商品期货市场不断衰落形成鲜明对比的是，同期全球商品期货市场仍保持稳定增长，亚洲其他地区商品期货市场发展势头迅猛。

---

① 当时全球尚未推出金融期货品种。

② 上述数据来源日本商品期货振兴协会 http://www.jcfia.gr.jp/。2003年日本商品期货交易量数据与FOW数据差异较大，从权威性考虑，以日本商品期货振兴协会数据为准。

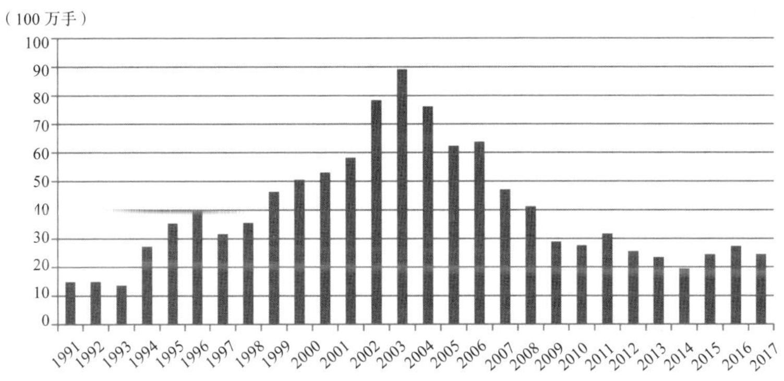

图 9–3　1990—2017 年日本商品期货市场成交量情况 ①

数据来源：FOW。

探寻日本商品期货市场衰落的根源，可以找到很多原因。有研究认为，国际比较优势的丧失是日本商品期货市场衰落的理论解释。各国期货市场在发展过程中逐渐形成了各自不同的优势条件。其中，由于优越的地理位置或者依靠优势产业为基础形成的期货市场具有外在优势条件。期货交易所在发展过程中还可以通过提高技术、优化资源配置、形成规模经济、提升交易效率等打造内在优势条件，两种优势都可能成为期货市场竞争格局形成的原因。近年日本商品期货市场在发展过程中，原有外在优势所创造的良好市场条件逐步丧失，同时缺乏内在优势提供新的发展动力，市场开始出现大幅萎缩。②

这种分析过于理论化。从实际情况看，我们可以把日本商品期货市场陷入“失落的十年”归结为三个方面的具体原因。一是日本商品期货市场对外开放迟缓。20 世纪 70 年代日本经济高速增长，

① 由于日本商品期货振兴协会没有公布 2003 年之前的历史数据，因此作图时引用的是 FOW 数据，不影响结论和观点。

② 郭晓利、刘岩，《日本商品期货市场衰落的原因和思考》，中国证监会期货部，《期货研究前沿 2011 年报告汇编》第 157 页。

工业化和城镇化的快速发展带来了大宗商品的“大进大出”。然而，直到80年代即工业化和城镇化基本结束时，日本商品期货市场才逐步对外开放，但随着制造业转移外流，对大宗商品的需求减少，这时的日本已不再是国际大宗商品的主要消费国和贸易国，日本商品期货市场对境内外参与者的吸引力逐渐消失。90年代以后，日本商品期货市场成交量虽然仍在增长，但是低于同一时期全球商品期货的年均增长水平。2000—2003年，由于日本实施超宽松货币政策，商品期货市场迎来一波阶段性的发展，但很快就陷入衰退。二是监管规定严苛且相互割裂。日本于2003年修订《商品交易所法》，规定了经纪公司的最低资本要求，对期货营销手段加以严格限制，阻碍了个人投资者的参与。农产品期货市场、工业品期货市场、金融期货市场长期分别由日本农林水产省、经济产业省和大藏省（后期金融期货监管职责从大藏省移交给了金融厅）监管，缺乏权威性的集中统一管理，行政部门之间各自为政、相互扯皮、协调性差，影响了期货市场新产品的开发与上市，阻碍市场规模的扩大。三是交易成本较高。日本商品期货市场的风控体系僵硬，保证金及收费结构复杂，交易成本高于境外市场，压抑了投资者参与市场的积极性，而短缺的流动性使价格发现和套期保值功能发挥受到极大影响。

从日本的教训来看，商品期货市场衰落最根本的原因还是在于国家没有从战略高度进行顶层设计，任期货市场自生自灭，错失了经济崛起的战略机遇期，没有抓住天时、地利、人和的有利时机，加快对外开放、推进市场发展、提高市场效率和理顺监管体制、完善监管规则。日本僵硬的期货市场和相互掣肘的监管体制，无法满足投资者对高效风险管理工具的迫切需要，逐渐被场外衍生品和境外期货市场代替，导致产业客户与投资者不断流向美国和英国的期货市场，失去了建立本土期货市场最为重要的本土流动性资源——投资者，从而丧失了将自身建设成为国际性大宗商品定价中心的机会。拿日本的例子与英、美进行对比，同是崛起中的经济大国，同样面临历史性的机遇，英国和美国抓住了，成功建立起了国际性大宗商品定价中心，即使后来制造业向其他国家转移，大宗商品贸易量下降，但定价中心留在了境内，继续掌握着国际大宗商品贸易的定价影响力；而日本没有抓住这个机遇，虽然现在奋起直追，但已经错过有利时机，做起来事倍功半。悔之晚矣！

中国考题：该不该发展衍生品

我们看到了英、美成功的范例，也看到了日本衰败的教训，殷鉴不远，在夏后之世。历史车轮不断向前转动，现在这个历史性机遇摆在中国面前，何去何从，权衡取舍，颇费思量。既向往拥有国际性大宗商品定价中心带来的强大影响力和话语权，又对期货和衍生品市场可能造成的巨大"破坏力"心怀恐惧，这就是中国现阶段发展期货和衍生品市场的心态。习近平总书记说："理念是行动的先导，一定的发展实践都是由一定的发展理念来引领的。"[①] 理念不清，必然导致行动上的犹豫、彷徨，优柔寡断，就可能使我们错失良机。辩证法告诉我们，任何事情都有利有弊，关键是利弊孰轻孰重。对于发展期货和衍生品市场，如果"利大弊小"，我们就应该在理念上坚定发展的信心和决心，在行动上尽可能地兴利除弊，抓紧深化改革、推进开放，利用有利条件、有利时机，努力把期货市

① 《习近平谈治国理政》(第二卷)第197页，中央宣传部(国务院新闻办公室)会同中央文献研究室、中国外文局编辑，外文出版社，2017年11月。

场做大、做深、做厚，把功能做强，形成具有国际影响力的大宗商品定价中心。前面几章对期货和衍生品市场的功能与风险、国外市场的收益与损失、中国发展面临的机遇与挑战都进行了分析与论证，在此不再赘述，择其要或前面没有讲到的再谈之。

纵观全球，并不是所有国家都适合发展本土的期货和衍生品市场。比如，欧洲许多国家就没有期货交易所，因为欧盟经济一体化了，许多欧洲小国不需要也没条件建立本土的期货市场。就是已经建立的，也陆陆续续被合并了，比如瑞士等期货交易所就并入了由德国主导的欧洲期货交易所；荷兰、法国和比利时等期货交易所合并为泛欧期货交易所（Euronext），此后泛欧期货交易所又收购了英国、葡萄牙的期货交易所，2006 年又与纽约证券交易所合并成为纽约泛欧交易所（NYSE Euronext）。是否发展本土的期货和衍生品市场，取决于一国的经济规模、发展阶段、市场化水平、地理位置、金融发育程度、法治环境、意识形态以及政治制度等多种因素。按照 FIA 的统计，2017 年底全球共有 79 家单体期货交易所（如果按期货交易所集团统计，则为 54 家），主要分布在美国、英国、欧盟、韩国、日本、澳大利亚、中国台湾、中国香港、新加坡等发达国家及地区，中国大陆、印度、巴西、俄罗斯、南非、墨西哥等新兴市场国家及地区。这些国家和地区中，由于金融期货市场本土性强，本土交易所在发展基于本国货币、债券、股票的期货、期权等衍生品上有天然优势。因此，相当一部分国家和地区在发展金融期货上取得了较大的成功。除美、欧之外，如巴西的短期利率期货市场（代表性产品：One Day Inter-Bank Deposit Futures），印度、韩国的股指期权市场（代表性产品：Bank Nifty Index Options，Kospi200 Options），俄罗斯的外汇期货市场（代表性产品：U.S.

Dollar/Russian Ruble Futures）交易量都很大。在商品期货市场，由于大宗商品天然同质性和高度国际化的特点，只有美国、英国和中国拥有成规模的商品期货市场，印度和日本仅有少数几个商品期货品种有活跃交易。

就商品期货市场而言，国际性大宗商品定价中心的竞争格局比较明了，美国在能源、贵金属和农产品领域，英国在有色金属领域拥有全球定价中心地位，但都面临来自中国的强劲挑战，同时中国在黑色金属、塑料化工有关期货产品方面形成了自己的特色。对于中小国家而言，由于经济总量不大，对大宗商品的消费、生产和贸易影响有限，风险管理需求可以通过参与国际期货市场来满足，因此对发展本国商品期货市场（个别特色品种除外，如马来西亚的棕榈油）既没有太大动力，也不具备条件。对于部分大国，如德国、法国、加拿大、澳大利亚等国，虽然在经济规模、市场化程度、法治环境等方面具备发展商品期货市场的一些条件，但这些国家的国际化程度很高，经济上与美国、英国联系紧密，且在意识形态、法律理念、监管规则方面接近，因此一般选择直接利用英、美已有的商品期货市场。还有一些大国，如日本错过了建立大宗商品期货市场的历史机遇；印度期货市场交易量大，但主要是金融期货，商品期货市场没有中国的影响力大。再看金融期货市场，中国受制于金融市场化改革的整体进程，金融期货发展不仅远远落后于美、欧等成熟市场，也慢于日本、韩国及巴西、印度、俄罗斯等其他金砖国家。仅沪深300股指期货一个品种曾经在全球有一定的影响力，但2015年股市异常波动后，交易所采取了严格的限仓措施，交易规模大幅下降，目前正在逐步恢复。利率期货还处于培育阶段，外汇期货尚未推出。最后看场外衍生品市场，如果将美、欧场外衍生品市场看作“大学”水平，中国场外衍生品市场最多是“小学”水平。无论是监管机构，还是金融机构、实体企业，都处在向国外学习、在实践中摸索的阶段。

中国是否也可以像其他国家一样，不发展本土的期货和衍生品市场，直接利用美、英的商品期货等衍生品市场来定价、套期保值和管理风险呢？从微观上看，我国企业利用期货市场套期保值，有一部分是同时在境内外期货交易所进行的，即使今后我国期货市场国际投资者参与多了，定价影响力大了，仍然还有一些交易要在境外市场进行。对于企业来说，套期保值是为企业经营目标服务的，因此交易场所在本土或境外，对企业的微观影响虽然有，但不是很明显。但从宏观上看，对于一个经济大国来说，期货交易场所在本土，对于其战略意义和经济安全至关重要，前面已论，余不赘述。目前，由于我国期货市场对外开放度不高，国际投资者几乎没有直接参与境内期货市场交易，我们的对外贸易活动、国际金融活动，主要还是参考英、美期货市场价格来从事商品贸易、金融交易，并进行风险管理，各取所需，实现双赢。我国期货市场主要还是作用于国内经济活动。

建立有国际影响力的期货和衍生品市场是历史给中国人的机会，也是实现中华民族伟大复兴中国梦的必然要求。首先，中国面临发展期货和衍生品市场的历史机遇，抓住时机，建立国际性大宗商品定价中心，这既是中国的国家利益所在，也符合世界利益。中国是一个经济大国，构建与大国经济相匹配的大国金融，是中国从经济大国走向经济强国的必经之路。而对中国这样的制造和贸易大国，发展期货市场，树立中国标准，形成价格基准，服务中国制造，本来就是构建大国强大的金融市场的题中应有之义。中国建立国际性大宗商品定价中心，可吸引来自全球各地的机构投资者和产业投资者共同参与，将有效汇聚大宗商品市场的信息流、资金流和商品流，直接带动外汇交易、港口航运、仓储物流、资产评估、融资担保、会计审计、法律咨询等行业的发展，促进中国经济转型升级。更重要的是，定价话语权同时也意味着规则制定权、规则调整权和监管主导权。中国企业利用本土期货市场产生的价格进行贸易定价和风险管理，遵守本国的监管规定，有利于企业在参与全球竞争中获得更大的主动权。同时，对于亚洲及全世界来说，在亚洲形成大宗商品的定价中心和风险管理金融中心，与北美（美国）、欧洲（英国）已经形成的中心互为补充，实现全球不同时区 24 小时全覆盖，将更好地满足世界经济发展的商品定价和风险管理需求，增强各国企业在全球范围内开展业务风险管理的能力和创新发展的信心。这对中国、对亚洲、对全球来讲都是好事一桩，这也是中国作为大国应有的责任与担当。

其次，国际政治经济博弈的现实迫使中国必须发展自己的期货和衍生品市场。不同于日本、德国、加拿大、澳大利亚等西方国家，甚至也不同于印度、南非等建立了西方体制的新兴市场国家，中国与西方大国在意识形态、历史文化上的差异，决定了政治体制、发展模式有很大的不同，西方大国对中国的和平崛起一直心存警惕和怀疑。基辛格在其新书《世界秩序》一书中，就中、美两国的国际秩序观进行了深入的战略分析。基辛格认为，中国的国际秩序观距离西方的价值观最远。他在书中详细列举了中、美双方的差异。例如，美国的政治哲学是实用主义，中国则是从理念出发；美国从未有过强大邻国的威胁，而中国在其边界以外始终存在强敌；美国人习惯于对可运作项目制定具体议程以解决问题，中国人则习惯于提出总原则和引导问题进程；中国人的思维方式是共产主义理想和传统中国文化价值观的结合，而美国人对这二者都很陌生。[①] 差异是客观存在的，关键是如何看待这些差异。与中国“和而不同”的文化理念不同，美国文化充斥着天赋使命感、民族优越论和主导意识等思维，美国把自身视为世界中心，将自己的原则视为世界的普遍价值，不承认差异性和多样性，不承认西方秩序并不具有普遍性。这些将不可避免地导致中、美双方在全球治理、国际秩序等一系列议题上的分歧。2015 年 10 月 5 日，美国时任总统奥巴马在 TPP 达成协议后发表公开声明称，95% 美国产品的可能消费者不在美国，美国不允许中国等国家来书写全球经济的规则。

在这样的现实下，对于中国这样要走自己道路的大国来说，把本国经济安全、战略资源保障、大宗商品定价话语权寄托在别人身上，是不可行的，也是很危险的。俄罗斯和伊朗的例子近在眼前。总部位于比利时的环球同业银行金融电信协会（SWIFT）是全球银行业系统的重要组成部分，它是全球银行之间沟通交流和资金转移的主要渠道。SWIFT 连通着全球超过 9000 家金融机构，遍布在 200 多个国家和地区，每日资金转移次数高达 1500 多万次。最重要的是，如果想与世界其他国家做生意，那么成为 SWIFT 的成员至关重要。SWIFT 的董事会主要控制在西方国家手里，其运作接受欧盟法规监管。但就是这样一个应该保持“非政治化”、为全球客户服务的国际性银行同业组织，极端情况下也可能被美国作为制裁他国的工具。2012 年 3 月，欧盟将 SWIFT 的接入限制作为对伊朗所实施制裁措施的一部分，禁止这个网络向伊朗的银行提供相关服

① 《基辛格认为西方秩序不具有普遍性》，参考消息，2015 年 2 月 4 日。

务。2014 年 8 月，随着乌克兰问题愈演愈烈，西方国家威胁要将俄罗斯排除在 SWIFT 系统之外。在俄罗斯第二大银行俄罗斯外贸银行（VTB Capital）首席执行官安德烈·柯斯丁（Andrei Kostin）眼里，“如果没有 SWIFT，俄罗斯的银行与外界之间就会失去联系”。[①] 一旦实施，这将会使俄罗斯经济瘫痪。从这个角度出发，我们也就更容易理解中国于 2015 年 10 月推出人民币跨境支付系统（CIPS）的重大意义，这既代表了中国推进人民币国际化的决心，有利于提高人民币跨境结算的效率，促进人民币在全球范围内使用，同时也是为了维护本国金融安全，摆脱对以美国为核心的金融支付系统的依赖。

对中国发展期货和衍生品市场来说，也是如此。这如同我国要自主建设覆盖全球的北斗卫星导航系统，不能仅仅依靠 GPS（全球定位系统）一样，否则将受制于人。目前来看，我国能源安全、粮食安全虽然总体可控，但原油、天然气、铁矿石、铜矿、镍矿、铝土矿及天然橡胶、棕榈油等大宗商品高度依赖进口，对外依存度高。据估计，2020 年前后我国的原油和天然气进口量将分别达到 5 亿吨和 2000 万立方米，对外依存度将分别超过 70% 和 45%。如果中国不发展自己的期货和衍生品市场，中国的企业和投资者都去参与西方大国的期货与衍生品市场交易，这只会巩固境外交易所的定价地位，强化境外规则的影响力。这实际上意味着中国作为全球大宗商品市场的头号进口国、消费国及主要生产国，主动放弃了对这个市场的发言权，自愿接受以美国为首的西方国家根据它们自身需要主导制定的规则。最终的结果，不但是中国企业的权益可能得不

---

① 《俄大行 CEO：将俄罗斯踢出 SWIFT 无异于“宣战”》，华尔街见闻，2015 年 1 月 28 日。

到维护，在竞争中常常处于被动地位，受制于人，中国的国家利益也会受损。

这方面有前车之鉴。过去以来到如今，中国企业直接参与国外期货市场，由于语言不通、规则不熟、经验不多、风控意识不强，而在境外被围猎的案例时有发生。中国企业在没有完全了解风险的情况下，贸然与国际投行签订复杂的场外衍生品协议，遭受巨额损失的事件也一度成为社会关注的焦点。当然这其中有中国企业自身的问题，包括内部控制制度不健全，既想锁定价格波动风险，又不愿承担风险管理成本，投机心理严重等。但还有一个很重要的原因，那就是境外期货衍生品市场的交易规则、监管要求、投资者保护都是根据本国情况制定的，有很多地方不适合也不能满足中国投资者的需求。

定价权缺失的一个典型案例就是国际原油市场的“亚洲溢价”问题。近 20 年来，在世界能源市场流传着这样一个故事，即亚洲国家购买原油每桶的价格比欧美国家要高一美元，能源界称之为“亚洲溢价”。这个“溢价”是由原油贸易定价基准不合理造成的。亚洲进口的原油主要来自中东、非洲、南美等地，定价通常以普氏报价为基准。普氏报价是一个现货评估价格，是普氏公司在跟踪市场报价并验证价格信息的真实性、可靠性后，在此基础上给出的当天估价，定价机制类似于伦敦银行同业拆借利率（LIBOR）。由于普氏报价是基于买卖双方的报价而非实际发生的交易，估价过程局限在每天 3:30~4:30 这个较短的时间窗口，成交量少，容易被操纵。普氏报价的这种局限性，决定了它难以客观反映东北亚地区真实的市场供求关系，导致中东销往东北亚地区的原油价格普遍偏高。长期以来，包括中国在内的亚洲国家没有一个有影响力的原油期货市场来发现价格，可以让亚洲国家向石油出口国提出符合亚洲实际的定价基准，不得不被动接受石油出口国提出的把普氏报价作为谈判价格的参考。接受这个基准，在不考虑运费差别的情况下，亚洲主要石油消费国进口中东原油的价格，比从同地区进口同品质原油的欧美国家高出一美元/桶。据统计，“亚洲溢价”每年导致我国原油进口支出多出约20亿美元。[①]

欧美的经验证明，定价基准最好的提供者是期货市场。要想改变“亚洲溢价”这种状态，在亚洲地区内形成一个反映亚洲原油真实供求关系的基准价格，最好的途径就是发展原油期货市场。目前，中东的迪拜、东南亚的新加坡、东亚的日本都建立了原油期货市场，但由于自身经济的原因，这些市场发现的原油价格权威性不够，没有被买卖双方广泛认可和使用。许多亚洲国家希望中国能够利用自身的强大经济影响力和商品期货市场发展的成功经验，建立起一个真实反映亚洲实际的权威的原油定价基准。目前，上海期货交易所的国际化原油期货市场已经开市，随着这个市场的不断成熟和完善，假以时日，相信它发现的原油期货价格能够形成国际上广泛认可的基准价格，为“亚洲溢价”提供一个解决方案。

手中有粮，心中不慌。习近平总书记强调，“中国人的饭碗任何时候都要牢牢端在自己手上。我们的饭碗应该主要装中国粮。”这句话同样适用于期货和衍生品市场。历史与现实告诉我们，中国必须积极发展自己的期货和衍生品市场，提升在全球市场的定价话语权和影响力，掌握规则与监管的主动权，这事关国家战略、经济安全与金融稳定。同时，这也有利于满足亚洲国家对大宗商品“定

① 《原油期货正式获批》，中国能源报，2014年12月15日。

价基准”与“风险管理”的需求，这是现有国际衍生品市场所不能提供的。

制度自信：上升的中国“影响力”

“经济在减速，但影响力没有减。”

2015年10月中国共产党十八届五中全会讨论第十三个五年规划的建议时，印度《金融快报》以此为题进行了报道。报道说，展望未来，中国可能迎来更缓慢的经济增长，国际货币基金组织预测中国2016年经济增长速度下降至6.3%。但即便增长6%，按照中国10万亿美元的经济规模，每年也能为世界经济增加5000亿美元以上，超过美国的贡献，美国在可预计的未来很难为世界增加这么多财富。关注中共全会的不止中国的近邻印度一家。美国《纽约时报》在会议召开前几天颇为矜持地报道称，由于中国发生的事情越来越影响世界各地的人，这次中国共产党十八届五中全会值得关注。而德国媒体则更为直接，德国财经网在十八届五中全会召开当天报道称，中国现在是世界经济增长的发动机，世界1/3的经济增长来自中国。随着中国在世界经济和政治中的影响力加强，中共全会的世界意义越来越大。[①] 中国市场经济大发展、经济实力大增长，不但没有弱化中国的社会主义制度特征，而且随着党的十九大胜利召开，更加强化了中国特色社会主义道路自信、理论自信、制度自信和文化自信。

确实，党的十八大以来，随着中国更加自信、积极、主动地参与全球经济治理，中国在很多领域开始展现自己的影响力，并有意

---

① 《经济减速但影响力没减　德媒：中国是世界经济增长发动机》，环球日报，2015年10月27日。

识地加以灵活运用。2013 年，习近平总书记提出建设“一带一路”的倡议。“一带一路”贯穿亚欧非大陆，一端是活跃的东亚经济圈，一端是发达的欧洲经济圈，中间广大腹地国家经济发展潜力巨大。有很多学者认为，如果“一带一路”倡议得以成功实施，将重塑世界经济秩序尤其是欧亚大陆秩序，这也标志着中国从过去被动参与为主转向主动引导国际经济合作。这一转变带来的影响是非常深远的，而且已经开始在多个领域显现。在具体行业和企业方面，高铁和核电成为中国装备“走出去”的标杆，不但在发展中国家取得积极进展，在美国、英国等发达国家也有所斩获；全球前 10 大互联网企业中，中国占据了 4 席（腾讯、阿里巴巴、百度、京东），仅次于美国，互联网金融领跑全球；华为超过爱立信成为全球最大的通信设备企业；全球前 10 大银行（按一级资本算）中，中国、美国各占 4 席。在宏观影响力方面，中国日渐取代西方国家成为许多国家优先选择的贸易伙伴，2017 年中国对外直接投资超过 1200 亿美元，世界排名第二，仅次于美国；中国的国家开发银行在提供国际贷款方面已经超过世界银行，同时中国主导建立的亚投行、丝路基金、金砖国家新开发银行、上合组织开发银行等多边开发性金融机构也相继投入运营；人民币国际化稳步推进，到 2016 年底，中国已与 36 个国家和地区签署了双边本币互换协议，在 23 个国家和地区建立了人民币清算安排，并于 2016 年 10 月被国际货币基金组织纳入特别提款权货币篮子。[①]

这就是不断上升的中国“影响力”。其中，最引人瞩目的当属亚投行的成立，这被视为全球政治经济秩序变革的一个标志性事

① 霍颖励，《人民币国际化的新发展》，中国金融，2017 年第 16 期。

件。2013 年 10 月 7 日，习近平总书记在访问印度尼西亚时提出了筹建亚投行的倡议，当时许多西方国家和媒体并不看好。2014 年 10 月 24 日，包括中国、印度、新加坡等在内的 21 个首批意向创始成员国的财长和授权代表在北京签署备忘录，标志着亚投行筹建工作迈出关键一步。而随着 2015 年 3 月 12 日英国率先宣布加入亚投行，瑞士随即在 3 月 13 日申请加入，法国、德国、意大利则在 3 月 16 日同时申请加入。西方主要国家争相加入亚投行，引起了西方媒体超乎寻常的关注。英国《金融时报》在 2015 年 3 月 13 日的评论中说，英国财政部长奥斯本的这一决定体现了英国政府对于与中国大力发展商业关系的渴望，哪怕为此付出惹恼华盛顿的代价。随后该报进一步评论说，任何提升中国的金融形象和威胁美元地位的东西，华盛顿似乎都会断然反对，而中国现在正通过创建金融机构帮助它在亚太地区和全球其他地方获得更大的政治影响力来挑战布雷顿森林体系。《华尔街日报》3 月 19 日提出了如下两个问题："亚投行是否仅仅是中国对美国及其盟国在第二次世界大战后建立的国际金融体系发动的几乎毫无掩饰的攻击？欧洲对亚投行的热情，对于中、美之间形成的战略竞争意味着什么？"不管西方媒体如何评论，毫无疑问，亚投行取得了出乎意料的成功。这既出乎美国、日本等坚决抵制亚投行的国家的意料，也出乎印度、新加坡等最早参与亚投行筹建的国家的意料，也可能出乎中国这个亚投行发起国和牵头国的意料。最终，亚投行确定创始成员国 57 个，其中亚洲国家 34 个，欧洲国家 18 个，大洋洲国家 2 个、非洲国家 2 个、南美洲国家 1 个。全球前十大经济体中仅美国和日本没有加入。

亚投行"朋友圈"的壮大，折射出中国外交理念与行动的国际影响力和接受度，意味着这个机构的产生，对世界上大多数国家来说是有利的、共赢的，反映出许多国家渴望在现行的国际金融治理结构下，有一个能体现和照顾新兴市场国家基础设施投资需求的多边金融机构出现。作为一个标志性事件，这也预示随着中国经济的不断强大，中国在全球经济金融治理上的影响力和话语权开始逐步走向一个和自身经济实力相匹配的位置。这是中国人从站起来、富起来到强起来的一个真实写照。我们知道，当前的国际金融秩序和治理架构是美国主导的。1944 年 7 月第二次世界大战即将结束之际，美国、英国等 44 个国家的代表齐聚美国新罕布什尔州的布雷顿森林，商讨战后全球经济金融治理架构。这次会议决定建立以美元为中心的国际货币体系，建立国际复兴开发银行（世界银行的前身）和国际货币基金组织。这两大国际机构，加上 1948 年生效的关税贸易总协定（世贸组织前身），形成了全球经济金融治理的三大支柱。这一体系被称为布雷顿森林体系，标志着第二次世界大战后美国在全球经济中主导地位的确立。虽然在 20 世纪 70 年代，美国放弃了美元与黄金挂钩的金本位制度，但世界银行、国际货币基金组织和世贸组织至今依然在全球经济金融治理中发挥着重要作用。世界银行前行长罗伯特·佐利克一再强调，布雷顿森林体系并未解体，而是在不断演进。

世异时移。70 年风云变幻，全球经济现实版图已经发生巨大变化，既有的经济金融治理体系面临的改革日益迫切。从新兴市场国家的角度来看，现有的全球金融体系和治理格局面临几个重要的问题：一是新兴市场国家的代表性和话语权远小于其对全球经济增长的贡献，在国际金融和货币体系的规则制定过程中，往往忽视新兴市场国家的诉求；二是过度的短期跨境资本流动经常对新兴市场造成冲击，导致其汇率大幅波动并引发金融危机；三是新兴市场国家虽然持有大量外汇储备，但其本身所面临的巨大的基础设施融资需求得不到满足。新兴市场国家要求改革全球金融治理结构的呼声强烈，并且获得了国际货币基金组织、世界银行等国际组织的响应，提出了具体的改革方案，以增加中国、印度等新兴市场国家的投票权份额。但是总体而言，改革进展滞后且难以令人满意。以世界银行为例，2010 年 4 月 25 日通过的投票权改革方案，虽然中国的投票权从 2.77% 提高到 4.42%，但仍然无法如实反映中国占全球经济 15% 比重的现实（中国的 GDP 总量约为美国的 2/3，为日本的 2.5 倍多，但在世界银行的投票权不到美国的 1/3，远小于日本的 6.84%），美国的投票权不变，仍然拥有一票否决权。而国际货币基金组织 2010 年提出的份额改革方案，因为美国的拖延，直到 2016 年 10 月才最终得以落地。此轮份额改革完成后，发展中国家的份额升至 42.3%，其中中国的份额从改革前的 4% 升至 6.39%，仍然位列美国（17.4%）和日本（6.46%）之后。但就是这个新兴市场国家已经做出了大量让步的方案，由于美国占有绝对数量的投票控制权，在美国国内政治生态的影响下，因国会不同意而被搁置了长达 6 年之久。就连国际货币基金组织也对此倍感失望，2014 年 3 月，国际货币基金组织总裁拉加德称："美国国会未能采取必要的立法步骤，使已经被推迟的 IMF 份额改革得以履行，对此，我深表失望。份额改革的实现将扩大 IMF 应对其成员国所提需求的能力，并使得 IMF 的治理更具代表性地体现成员国的活力。"

正是在这样的背景下，中国提出了建立亚投行的倡议。一方面，新兴市场国家普遍面临由于基础设施缺失而对经济增长构成瓶颈的问题；另一方面，世界银行等现有国际多边机构改革滞后，代表性不足，限制了其提供服务的能力。据亚洲开发银行测算，从

2015 年到 2020 年这段时期，亚洲地区每年基础设施投资需求将达到 7300 亿美元，现有的世界银行、亚洲开发银行等国际多边机构都没有办法满足这个资金需求。因此，亚投行的成立更多的是对现有国际金融体系的补充而非替代。李克强总理 2015 年 3 月 31 日接受英国《金融时报》专访时表示："我们倡议建立亚投行的初衷，是亚洲基础设施特别是互联互通建设还有很大资金需求，需要多个多边融资机构给予支持。……亚投行和亚洲开发银行都是并行推动亚洲发展，我们倡导建立这个银行不是要另起炉灶，应该是对国际金融体系的一个补充。中国要维护现行的国际金融体系，并且愿意做其中的建设者。如果这个体系需要改革，中方也愿意与各国一道，共同推动这个体系朝着更加公正、合理、均衡的方向发展。"① 这就是中国最真实、朴素的想法和心态。部分西方媒体总是戴着有色眼镜看中国，把大国关系看成"零和博弈"，把亚投行看成中国挑战既有秩序的工具，而中国压根儿就没往这方面想。有西方记者问亚投行行长金立群一个问题："你为什么不放弃邀请美国加入亚投行，即便美国拒绝中国加入 TPP？"金立群回答说："很简单，我们很包容，我们更慷慨。"② 这就是中国的文化，也是中国和平崛起的理念。创建并运营好亚投行，是中国和世界的合作与多赢之举，必将深化中国同周边国家的互利合作和互联互通，进一步推动亚洲迈向命运共同体。

亚投行是中国成功运用经济影响力的一个例子。它的成功表明中国已有能力对全球经济金融治理做出改革，这为我们发展期货

① 资料来源：新华网 http：//www.xinhuanet.com/politics/2015–04/15/c_1114982805.htm。

② 《亚投行候任行长金立群：亚投行将建设亚洲的新发展银行》，新浪财经，2015 年 10 月 24 日。http://finance.sina.com.cn/world/20151024/000723561216.shtml。

和衍生品市场提供了很好的借鉴。当前，中国期货市场正处于从量的扩张向质的提升转变的关键时期，已经具备在更高的层次上服务实体经济发展的能力，国际影响力初步显现。如上海期货交易所的铜期货已经成为全球公认的铜定价基准之一；大连商品交易所的铁矿石期货上市以后运行良好，打破了国际矿商垄断铁矿石定价的局面；沪深 300 股指期货一度成为全球同类期货品种中成交额最大的品种，受到全球资产管理行业的广泛关注。中国期货市场对外开放刚刚开始，但由于看好中国市场的巨大发展潜力，美国、德国、英国、俄罗斯、新加坡的期货交易所纷纷提出各种方式，要和中国加强合作。一个没有融入国际的衍生品市场是不可能在世界上有话语权和影响力的。今天亚洲和中国经济发展的背景给中国期货和衍生品市场尽快融入国际提供了巨大的机遇，要抓住机遇顺势而为，努力取得定价基准的地位，丰富和完善全球大宗商品定价体系，对世界有所贡献。

总体思路：中国衍生品市场想这样

“文化因素对经济影响深远。”

格林斯潘在 2014 年出版的专著《世界经济未来的版图》中指出，文化是社会成员的共有价值观，对选择何种类型的经济体制具有特别的影响。中国期货和衍生品市场是借鉴西方经验建立起来的，但真正的发展是结合中国国情进行改造和创新以后。只有这样，中国的衍生品市场才能成为与美国衍生品市场“求大同、存小异”的市场。美国财政部前副部长法兰克·N. 纽曼（Frank N. Newman）曾经说过：“中国将面临的最大风险来自过于照搬西方传统的金融教条，这可能会对政府制定政策造成不必要的限制。”[1]这位西方人的话说到了根上。

2008年金融危机后，国际衍生品市场出现了很多新变化，中国衍生品市场也有了较快的发展，有必要深入总结国际市场的新变化，这可以帮助我们思考新问题。总体来看，国际上主要国家和地区对场外衍生品市场的监管在不断加强，监管规则渐趋统一，场内市场取代一部分场外市场成为今后若干年国际监管要求和发展趋势。国内衍生品市场发展不均衡情况突出，体现在场外市场与场内市场、商品与金融、对外开放与对内改革三大方面，较大程度上制约了衍生品市场进一步发展及服务实体经济的能力。中国衍生品市场的发展，要在借鉴国际经验的基础上，统筹规划，处理好场外与场内、商品与金融、对外与对内三方面的关系。

一是推进场内、场外两个市场协调发展。实体经济发展既需要场内衍生品市场，也需要场外衍生品市场。场内衍生品市场提供标准化产品，参与者多，流动性好，为实体经济提供定价基准和基础风险管理工具。场外衍生品市场提供定制化产品，交易“一对一”达成，更好地满足实体经济个性化和精细化的风险管理需求。实体经济中，中小微企业出于两方面的考虑一般不直接参与期货市场进行风险管理：一是期货市场的标准化产品与企业的具体风险管理需求不能完全匹配；二是期货交易专业性强，中小微企业缺少这方面的人才、资金和经验。因此，许多中小微企业的风险管理要靠交易商或中介机构来进行。这些交易商或中介机构根据中小微企业

---

① 法兰克·N. 纽曼，《中国经济仍能保持强劲增长》，环球时报，2015年6月24日。纽曼也是《阻碍美国发展的六大迷思：美国可以从中国经济增长中学到什么》一书的作者。

的实际需求设计场外衍生品，帮助它们管理风险。通过场外衍生品交易，风险转移到了交易商或中介机构手中，它们需要场内标准化市场来化解或转移这部分风险。这些交易商或中介机构的风险敞口需要对冲，它们可以先到机构间场外市场对冲，机构间场外市场不能完全对冲的部分，则需要到流动性好的标准化合约市场即期货市场对冲，因为在场内市场容易找到对手方。这就和本书第一章提到的高盛与“深南电”在场外期权上的对赌一样，由于高盛利用了场内、场外两个市场，通过场内市场交易对冲了在场外市场暴露的风险头寸而成为赢家。因此，一个完整的衍生品市场应该由场内和场外两个市场共同组成，两个市场相关性强，相互促进、共同发展。仅仅有场外衍生品市场是不完整的市场，这样的话，给实体企业提供风险管理服务的交易商或中介机构没有场所来管理自身面临的风险，它们为实体企业管理风险的信心和决心就会不足，将导致实体企业因为得不到这种服务，而不得不把风险揣在怀中。而场外衍生品市场不发达，场内市场的机构投资者会不足，稳定、充分的流动性减少，场内衍生品市场的深度和广度受到限制，实体企业难以获得套期保值机会，价格发现的功能也会受到影响。

2007 年 12 月，CFTC 前主席沙伦 · 布朗 – 郝鲁斯卡（Sharon Brown–Hruska）接受美国《股票期货期权》杂志（《SFO》杂志）针对美国次贷危机的一次采访时说，如果有与次级债相关的期货市场，那么今年夏天爆发的市场危机“实际上有可能得到预防，至少可以缓解。……信贷违约经常发生的领域，也是适宜推出次级债期货合约的领域。如果有了次级债期货，那么市场的流动性就会很大。次级债领域出现的流动性紧缩是显而易见的，这里没有可能达成的交易。事实上，所有的次级债产品都很难定价。如果有交易所交易的产品，或者已经在次级债或者场外衍生品领域展开了私下的磋商，并且承认交易所保存的那些价格信息（目的在于提供一种以信息作为抵押的机制，防止企业的保证金水平低于其交易的资产），那么就有可能降低该领域的交易成本，提高透明度。也不会遇到流动性紧缩的问题，利差也不会如此之大。如果存在由某一机构提供独立的定价体系和多重风险管理体系，那么 OTC 市场的效率会大大提高。”①

目前，中国的场内衍生品市场与场外衍生品市场发展严重不均衡。从整体上看，期货市场在政府“自上而下”的主导推动下起步较早，法律法规较完备，监管明确，市场获得了较快的发展。而场外衍生品市场起步较晚，且在发展中面临法律缺失（法律法规层面尚无关于场外衍生品的规定）、制度不配套（单一主协议、终止净额清算、所有权转移型履约担保等场外衍生品交易核心的风险管理机制在我国现有法律框架下存在较大的不确定性）、监管职责不明确（实践中，中国人民银行、银保监会、证监会都从各自的职责出发，涉足了场外衍生品市场的监管）等问题，发展远远落后于场内衍生品市场。从标的资产类别看，场内衍生品市场与场外衍生品市场严重割裂、脱节，如商品类、股指类期货市场规模较大，但对应的场外衍生品市场规模很小；利率类、外汇类场外衍生品交易较为活跃，但对应的利率类期货市场规模较小，尚无外汇类期货、期权产品。这种割裂和脱节对整个衍生品市场的发展形成了“木桶”效应，制约了经济功能的发挥。

因此，中国在发展场外衍生品市场上，不能简单地照搬照抄美

---

① 《美国商品期货交易委员会前主席谈美国市场监管》，Russell Wasendorf/ 文，杨光明、梁楠 / 编译，《期货日报》，2007 年 12 月 20 日。

国现在的做法，而要考虑具体的国情和发展阶段的差异。与美国场外衍生品市场“发展过度”，脱离实体经济需要引发危机不同，“发展严重不足”仍然是中国场外衍生品市场面临的最大问题。中国在继续加快场内衍生品市场发展的同时，要积极稳妥推进场外衍生品市场的发展，着力解决限制场外衍生品市场发展的体制机制障碍，鼓励金融机构、大型企业集团等市场主体充分发挥贴近实体经济的优势，激发其创新活力，为实体企业提供个性化、类型多样的风险管理工具。同时，落实G20承诺，研究借鉴国际金融监管改革中好的做法和经验，如交易报告、电子化交易、集中清算等，提高场外衍生品市场的透明度和抗风险能力，防范市场欺诈行为。

二是发展商品期货市场，建设金融期货市场。当前，中国商品期货市场规模已位居世界前列，而金融期货市场发展仍较为滞后。国际经验表明，随着衍生品市场的发展，金融衍生品将占绝大比重，场内市场和场外市场皆是如此。相较商品期货市场天然是一个全球化市场而言，各国在发展金融期货市场上具有一定的“本土”优势，但这种优势并非永久性或不可替代的。一旦本国金融期货市场发展滞后，不能满足市场需求，其他国家的期货交易所可能就会乘虚而入、趁势而起。如股指期货方面，新加坡交易所分别于20世纪八九十年代抢先上市了日本的日经225指数期货和中国台湾地区的摩台指数期货。此后虽然日本和中国台湾地区各自分别推出了相应的股指期货产品，但也经过了很长一段时间才重新夺回定价权，即便如此，到现在还是有大量的海外投资者和交易量留在了新加坡。国债期货方面，英国曾抢先上市德国国债期货。外汇期货方面，美国芝加哥商业交易所抢先上市墨西哥比索期货。我国部分金融期货资源也已经遭遇海外抢夺。2006年，新加坡交易所推出了挂钩国内A股指数的富时A50股指期货；境外已经有8个国家或地区上市了人民币外汇期货。

党的十九大报告指出，要“促进多层次资本市场健康发展”“深化利率和汇率市场化改革”。随着中国金融体制改革稳步实施，多层次资本市场体系加快建设，利率市场化改革基本完成，人民币汇率形成机制市场化改革不断推进，中国发展金融期货市场的条件更加具备。同时国际竞争压力加大，一个强大的金融市场体系不能仅仅依靠离岸衍生品市场，发展在岸衍生品市场更加迫切，时不我待。因此，我们要在充分挖掘商品期货市场潜力的同时，把建设金融期货市场作为未来创新的重点，丰富股权类、国债类期货和期权品种，加快研究推出外汇期货及其他衍生品，尽快完善金融期货品种体系。

三是加快期货市场对外开放步伐。国际期货市场发展经验表明，对外开放是一国期货市场走向成熟的重要标志，也是成为国际性定价中心的必要前提。期货市场对外开放包含“走出去”和“引进来”两个方向，但两个方向的作用截然不同。“引进来”是为了扩大国内市场的投资者基础，加入国际投资者元素，直接反映境外实体企业需求，促进本土市场国际化发展，形成国际性定价中心。而“走出去”主要是为了满足现货企业在境内无法实现的定价和避险需求。“引进来”兼顾了境外投资者需求和中国经济战略的需要，是宏观上的国家利益。“走出去”满足了国内企业境外套期保值的需求，适应了微观上企业具体经营活动的需要。如今，各国普遍意识到，投资者以及由此产生的市场流动性是决定期货市场定价权的基础，因而对“引进来”和“走出去”通常采取不对等、不平衡的政策，即“引进来”障碍少、“走出去”壁垒多。如美国对“引进来”

限制极少，但对“走出去”有明确的监管要求，而且还在收紧。突出表现在2008年金融危机后，CFTC对美国客户以直接接入方式进入国外交易所的监管要求，由向国外交易所“出具无异议函”提高为“注册”。美国以这种市场化的方式进行限制，实质上就是不愿本国投资者的流动性资源外流（当然，也有保护本国投资者的考虑）。我国的现状是“引进来”障碍相对较多，“走出去”又很难限制（一些个人投资者通过各种合法、非法方式到境外交易）。可能是早年期货市场名声不好，我国一些金融机构允许在境外做期货和衍生品交易，但在境内反而受到限制。这种情况应该得到改变。

当前中国期货市场发展的一个重要任务，就是抓住经济崛起的战略机遇期，利用中国投资者的流动性优势，建立国际性定价中心，形成国际市场上的“中国价格”“中国规则”“中国声音”。在这个背景下，留住境内投资者，引入境外投资者对我国期货市场发展意义重大。期货市场是基于信息的定价市场，定价能力的高低，取决于投资者参与的广度和深度。允许境外投资者广泛、便利地参与境内期货市场交易，有利于吸引更多的资金、信息、技术为我所用，不断提升“中国价格”的全球影响力，有利于获得规则制定权，向全世界推广“中国标准”，有利于掌握市场监管权，使“中国标准”得到落实，从而建成国际性交易与定价中心。而在国内期货市场整体竞争力不强的情况下，过早、过快、过广地允许境内投资者“走出去”，可能导致投资者资源大量流失，使国内期货市场“空心化”，对我国期货市场的发展极为不利，应该慎重。

因此，现阶段我国期货市场对外开放的重点是引入境外投资者。优先“引进来”、稳步“走出去”，注意把握好节奏，充分考虑人民币资本项目开放的进程，现货市场对外开放的步伐，以及监管机构的监管能力，期货交易所的风险控制能力和期货公司的竞争实力。此外，在品种先后次序上，可以先商品，后金融，因为商品现货市场的国际化程度更高，商品期货市场对外开放的需求更加迫切。我国商品期货经过20多年的发展，已有51个商品期货期权品种，且一些产品比较成熟，在国际上有一定的影响力，而金融期货上市时间短，品种少，工具单一。相比之下，商品期货市场对外开放的条件更加成熟。有鉴于此，2018年我国原油、铁矿石期货已率先对全球投资者开放，迎接境外投资者直接参与交易。

通过这些方面的努力，按照市场化、法治化、国际化的改革方向，进一步放松管制、完善监管，努力建设一个与经济金融发展程度相匹配，与风险管理需求相适应，有国际竞争力和定价影响力的期货与衍生品市场，更好地服务实体经济和国家战略。

建设衍生品市场，这是经济大国绕不开的路！

第十章

石油期货：处处渗透着政治经济学

“今天交易池里像过节一样”，许多期货人在原油期货上市仪式结束后久久不愿散场。

2018 年 3 月 26 日早上，上海期货交易所交易池里喜气洋洋，许多人聚在交易池中心，如同过节一般，脸上洋溢着灿烂的笑容。9 时整，上海市委书记李强、中国证监会主席刘士余敲响上市锣，一片红绿相间的交易数据陡然跳动在沉默的巨幅电子显示板上。中国人翘首企盼多年的原油期货开盘了！

刘士余在原油期货上市仪式的致辞中指出，中国原油期货从酝酿到上线历经了 17 年的探索，办好原油期货市场绝非易事，要把富有中国特色的原油期货市场建设好，功能发挥好。86 岁高龄的梅拉梅德专程从芝加哥飞来庆贺。他在致辞中说，现在我们处在一个非常微妙的时期[①]，但是这并不影响我们今天在这里见证历史。他认为中国原油期货的上市，可以改善中国企业以及贸易商在原油定价上的话语权，并有望成为亚太地区的原油定价基准。更重要的是，

---

① 2018 年 3 月，美国特朗普政府单方面向中国发起贸易战，并有愈演愈烈之势。有国外媒体把中国原油期货上市与此挂钩，认为中国人选择在这个时候上市用人民币计价和结算的原油期货合约是对美国贸易战的反击。

这将为大量的中小型企业提供风险管理工具。

梅拉梅德，这位对中国期货市场非常了解并提供了很多帮助的美国长者在 4 月 6 日给我的信中说："这是一个历史性的时刻。能有这样一个机会参与到其中并祝贺那些让这件事从设想成为现实的人，我感到非常荣幸。"由于他非常关心中国原油期货市场的建设，我理解他在致辞和信中的话，是针对国际舆论对中国上市原油期货所做的过度解读有感而发，是一个美国人对中国友好的肺腑之言。

确切地说，原油期货是再次在中国上市交易。说它再次上市，是因为 20 世纪 90 年代初，它在上海滩曾经有过一年多的期货交易历史。国际舆论对中国原油期货上市这么敏感，其实是有原因的。美国能源顶级专家丹尼尔·耶金就曾说过，"石油，10% 是经济，90% 是政治"。耶金于 1991 年 1 月出版了他的成名之作《奖赏：石油、金钱与权力全球大博弈》(*The Prize: The Epic Quest for Oil, Money, and Power*)。该书一面世，就受到了社会各界的广泛关注和热烈追捧，一时洛阳纸贵。

原油是石油大家族的一员，是最基础的产品。1983 年，在纽约曼哈顿那幢后来因"9·11"恐怖袭击而倒塌的世界贸易中心的 8 楼，纽约商业交易所推出了西得克萨斯中间基原油期货合约，获得了巨大成功。西得克萨斯中间基原油期货价格逐渐成为世界原油价格的定价基准，捍卫了石油美元的地位，成为美国国家软实力的重要体现。

多方博弈：石油、金钱与权力

"石油，既是金钱，更是权力；既是经济，更是政治。"这是耶金在《奖赏：石油、金钱与权力全球大博弈》一书中的经典名句。

耶金这本著作出版25年后，2016年8月，中信出版社再版了这本书的中文版。这本书在中国非常畅销，2017年我看完此书后向别人推荐，得到的回答是已经脱销。该书梳理了20世纪以来两次世界大战及国际政治经济格局演变中，石油在其中扮演的非常重要的角色。

从经济上看。现代石油工业诞生于19世纪后期的美国，石油故事的背后，是资本市场和现代商业的兴起和发展。

第一，风险投资的兴起。石油“冒险”需要大量的资本。1859年，德雷克“上校”在一群冒险家的风投资金支持下，在宾夕法尼亚西北部深山泰特斯维尔钻出了第一口油井。自此以后，风险投资与石油业的发展就结下了不解之缘。无论是早期宾州的石油开采，20世纪初得克萨斯纺锤岭的石油发现，还是20世纪30年代对中东石油的投资，以及今天美国的“页岩油气革命”，皆是在风险投资推动下完成的。银行是不会为冒险家提供贷款的，但资本市场则拥抱风险投资家和冒险家。今天，风险投资的形式，也已经从早期的个人冒险家、投机者转变为现代的风险投资基金，投资的范围也从石油、黄金等资源的勘探拓展到信息技术、人工智能、生物制药等科技创新领域。如今，拥有高度发达的风险资本投资市场已经成为美国经济的核心竞争力之一。

第二，股份制的发展。从1870年洛克菲勒创建了股份制的美孚公司开始，石油公司的发展进入了一个新的时代。美孚公司利用股份制的形式发行股票和债券，短时间内筹集到了大量的资金，在石油业开展了大规模的兼并重组。到19世纪末，美孚公司已经在美国石油工业中完全处于支配地位。1882年，为了避开法院与公众舆论，洛克菲勒主导签订了《美孚石油托拉斯协定》，创建了美国历史上第一个托拉斯，并由此开启了美国的垄断资本主义时代。

第三，跨国公司的产生。19 世纪末 20 世纪初，美国、欧洲的石油公司在国内“打井找油”的同时，纷纷把触角伸向了海外，开始到巴库、苏门答腊、缅甸、墨西哥、委内瑞拉、中东等地寻找石油，并向全世界销售它们加工的产品。在这个过程中，美孚公司发展成复杂的全球性企业，将便宜的照明用油送到世界最边远的角落。早在 20 世纪 20 年代初，当中国大部分人还在使用棉纱渗豆油的照明方式的时候，美孚公司制造的煤油灯也称美孚灯，开始在上海等地流行。我小时候看过一本小说，讲的就是美国的一个冒险家在上海靠送美孚灯推销煤油发财的故事。它开创了一个新时代，发展成为世界上第一家也是最大的跨国公司。

石油，在某种程度上左右着政治、军事决策。

从政治上看。进入 20 世纪以来，石油就成为地缘政治博弈的焦点。20 世纪初，在美国、俄罗斯、荷属东印度群岛的石油开采热，延烧到了当时的波斯（伊朗），开启了中东的石油时代。此后，中东登上了国际政治经济冲突的中心。1940 年，中东地区生产的石油不到世界石油产量的 5%，但由于其巨大的潜力，美国、苏联、英国、法国等国在中东展开了激烈的、或明或暗的斗争，控制更多的石油成为西方各大国的头等目标。英国政府从政治和战略利益角度出发，一度极力地推动壳牌公司的英国化，希望通过壳牌公司和英波公司的合并，改变荷兰在壳牌公司持股占大头的局面，获得梦寐以求的控制权。法国专门成立了由国家控制的“法国石油公司”[现在的道达尔公司（TOTAL），全球四大石油化工企业之一]，积极地投入到争夺中东石油财富的竞争中。美国也不甘落后，为了与英、法竞争中东石油的开采权，一反在国内对“石油托拉斯”的仇视态度，主动提出成立美国公司辛迪加，向中东石油进军。德国为了摆脱对外国石油的依赖，大力发展本国的合成燃料工业。为了争夺石油，即使是战时最亲密的盟友美、英之间，彼此也严重猜忌、互相提防。《奖赏》一书中写道，在第二次世界大战接近尾声的1944年，英国和美国就中东石油的分配问题产生了巨大的争执，罗斯福深夜接见英国驻华盛顿大使并对他说："波斯湾的石油是你们的，伊拉克和科威特的石油由我们分享，至于沙特阿拉伯的石油则是属于我们的。"[①] 此时，石油生产国被视为列强之间争夺势力范围和石油资源的"猎物"，它们对本国的石油资源没有任何发言权。

到20世纪70年代中期，情况就完全不一样了。石油已经成为世界工业的命脉，中东在世界石油总产量的份额占到了40%多。与此同时，石油生产国经过与国际石油公司长期的斗争，已经控制了本国的资源，能够自主决定石油的产量和价格了。一些主要产油国之间建立了利益联盟，成立石油输出国组织欧佩克。正如一根筷子容易折断，一把筷子很难折断的道理一样，组织起来的"石油力量"如庞然大物隐隐浮现，将国际政治中处于边缘的国家一下子抬高到具有巨大财富和影响力的地位上。此时的欧佩克成员国对国际外交政策，甚至世界一些最强大国家的自主权问题也有着举足轻重的发言权。

进入21世纪以后，石油仍然是大国博弈的焦点。2014年2月底，乌克兰事件爆发后，《华盛顿邮报》3月8日刊登美国前国务卿赖斯的一篇文章说，支撑俄罗斯运转的财团无法承受更低的油价，俄罗斯政府的财政预算也同样承受不起油价下跌，因此通过能源制裁

① （美）丹尼尔·耶金著，《奖赏：石油、金钱与权力大博弈》下册第13页，中信出版社，2016年9月。

可以惩罚俄罗斯。[①]3月12日，美国能源部宣布，释放500万桶石油战略储备，当天国际原油期货价格应声下跌超过2%。有分析认为，美国在此刻释放原油储备，意在向俄罗斯施压。一些西方媒体认为，在欧美制裁俄罗斯的大背景下，油价下跌让俄罗斯经济雪上加霜。俄罗斯新闻网2014年10月16日报道说，目前，布伦特原油期货价格是每桶83.59美元，西得克萨斯中间基原油期货价格是每桶80.91美元。俄罗斯2014年的预算是根据油价维持在每桶93美元制定的，而未来三年的预算是根据每桶100美元制定的。如果第二年西方继续维持制裁，而且油价在85美元以下，那么俄罗斯经济衰退将超过2%。英国《金融时报》援引俄罗斯前财政部长库德林的话称，这次油价下跌与1985年油价下跌最终在财政上拖垮苏联“很像”。对于原油价格的持续下跌，俄罗斯总统普京甚至表示：“不排除一场针对俄罗斯、针对俄财政和经济状况的阴谋正在上演。”[②]

从军事上看。两次世界大战中，石油都毫无疑问地成为左右战局的关键因素。在第一次世界大战的战场上，内燃机取代了战马和烧煤的火车，从此确立了石油在战争中的重要地位。在第一次世界大战的前几年，德国的崛起让英国日益感到威胁。英国要实现和维持自己的全球霸权必须要有强大的海军，而石油则成为保住霸权战略的必然组成部分。当时英国的海军部长丘吉尔在战前积极推动海军战舰“煤改油”，这是战争胜利的一个重要原因。烧油的英舰与烧煤的德舰相比，活动范围更大，航行速度更高，燃料补充更快，在海战中占据了绝对的先机。为了保证石油的持续稳定供应，英国

---

① 《美国会被乌克兰唤醒吗？》，华盛顿邮报，2014年3月8日。

② 《外媒：普京称不排除针对俄经济的阴谋正在上演》，人民网，2014年10月20日。

政府于1914年成为英波公司（后来改名叫英伊公司、英国石油公司，即BP）的多数股权持有者，石油第一次成了国家政策的工具，成为独一无二的战略商品。第一次世界大战是在人类与机械之间进行的战争，而所有这些机械都用石油来驱动。战争对石油的依赖程度之大，改变了战争的方方面面。美国凭借强大的石油生产能力，提供了战时协约国石油需求的80%，解决了战争后期协约国的石油供应问题。而德国只能依赖产量本来就不多的罗马尼亚石油，战争后期在夺取巴库的石油失败后，陷入了无油可用的严峻形势。最终，在钢铁和煤炭方面占据优势的德国，输给了在石油方面具有优势地位的协约国，石油成为决定战争结果的“胜利之血”。

而第二次世界大战，无论在远东还是欧洲，石油对战争的进程和结局都起到了至关重要的作用。多场决定性战争的主要目标就是为了争夺石油资源。“我们得不到巴库的石油，就丢掉了战争。”希特勒深知石油对于战争的重要作用，为了得到巴库的石油，不惜撕毁和约，主动进攻苏联。而德国在斯大林格勒一战的失败，重要原因之一就是希特勒不愿将争夺巴库油田的军队调往斯大林格勒进行支援，以解围被困德军。同样，日本人在第二次世界大战中不是先从东面进攻苏联策应德国，而是在珍珠港开战，主要也是为了石油。日本的首要目标是荷属东印度群岛上的油田，为达到目的，首先要防止美国太平洋舰队从侧翼攻击日本，因此先偷袭太平洋舰队总部珍珠港，从而爆发了太平洋战争。随着战争的进行，德国最终没有取得巴库和中东的石油，日本虽然获得了荷属东印度群岛的石油，但由于美国飞机的轰炸和潜艇的攻击，根本无法将石油运回国内。到了战争后期，石油短缺明显地约束了德国、日本的军事行动，无论在陆地、海上，还是空中，都无法与盟军有效地对阵。战争最终以轴心国的失败而告终，而从战略上看，石油短缺是重要的原因之一。

石油价格：全球经济新主人

“人们认为谁可以控制石油价格，谁就是全球经济的新主人。”耶金在书中写道。20 世纪的历史已经充分证明了这一点。

自石油工业诞生以来，由于石油开采生产有很大的不确定性，在神圣的“供求关系”支配下，石油价格经常大幅波动。从早期美国的情况看，从 19 世纪 70 年代起，美国出现了许多石油交易所，石油按三种方式买卖：“现货”买卖，要求立即发货和付款；“正规”销售，要求交割在 10 天内完成；“期货”合同，规定一定数量的石油将以某一价格在商定的时间内售出。[①]我认为，这里说的“期货”，更准确地讲应该是“远期”合同，是“一对一”的远期交割的石油合同，这与后来的石油标准化期货合约是不一样的。即便如此，石油交易所形成的价格也在一定程度上为当时的石油交易提供了定价参考。但随着 19 世纪后期美孚公司在行业中尤其是炼油环节垄断地位的确立，石油交易所的时代结束了，美孚公司实际上决定了美国原油的收购价，尽管总是受到供求关系的约束。这也说明，在商品的生产、销售处于垄断的情况下，期货市场是产生不了的。

进入号称“石油世纪”的 20 世纪后，石油的地位变得更加重要，石油价格的变动对一国经济政治乃至国际经济政治都影响巨大。因此，对石油价格话语权的掌握成为国际间石油生产国与进口国之间博弈的重要内容。这个博弈经历了漫长的历史，变换着不同

---

① （美）丹尼尔·耶金著，《奖赏：石油、金钱与权力大博弈》上册第 35 页，中信出版社，2016 年 9 月。

的形式。从一开始的国际石油公司占主导，到石油生产国话语权不断提高，到欧佩克成立，再到现货市场发展壮大，与之相对应，石油定价也经历了从石油公司卡特尔定价到欧佩克定价，再到期货市场定价的转变。

在 20 世纪的前 70 年，国际石油公司实际控制着石油的生产、运输、销售和分配，主导着国际石油价格。第二次世界大战结束以前，当时美国的石油产量一直占世界石油产量的一半以上，而美国的石油成本一般又比其他地方要高。根据美、英大石油公司之间达成的协议，不管原油是什么地方开采或出售的，都采取统一的基准价，即“墨西哥湾港口船上交货价”（Free on Board—Price in the Gulf of Mexico），加上由这里到消费中心的运费来计算，叫作“墨西哥湾加价制”（Gulf Plus System）。

第二次世界大战结束以后，随着中东原油产量节节攀升和出口量的迅速增长，1948 年后波斯湾的阿拉伯轻质原油逐渐成为计算的基点，但标价权仍控制在国际石油公司手中。国际石油公司凭借母国的政治经济实力，通过“租让协议”控制着中东地区绝大部分石油资源。国际石油公司开采的原油绝大部分用于本公司的产业下游经营渠道，生产经营高度垂直一体化，这种自产自销的模式使得原油价格完全由内部制定，一般不需要第三方参与协议价格。这一时期，原油主要的定价模式是固定价格，采用长期供货合同的方式。相较而言，公开的现货交易在世界原油贸易中占比不足 5%。由于国际石油公司支付给石油生产国的租金与原油价格紧密挂钩，为了减少租金支出，原油价格被国际石油公司人为控制在较低水平。总体而言，在 20 世纪的前 70 年里，原油价格处于相当稳定的水平。

1960 年欧佩克成立，标志着石油价格控制权逐渐从国际石油公司手中向石油生产国转移。到 20 世纪 70 年代，石油生产国先后对本国的石油资源完成了国有化。这从根本上改变了世界石油市场的结构，石油生产国可以联合起来通过控制石油产量来决定国际石油价格，原油价格由国际石油公司主导的标价体系转为由欧佩克主导的官方定价体系。1973 年第四次中东战争期间，阿拉伯国家决定利用“石油武器”教训西方大国，提高石油价格，减少石油生产，并对西方国家实施石油禁运，原油价格从 1973 年 6 月的 2.9 美元 / 桶提价到 11.6 美元 / 桶。1978 年底开始的第二次石油危机，由于伊朗政局动荡和之后爆发的两伊战争，石油供应短缺，石油生产国轮番提价，原油价格从 13 美元 / 桶提高至 34 美元 / 桶。石油价格的成倍上涨给世界政治经济带来了巨大的变革。一方面，石油生产国的购买力大增，大量消费着来自发达国家的进口商品。另一方面，西方国家购买力急剧下降，工业化国家经济出现严重衰退、通货膨胀。此时，世界的控制权似乎确实掌握在石油生产国手中，至少表面上看是如此。

两次石油危机带来的另外一个意想不到的结果是，石油市场的动荡和高度不稳定，导致生产石油与买卖石油的多元化或分离，原来产业链一体化中为生产服务的贸易部门，成为独立的法人公司主体，开始经营独立的买卖石油业务，而不是作为附属于母公司的销售单位，石油交易已不为几家大公司所垄断。从 20 世纪 80 年代前后开始，随着石油产业垄断状态被打破，石油产业各环节参与主体的多元化，出现了一大批开采、生产、贸易、销售、咨询等各环节的独立公司。这些多元化石油买卖主体的存在，使石油成为一种真正的商品，可以在现货市场上自由买卖，为后来石油期货市场的产生奠定了基础。

1983 年，纽约商业交易所正式推出原油期货。西得克萨斯中间基原油作为期货合约标的出现在期货交易所交易池里，这是石油定价史上一个里程碑式的事件（见图 10–1）。期货市场定价，为石油贸易提供了欧佩克定价之外的另一种定价基准。与欧佩克通过成员国间艰苦谈判确定石油价格不同，期货价格是通过成千上万次的机构和个人在期货交易所的交易来确定的，它公开、透明，更能为石油贸易的谈判各方所接受。随着全球更多的主体与力量进入期货市场，尤其是金融机构的参与，欧佩克定价一统天下的时代结束了，西得克萨斯中间基原油期货价格逐渐成为世界石油价格的代名词。

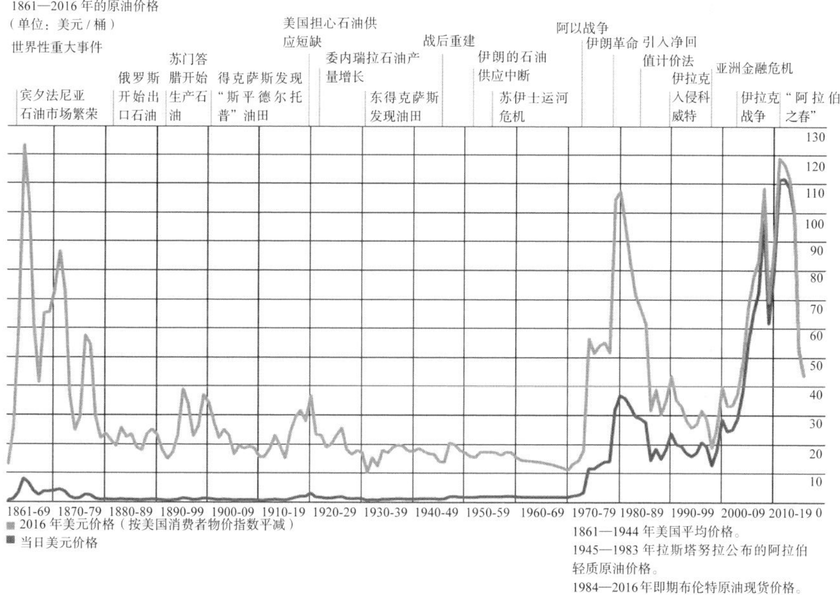

图 10 1　1861—2016 年的原油价格

资料来源：《BP 世界能源统计年鉴 2017》。

经过 30 多年的努力，美国原油期货市场形成的价格基准已经具有巨大的定价影响力，改变了 20 世纪 80 年代之前原油定价由欧佩克一家说了算的格局。意大利《石油》杂志 2015 年 7 月的一篇文章说，美国人为原油定价不再是欧佩克的奴隶而沾沾自喜，尽管欧佩克国家的原油产量占全球原油产量的30%。美国产油州科罗拉多州的州长约翰·希肯卢珀（John Hickenlooper）总结了大部分美国政治人士的观点："欧佩克已经成为过去，它对全球经济的杠杆作用已经极大地消失了。我们真正掌握了自己的命运。"这种自信背后的原因，除了美国由于"页岩油气革命"后油气产量大幅增加，并可能在不久的将来实现能源的完全自给自足外，重要的原因也是源于美国原油期货市场对全球原油定价的影响力。

亟待改变：我的石油，他的定价

前面提到，目前地处亚太时区的国家被动接受新加坡普氏报价作为原油贸易定价基准，而普氏报价的背后，是洲际交易所的布伦特原油期货价格在起主导作用。这个定价体系形成的不合理"亚洲溢价"，通过中国不断增长的刚性需求进入我国国内。中国这样进口量最大的国家不能在石油定价中起作用，实在是不太合理。如果我们这样的经济大国不抓紧建立自己的原油期货市场，再大的贸易和消费量也只能是"我的石油，他的定价"，忙忙碌碌，为他人作嫁衣裳。这对国家的能源安全、金融安全都不利。

从石油市场的发展看。从1964年开始，石油取代煤炭成为世界主导性能源。1973年，石油在世界一次能源消费中的占比达到48.7%的峰值，此后逐步回落，20世纪末在世界能源消费中占比40%左右。进入21世纪以来，根据BP的统计数据，世界石油的产量和消费量仍在不断上升（见图10–2）。2016年，世界原油产量43.8亿吨，消费量44.2亿吨，分别比20世纪末提高了25.7%和24.4%；世界已探明原油储量2407亿吨，比20世纪末提高了

33.0%，按照2016年的产量水平，这足够满足世界54年的产量。石油在世界一次能源消费中的占比，在经历了1999—2014年连续15年下降之后，2015年、2016年连续两年上升。2016年，石油占所有能源消费的1/3，仍是世界的主导能源。

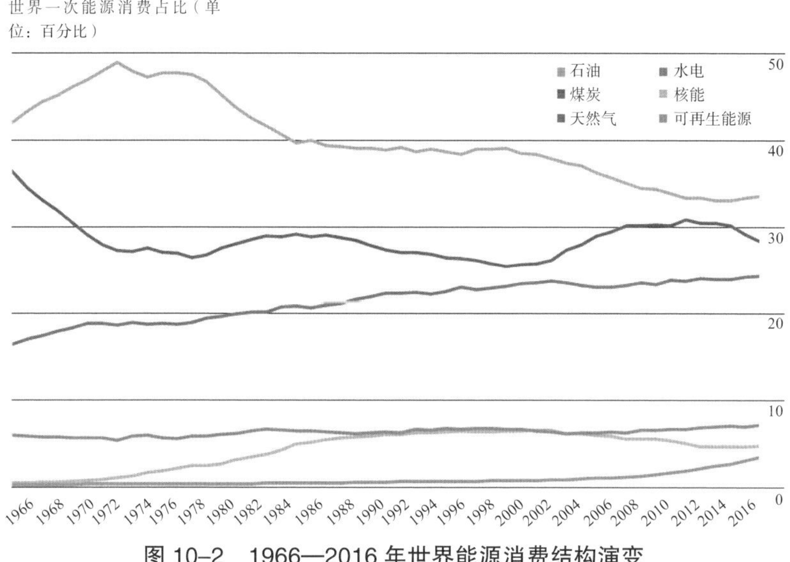

图10–2 1966—2016年世界能源消费结构演变

资料来源：《BP世界能源统计年鉴2017》。

从当前石油市场格局看。世界石油生产西移、消费东移的趋势已经形成，亚太地区正在形成新的重要市场（见图10–3）。美国“页岩油气革命”使其石油对外依存度大幅下降，欧洲经济复苏缓慢导致其石油消费增速放缓，石油消费和贸易的重心正向以中国为代表的亚太新兴经济体转移。1990年，亚太地区的石油消费仅占世界石油消费的21.0%，2000年升至27.8%，2016年则进一步升至35.2%，远远超过北美的23.7%和欧洲的20.0%。2017年，中国的原油消费量6.1亿吨，进口量4.2亿吨，据国际能源署（EIA）统计，中国日均进口原油840万桶，超过了美国的790万桶/日，首次成为全球第一大原油进口国。随着中国、印度等国家强劲的经济增长推动能源需求快速增长，未来亚太地区在世界能源格局中的地位仍将持续上升。EIA 预测，中国将于 2030 年左右超过美国成为全球最大的石油消费国。

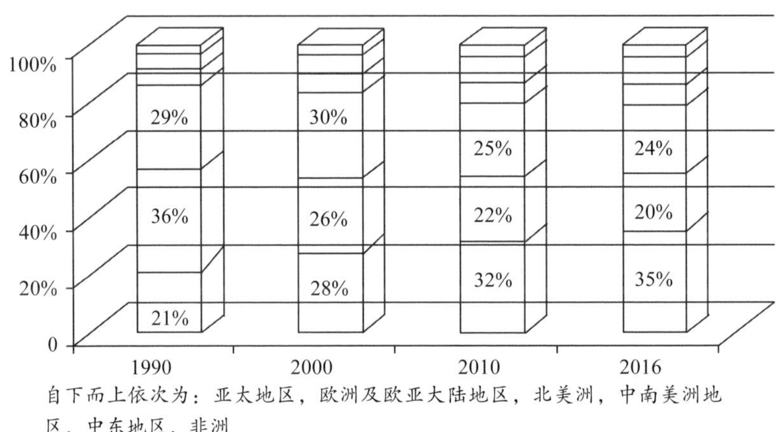

图 10–3　分地区世界原油消费占比变化情况

数据来源：Wind 资讯。

世界石油现货市场的供求格局已经发生深刻的变化，中国取代美国成为世界石油市场上的头号买家。人们不禁会问，决定国际石油定价的天平是否也会随着中国石油消费量的增长向中国一方倾斜呢？目前来看，答案是不确定的。

20 世纪 80 年代，深受两次石油危机之苦的西方国家，为了摆脱欧佩克对石油价格的控制，推出了石油期货市场。1983 年，美国纽约商业交易所率先推出了西得克萨斯中间基原油期货合约。1988 年，伦敦国际石油交易所（简称 IPE，2001 年被美国洲际交易所收购）推出了北海布伦特原油期货合约。随着石油现货市场规模的扩大，以及国际油价的频繁波动，市场产生了规避价格风险的强烈需求。在这样的背景下，20 世纪 90 年代以来，石油期货市场迅速发展起来。目前，国际上有 13 家期货交易所都推出了各自的原油期货，其中芝加哥商业交易所集团旗下的纽约商业交易所和洲际交易所集团旗下的洲际欧洲交易所（ICE Futures Europe）是世界两大原油期货交易中心，其对应的 WTI、布伦特原油期货合约流动性最好、参与者最多、影响力最大，分别扮演着北美和欧洲基准原油合约的角色。除迪拜商品交易所（DME）上市的阿曼原油期货稍有影响力外，印度大宗商品交易所（MCX）的 WTI、布伦特原油期货、日本东京工业品交易所（TOCOM）的中东原油期货、莫斯科交易所（MOE）的布伦特原油期货[①]、圣彼得堡国际商品交易所（SPIMEX）的乌拉尔原油期货、新加坡商品期货交易所（SMX）的迪拜酸性原油期货等影响力都很小或者没有影响力。根据 FIA 统计，2017 年纽约商业交易所的 WTI 原油期货合约和洲际欧洲交易所的布伦特原油期货合约分别成交 3.1 亿手和 2.4 亿手，相当于 3100 亿桶原油和 2400 亿桶原油，遥遥领先于其他原油期货合约。

虽然世界上国际化的原油期货市场有不少，但真正成功的只有纽约商业交易所和洲际欧洲交易所两家。它们决定着世界原油的定价基准，发挥着定价中心的作用。如果上海期货交易所的国际化原油期货市场发展得好，能够广泛吸引全球各类与石油相关的企业和投资者参与到市场中来，交易效率高，价格发现和套期保值功能发挥得好，就可能形成亚太地区的原油定价基准和定价中心，从而改善“我的石油，他的定价”的状态。

---

① 2017 年，按成交手数算，莫斯科交易所的布伦特原油期货合约成交 4.5 亿手，位居全球第一。但由于该合约规模小（10 桶 / 手），且直接用洲际交易所的布伦特原油期货合约价格进行结算，因此主要是投机交易，没有定价影响力。

旁生枝叶：一石激起千层浪

石油是个大商品，全世界都需要它，尤其崛起中的经济大国。

原油期货面向全球投资者开放，标志着中国期货市场对外开放由此迈出了实质性的一大步。上海原油期货合约以人民币计价和结算。“一石激起千层浪”，这个行动引起了以美国为首的西方媒体的高度关注。这些对中国并不太了解的西方媒体，首先想到的不是中国企业需要原油期货市场功能，而是石油人民币和石油美元的竞争，因为这个内容最吸睛、最抓眼球。

2018 年 2 月 9 日，中国证监会新闻发言人在每周五例行的新闻发布会上宣布，原油期货将于 2018 年 3 月 26 日在上海期货交易所子公司——上海国际能源交易中心挂牌交易。当天晚上以及第二天，彭博社、路透社、《华尔街日报》、《金融时报》、《日本经济新闻》等西方主流媒体纷纷对中国即将推出的原油期货市场进行了报道。其中，彭博社的一篇报道颇具代表性。报道开门见山地指出：“经过大约 1/4 个世纪的等待，全球最大的石油买家终于迎来了属于自己的原油期货合约。”报道中提到，中国在 1993 年推出了原油期货合约，一年后就停了下来，近年来，由于股市动荡、金融市场波动和原油价格暴跌，中国一再推迟了推出原油期货的计划。[①]《华尔街日报》当天的报道指出，作为世界最大的原油进口国，中国这么做旨在拥有更大的原油定价权。如果成功推出，中国原油期货合约将可能挑战布伦特和西得克萨斯中间基原油合约的主导地位，并在

① China Ends 25–Year Wait as Yuan Oil Futures to Start Trading, bloomberg, 2017–2–9.

一定程度上削弱美元对全球市场的控制力。[①] 路透社和《金融时报》的报道则不约而同地对人民币原油期货市场能否取得成功表示怀疑。路透社指出，潜在的国际参与者可能担心由于中国政府对资本外流的限制，以及政府对市场强大的干预，而对参与中国原油期货交易心存犹豫。[②]《金融时报》指出，中国的原油期货市场要想获得成功，必须吸引到足够多的国际投资者与石油公司，但这些境外投资者对中国新合约的流动性仍存有疑虑。[③] 从这些颇具影响力的西方媒体密集的报道中我们可以看出，西方媒体对中国石油期货市场建设表现出高度的关注和深深的疑虑，同时又透露出一种吃酸葡萄的味道。

从 2004 年上海期货交易所上市燃料油期货开始，西方媒体就关注着中国石油期货市场建设的一举一动。2012 年第四次全国金融工作会议明确提出要稳妥推出原油等大宗商品期货品种，西方媒体关于中国推出原油期货的报道随之明显升温。2017 年下半年以来，随着中国原油期货上市时间的临近，彭博社、路透社、CNBC（美国全国广播公司财经频道）以及美国《外交政策》等西方主流媒体及智库进行了许多评论，其中不乏负面角度。它们对中国原油期货推出时间、资本管制、政府干预、流动性等问题，以及对国际市场的影响等都予以了密切关注。一时间，对中国即将推出的原油期货市场的政策猜疑、功能质疑、威胁论调等纷至沓来。西方媒体认为，中国试图建立石油人民币体系，挑战多年来占全球石油贸易主

① China Muscles In on Brent, WTI Oil Dominance, The Wall Street Journal, 2007–2–9.

② China plans to launch crude oil futureson March 26, Reuters, 2017–2–9.

③ China to launch own crude oil futures contract on March 26, FT, 2017–2–9.

导地位的石油美元体系。

度人之腹：西方媒体之担心

梳理2004年8月上海期货交易所燃料油期货上市以来西方主流媒体关于中国原油期货市场建设的报道，我们发现美国彭博社和英国路透社这“俩兄弟”对此特别“上心”。这也许是因为它们都是财经媒体，仅我们目之所及，分别都有十多篇专门的文章或报道，而美国和英国分别是当前国际原油定价基准——西得克萨斯中间基原油期货合约和北海布伦特原油期货合约的所在地。当然，对此事最关心的还是美国媒体。2018年2月9日中国正式对外宣布原油期货挂牌交易的时间后，我观察到此后的5天里，彭博社几乎每天都有一篇关于中国原油期货市场的文章或报道。

美国媒体如此关注，已经远远超出了原油期货市场本身，而是从政治经济的战略高度来度量上海期货交易所这个微观行动。从21世纪初开始到2018年，世界变化很快，中、美之间相对实力的消长变化，引起了美国战略家的焦虑。特别是2008年国际金融危机爆发以来，西方国家经济受到严重冲击，美国对于国际政治经济秩序的主导能力相对下降，而中国伴随着经济稳定增长和综合实力的快速提升，对国际秩序的影响力大大增强，更加剧了美国人的这种焦虑感。如复旦大学教授沈丁立所言，国际力量格局发生了三大变化。一是，改变了冷战结束以来美国是唯一世界超级大国的状况。二是，美国在继续发展的同时加速相对衰落。尽管美国经济规模仍在上升，但世界以更快的速度发展，导致美国经济体量占世界的比重从21世纪初的约1/3缩小到目前的1/4，从中国经济规模的8.5倍下降到目前的1.5倍。三是，中国迅速崛起。2017年中国经济总量超过 80 万亿元，占全球 GDP 的 15%，对世界经济增长的贡献率达到 32%，从 2006 年开始连续 12 年超过美国对世界的贡献。中国出现了华为、阿里巴巴、腾讯、百度、京东等一批可以和美国科技巨头比肩的高科技公司，并在金融科技的一些领域领先世界。

因为这些变化，西方一些媒体和战略家对中国观察的角度，往往把一个微观事件提升到宏观战略的高度来看，进行政治化的解读。其实中国推出原油期货，从微观上看，仅仅是上市一个方便国内企业和投资者并允许外国投资者参与交易的期货产品，但西方的战略家们从宏观上将这一事件上升到国家战略的高度来解读。他们认为，这是中国发出的要改变美国主导的石油美元体系的清晰信号，是崛起的中国对美国在国际政治经济主导地位最新一次的挑战。因此，在某些国际事务评论家看来，上海期货交易所原油期货的上市交易，远不是一个期货产品挂牌那么简单，虽然原油期货挂牌交易的物理场所是上海期货交易所，但这背后体现的是正在崛起的中国的国家战略利益。

美国人对上海期货交易所推出用人民币交易和结算的原油期货市场非常敏感，从西方媒体的报道看，美国人的担心可能来自两个方面。

一是担心上海原油期货市场的推出，会削弱美国在国际原油定价中的主导地位。按照当前的油价计算，全球原油市场每年的规模超过两万亿美元，比黄金、铁矿石、铜、铝等所有金属的市场规模加起来还要大得多。美国经过 30 多年的苦心经营，已经形成一家独霸国际石油交易中心和定价话语权的局面。1983 年，纽约商业交易所开能源期货之先河，率先推出西得克萨斯中间基原油期货合约，目前已经成为北美原油贸易的定价基准。2001 年，美国第二大期货交易所——洲际交易所收购了伦敦国际石油交易所，掌握了欧洲的原油定价基准——北海布伦特原油期货合约。2007 年，芝加哥商业交易所集团联合迪拜控股公司、阿曼投资基金共同投资建立了迪拜商品交易所，并于当年推出了阿曼原油期货合约。2012 年，芝加哥商业交易所集团将其在迪拜商品交易所的股权从 25% 增加到了 50%，成为最大股东，进一步强化了对迪拜商品交易所的控制权。通过在迪拜商品交易所上市阿曼原油期货，芝加哥商业交易所集团希望将其打造成亚洲原油贸易的定价基准。十多年下来，虽然阿曼原油期货成交并不活跃，但已成为全球最大的实物交割原油期货合约，单月实物交割的阿曼原油高达 2000 万 ~3000 万桶，且其中大部分运往了中国。

目前，亚洲地区尚缺乏权威的原油定价基准，定价比较复杂，主要参考洲际交易所的布伦特原油期货价格和普氏现货报价，阿曼和迪拜则用迪拜商品交易所的阿曼原油期货价格作为出口亚洲原油的定价基准。美国人除了控制 WTI 和布伦特原油期货两大定价基准及迪拜商品交易所的阿曼原油期货以外，普氏现货报价也控制在美国人手中。成立于 1909 年的普氏公司是美国标准普尔全球公司（S&P Global）的全资子公司，是全球最大的大宗商品与能源市场资讯提供商和基准价格提供商，目前很多中东国家都参考普氏报价来确定本国原油出口的官价，在洲际交易所和芝加哥商业交易所上市的以普氏报价为基准的天然气期货合约数量超过 500 个。

在这样的市场格局下，美国人早就把全球的原油交易中心和定价基准视为自己的地盘，卧榻之侧，岂容他人鼾睡！尤其是近年来，中国期货市场抓住中国经济崛起提供的历史性机遇，借助大宗商品“大进”和国内市场投资者数量多、流动性充足的有利条件，发展非常迅速。目前，中国期货市场在黑色金属、塑料、化工等特有品种上具备了一定的国际定价影响力，在农产品、有色金属领域的定价影响力也直追美、欧老牌期货交易所。这更加剧了美国人的焦虑与担心，生怕中国在原油市场上也如法炮制，利用现货市场需求量、进口量大和期货市场的流动性优势，推出自己的原油期货产品，在现有美国一家独霸的国际原油定价体系中打开一个缺口。如此看，美国对中国推出原油期货市场高度警惕，也就不足为奇了。

二是担心石油人民币会占了石油美元霸权的份额，削弱美元的国际地位。在目前的石油美元体系下，我国向国外购买原油，是以美元计价和支付结算的。为了满足进口原油的需要，国家和企业必须储备一定的美元。据海关总署统计，2017 年我国进口原油总共花费 1623 亿美元。相比我国 3.1 万亿美元的外汇储备，占比并不高。但是由于上海原油期货市场是国际性的，随着这个市场的成功，就会吸引全球许多交易者参与这个市场的交易，假以时日，世界上就会有更多的国家、企业和个人愿意持有人民币、储备人民币，人民币作为国际储备货币的功能就会得到加强。这是美国人最为担心的。

第二次世界大战后的布雷顿森林体系，让美国得以凭借强大的政治、军事和经济实力，通过一系列制度安排，建立起以美国为核心的全球霸权体系。美元是维系这个霸权的核心基础。美元霸权的确立，使全球其他国家不管经济结构如何、经济发展程度如何，都对美元产生了依赖，进而对美国经济和市场产生了依赖。布雷顿森林体系瓦解后，金本位崩溃，美元与黄金脱钩。但美国通过一系列政治、经济、军事和外交运作，与中东国家尤其是全球最大的石油生产国和出口国沙特之间达成了必须用美元购买石油的协议。石油是全球最大宗的商品，是世界上所有国家都需要的商品。美国很快找到了新的挂钩对象，这就是石油贸易和美元挂钩。运行几十年下来，美国人发现石油替代黄金和美元挂钩非常成功。石油已经从大宗商品变异为具有一般等价物特征的东西。美国人从全球战略高度推动了石油美元体系的建立。

石油美元的建立成为美国霸权得以维系的一个不可忽视的关键因素。如果说第二次世界大战结束前和第二次世界大战后初期，石油在美国霸权建立过程中起到了基础物质支持的作用，那么 1971 年以后石油的作用主要体现在维持美元作为世界储备货币方面的意义。石油贸易用美元计价和结算，表面上美国是从经济上考虑，在定价和交易上为美国企业提供便利。但背后更多的是政治上的考虑，目的就是维护美元霸权，从而在国际政治经济体系中继续占据主导地位，使其他国家在经济和贸易中不得不依赖它，维持美国对其他国家的影响力和控制力。

西方媒体认为，石油人民币是中方推进人民币国际化的重要步骤。随着中国取代美国成为全球最大的石油进口国，中国认定应该使用人民币为石油这一最重要的大宗商品定价，这与推进人民币国际化的政策一脉相承。美国一些人不愿意看到中国在原油期货市场上取得成功。一些人纷纷发表文章唱衰刚刚上市的上海期货交易所原油期货合约，他们说："中国在人民币国际化和国际货币基金组织上一无所获，这意味着，人民币原油期货也将是一次彻底的失望。没必要用人民币交易石油。石油美元将永远存在。"还有美刊文章指出，石油人民币将深刻冲击美国金融主导权乃至国际霸权，美方不会坐视不理。美国以金融、军事、价值观为其称霸全球的三大支柱，而石油美元体系是巩固美元作为全球主要储备货币的基石。各国因购买石油对美元产生强大需求。人民币的介入对该体系是釜底抽薪，触动美国核心利益，严重削弱美国财政实力，也将有损美国对别国经济制约能力，逐渐降低美国购买力，最终撼动美国霸权地位。任何挑战美元主导地位的行为，势必将遭到美国压制。有的文章更是耸人听闻："历史上，美国多次对外战略行动都有维持其金融霸权的考虑，中国此举无异于敲响战鼓，美国除金融战外，甚至不排除打一场真正的战争。"

美国人把石油美元看得如此之重，实在让人始料未及。有人评论说："除了推销和维护自由的生活方式之外，20 世纪以来没有比石油更让美国人在全世界忙碌的事情了。"

君子之心：17 载石油期货"漫漫路"

在西方媒体的集中报道和片面解读下，原油期货版的"中国威胁论"屡屡再起。其实，上海期货交易所当初的想法没有那么复杂。作为一家以商品期货为主业的期货交易所，希望上市原油这个最大宗的商品的期货合约，那是再自然不过的想法了。

在西方呼吁中国推进改革开放进程，对中国崛起还没有怀有如此大戒心的 20 世纪 90 年代，中国就已经开始探索在上海石油交易所开展石油期货交易了。前面已经提到，1994 年，由于石油流通出现了渠道混乱、市场无序的状况，加上国内刚开始试点的期货市场也陆续出了一些风险事件，中国停止了刚上市一年多的石油期货交易。此后，上海石油交易所并入了今天的上海期货交易所。随之进入上海期货交易所的还有一批石油期货领域的专业人才，他们"人还在，心不死"，一直继续着石油期货的研究，单是专著就出版了好几本。他们盼望着石油期货有一天"东山再起"。2001 年，我到上海期货交易所工作后，胡政、褚决海等这批“油心不死”的石油期货“老兵”向交易所领导班子正式提交了恢复石油期货交易的可行性报告，并鼓动交易所领导班子向证监会提出恢复石油期货的申请。经班子研究同意，同年年底我们向证监会主席周小川汇报后得到支持。鉴于当时上市原油期货的市场条件不够成熟，上海期货交易所对石油期货产品的上市路径进行了顶层设计，提出分两步走的策略：先从石油产品中市场化程度最高的燃料油起步，开展燃料油期货交易，积累经验，创造条件，逐步推出其他石油期货。[①]那时，上海期货交易所就已经把上市原油期货作为最主要的目标。这个意见得到证监会的支持，将方案上报国务院。2004 年 8 月，经国务院批准，燃料油期货在上海期货交易所上市交易。燃料油期货经过近10年很活跃的交易后，近年来由于现货市场发生了根本变化[②]，其作为衍生品的作用随之消失，交易逐渐清淡。2018 年 7 月，上海期货交易所对燃油期货合约重新进行了调整，以适应现货市场的变化。2013年10月，上海期货交易所又上市了另一个石油期货产品——石油沥青期货。目前，石油沥青期货的成交量在全球能源期货合约中排第五位。这也是中国唯一进入全球成交量前十的能源期货合约。通过燃料油期货、石油沥青期货的交易，上海期货交易所对石油期货的合约设计、交易结算、交割流程、仓库管理、风险控制、市场监管等进行了全方位、全流程的实践检验并不断完善。证监会也积累了石油期货的监管经验。这些前期准备工作，充分说明上海期货

① 实际上，石油的概念很大，包含原油、柴油、汽油、煤油、燃料油、沥青等很多产品，原油是其中最大、最基础的一种。

② 受国家对燃料油征收消费税及现货需求结构发生变化等因素影响，燃料油现货市场大幅萎缩。

交易所对石油期货交易设计的一整套制度是成功的，为原油期货的上市积累了经验、奠定了基础。2014 年底，国务院同意证监会择机批准原油期货挂牌上市后，上海期货交易所又进行了各项业务流程的模拟运行。

在原油期货合约设计中，上海期货交易所还面临一个最大的问题，那就是国内原油现货市场高度集中，而在高度集中的现货市场上是无法开展期货交易的。集中度太高，期货市场价格容易被操纵，这是设计期货合约的大忌。我国原油的生产主要集中在中石油、中石化、中海油三家石油公司上，它们的原油产量占全国 90% 以上。原油进口方面，也主要是这几家国有石油公司垄断。2015 年，我国正式对民营地方炼厂放开了进口原油使用权及原油进口权，可以进口原油的市场主体增加了，市场结构开始发生一些变化，但还不明显。2017 年，商务部公布的原油非国营贸易进口允许量为 8760 万吨，如果全部使用，占当年全国实际原油进口量的 21%，80% 左右的原油进口仍然是中石油、中石化、中化等几家国有石油公司在操作。在这种情况下，如果我国原油期货市场仅仅是一个国内市场，掌握现货商品的就只有中石油等“几桶油”，在高度垄断的条件下原油期货是搞不起来的。因此，上海期货交易所提出了从全球引进境外参与者的思路，以解决国内原油现货市场集中度太高的问题。这个想法在上海期货交易所及证监会的持续宣传解释下，被许多部委及行业企业理解、接受和支持，尤其是几大国有石油公司。因此，上海期货交易所从一开始就把原油期货市场定位为一个国际化市场，向全球开放，让全球的原油生产商、贸易商、炼油厂、金融机构、机构套利者和个人投资者都参与进来，这样让市场多空力量比较平衡，不易被操纵，运行才可能健康。

产品设计好了，如果其他制度不支持，也只能是上海期货交易所的单相思。最主要的障碍是当时的法规不允许外国人参与国内期货市场交易。必须要修改法规，为国际化原油期货上市打开世界的大门。在证监会和当时的国务院法制办共同努力下，2012 年对《期货条例》进行了第二次修订，删除了限制外国人参与国内期货交易的规定，允许外国投资者参与境内特定品种的期货交易。参与主体的法律障碍至此消除，我国的原油期货上市工作进入了实质性操作阶段。2013 年开始，按照第四次全国金融工作会议提出的建设原油期货市场的要求，证监会牵头，包括中国人民银行、原银监会、外汇局、海关总署以及上海期货交易所等 20 多家单位参与，从产品设计、标的原油、交易结算、交割安排、中介机构参与、投资者适当性制度、外汇制度、海关申报、税收制度、监管规则、跨境监管等许多方面，全方位地对原油期货市场建设进行了政策协调并达成一致。2013 年 11 月，证监会批准上海期货交易所成立独立的子公司——上海国际能源交易中心，具体承担国际原油期货交易平台的筹备工作。2014 年 12 月，经国务院同意，证监会批准上海期货交易所在上海国际能源交易中心开展原油期货交易的申请。2015 年 6 月，中国证监会发布了《境外交易者和境外经纪机构从事境内特定品种期货交易管理暂行办法》，明确了境外投资者参与境内期货交易的规则。同期，国务院有关部委也出台了与原油期货交易相关的外汇、海关、财税等配套政策。原油期货上市的各项准备工作基本完成，就等着择机挂牌交易了。2015 年 7 月，中国股市发生异常波动，原本当年上市的原油期货上市时间被迫延后，这一延就是两年多！

2017 年，中共中央、国务院印发了《关于深化石油天然气体制改革的若干意见》，明确了深化石油天然气体制改革的指导思想、基本原则、总体思路和主要任务。文件中将“改革油气产品定价机制，有效释放竞争性环节市场活力”作为一项重点改革任务进行了部署，提出要依法合规加快油气交易平台建设，鼓励符合资质的市场主体参与交易，通过市场竞争形成价格。其中明确提出要积极支持上海原油期货市场的建设与发展。党中央、国务院文件的印发，加快了原油期货上市的步伐。

2017 年 5 月，中国证监会批准上海期货交易所上海国际能源交易中心的章程和交易规则。2018 年 1 月，中国证监会和香港证监会沟通上海国际能源交易中心在香港注册的问题，得到香港证监会的大力支持。2018 年 3 月中旬完成了注册工作，上海国际能源交易中心获香港证监会批准为自动化交易服务（ATS）提供者，可在香港向当地市场参与者提供电子平台交易。2018 年 3 月 26 日，原油期货正式挂牌交易。从 2001 年开始，耗时 17 年，其间，历经了上海期货交易所换了 4 任一把手、中国证监会 5 任主席轮替，每一任领导都发扬“钉钉子”精神，努力推动原油期货市场的建设工作，在各方共同努力下，原油期货上市终于“梦想成真”。

云谲波诡：石油期货政治经济学

石油的不可再生性、稀缺性，使其成为全球政治、经济、军事和外交的重要砝码。由于石油生产和消费在地域上的严重不平衡，全球约 68% 的石油通过国际贸易进入消费地，其中 90% 以上通过海上运输。[①] 这必然涉及石油在哪里买卖、谈判用什么方式定价、用什么货币标价和结算、用何种工具运输、走什么样的运输路线

① 根据 EIA 报告《World Oil Transit Chokepoints》报告和《BP 世界能源统计年鉴 2017》数据估算。

等。所有这一切，不仅仅是经济问题，还涉及政治、军事、外交等方方面面。因此，当今国际石油贸易处处渗透着政治经济学。

期货是未来交割的现货，石油现货的政治经济特性，必然要反映到期货合约的设计上来。国际上第一个原油期货产品的诞生，主要就是出于政治上的考虑。20 世纪初以来，美国等西方国家希望在石油市场上占据主导地位，最初是通过合资、控股石油生产国的石油公司来掌控石油资源。后来随着民族国家独立运动的兴起和石油生产国实施国有化战略，美国等西方国家被迫从明面上的有形市场中退出。这时候，美国推出了原油期货，目的就是借助这个平台，与欧佩克国家进行博弈。原油期货成为国家博弈的工具。这也就是所谓的用市场化方式来争夺石油市场的主导权，表面上看是市场竞争，而深层次则是国家战略的综合考量。

上海期货交易所推出原油期货交易，对期货交易所来说，可能仅仅是增加了一个新的产品。但对国家来说，这是涉及国家战略的大事，是中国的经济实力、综合国力现阶段能不能在开放的石油期货市场上形成定价影响力的一个重要因素。在设计原油期货合约时，上海期货交易所主要考虑了以下几个方面。

一是期货合约标的物，即选什么油的问题。在设计原油期货合约时，首先要明确的就是选什么油作为期货合约的标的物。这主要考虑现货市场的情况和中国实体经济的需要。目前，国际两大原油定价基准合约的标的物均是本国或周边地区的本土原油，纽约商业交易所的 WTI 原油期货合约标的是美国西得克萨斯中间基原油；洲际交易所的布伦特原油期货合约标的是出产于北大西洋北海布伦特和尼尼安油田的原油，包括布伦特原油（Brent）、福蒂斯原油（Forties）、奥赛贝格原油（Oseberg）和伊科菲斯克原油（Ekofisk）

4 种原油，统称 BFOE。此外，迪拜商品交易所的阿曼原油期货合约标的是阿曼原油。其中 WTI 原油、布伦特原油都是轻质低硫原油，阿曼原油是中质含硫原油。与这些国家或地区都有对应成熟的原油现货市场不同，我国国内不存在国产原油现货市场，国产原油基本上由各石油公司就地、就近消化，不具备单一把国内油作为期货合约标的物的条件。因此，原油期货合约标的物的选择只能“两眼向外”。选向何处呢？通过大量的市场调研，上海期货交易所把目光移向中东。2017 年，我国进口的原油的 43% 来自中东，是我国原油进口最主要的来源。中东原油主要是中质含硫原油，这也是我国及周边国家主要进口和使用的原油品种。为此，上海期货交易所的人员先后去了中东的沙特、科威特、卡塔尔、阿联酋、阿曼等国，和当地的石油公司及相关机构进行深入调研商讨。最后，综合考虑我国进口原油品种结构、实体经济需求和中东国家的诉求，上海期货交易所最终选定中质含硫原油作为原油期货合约的标的物。

二是计价和结算货币，即用什么货币计价和结算的问题。在设计原油期货合约时，在用什么货币计价和结算这个问题上有很多争论。国际原油现货贸易大多是用美元计价和结算，主要的原油期货合约如纽约商业交易所的 WTI 原油期货、洲际交易所的布伦特原油期货、迪拜商品交易所的阿曼原油期货等，也都是用美元计价和结算。印度、日本推出的原油期货在用本国货币（分别为卢比、日元）计价和结算上进行了探索，但上市以来成交量不大，基本都不成功。俄罗斯推出的原油期货是以美元计价，卢布结算，现金交割，因合约太小（10 桶 / 手，WTI 和布伦特原油期货合约均为 1000 桶 / 手），交易量虽然大，但实体企业很少参与，没有经济功能可言。

目前采用以人民币对原油期货合约计价和结算，是上海期货交易所多次开展市场咨询后“求大同存小异”寻找“最大公约数”的结果。国内的潜在参与者强烈要求用人民币计价和结算，因为这样符合他们在国内期货市场多年的交易习惯。国际的潜在参与者则希望用美元计价和结算，他们认为这是国际惯例，他们进来交易比较习惯。我们多次召集国际上大的石油生产商和贸易商如BP、壳牌、摩科瑞，国际投行如高盛、摩根士丹利、法国兴业银行、花旗、瑞信等十多家境外机构开会咨询意见。虽然它们都强调美元计价和结算的好处，但当我问它们如果用人民币计价和结算不习惯，是否意味着不参与这个市场，它们回答，只要有钱赚还是会参与的。因此，对于参与者来说，有利可图的事才干，不在乎用美元还是人民币，也不在乎是讲中文还是说英语。

最后，我们平衡兼顾中外参与者的诉求，在原油期货的计价和结算上用人民币，但境外参与者可以用外汇作为保证金使用（目前，交易所规定可用于作为保证金的外汇币种为美元）。同时，如果境外资金交易结算后要出境，保证随时能够换汇。这样，形成了交易计价结算用人民币，境外资金和境内资金在交易所结算完成后，按照“外来外去、内来内往”的原则出金，境外投资者如果用外币作为保证金的，则按照当天的人民币汇率核算。在多次咨询市场意见后，各方就人民币计价和结算的意见达成共识。今天上海期货交易所正在交易的人民币原油期货合约，就是市场各方协调一致后共同形成的期货合约，来自市场的智慧。

三是可交割油种，即哪些油可以交割的问题。我国原油期货采用实物交割的方式。商品期货可能面临的最大风险就是交割风险，防范风险的关口必须前移到此。因此，确定哪些油作为可交割油种就非常关键。我国进口原油来自世界四面八方，亚非拉、北美、俄罗斯皆有，各国油种不同。2017 年，我国从中东国家进口原油比较多，总量超过 1.8 亿吨，其中沙特 5218 万吨、占比 28.65%，伊拉克 3682 万吨、占比 20.21%，伊朗 3115 万吨、占比 17.10%，阿曼 3101 万吨、占比 17.02%，科威特 1824 万吨、占比 10.02%，阿联酋 1016 万吨、占比 5.58%，也门 157 万吨、占比 0.86%[①]，卡塔尔 101 万吨、占比 0.56%（见图 10–4）。虽然商品期货合约的实物交割率一般不会超过 1%，但可交割油种的选择意义重大，因为这在很大程度上意味着以后我国原油贸易定价用哪种油的价格作为参考。

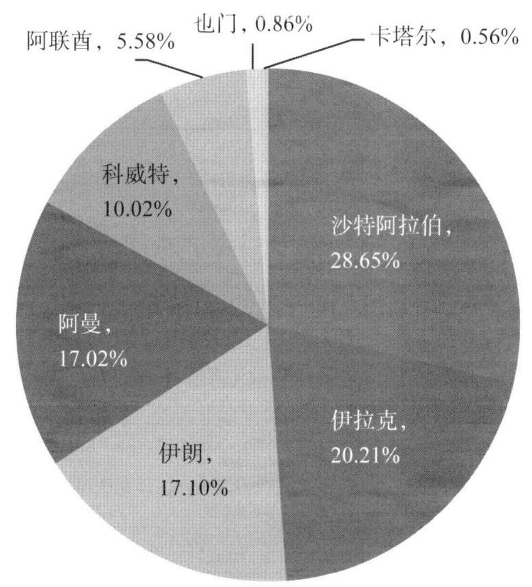

图 10–4　2017 年中国从中东各国进口原油情况

数据来源：海关总署。

中国原油期货要想取得成功，交割顺畅、油路畅通是前提，这也决定了在选取可交割油种时，除了考虑经济因素以外，外交和地

① 从也门进口原油数据用 2017 年 1~11 月数据代替，全年数据缺失。

缘政治也是重要的考虑因素。中东国家中，沙特和科威特都对本国原油出口实行严格的目的港限制和转卖限制，要求“门对门”交易，因此这两个国家的原油目前暂不适合纳入我国原油期货的可交割油种范围。还有一些国家，由于面临地缘政治等方面的不确定性，其原油目前暂不宜作为可交割油种。综合考虑各种因素，上海期货交易所公布的原油期货可交割油种一共有 7 种，以中东原油为主，包括阿联酋的迪拜原油和上扎库姆原油、阿曼原油、卡塔尔海洋油、也门马西拉原油和伊拉克巴士拉轻油 6 种。同时，为了防范突发情况下的交割风险，胜利原油作为唯一的国产原油被纳入可交割油种。上海原油期货标的是一个开放标的，未来随着市场的发展及外部环境的变化，上海期货交易所将对可交割油种的范围进一步调整和完善。

四是指定交割仓库，即运油和交油的问题。与国际原油贸易 90% 靠海运相同，我国进口原油也主要靠海路运输，2017 年，通过海路运输进口的原油 3.86 亿吨，占总进口量的 92%。我国进口原油主要来源于中东、非洲、南美和俄罗斯四大区域，其中从中东、非洲进口的原油都要经过马六甲海峡，这部分原油占到我国进口原油的 2/3 左右。马六甲海峡位于印度尼西亚、马来西亚和新加坡之间，是连接印度洋和南中国海、太平洋的最短水上航道。同时，它也是全世界最繁忙、最狭窄的海上航道之一，最窄处仅 1.7 英里，形成天然的运输瓶颈，油船碰撞、搁浅或泄漏都有可能发生。目前，它也是海盗最新的活跃区域之一。如果马六甲海峡出现事故或被封锁，油轮需要绕道航行，将大幅增加运输成本，提高原油价格，同时会引起上海期货交易所的原油期货价格大幅波动。因此，马六甲海峡对我国来说战略地位十分重要，直接关乎我国能源安全和经济安全的命脉，如何破解“马六甲海峡困局”一直是我国最为关注的议题。

经过多年的努力，尤其是随着近几年“一带一路”倡议的深入推进，在海运之外，我国目前已经形成了三条陆路原油进口战略通道，中俄、中哈及中缅三大原油管道分别从东北、西北及西南地区进入中国，这有助于我国进口原油运输渠道的多元化，降低对海路运输的过度依赖，更好地保障我国能源安全。尤其是随着 2017 年 6 月中缅原油管道建成投产，来自中东、非洲的原油可以不用经过马六甲海峡，经印度洋直接在缅甸西海岸的皎漂港登陆，通过输油管道从云南瑞丽进入中国。与绕行马六甲海峡相比，中缅原油管道缩短原油运输里程 1820 海里，有效地降低了运输风险和运输成本。2017 年，我国通过中俄、中哈、中缅三条原油管道分别进口原油 1650 万吨、1230 万吨和 473 万吨，总计 3353 万吨，占到我国原油总进口量的 8%。运输原油的交通路线通畅，有利于原油顺利交割，从而有利于原油期货市场运行平稳。

尽管如此，我国进口原油主要依靠海路的局面在短期内难以得到根本性改变。除了来自俄罗斯的原油以外，我国从中东、非洲、北美三大区域进口的原油仍然主要是通过远洋油轮从东南沿海上岸。进口原油的运输线路也决定了我国原油期货指定交割仓库的选址。2018 年 2 月，上海期货交易所批复中国石化集团石油商业储备有限公司、中石油燃料油有限责任公司、中化兴中石油转运（舟山）有限公司、大连中石油国际储运有限公司、青岛实华原油码头有限公司、洋山申港国际石油储运有限公司为原油期货的指定交割仓库。这 6 家指定交割仓库的 8 个存放点主要分布在长三角地区、珠三角地区、胶东半岛和辽东半岛。指定交割仓库地点的选取充分考虑了沿海海运方便、靠近大型炼油厂和原油集散地、南方和北方兼顾等因素。此外，上海原油期货还将依托保税油库实行“保税交割”，主要是考虑保税现货贸易的计价为不含关税、增值税的净价，方便与国际市场的不含税价格直接对比，同时避免国内税收政策变化对交易价格的影响；保税贸易对参与主体的限制少，保税油库可以作为联系国内外原油市场的纽带，有利于国际投资者参与交易和交割。

下一步，随着中巴经济走廊等战略性项目的推进，以及现有中俄等三大原油管道的扩容（按已公布的规划估算，到 2020 年通过三大管道进口原油预计将超过 6000 万吨，占我国原油进口量的 15% 左右），将会有更多的原油通过陆路进入中国。这样的话，就可以考虑在西部及内陆地区设立原油期货指定交割仓库，不用都“扎堆”在沿海了，这将直接带动一部分石油化工产业向西部及内陆地区转移，促进我国区域经济更加均衡地发展。同时，在西部及内陆地区设立原油期货交割仓库，也有助于将我国原油期货市场形成的价格向中亚等周边国家辐射，为这些国家石油贸易提供定价基准和相关企业提供套期保值平台，更好地服务我国“一带一路”倡议。

石油期货不同于一般的商品期货，它关联政治、经济、军事、外交和人民日常生活，这些方面相互影响，交织在一起，这也就是石油期货所蕴含的政治经济学。

再次起航：上海原油期货鸣锣

一声锣响，原油期货再次扬帆起航上海滩。2018 年 3 月 26 日，路透社报道称，西方交易商嘉能可（Glencore）抢得上海原油期货首单交易。这有点儿让人意外，境外许多媒体都不看好的原油期货，抢了首单之一的竟然是西方最大的大宗商品贸易商。当日，上海原油期货主力合约 SC1809 合约[①]以 440 元 / 桶开盘，较挂牌基准价 416 元 / 桶上涨 24 元 / 桶，涨幅 5.77%。开盘仅 5 分钟，原油期货已成交 3500 多手，持仓量突破 1000 手。开盘后半小时内，原油期货成交逾万手。截至当天下午收盘，原油期货单边成交 2.1 万手，成交额 92 亿元。

原油期货上市首日的表现不错。根据上海期货交易所向媒体披露的信息，仅在原油期货集合竞价阶段，就有来自境内外的 413 个客户参与。这些客户中既有中国联合石油、中海石油化工、中化石油以及香港北方石油等大型石油公司，也有托克（Trafigura）、嘉能可等全球大宗商品贸易商。境内外主流媒体都对上海原油期货上市首日交易情况进行了报道。据路透社报道，当日上海原油期货交易量超过了阿曼原油期货，仅次于西得克萨斯中间基原油期货和布伦特原油期货，位列全球第三。西方交易商和中国企业竞相使用这一新的原油期货合约进行交易，使得亚洲时段上海原油期货的成交量对布伦特原油期货构成了挑战。报道进一步分析说，西方交易商之所以被上海原油期货合约吸引，主要是因为对中国庞大的市场感兴趣，中国市场与全球原油市场基本面之间存在潜在的套利可能。报道还称，当天中石化下属的贸易公司联合石化与壳牌公司签署了原油供应长约，约定从 2018 年 9 月开始，壳牌供应联合石化的中东原油将以上海原油期货价格作为计价基准。[②]尽管有以上种种好的

① SC1809 合约，SC 为交易代码，该合约指的是 2018 年 9 月到期交割的原油期货合约。

② 经核实，壳牌与联合石化签署了总计 600 万桶（每月 50 万 / 桶）的一年期原油贸易合同，从 2018 年 9 月至 2019 年 8 月执行。这是第一笔用上海原油期货价格做基准价计价交易的现货原油贸易。

表现，但路透社仍然舍不得放弃它一贯以来的立场，在报道的最后还不忘宣称，“合约以人民币计价以及相关监管安排，可能会长期阻碍境外投资者参与上海原油期货市场”。

2018 年 6 月底，上海原油期货市场已完成 23 家境外中介机构的备案，来自香港地区、新加坡和美国、英国的境外投资者已参与交易，国际投资者的持仓占比接近全市场的 5%。2018 年 7 月媒体报道，沙特阿拉伯国家石油公司（简称沙特阿美）计划从 2018 年 10 月起，改变向亚洲供应长约原油的定价方式。新的定价机制将更大程度地参考迪拜商品交易所的阿曼原油期货价格，而这一价格与上海原油期货价格存在高度的联动性。这也是沙特阿美自 20 世纪 80 年代以来首次修改定价基准。

有专家认为，以人民币计价的国际化原油期货市场推出，应该理解成中国走向世界市场的宏观规划中的一个小动作。这个动作本身不会有神奇效果，中短期成效也不能寄望过高，但是这相当于在美元霸权的铁板上钉下一个钉子，同时立起一面人民币国际化的旗帜。我个人认为，对中国来说，原油期货上市主要有以下几方面意义。

其一，方便我国广大企业利用本土原油期货市场套期保值管理风险，同时把宝贵的投资者资源留在国内。中国原油期货的推出，能够提供基于中国及亚洲原油供需而形成的期货价格，为国内企业提供更合适的风险管理工具和手段。企业可以在国内通过期货市场套期保值来规避原油价格波动风险，提前锁定采购成本及销售利润，稳定生产经营。同时，企业可以利用上海原油期货市场的价格信号，提前洞察市场变化，减少生产经营的盲目性。此外，对于任何一个期货市场而言，投资者都是市场存在的基石，是其经济功能得以有效发挥的前提。进入 21 世纪以来，期货交易所之间的竞争愈演愈烈，兼并重组此起彼伏，而它们竞争的重点，就是宝贵的投资者资源。随着中国经济的崛起和中国企业的成长壮大，将更加深度地参与到国际竞争当中，在这个过程中，会产生庞大的风险管理需求。如果国内期货市场提供不了相应的产品和风险管理服务，投资者会流失到境外，企业也会自发地到境外市场去寻找避险场所。日本商品期货之衰弱殷鉴不远。因此，推出原油期货，也将有助于把宝贵的投资者资源留在国内，为实体企业提供家门口的服务，从而提升国内期货市场的国际竞争力和影响力。

其二，弥补现有国际原油定价体系的缺口，建立反映中国及亚洲市场供求关系的原油定价基准。自 2004 年以来，亚太地区的石油消费量就已超过北美、欧洲。石油市场的增量部分在亚洲，但亚洲地区却没有一个成熟的原油期货市场为石油贸易提供定价基准和规避风险的工具。目前，我国的原油进口价格主要是参照洲际交易所布伦特原油期货价格与新加坡普氏报价来谈判的。但这两个价格不能真实地反映我国这样一个原油消费大国的实际情况。我们按照这两个定价基准在中东地区购买的原油，要比北美和欧洲原油期货定价体系形成的油价要高。这对亚洲国家和人民都是一件很吃亏的事情。这个不合理的定价体系，是因为亚洲没有一个有影响力的原油期货市场来进行合理的定价。如果上海期货交易所的原油期货市场获得成功，就能够有效地弥补这个缺口，形成一个反映亚洲地区实际情况的期货定价体系，就会有一个适合亚洲国家的原油定价基准，这不仅对中国，对亚洲乃至对全球都是一件好事。正如我们在同国际同行交流时反复强调的："中国推出原油期货不是挑战谁和替代谁，是我们企业自己有需要。同时，最大原油进口国的原油期货交易，同现在已经存在的几大原油定价市场是相互促进、相互影响、相互平衡的关系，将形成多赢格局。”

其三，促进人民币在国际上的使用，有利于推动人民币国际化进程。2015 年 10 月，党的十八届五中全会通过的《中共中央关于制定国民经济和社会发展第十三个五年规划的建议》中提出：“有序实现人民币资本项目可兑换，推动人民币加入特别提款权，成为可兑换、可自由使用货币。……推进资本市场双向开放，改进并逐步取消境内外投资额度限制。”中国经济体量这么大了，国际贸易和对外投资又如此频繁和大量，人民币走向国际是我国经济发展的必然趋势。因此，中国人民银行时任行长周小川认为，“树立对人民币的信心，……以服务贸易投资和产业链升级，从巩固人民币计价结算货币的地位，向支持人民币的市场交易和国际储备功能推进。扩大人民币在周边国家和新兴市场区域化使用的便利性，逐步向国际金融中心和发达国家延伸。推动人民币对其他货币直接交易市场发展，更好地为跨境人民币结算业务发展服务”。[①] 从国家的宏观角度看，确实存在如何通过投资贸易、金融服务等活动，让人民币走向国际的需求。

2015 年 12 月，人民币正式加入 SDR。当时正在深圳参加第 11 届中国国际期货业大会的梅拉梅德表示，人民币已经加入 SDR，这意味着世界已经认识到中国正在变得越来越强大。中国也想要人民币成为储备货币，但是如果没有一个日益强大的资本市场，人民币就难以成为储备货币。中国的资本市场需要增加跨国界的市场应用。因此，他赞许中国原油期货市场的开放。他认为，中国是世界上最大的基础商品进口国，中国的期货市场应该在国际商品市场上

---

① 《中共中央关于制定国民经济和社会发展第十三个五年规划的建议》(辅导读本)第 149 页，人民出版社，2015 年 11 月。

发挥更大的价格发现作用。[①] 梅拉梅德对中国期货市场从来都是抱着非常友好的态度，也衷心希望中国的原油期货市场能够成功。他作为中国证监会国际顾问委员会委员，还为中国建立原油期货市场出谋划策，并派出专家来中国证监会和上海期货交易所开展业务交流与讲座，介绍 CME 原油期货市场的经验。

人民币要实现国际化，最关键的问题就是外国人拿着人民币能干什么？交易有多少人愿意接受？能在多大范围吸引投资者？也就是说，中国需要给人民币持有者更多的可交易产品和投资机会。人民币计价和结算的原油期货正式上市后，随着市场的逐步成熟、吸引力的增加，全球范围内会有越来越多的国家、企业、金融机构和投资者拿人民币来交易原油期货。当人民币可以直接用来购买石油时，国际社会对人民币的信任度将极大地增强，将会有更大的兴趣来持有人民币。同时，由于原油在大宗商品中的标志性意义，人民币在国际原油贸易中作用的提高，将会带动其他大宗商品国际贸易中更多地使用人民币，政府、企业和个人就会将人民币作为储备货币看待，这将有力地推动人民币的国际化进程。因此，在西方人看来，中国想改变美元霸权体系。其实，在我们看来，西方人的确过于敏感了，人民币要在国际货币体系中占有一席之地“路曼曼其修远兮”。

其四，做商品期货对外开放的探路者。商品的同质性、现货市场的自由贸易和大宗商品贸易适用“一价定律”，决定了商品期货市场具有国际化、全球化的天然属性。因此，相比金融期货，商品期货市场对外开放更加紧迫。前面讲到，为了国际化原油期货能

---

① 《十年磨一剑！人民币原油期货获批上市 影响超出想象》，经济日报，2018 年 2 月 9 日。

够顺利推出，2012 年国务院对《期货条例》进行了修改。修改后的《期货条例》规定，允许境外投资者参与境内期货市场特定品种的期货交易，特定品种由中国证监会规定。这个修改，不仅仅为国际化原油期货上市，也为中国期货市场已经上市交易的 50 多个产品国际化打开了大门。原油期货在开放路径、交易结算、投资者管理、保税交割、税收管理、外汇管理及跨境监管合作等方面积累的经验可逐步拓展到铁矿石、有色金属、农产品、化工产品等其他成熟商品期货品种，进而推动我国商品期货市场的全面对外开放。

第十一章

政府监管：为“三高”市场保驾护航

没有监管的期货市场，毁了一位美国总统的大学梦。那位在第二次世界大战尾声中继任罗斯福美国总统职位的杜鲁门，他的家族因期货投机而破产。他认识到，政府监管期货市场是必要的。

监管是市场安全和信心的保障，这个道理是世人后来才明白的。期货市场的经济功能使它具有积极的社会意义。正是在这个意义上说，投机者的存在是必要的。他们用赌徒心态创造的流动性为套期保值者提供了管理风险的机会，为社会上其他参加或没有参加期货交易的经济实体无偿提供了价格信号，指导了它们的经济活动。但过度的投机交易，令市场被操纵，价格信号失真，不仅期货市场的经济功能不彰，而且还会对社会经济造成严重破坏。为了不让这些负面的情形干扰期货市场的经济功能，监管是必要的。扭曲的价格不仅对投资者不公平，更重要的是错误的价格信号，会对实体经济造成破坏性影响。国际上150多年期货市场发展的经验教训已经证明，期货市场经济功能的实现，单靠市场自身是不能完成的，必须要有政府监管的介入，纠正过度投机，防止市场操纵，以保障价格不因操纵而扭曲，套期保值不因逼仓而不能。

关于政府监管的问题，尽管许多市场人士、专家学者、政府官员认为自律管理更好，行政监管会影响效率，但他们也认为历史经验已经证明，仅有交易所自律管理，没有政府行政监管的期货市场是不行的。美国的梅拉梅德一直是一个信奉自由市场的人士，当年他依靠货币学派创始人弗里德曼写文章推荐，在芝加哥商业交易所的农产品交易池外推出了外汇期货。但他也认为期货市场应该有政府监管。他说："一方面，像行业其他人一样，我反对更多的联邦政府监管的想法。自律监管是我们的信条——我们可以自己监管自己（事实证明仅有自律管理是不够的）。……但就像我说的，我的感情是复杂的。我明白直到我们有了一个真正的联邦政府监管机构，否则我们这个行业就永远得不到尊重。……在我看来，联邦政府对期货市场的监管是不可避免的。"梅拉梅德在其自传《逃向期货》一书中，描述了其在 20 世纪 70 年代面对美国国会着手创建商品期货交易委员会监管期货市场时矛盾而复杂的感受。[①] 因此，如何保持政府监管与市场效率的平衡，一直是期货和衍生品市场讨论的热门话题。从过去到现在，这种对待监管的矛盾心理在期货交易所、中介机构、市场参与者身上普遍存在，而全球期货和衍生品市场发展的实践则一再清晰地告诉我们，在这个高杠杆、高风险、高收益的"三高"市场上，良好的监管是市场功能发挥的保障，是市场长期可持续发展的基石。

过度投机：碎了杜鲁门大学梦

杜鲁门辍学了。他对期货市场有些怨恨。

前面说到，期货市场的高杠杆、以小博大的交易机制，容易引

① 利奥·梅拉梅德、鲍勃·塔玛金著，杨柯、陈晗、张晓刚译，《逃向期货》第 223~224 页，百家出版社，2004 年 5 月。

起投机者失去理性形成赌徒心理而过度投机、操纵市场，必须要有外力介入加以校正。经过上百年的市场历练，美国人发现这个市场必须要有政府监管。在没有监管的那些日子里，由于父亲在期货市场投机失败，美国第 38 任总统杜鲁门中断了大学学业，从而对期货市场抱恨终身。杜鲁门的父亲是 19 世纪末 20 世纪初芝加哥期货交易所里的小麦期货交易大户，在那些投机盛行的日子里，他全身心投入到小麦期货投机的狂热中。几家欢乐几家愁！因为投机失败，老杜鲁门 1901 年亏损了 4 万多美元（那时可是一笔巨款），导致家庭开支拮据，中断了我们这位未来总统的大学学业。以至于杜鲁门日后对期货市场耿耿于怀，对期货市场发展采取了极为负面的态度和不满的情绪。杜鲁门在若干年后提到期货市场还抱怨：“我没有接受高等教育，当你坐在这儿的时候，你就会体会到（期货市场）给你带来的影响……这是一种缺憾。”[①] 美国从 19 世纪中期建立期货市场开始，由于市场无序和缺乏监管，不法商人和投机者在期货市场上翻云覆雨、兴风作浪，过度投机盛行，市场操纵肆虐，逼仓风险不断，破产屡屡发生。多少年来，市场中比杜鲁门父亲更惨的大有人在。一家银行因为挪用资金在芝加哥期货交易所炒期货而关门大吉。在一个小镇上，一位声名显赫的银行行长挪用了存款人 15 万美元的存款，在芝加哥期货交易所炒期货。他在银行的一间密室中与芝加哥的期货公司直接连线进行期货交易，为了逃避法律制裁，在自己 72 岁的高龄时畏罪潜逃。期货市场吸引了许多冒险家和赌徒。那时在美国期货市场投机成为有雄心的商人的一种时尚，期货大户在市场上具有传奇色彩。据说，当时小孩们都强烈渴望成

① （美）杰瑞 · W. 玛卡姆著，大连商品交易所本书翻译组译，《商品期货交易及其监管历史》第 14 页，中国财政经济出版社，2009 年 6 月。

为期货市场上如破产之前的老杜鲁门一样的“小麦大王”，而不是美国总统。杜鲁门家族因为期货而暴富，也因期货而败落，使杜鲁门丢失了一个大学梦。真是“成也萧何，败也萧何”！从杜鲁门失学的那个年代初延续到20世纪70年代末，美国期货市场仍然是操纵市场、逼仓风险不断。

在杜鲁门父亲参与期货交易的年代前后大约30年间，美国经历了历史上时间最长的一次农产品价格下跌。20世纪70年代初曾经担任美国商品期货交易委员会检查部首席律师的玛卡姆说，因为农产品价格的巨大波动使得农民遭受了重大损失，19世纪90年代发生了“平民起义”。这些以农庄运动为代表的农民认为，芝加哥期货交易所应该对农产品价格的波动负责，正是这些波动，经常使农民无法获得合理的农产品价格。显然，芝加哥期货交易所的自律管理并没有发挥作用。许多国会议员指责芝加哥期货交易所是“聚赌的地狱”，是“世界上最大的赌场”，“蒙特卡洛和哈瓦那的赌场都无法与之相比”。由于农民运动的原因，美国国会自19世纪80年代开始致力于期货领域的立法，意在完善各州禁止期货赌博、期货交易和投机商号的相关法律。美国国会1922年通过了《谷物期货法》，要求期货交易所必须采取行动防止价格操纵。这个法律构成了今天美国期货市场监管体系的核心。这个法律授权美国农业部部长指定符合条件的交易所成为“指定合约市场”（DCM），即交易标准化合约的期货交易所。也就是说，期货交易所的设立必须经政府批准，而申请设立交易所必须符合农业部规定的条件，需经农业部部长授权的机构审查，通过者方可获得牌照。这些条件包括：交易所必须位于其交易期货合约标的谷物销售终端市场；交易所必须保留交易记录；交易所必须接受司法部和农业部代表对交易记录和有关报表的检查；交易所必须采取措施防止会员散布虚假和误导性的农作物市场信息；交易所必须建立一套防止价格操纵和逼仓行为的程序。为了执行《谷物期货法》，农业部内部成立了谷物期货管理局，作为政府监管机构，负责履行该法赋予的日常监管职能。

《谷物期货法》规定了交易所必须对市场进行管理的要求和政府在监管中的权利和责任。但是《谷物期货法》实施后50年间，交易所必须履行的法律职责执行得并不好。2002年的一天，我向到访上海期货交易所的梅拉梅德请教交易所自律管理问题。他讲了一段往事。他说，在20世纪60年代末他刚接任芝加哥商业交易所主席时，交易所的自律管理存在许多问题。那时交易所是会员制，还没有进行公司制改革，交易所理事长任期一年，由会员通过选举轮流担任。一些理事长就干了不少损害投资者利益、破坏公平交易、引起市场混乱的事情。他说，有一年美国财政部电传一份通知到交易所，说国家要出钱为每一个中小学生早餐补贴一个鸡蛋。那时交易所里正在交易鸡蛋期货合约，当时的理事长收到电传后默默放到兜里，马上悄悄多头建仓，操作完成后，他才向市场公布财政部电传的信息，鸡蛋期货价格瞬间大涨，他平仓获利了结，狠狠赚了一笔。这是在利用内幕信息进行交易啊！有人问他为什么要这样干，他面无愧色地说：“轮到你们当理事长时也可以这样干啊！”梅拉梅德当选理事长后对交易所进行了整顿，建章立制，强化自律管理，防止内幕交易，打击市场操纵。梅拉梅德言语中还插了一段花絮。他说，他接任理事长后查阅交易所的规则制度，许多规则制度都捆扎成一卷卷的圆筒，打开一看，这些规则制度有铅字打印的、有钢笔手写的，还有铅笔、圆珠笔手写的。每一个理事长上任后，写上几条就算规则了。从梅拉梅德担任理事长开始，芝加哥商业交易所的自律管理才逐步走上正轨。

投机者导演的市场操纵在各个金融市场上都有，但投机者特别偏爱期货市场。因为期货市场比其他市场更具有高杠杆性，“以小博大”的低成本、高收益、高风险特性，使得它成为投机者最喜欢的工具。从理论上讲，如果投机者都是理性的，越多的投机会使期货市场在发挥套期保值和价格发现功能时更为有效，有利于稳定价格。但如果相反，投机者是非理性的，这一正面结果消失，会造成市场震荡、价格扭曲、功能破坏。不可能所有的市场参与者在所有时间都不理性。当市场存在缺陷时，投机者不理性群体会放大，市场操纵会加重，会加大市场的波动性，会使期货价格扭曲，会对经济和社会产生负面影响。监管的作用，就是让市场在外部威慑下保持相对理性。

2009 年冬，我们去华盛顿美国农业部拜访，接待我们的是美国农业部的一位副部长，他向我们讲了一个关于期货市场操纵的故事，来说明监管的重要性。他说，20 世纪 50 年代，当时美国农业部负责期货市场的监管工作，芝加哥期货市场发生了一件非常轰动的事件——洋葱期货操纵事件。1955 年，洋葱期货交易价格被投机者操纵，洋葱价格飞涨，出现了洋葱的“虚假价格”。错误的价格指导了农民错误的生产，很多农民以为未来洋葱卖价好，有利可图，开始大量种植洋葱。等洋葱收获上市后，供应量变得很大，但价格已经很低了，还有许多洋葱卖不掉。受损的农民非常气愤，浩浩荡荡地开着拖拉机上街游行示威，并包围了芝加哥市政厅。他们认为是政府不监管、不作为导致洋葱期货市场被操纵，扭曲了洋葱期货价格，错误的价格信息误导了他们的种植计划，使他们亏损严重，要求交易所赔偿。这场“葱农”的灾难是投机者操纵行为引发的，贪婪心态，过度投机，扭曲了价格，极大地伤害了农民的利益。后来美国在修改期货法时，把上市洋葱期货作为禁止条款，永远不准洋葱期货上市交易。类似这位副部长说的洋葱期货操纵的情况，在20世纪80年代以前的美国期货市场大量存在。

在芝加哥期货交易所1848年成立以来相当长的时期内，虽然要求交易所对会员进行自律管理，但制度形同虚设，交易所基本没有很好地执行。无论是操纵市场的“逼仓”，还是对赌公司的欺诈行为，都要求交易所进行处理，但进行得比较艰难。从19世纪60年代中期以来，几乎每个月芝加哥期货交易都是在逼仓的情况下结束的，但是政府从来没有介入进行真正的监管。[①] 随着期货市场越来越大，各种利益主体参与到期货市场来了，利益的复杂性和社会影响的广泛性导致社会各方对期货市场产生了强大的压力。因为大户逼仓、市场操纵、欺诈行为导致期货市场价格发现和套期保值功能受损，绝大部分市场参与者都要求规范市场，加强监管，打击操纵以回归期货市场的经济功能。19世纪晚期，美国联邦政府开始在农业部下设期货监管机构对期货市场进行监管，过去“自弹自唱、自娱自乐”的期货市场开始纳入政府监管范围。但在监管开始后的相当长一段时间内，往往是有法不依、执法不严，政府监管对那些市场操纵者和欺诈者缺乏威慑力。进入20世纪70年代，为了更好地行使政府对期货市场的监管职能，做到有法必依、违法必究、执法必严，美国国会决定对期货市场交易行为进行全过程的行为监管，批准成立商品期货交易委员会并授权其对期货市场进行统一集中监管。可以说，期货市场真正、有效的监管是从成立CFTC开始的。

---

① （美）杰瑞·W. 玛卡姆著，大连商品交易所本书翻译组译，《商品期货交易及其监管历史》第12页，中国财政经济出版社，2009年6月。

他山之石：美国期货和衍生品监管扫描

1974 年美国通过了《商品期货交易委员会法》，在国会下面成立了商品期货交易委员会。20 世纪 70 年代，芝加哥的农产品期货市场上挂牌上市了外汇、利率等一系列金融期货。面对新的金融期货产品，农业部的监管搞不定了，在法律授权下，商品期货交易委员会应运而生。但是，商品期货交易委员会仍然归国会农业委员会管理，而不是如证监会那样归国会银行、金融委员会管理。[①] 据说这是因为美国选举制度的政治原因使然。商品期货交易委员会领导班子成员构成是五人，一个主席，四个委员（相当于中国证监会的副主席）。主席按照党派执政情况来确定，如果是共和党总统执政，主席就是共和党人；如果是民主党总统执政，主席就是民主党人。另外四个委员，共和党和民主党各占两人。五人都由国会推荐，总统任命（美国证监会也如此）。CFTC 的总部设在华盛顿。2008 年我们去访问时，民主党人、代理主席卢肯先生介绍说委员会有 500 人左右，最大的三个部门是市场监管部、中介机构监管部（金融危机后 CFTC 按照法律要求把互换交易商纳入监管，现在该部门改名为互换交易商与中介机构监管部）、执法稽查部，这三个部门分别都有 100 多人。CFTC 的监管人员配置也是与时俱进的，到 2017 年底已经增加到 1000 多人，在芝加哥、纽约、旧金山和堪萨斯 4 个地方分别设立了区域办公室，仅芝加哥办公室就有 100 多人。

CFTC 的监管使命是：保护市场参与者和公众在商品金融期货期权交易中远离欺诈、操纵和交易滥用；建设一个公开、富有竞争力和财务稳健的期货市场；通过监管，促使期货市场有效发挥价格

---

① 在美国，CFTC 分别对众议院农业委员会和参议院农业、营养和林业委员会负责；SEC 分别对众议院金融服务委员会和参议院银行委员会负责。

发现和风险防范作用，更好地担当起促进国民经济良好运行的重要职能。最后一个使命，用我们的话说，就是期货市场要积极为实体经济服务。

CFTC 监管的主要内容有以下 4 个方面。

首先，强调期货市场为实体经济服务，包括四个方面内容。

一是要防止市场操纵，扭曲期货价格损害实体经济。美国法律规定，期货交易具有管理和承担风险、发现价格的手段和功能，关系国家公共利益，需要 CFTC 对由交易设施、结算系统、市场参与者和市场专业人士构成的市场自律体系实施监管，防止市场操纵，以保证价格不被扭曲，使期货市场功能得以实现。

二是强调要支持企业套期保值管理风险。法律规定，对于因防范过度投机而采取的限仓制度，不适用于善意套期保值者。而善意套期保值是指，商品或其产品的生产商、购买者、销售商、中间商和使用者利用交易所提供的适当期货合约，对其在未来特定时期内的合乎常理的商业需要进行套期保值。这些持仓的特征是，在现货市场有相应采购合同的，或是为降低商业企业的营运和管理风险的，或者因为持有各种资产担心市场价格变化影响的，等等。

三是强调监管要让市场更有效率，以减少商业活动不必要的负担。法律规定，CFTC 要对过度投机进行监管，并对投资者设定交易限额和持仓限额（善意套期保值持仓除外），对交易活动进行监督管理。因为过度投机构成了商业活动不必要的负担，还可能带来市场操纵。

四是强调要保护美国经济核心竞争力。法律在要求打击市场操纵和防止过度投机的同时，强调不能因为监管的原因而削弱美国期货市场的竞争力。法律要求 CFTC 在进行监管时要与国际上其他市场的监管相比较，和其他国家的监管强度要适应。不要因为监管的原因，让交易者流失到其他市场，从而削弱美国全球定价中心的地位。如限仓问题，法律规定，“确保其设定的限额不会致使该商品的价格发现活动转移到外国交易场所”。目前美国是全球的大宗商品定价中心，这是美国经济的核心竞争力之一。这主要依托于美国全球期货交易量最大、品种最全的价格发现中心地位，而交易者提供的流动性是价格发现的重要因素。这种体现国家经济安全和战略利益的考虑，值得我们在《期货法》起草工作中借鉴。

其次，强调交易所新产品挂牌上市需要核准。

在期货交易所上市交易的产品要经过审核。2011 年新修订的《商品交易法》仍然延续过去的规定，期货、期权和其他衍生品交易必须在 CFTC 指定的期货交易所或其他交易场所挂牌交易。同时，挂牌交易的期货、期权产品必须经过 CFTC 核准。CFTC 可以针对涉及不同商品的挂牌上市交易，设置不同的条款和条件，任何人不得违反 CFTC 制定的任何规则、规章和条款。CFTC 在其具体的部门规章中进行了更为详细的规定，交易所向 CFTC 上报新的期货合约要求获得核准时，上报材料必须包括：对合约的描写包括支持交易所设定这个合约的条款和条件的数据和信息；如是实物交割要对可交割供应量进行评估，如是现金交割要对价格是否被扭曲和操纵进行评估；最小价格变动的设置要有利于套期保值和风险管理功能的发挥；要进行投机限制；最大价格变动的限制等。禁止易受操纵的期货合约上市，法律规定“交易场所仅得上市不易受操纵的合约”，CFTC 的规则对法律中这句话的解释则长达十余页。法律规定，期货交易和衍生品市场由 CFTC 指定。交易场所申请产品上市必须满足和持续满足 CFTC 规定的 23 项核心原则。CFTC 对期货和衍生品是否符合上市条件拥有主观判断和最后的自由裁量权。

法律还规定，核准期货、期权和互换合约上市主要有两种方式：一种是交易所自愿将新产品提交 CFTC 审查和核准。期货交易所或衍生品交易执行设施按照法律和 CFTC 规章规定的程序，请求 CFTC 核准上市新产品及其规则，经核准后才可以标注该产品和规则“经 CFTC 核准上市交易”。另一种是 CFTC 将审批权下放到交易所，由交易所对产品及其规则“自我核查”。CFTC 规章规定，没有向 CFTC 主动请求预先审批的产品及其规则，必须按照 CFTC 规定的程序通过电子邮箱方式向 CFTC 提交材料，并保证在产品上市前一天 CFTC 已经收到交易所申请上市产品的材料，同时交易所要保证这些材料完全符合法律以及 CFTC 规则和政策。CFTC 收到材料后，要按照法律和规则政策要求对交易所进行的“自我核查”的真实性进行尽职调查和评估。如果合格，CFTC 第二天就可以认可交易所的“自我核查”，核准新产品上市交易。如果交易所自我审核的产品没有通过评估，那么 CFTC 应当中止新产品上市并让交易所做出说明。两种上市方式的最后核准权都在 CFTC。两种方式可以由交易所自由选择。目前，期货交易所选择后者多于前者。

再次，强烈体现对农业的保护。

美国是一个农产品生产大国和出口大国。期货市场监管体现了对美国农业和农户的保护。看今天全球期货市场，接近 90% 是金融期货，其他衍生品也主要是金融产品。农产品期货市场在美国期货市场的份额很小，但却是监管最严格的市场。美国人认为农业对国家安全至关重要，金融市场应该为农业服务而不能对其造成伤害。法律规定，农产品期货、期权产品只能在 CFTC 指定的期货交易所上市交易。同时规定其他的交易场所，如果其产品是依据交易所上市的农产品期货合约、期权合约设计的衍生品，其交易必须在征求公众意见并进行听证后，按照CFTC制定的规则程序才能开展交易。法律规定了鼓励和推动农产品生产商善意套期保值的程序，使本国农产品生产商更容易参与期货市场，以便在更大程度上使生产商能够对生产中的价格风险进行套期保值。鼓励期货交易所提供信息并以其他方式推动本国农产品生产商参与期货市场。

美国的期货史告诉我们，衍生品是从农产品开始的。从1848年芝加哥期货交易所推出谷物远期合约，1865年又推出谷物期货起，到1972年芝加哥商业交易所推出外汇期货之前这100多年里，农产品期货在美国一统天下。因此，美国期货市场监管带有浓厚的“三农”味。20世纪70年代以后，美国姓“农”的期货交易所开始交易金融期货品种，穿“草鞋”的同时也穿上了“皮鞋”。这让华尔街特别不爽。在华尔街那些一直穿“皮鞋”的人士看来，这批中西部穿“草鞋”的粮食、黄油、鸡蛋贩子哪能搞金融。可偏偏就是这帮穿“草鞋”的粮食贩子，上市了一个接一个的金融期货期权品种，穿上“皮鞋”就不愿意脱了。前面已提到，农产品期货的设计灵感，让这些农产品期货交易所推出了一个又一个的金融期货产品。到目前为止，美国的场内金融衍生品几乎全是这些农产品期货交易所推出和交易的。目前全球最大的期货交易所集团——CME集团，其产品包括了美国《商品交易法》里几乎所有的门类，金融期货和其他金融衍生品占其交易份额的95%以上。2017年，CME还赶了一把时髦，推出了比特币期货。在20世纪70年代推出货币期货之前，它仅仅是一个交易黄油、奶酪、活牛、猪腩和鸡蛋等的农产品期货交易所。虽然目前美国期货市场上市交易的主要产品由农产品变成了金融产品，但美国法律偏爱农业的初心未改。如《商品交易法》第1章对商品的解释：“‘商品’一词系指小麦、棉花、大米、玉米、燕麦、大麦、黑麦、黄油、大豆、豆粕……活牲畜、冷冻浓缩橙汁以及所有其他货物和物品……以及作为现在交易或者未来交易的远期交割合约标的之一切服务、权利以及权益。”看下来发现基本穷尽了所有的农产品，一共列举30种农产品，非常具体。而对金融期货、期权及其他衍生品的解释则很抽象，表述为：服务、权利及权益等。

美国法律对农业的保护还有管辖权的原因。期货市场从有政府管理以来，直到20世纪70年代CFTC成立，一直是美国农业部在进行监管。CFTC成立以后，不在白宫管辖之下，而是归属于国会管理。在国会内部，CFTC对国会农业委员会负责，而不是对国会银行、金融委员会负责（银行、证券监管机构则是对这个委员会负责）。尽管不少人提议要将CFTC划归国会银行、金融委员会管辖，但遭到国会农业委员会的极力反对。因为大量的农产品生产区域也是选举人选票的大票仓，农业委员会不愿放弃。这也体现了美国对农业的重视和保护。因此，美国期货市场监管的“三农”味重就是可以理解的了。

最后，监管范围包括场外衍生品。

2011年修订后的美国《商品交易法》最大的特点就是把场外衍生品市场作为调整范围，纳入CFTC的监管。《多德－弗兰克华尔街改革与消费者保护法》中关于场外互换市场、证券互换市场监管的许多内容，都分别加入修订后的《商品交易法》不同的条目中。

《多德－弗兰克华尔街改革与消费者保护法》第7编第711条，明确了场外衍生品市场互换交易的监管者是CFTC。接着，在第

712 条第 1 部分明确规定，“互换交易市场涉及的所有市场主体，其定义皆以《商品交易法》第 1a 条的定义为准”。《商品交易法》第 2 条（1）规定，CFTC 对在期货交易所或者其他互换交易执行设施进行的互换交易具有管辖权。

2010 年，我们请已经不在 CFTC 代理主席岗位上的卢肯先生到中国参加衍生品监管研讨会。会上他说，政府监管和衍生品行业的发展要保持平衡。监管者除了履行防止市场操纵、欺诈、滥用、保护市场参与者等义务之外，还负有“促进有责任的创新以及交易所、其他市场及市场参与者之间的公平竞争”的使命。回顾历史，通过颁布促进性的法规和规则，CFTC 为市场参与者提供了非常公平的竞争机会。CFTC 的任务不是挑选赢家和输家，而是提供公平竞争的平台，要平衡监管和发展。在采取任何行动之前，应对其影响进行分析，对成本和收益进行测算，确保监管收益大于监管支出。他说，中国期货业非常年轻，因此在发展的早期阶段，需要政府和业界紧密合作。从监管的角度来讲，对于年轻的市场，规则制定是非常重要的，而且也应该加强监管。

当然，美国的情况和中国不一样。不过，我们的期货市场是向美国学习而后建立的，市场基本框架是借鉴美国，同时也融入了 20 多年中国期货市场实践的成功经验。这些美国模式与中国经验不同程度地体现在我国《期货条例》中，规范了我国期货市场的发展，取得了很大的成绩。因此，不断跟踪学习研究美国期货监管制度的变迁，有利于我们的监管工作。他们的许多经验和做法，仍然值得我们结合国情进行学习与借鉴。所谓“他山之石，可以攻玉”，大致如此吧。

“327 事件”：警告监管缺失

“树叶沙沙响，必定有风来。”早期我国期货市场对风险防范几乎一无所知，许多乱象的“沙沙响”，无人料到会有大风来。

和美国一样，我国期货市场试点之初就出现了许多市场操纵、逼仓交易、过度投机等混乱现象。那时既没有可用的法律法规，也没有监管机构的有效运行和执法行动。我们在前面反复提到的 1995 年 2 月 23 日发生的“327 国债期货事件”，就是在无法可依、无人监管、无人执法的情况下发生的乱象之一。1992 年，我国期货市场开始试点还不到两年，国债期货就在上海证券交易所开始交易。在国债现货还未市场化，同时既无法规，也无经验、人才，各方面条件准备都不充分的情况下就甩开膀子干，虽然大胆闯、大胆试的勇气可嘉，但在这个高杠杆、高风险市场上无视客观规律的盲目行事，不可避免地为“327 事件”的发生留下了祸根。前面已经有专门章节对此进行分析，这里按下不表。

“327 事件”发生后，国债期货市场过度投机、逼仓交易和市场操纵依然。2 个月后的 5 月 11 日，上海证券交易所又发生了“319 国债风波”，市场操纵的方式与“327 事件”如出一辙，即收市前亏损严重的空头主力采取透支交易、超比例持仓等违规手段大量抛空，造成当日交易行情大幅震荡。鉴于国债期货市场一而再，再而三出现同样的风险事件，经国务院同意，中国证监会下发紧急通知，从 1995 年 5 月 18 日开始暂停国债期货试点。我国金融期货就此一停 15 年，直到 2010 年 4 月，股票指数期货在中国金融期货交易所上市，金融期货才重出江湖。

我国期货市场出问题的原因，除了我国现货市场不成熟、各方面的配套条件还不具备外，发生乱象和风险的一个主要原因就是法律缺失、监管缺位，这和美国早期期货市场的问题大同小异。当时，国债期货监管存在真空，是在无法可依的情况下运行的，期货市场绝大部分法规规则是在“327 事件”发生后才颁布的。在“327 事件”爆发之前，国债期货没有明确的政府监管部门，一些上市国债期货合约的交易所就是钻了这个空子。交易所上市品种无须审批，各地一哄而起，不管条件是否具备都纷纷挂牌交易。交易所为了各自利益，仓促推出国债期货合约交易。产品推出后，为了多拉客户争取交易量，交易所竞相降低条件，放弃监管，合约设计和交易规则五花八门。

不只金融期货试点出了问题，商品期货市场上也是风险频频爆发。从 1995 年到 1999 年，上海、郑州、大连、苏州、海南等期货交易所发生了许多期货内幕交易、逼仓交易、市场操纵产生的风险事件。其中上海的胶合板期货合约、郑州的绿豆期货合约和大连的大豆期货合约等几个比较典型的商品期货风险事件，在全国影响比较大。这时国内期货市场风险的主要表现特征就是过度投机、操纵市场等。[①]

无论商品期货还是金融期货，在公众市场上市这样一些高杠杆、高风险的产品，应该受到交易所自律管理和政府严格监管。但是我国期货市场草创初期，处于交易所自律不严又没有政府监管的真空和无序状态，同时在市场生态环境、实践经验积累、专业人才储备等方面都与期货市场的监管要求严重不匹配。

“327 事件”和商品期货的一系列风险事件后，提醒了各方对期货市场的高度关注，强化了法律法规建设。在相关规章规则基础

① 参见中国证监会期货部编《中国期货市场专题研究》第 60~68 页，中国财政经济出版社，2000 年。

上，国务院于1999年出台了《期货暂行条例》，从行政法规层面规定了中国证监会是期货市场监管机构。

摸石过河：我国监管制度特色

“他山之来石”和“摸石头过河”这两句，可以说明我国期货市场监管制度的学习借鉴与探索创新。我国期货市场监管制度是在学习借鉴国外主要是美国的基础上，结合国情，在实践中不断改革创新逐步建立和完善的。与国外在一般规律性东西相同的情况下，有自己的一些特色。

前面提到，20世纪90年代初，我国开始探索建立证券市场监管制度。1992年国务院决定成立国务院证券委及其监管执行机构中国证监会。国务院下发文件对证券管理做了分工：股票发行上市归证监会；国债归财政部；金融债、证券投资基金归中国人民银行；中央企业债券归中国人民银行和国家计委共同管理；地方企业债券归省级人民政府负责等。这份文件仅讲了证券，但没有提到期货，期货市场归谁监管不明确。没多久正在试点的期货市场就出大事儿了。针对期货市场监管部门不明确的问题，1993年国务院决定，国务院证券委及其执行机构证监会监管期货市场。文件说，对期货市场的试点工作的指导、规划和协调、监管工作由国务院证券委负责，具体工作由证监会执行。[①] 但这个文件还是没有明确金融期货由谁来监管。1995年“327事件”爆发，加快了金融期货纳入证监会集中统一监管的步伐。1997年亚洲金融危机后，证券期货市场由证监会集中统一监管更加明确。国务院在1998年下文规定：证券

① 见中国证监会编《中华人民共和国证券期货法规汇编（1992—1993）》第70页，法律出版社。

市场和期货市场由中国证监会统一集中监管。各地方政府和国务院各部委办的证券期货交易所上收中央，由中国证监会统一领导和管理。财务人事、党的关系全部由证监会垂直统一领导。1998 年国务院机构改革，撤销国务院证券委，其职能全部并入证监会，证监会升格为国务院正部级事业单位，根据国务院授权集中统一监管证券期货市场；中国人民银行对证券投资基金、证券经营机构的管理职能划归证监会；各省市区政府的证券期货管理办公室全部划归证监会垂直领导。1999 年《期货暂行条例》规定，证监会对期货市场实行集中统一的监督管理。2007 年、2012 年两次修改的《期货条例》都维持了这一表述。同时，《期货条例》在 2007 年的修改中，还把金融期货、期权合约交易的相关活动纳入了证监会集中统一监管的范围。

我国期货市场监管制度是在坚持社会主义制度前提下，学习借鉴美国等国家的经验，经历多年艰难探索而建立起来的，这个监管制度体现了一些符合中国国情而不同于其他国家的特点。目前，中国各类市场主体和成熟市场国家对这些特点是基本认同的。

中国证监会对期货市场的监管主要从五个维度进行。

一是上市产品审批监管。交易所交易的是期货期权产品，它们对国民经济的意义在于发现价格和套期保值的功能。未雨绸缪，监管要从产品设计开始。不受监管的产品设计，往往会偏离为实体经济服务的轨道，成为公众赌博的筹码。监管就是要保证上市产品的设计有利于实体经济发展，不能成为交易所和会员自娱自乐的工具。比如，不是按实体经济的需要设计，而是设计现货标的价值量小、产量不多、难标准化、交割困难，高杠杆率、高流动性、大交易量、易被操纵的产品。这样的产品“脱实向虚”，企业难参与，实体经济不喜欢，轻轻松松就成为投机者翻云覆雨炒作的筹码、市场操纵者刀口舔血豪赌的工具、期货公司反复赚取佣金的造币机。因此，许多国家都对期货产品设计进行监管，要求产品的设计围绕和现货的匹配度来进行。要统筹考虑产品设计包含的各项要素，兼顾各个方面有一定的平衡，使产品既要有充分适度的流动性，又要考虑价格发现、风险管理功能的发挥。监管机构一般要求交易所要根据现货的市场化程度、生产规模、可交割性、市场流动性等综合因素来设计产品，这些因素与价格发现、套期保值及投资者的参与度都有很大关系。

需要强调的是，监管者监管的是这些产品的风险，比如它们的杠杆性、流动性、波动性、透明度等，而不是产品的种类。所谓监管者的审批或核准，就是看这些因素是否都按照法律法规和监管机构的要求做了。美国对期货期权产品在交易所挂牌上市要求很严格，需要核准。前面已论，此处不重复。2010 年，美国 CFTC 清算和中介监管部主任阿南达 · K. 拉达克里希南（Ananda K. Radhakrishnan）来中国证监会交流时说，美国汲取 2008 年金融危机的教训，修订了《商品交易法》，新修订的法律更加强调期货期权等衍生产品上市需要监管机构核准的重要性。他强调：“监管要从产品设计开始。”

二是对期货交易所的监管。我国法规规定，期货交易所是为期货交易提供场所，实施、组织和监督期货交易，实行自律管理的机构。不受监管的期货交易会阻碍经济功能的发挥，使交易场所变成赌博的乐园。因此，成熟市场国家的法律法规都要求政府监管部门对期货交易所进行监管。我国法规授权证监会监管期货交易所。根据法规，证监会必须要求期货交易所建立健全各项规章制度，加强对交易活动的风险控制和对会员的监督管理；交易所贯彻落实法规和证监会的相关监管规定情况，定期向证监会报告，证监会要对交易所进行定期合规性检查；交易所承担自律管理和一线监管的职责，证监会要监督检查交易所自律规则和一线监管任务的落实情况；证监会要定期或不定期利用现场和非现场方式，开展对交易所监管工作的督查。比如，交易所产品设计是否按照法规和证监会的规定办理？交易所的风险控制制度和措施是否执行到位？交易所对会员管理的自律规则是否得到落实？交易的业务规则是否符合证监会的规定和指引？客户的交易行为是否规范？等等。监管的目的是防止市场操纵、内幕交易和欺诈，以保障期货市场经济功能的实现。

三是对期货结算机构的监管。期货结算机构是为期货交易提供结算服务的机构，它的存在是为提高结算效率和控制期货交易风险。我国法规规定，期货结算机构是组织监督期货交易的结算、交割活动的自律管理机构。期货结算机构同样归属中国证监会监管。不受监管的结算场所往往成为系统性风险的爆发源，前面提到的“327 事件”即是一例。证监会根据法规和规章对结算机构进行审慎性和合规性监管，定期或不定期进行督促检查。比如，法规规章在结算机构是否得到落实？结算机构的风险控制制度是否建立和得到充分执行？财务充足性制度是否安全？风险控制机制是否健全？操作中是否完全按照制度办事？等等。目前，结算机构是期货交易所的内设部门，因此所有的监管要求、检查活动与交易所同步进行。监管的目的是防止因结算机构规章制度执行不到位、风险防控措施不力产生的交易双方信用风险，导致单个机构结算不能完成，从而引发全市场系统性风险。

四是对期货经营机构的监管。期货公司是市场中介，它们是交易所的会员，是连接投资者和交易所的中间人。为保护投资者利益，必须对期货公司进行监管。大部分国家的法律法规都规定，期货公司的设立和业务范围需要监管部门审批。投资者要交易期货期权，必须通过有交易所会员资格的期货公司代理在交易所内进行交易。期货公司为客户代理买卖期货期权的过程中，一些期货公司遵法守法观念淡薄，损害和侵犯投资者利益的事情经常发生。国内外历史经验证明，期货公司一般不会太老实，逮着机会就“坑”投资者一把。在我国期货市场实行“混码交易”的年代，处于中间环节的期货公司，经常占客户便宜。当客户下达委托指令给期货公司时，期货公司本应该严格执行客户指令，但是它们往往不这样，而是选择对它们有利可图的价位下单。成交以后，由于是“混码交易”，客户无法得知自己的委托指令是否被期货公司如实下达到交易所。在当时的情况下，期货公司对赌、吃点、改单、换仓、私自对冲等种种不规范行为频频发生。这些行为不仅严重损害了投资者利益，也扰乱了市场秩序。另外，期货公司资本金不实和挪用客户保证金问题是长期存在的“顽疾”，证监会建立和实施期货保证金安全存管监控制度、净资本监管制度、以“一户一码”和实名制为基础的“穿透式”监管制度后，对侵害投资者利益和操纵市场的行为形成了威慑，监管取得了很好的效果，净化了市场，从保护投资者合法权益和防范风险两方面促进了市场健康稳定发展。

五是对期货市场交易行为的监管。这部分监管的重点是交易者的违法违规行为，如内幕交易、市场操纵等。交易所通过监测监控系统发现线索，违反交易所规则的由交易所自律处理，涉嫌违法违规的线索交证监会立案查处。近年来，证监会不断强化期货市场的监管执法力度，对多起期货市场操纵案件进行了行政处罚。如影响较大的“甲醇1501”期货合约操纵案，这是期货市场操纵涉刑第一案，也是证监会首次行政处罚给予期货操纵行为违法者终身市场禁入。2014年12月，郑州商品交易所通过实时监控系统发现“甲醇1501”期货合约交易异常。经证监会立案调查，国内第一大甲醇贸易商成都欣华欣化工材料有限公司时任总经理姜某控制42个期货账户，集中资金优势、持仓优势，连续买卖“甲醇1501”期货合约，同时囤积现货，操纵期货交易价格。证监会对操纵行为当事人姜某顶格处罚100万元，采取终身期货市场禁入措施。法庭终审判决姜某犯操纵期货市场罪，判处有期徒刑两年六个月，并处罚金100万元。该案的处理情况反映出，证监会作为期货市场行政执法机关，与司法机关建立起了良好的协作沟通机制，形成了打击期货市场违法犯罪活动的合力。

我国期货市场的监管者，在近30年的监管实践中，一边学习成熟市场国家经验，一边进行符合国情的创新性探索，取得了积极的成效。其中，设立中国期货市场监控中心是我国期货市场监管制度的一项重大创新安排。作为期货市场的“电子眼”，期货市场监控中心依托数据大集中优势，从实名制开户、保证金监控、市场监控及期货经营机构监控等多个角度，对期货市场实施全方位监测，及时防范个体性风险、系统性风险。进一步，在实现了期货市场数据大集中的基础上，证监会建立起了证监会机关、派出机构、期货交易所、期货市场监控中心、期货业协会“五位一体”协同行动的监管工作机制，凝聚全系统力量，发挥监管合力。

在这个不断学习、探索的过程中，我国期货市场监管制度也形成了自己的一些特点。

特点一：独具特色的期货保证金安全存管监控制度。

2004年8月，总部位于四川成都的嘉陵期货公司董事长突然失踪，揭开了嘉陵期货公司挪用客户保证金违法违规行为的盖子。当年，嘉陵期货公司由于自营期货出现巨大亏损，挪用存放在期货公司账户上的8000万元客户保证金来弥补资金缺口，此后缺口越来越大，弥补不了，公司弃仓而逃。事情发生后，嘉陵期货公司被关停，其主要负责人也被判刑入狱12年，投资者纷纷上访找政府要求赔偿。最后，在中国期货投资者保障基金的介入下，历时5年时间，客户保证金补偿清退和风险处置工作才得以完成。该事件暴露出了当时存放在期货公司处的客户期货保证金监管并不严格，名义上期货公司对客户保证金进行封闭运行，但是实际上仅仅是在账面处理上进行了隔离，期货公司挪用客户保证金的情况经常发生。为了对付监管部门现场检查，期货公司往往临时拆一笔钱，把保证金挪用的缺口堵上。监管人员一走，钱马上就从账户上消失，缺口依旧，风险洞开。通过这种方式，期货公司与监管人员玩起了“躲猫猫”的游戏。这给监管层在制度运行上敲响了警钟，客户的钱怎么才能更好地进行保护，怎么看住客户的钱？嘉陵期货并不是个案，期货公司挪用客户保证金是当时期货市场上的普遍情况。不仅期货市场如此，证券市场也如此。后来，证券市场采用了银行第三方存管的方式把客户的钱从证券公司处移放到了银行，证券公司不能挪用了。但期货市场因为要逐日盯市，客户保证金仍然放在期货公司账上，但必须要有看得住、保证不被挪用的工具。

为了彻底解决期货公司挪用客户保证金的问题，证监会报经国务院同意后，于2006年成立了中国期货市场监控中心（当时叫中国期货保证金监控中心，于2015年4月正式更名），专门来监控客户保证金风险。2007 年修改后的《期货条例》规定，证监会应当建立、健全保证金安全存管监控制度。设立期货保证金安全存管监控机构。《期货条例》还规定，客户和期货交易所、期货公司及其他期货经营机构、非期货公司结算会员以及期货保证金存管银行，应当遵守证监会有关保证金安全存管监控的规定。期货市场监控中心依照有关规定对保证金安全实施监控，进行每日稽核，发现问题应当立即报告证监会。证监会应当根据不同情况，依照《期货条例》有关规定及时处理。通过汇集、比对期货交易所、期货公司、存管银行三方提交的数据，期货市场监控中心把客户资金看得一清二楚，相当于在公路上装了摄像探头，开车者的违规行为暴露在探头下，对挪用者形成强大威慑。这个制度自建立以来运行得比较好，大大遏制了期货公司的不规范行为，基本上解决了过去十多年困扰我国期货市场发展的期货公司挪用客户资金的问题，为保护期货市场投资者利益起到了积极作用。

这里有一个非常具有代表性的例子。2011 年 10 月 21 日（星期五），江苏一家名为华证期货的期货公司，其实际控制人和董事长因参与民间借贷发生资金周转困难，擅自挪用客户保证金 4100 万元。10 月 24 日（星期一），期货市场监控中心按照保证金封闭存管的相关规定和监控要求，滞后一个交易日对前一交易日的数据进行核对，发现华证期货公司存在客户保证金被挪用的情况，及时发出预警通知。当事人也知道其挪用客户保证金的行为很快就会被发现，24 日收市后主动向当地的证监局报告。由于风险发现及时，在证监会的指导下，证监局第一时间将有关情况向当地省、市政府通报。经过沟通协调，当地政府协调有关资金拆借用于弥补保证金缺口，资金于 10 月 25 日到账，确保了期货公司客户的正常交易，维护了期货市场和社会稳定。

印度有个谚语说：“趁荆棘幼小时砍倒它，别等到刺破手的时候。”保证金安全存管监控就是砍倒“小荆棘”的工具。一有挪用，马上报警，监管部门追回，保护了投资者的资金安全。我国期货市场创设的保证金安全存管监控制度是国际上独一无二的制度创新，赢得了国际上相关国家的关注和效仿，包括美国在内的一些国家期货监管机构都对这一制度表示赞赏。成熟市场国家如美国、英国期货市场没有这个制度，监管机构不去监管客户存放在金融机构的资金情况，它们的制度只是要求金融机构要将客户资金和公司自有资金分户管理，不得挪用，由金融机构看管客户资金。哪有猫儿不偷腥，偷腥猫儿西方也不少。2008 年金融危机后，美国证券期货市场上爆发了不少金融机构长期挪用客户资金的案例，期货市场最典型的有曼氏金融集团（MF Global）、百利金融集团（PFGBest），证券市场典型的如麦道夫（Madoff）的“庞氏骗局”等，受到社会各界的广泛诟病。而中国的期货保证金安全存管监控制度则有效地破解了这一难题。

2012 年初，美国 CFTC 在一些金融机构的介绍下，对中国的期货保证金安全存管监控模式产生了极大的研究兴趣，专门派专家赴中国期货市场监控中心就该模式进行详细的学习和探讨。此后，CFTC、美国期货业协会以及一些金融机构多次在国际会议等场合推荐中国这个制度。美国人说，他们知道中国这个制度对保护投资者好，但不能全学，因为在美国，CFTC 没有办法让华尔街的大银行集中数据，它们不同意就干不成，因此只能要求美国期货业协会的会员提供银行出具的客户资金数据。但投资者的钱许多是存放在银行的，银行不配合，CFTC 的数据就不全。他们说，还是中国监管机构在保护投资者利益方面力度大，美国就不行，得听华尔街大资本的。CFTC 原代理主席卢肯多次在国际会议上介绍和推荐中国的经验。

特点二：绝无仅有的“穿透式”监管制度。

2009 年 7 月，螺纹钢期货在上海期货交易所刚刚上市不久，证监会依托期货市场监控中心的监测监控系统发现，螺纹钢期货 0909 合约临近交割月仍保持较大持仓规模，且持仓逐渐向一些账户集中，疑似有操纵市场的嫌疑。对这些账户的关联关系及交易行为进一步分析后发现，是南方某钢铁集团及其 11 家关联企业在螺纹钢期货上集中交易，持仓比例较大。刚开始，交易所并没有发现这个问题，认为螺纹钢期货市场运行总体平稳，不存在风险。证监会发现这一问题后，立即提醒交易所，督促其做好一线监管工作，防止违规行为的发生。交易所这才发现了这一风险隐患，掌握相关情况后，交易所领导亲自带队到该钢铁集团与其主要负责人进行沟通，引导企业正确理解期货市场的各项制度规定和监管政策，并要求做到严格遵守。此后，该钢铁集团才将其所控制账户里的持仓压了下来，从而为螺纹钢期货首次交割平稳完成提供了保障。这正是“穿透式”监管发挥的作用！如果当初没有“穿透”，证监会没有提醒交易所，交易所没有及时制止市场大户的恶意分仓行为，最后风险到了不可化解的地步，那风险就真的发生了。而通过“穿透式”监管，监管部门和交易所对风险早发现、早制止，才能真正做到把风险化解于无形。

多年来，“穿透式”监管在防范期货市场风险方面发挥了重要作用。2010 年，国内经济面临较大的通货膨胀压力，农产品价格持续上涨。在这个大背景下，部分网站和自媒体大肆传播关于外资操纵农产品期货市场的各种消息，炒得沸沸扬扬。针对这一情况，证监会指导三家商品期货交易所和期货市场监控中心快速反应，利用“穿透式”监管的制度优势，对全市场账户情况进行全面摸排，迅速掌握了外资在我国农产品期货市场交易的情况。我们发现，当时共有近200个外资背景企业（我国农产品期货还没有对外开放，外国投资者不能直接开户交易）通过1500多个账户参与我国农产品期货交易，这些外资客户在我国期货市场上资金占比及成交占比较低，持仓又以卖空为主，换手率很低，套期保值特征明显。因此我们得出结论，外资客户没有市场操纵行为，并且其持仓对国内农产品期货价格的总体走势影响不大。由于“看得清”“说得明”，我们及时把情况向上级报告，并引导媒体进行客观、正确地解读，防止了不实信息对期货市场平稳运行和健康发展产生干扰。

在我国，证券期货市场监管都实行“穿透式”监管制度，美国等西方国家市场没有。美国证监会和商品期货交易委员会都想做，但做起来比较难。2017年以来，几次国际证监会组织的会议，中国证监会都被组织者邀请介绍中国证券期货市场实行“穿透式”监管制度多年来的成功经验，得到很多国家的肯定和赞同，都认为这是有利于保护投资者利益、防范系统性风险的制度安排。目前许多国家想做，但还都停留在制度论证阶段。美国的证券、期货监管部门在会上表示，他们也研究多年，准备近期将拟实施的“穿透式”监管制度向市场征求意见，努力推广这项制度。但做起来很难。2018年初美国SEC和CFTC将研究了好几年的“穿透式”监管制度方案向市场公布，遭到交易所及华尔街金融机构的一致反对。1993—2001年曾任美国证监会主席的莱维特讲，不穿透监管，监管部门看不见券商玩的猫腻，券商轻轻松松就把客户的便宜占了。因此，为了保护投资者尤其是散户投资者的利益，莱维特坚决主张看穿账户的监管。但在华尔街反对下，他8年任期内始终推动的这项监管制度改革一直未得到国会的响应。在当时美国的股票市场上，比如当券商预计客户下订单的股票价格要上涨，一般会让价格先上升一阵然后才执行客户的订单，最后按照客户的报价给客户，客户的报价和券商的执行价之间一般会有一个价差，其差额部分就被券商吃掉了。这就和早期我国期货市场上的“吃点”乱象一样。由于证监会和交易所不能看穿券商后面的交易行为，不能通过监管来有效地制止券商侵害投资者行为。这种制度侵害了投资者尤其是散户投资者利益。而在我国“穿透式”监管制度安排下，监管部门和交易所可以及时、有效、准确地“穿透”中介机构期货公司，直接看到其代理客户的交易行为，从而能够及时发现和保护投资者利益。不仅如此，“穿透式”监管还能对市场操纵早期发现，及时发现风险隐患。通过客户“一户一码”的交易编码和实名制的账户，监管部门和交易所可以观察和追踪投资者在期货市场上的所有数据和交易活动，对市场违法违规活动进行定点精准打击。因此，“穿透式”监管是威慑期货市场异常交易行为、及时发现违法违规线索、保护投资者利益的有力工具和武器。

期货市场“穿透式”监管制度包含三项内容。一是，客户实名制。期货公司客户必须以真实身份开户，同时，期货市场监控中心还要将客户的身份信息向有关主管部门进行核对，确保开户者身份信息的真实性，消灭了早期期货市场上的拖拉机账户问题。二是，“一户一码”制度。发达国家的期货市场基本上都实行“混码交易”，交易所仅看到会员一层的交易行为，看不到会员所代理的每一个客户层面账户上的交易活动。即交易所按照风险分层管理原则对会员进行总体风险监控。我国期货市场建立初期，简单学习美国、英国期货市场的经验，不少交易所也实行了风险分层管理方式下的“混码交易”。不久，一些期货交易所和许多期货公司的不规范行为频频出现，损害了广大投资者利益，也极大地扰乱了期货市场交易秩序。证监会决定停止“混码交易”，逐步实行“一户一码”的交易编码制度，以规范期货交易、结算和交割行为。1999 年《期货暂行条例》规定，期货公司必须为每一个投资者单独开立专门账户、设置交易编码，不得“混码交易”。2008 年金融危机之后，证监会又专门出台规定，要求期货公司为客户开立账户、申请各期货交易所交易编码，必须统一通过期货市场监控中心办理。由期货市场监控中心为每一个客户设立统一开户编码，并建立统一开户编码与客户在各期货交易所交易编码的对应关系，进一步完善了有中国特色的交易编码制度。三是，建立在上面两个制度基础上的交易行为监测监控制度。交易所和期货市场监控中心根据监测数据来观察、跟踪和分析期货市场风险。2008 年初，按照证监会要求，我国 4 家期货交易所的所有实时交易数据全部集中到期货市场监控中心。证监会要求，期货市场监控中心在不影响交易所对市场正常监管的前提下，对交易所的实时交易数据进行监测监控和跟踪分析，防止风险发生。2008 年 10 月，国际金融危机波及我国期货市场，证监会在期货市场监控中心的大数据支持下，通过“穿透式”监管，迅速掌握了市场上主要投资者、期货公司，以及交易所的交易头寸和结算资金匹配情况，对风险进行了连续三天的全市场压力测试，对境外传递的风险和境内风险叠加影响都做到了胸中有数，为证监会指导期货交易所及时采取行动提供了有力支撑和决策依据。

特点三："标新立异"的市场"三板强减"制度。

"穿透式"监管和市场监测监控能够提前发现系统性风险，而"三板强减"则是中国期货市场不成熟阶段处置系统性风险的利器。"三板强减"帮助中国期货市场成功应对了2008年国际金融危机带来的巨大冲击，面对太平洋对岸打过来的金融海啸巨浪，有效化解了传递到我国期货市场的风险。

2008年9月15日以来，雷曼破产引发的强大冲击波，席卷了全球大宗商品市场。对冲基金以及其他各类金融机构纷纷从大宗商品市场上仓皇出逃，大量抛售所持有的大宗商品多头头寸，从能源、有色金属到农产品市场，无一能够幸免。商品期货市场上积聚了巨大的风险，原油、铜、大豆等期货品种的价格一路狂跌不止。2008年9月29日至10月5日我国国庆期间，国际期货市场上NYMEX原油期货、LME铜期货、CBOT大豆期货价格分别下跌了12.2%、13.5%和14.8%。虽然国内期货市场休市没有交易，但无论是监管机构、交易所、期货公司还是投资者，都高度关注国际期货市场的走势，非常担心节后一开市，国际期货市场7天积蓄的风险会潮水般涌过来，国内期货市场将面临巨大考验。

知道海啸大，潮水要来袭，需要提前筑好防波堤。国庆长假休市前，证监会指导三家商品期货交易所提前预研预判，全面提高了各期货品种的保证金标准。长假期间，证监会会同期货交易所密切跟踪国际市场，仔细分析国际市场波动对国内市场的影响，组织开展了全景式的压力测试。经过评估后认为，在外盘多日大幅下跌的冲击下，国内期货市场开市后剧烈大幅下跌不可避免。与证券市场具有较强的本土性不同，商品期货市场是一个天然的全球性市场，在商品"一价定律"的作用下，国际市场上的任何风吹草动，都会迅速穿过国境，越过界碑，传递到国内市场。因此，必须要提前制定风险处置预案，防范系统性风险的发生。

当初摆在证监会面前有两个处置风险的方案。一个方案是2003年上海期货交易所已经实行过的“扩大停板”方式，扩大期货品种涨跌停板幅度，让市场自发找到新的平衡点。另一个方案是我国期货市场上已经实行多年的“三板强减”方式。考虑到本次风险主要是国际市场传递过来的，是由国际金融危机引发的，具有系统性的特点，与过去期货交易所用“扩大停板”的方式处理特定期货品种市场操纵或投机资金炒作风险的情况完全不一样。如果此时采取“扩大停板”的方式，价格跌到何处无法预计，可能因为期货公司或客户大面积穿仓而直接引发系统性风险。经过综合权衡利弊，证监会坚持协调三家商品期货交易所集中统一采取“三板强减”措施。

果不其然！国内期货市场开市以后，三家商品期货交易所都面临国际市场风险传递过来的巨大冲击波。长假后的第一个交易日，国内期货市场出现了所有期货品种全线跌停的极端行情。随后铜、天然橡胶、大豆、豆粕、豆油、棕榈油等期货品种出现了连续三个跌停的风险情况，个别品种还出现了两次连续三个跌停的情况。面对这一市场形势，证监会指导三家商品期货交易所果断采取“三板强减”措施，有效化解了期货市场面临的风险，确保期货市场平稳有序运行，没有出现一家期货公司因资金不足问题穿仓到期货交易所的情况，市场信心迅速得以恢复。从2008年10月6日至11月6日的一个月里，全国期货市场投资者穿仓共计约1386万元，涉及的客户只有600多个，分别占市场保证金总额和客户总量的万分之三和千分之一左右。[①] 事后据一些期货公司报告，涉及客户穿仓的

① 《彭俊衡详解中国期货市场发展八大新举措》，证券日报，2008年12月10日。

资金，大部分都追了回来。这次由国际金融危机传导可能引致的中国期货市场罕见的重大系统性风险得到了有效、有序的释放，市场各有关方面和新闻舆论普遍给予了积极、正面的评价。

十多年来，“三板强减”制度对中国期货市场的平稳运行发挥了积极作用。国内期货交易所的“三板强减”制度（中国金融期货交易所是“两板强减”）基本相同，以上海期货交易所为例，其《风险控制管理办法》规定，当期货合约连续三个交易日达到涨跌停板时，交易所可根据市场情况决定采取“三板强减”制度，将第三个交易日闭市时以涨跌停板价申报的未成交平仓报单，以当日的涨跌停板价，与该合约净持仓盈利客户按持仓比例自动撮合成交。这一风险管理制度的建立，主要目的是化解期货价格连续同方向涨跌给投资者、期货公司、交易所及相关机构带来的风险，其意义相当于期货市场的强制止损，强制受损方在三板价位上出局，以避免带来更大的损失和由此引发系统性风险。①

与美国等成熟市场以法制健全和高度信用为基础的风险控制机制不同（美国期货市场也是至少经历 100 年的混乱后，法制全、讲信用、合规范、守规矩的市场才建立起来），我国期货市场成立时间短，法规制度不完善，市场信用机制不全，现货市场化程度不高。“三板强减”制度正是一项充分考虑了中国国情的、化解市场系统性风险的制度安排，主要体现在两个方面：首先，“三板强减”制度适应了我国一年中数个长假的国情。国庆、春节（原来还有“五一”）7 天长假期间，国内期货市场停市，但现货贸易和国外期货交易仍在进行。节日过后，我国期货市场恢复交易，需要补涨或

① 曲立峰：《“三板强减”制度的利弊分析》，《期货日报》，2010 年 10 月 14 日。

补跌长假期间与现货市场或国外期货市场的价差。由于停市时间较长，现货价格或国外期货价格一般都会跑得比较远，这样就会导致我国期货市场涨跌停板的连续发生，有时候需要四五个甚至更多的停板才能找齐价差。如果没有起码三天的涨跌停板过渡和阶梯形缓冲，一旦节后开市，长假期间积蓄的能量瞬间冲向市场，在一天之内就可能导致期货价格上下大幅波动，出现因投资者资金不够穿仓到期货公司，期货公司资金不够穿仓到交易所，交易所的结算系统承受不了巨大的资金缺口而崩溃，进而引发全市场的系统性风险。其次，“三板强减”制度适应了我国破产清算制度缺失的国情。我国目前尚未建立成熟的破产清算制度，“三板强减”制度类似于将国际期货市场上的会员破产清算行为前置，根本目的也在于防范市场发生系统性风险。

利器用不好反过来就是“凶器”，“三板强减”制度也存在一些弊端。这些弊端往往被别有用心的人利用来牟利。首先，容易被恶意操纵者所利用。2003 年以前，市场上一些恶意操纵者处心积虑地钻制度空子，屡次利用“三板强减”制度来操纵市场获利。他们建立好模型，算好三天涨跌停板的幅度，通过强减平仓后获利。以三个跌停强减为例，操纵者集中资金优势，先把期货合约价格拉上去，再快速出货，三个跌停板强减平仓后，也能获得巨额利润。这种操纵的“游戏”不断在期货市场上演，造成市场剧烈动荡，价格经常扭曲失真。导致国内期货市场在相当长的一段时间里，套期保值企业很难进入，对这个市场缺乏信心，市场做不大，更别提发展了。实体企业很少参与这个市场。现货行业戏言期货市场是“自弹自唱、自娱自乐”。其次，“三板强减”制度具有非市场性的特点，在降低市场系统性风险的同时，不可避免地会使某些交易者的利益受到损害。尤其对于套期保值者，其期货头寸与现货头寸大体相当，期货头寸的强减则使其现货头寸面临敞口风险，使其难以达到预先设定的套期保值目标。

既要利用“三板强减”制度来防范风险，又要防范别有用心的人利用“三板强减”制度操纵市场牟利。2002 年，我当时在上海期货交易所组织研究可否找到一个两边都兼顾的方法。正好交易所想要激活当时基本没有交易量的天胶期货，于是我们研究分析天胶期货前几次出风险的原因。大家研究后认为，原本是交易所用来化解市场风险的“三板强减”制度被操纵者利用，人为操纵天胶期货市场，导致风险的发生。如果要激活天胶期货，让市场参与者对这个品种有信心，就要想办法改变这种状况。这时候有人建议，可以在“三板强减”方式以外，增加另外一种化解风险的方式——“扩大停板”，用市场化的方式让风险得到充分释放，恢复市场的平衡。这个意见在上海期货交易所班子会上获得一致赞同。

同年，上海期货交易所将这个改革方案向社会公开征求意见后，召开交易所理事会全体会议全票通过，并对交易所规则进行了修改完善。修改后的交易所《风险控制管理办法》中明确规定，对连续三个交易日达到涨跌停板的期货合约，在第四个交易日暂停交易一天，交易所可根据市场情况决定对该期货合约实施扩大涨跌停板幅度、强制减仓两种措施中的任意一种。上海期货交易所通过这次改革，目的就是打破潜在操纵者的预期，使操纵者在实施操纵行为时不确定交易所最终会采取哪种措施，增加操纵行为能否获得收益的不确定性，从而使操纵者一开始就望而却步。但当时交易所的这项改革，并未引起市场参与者的重视，那些已经习惯靠操纵获利谋生的人并没有把它当回事。

2003年初，有人在上海期货交易所天然橡胶期货合约上故伎重施，恶意操纵市场，推动天胶期货合约价格快速上涨，试图通过操纵天胶期货合约价格来获利。在前期天胶期货合约价格持续大幅上涨（短短半年之内上涨近80%，比同期日本天胶期货合约价格高出6000多元/吨）之后，从2003年4月4日开始，天胶期货合约价格连续三个交易日跌停，分别下跌3%、6%和6%，累计下跌15%。按照规则，天胶期货合约在4月9日（第四个交易日）暂停交易一天，交易所要研究决定并向市场公布到底采取何种措施。当时上海期货交易所面临着巨大的压力，虽然交易所规则上写得清清楚楚，但操纵者就是“赌”交易所不敢改变“三板强减”的惯例而采取“扩大停板”的措施。最终，上海期货交易所在对市场进行压力测试的基础上（压力测试结果显示，交易所最大能够承受18%的穿仓风险），决定4月10日恢复交易，按照规则中可以采取的两种化解风险方式中的另一种即“扩大停板”的方式，将天胶期货合约的涨跌停板幅度扩大到10%，并同步提高多空双方的保证金水平。4月10日“扩大停板”当天，天胶期货合约价格收盘下跌超过9%，但没有触及停板，市场找到了自身的平衡点，开始逐渐恢复正常。

这是交易所第一次采用“扩大停板”而非“三板强减”的方式来化解市场风险，给操纵者一个严重的惩罚。当时操纵者对交易所采取的措施不服，这在市场上还引起了不小的争论。但上海期货交易所是在现有规则框架内严格按照规则采取措施，而且这些规则之前都已经向市场进行了公告，并没有采取任何的临时措施。自那以后，在上海期货交易所市场，再也没人敢利用这种方式操纵市场了。此后郑州商品交易所、大连商品交易所都在各自的规则中建立了相应的制度安排，期货交易中利用“三板强减”进行市场操纵的情况基本得到杜绝。这么多年过去了，再回过头看，很多业内人士都认为，这在我国期货市场发展史上是一个具有重大意义的分水岭事件，从根本上改善了期货市场运行生态，为此后市场的规范发展打下了基础。

“三板强减”制度是中国独创的，西方市场没有这项制度。“三板强减”制度建立在涨跌停板制度基础上，根本目的是彻底阻断期货市场可能发生的系统性风险，保护大多数投资者利益，保持期货市场的稳定。与涨跌停板制度一样，“三板强减”制度具有非市场化的特点。中国期货市场立足于自身国情，建立了“三板强减”制度，并将其和市场化的“扩大停板”制度结合起来使用，有效地促进了政府监管目标的实现。但随着市场的进一步发展，我们在看到“三板强减”制度好处的同时，也要看到它的弊端。必须正视的是，“三板强减”制度一直存在较大争议，尤其是套期保值者参与交易时还需考虑非市场性的风险因素，增加了额外成本，可能会削弱部分产业客户入市的积极性。期货市场对外开放过程中，这一制度也不易被境外交易者理解。“三板强减”确能快速化解系统性风险，但也对市场声誉造成伤害。为此，这十多年来，除 2008 年金融危机期间化解风险采用“三板强减”方式外，监管部门和交易所一般都是采用扩大涨跌停板、提高保证金比例等风险防控措施，非到迫不得已，尽量不使用三板强减“核武器”。

以上几个特点符合现阶段中国国情，在期货市场这 20 多年的发展中取得了好的效果。但是随着国际化进程加快，参与者结构的进一步多元化，还需对这些特点融入新的内容而不断完善，尤其是“三板强减”等操作层面的制度安排。总的来说，近些年来，我国期货市场总体运行平稳，十几年来没有发生大的风险事件，有力印证了期货市场监管制度设计是在尊重国情的基础上借鉴国外市场经验的制度创新，是符合实际的、管用的，体现了我国期货市场监管者的制度自信和“中国智慧”。

杜绝放任：场外衍生品需要监管

“刚点燃的火，一杯水足以扑灭它。但一旦火势蔓延，一江水也扑不灭它。”2008 年的金融危机，使我想起了非洲的这句谚语。

前面讲了这么多，想表达的一个核心意思就是期货期权等衍生品市场需要政府监管，监管能够保障衍生品市场的经济功能发挥，而这是市场得以存在并进一步发展的基石。观察美国 150 多年的衍生品市场发展历史，在历经多次危机的洗礼后，关于衍生品市场是否需要监管的争论已经基本结束，加强衍生品市场监管成为普遍共识。但是这好像仅仅限于期货期权等场内衍生品市场而言，场外衍生品市场却被排除在政府监管之外。而正是不受监管的场外衍生品市场，引发了美国 2008 年金融危机。先是 2007 年的次级贷款危机，接着次级贷款债券衍生品出问题，成为 2008 年金融危机发生的导火索。次级贷款债券衍生品属于场外衍生品，前面提到的《大空头》一书作者刘易斯对次级贷款债券衍生品引发金融危机的详细描述让人印象深刻。他说，政府监管缺失对危机发生有不可推卸的责任。书中的许多市场人士看到了次级贷款市场存在的问题，看到了场外衍生品市场的野蛮生长，预感到次贷危机会到来。他们在市场最基础的地方仰望监管，希望政府监管机构对这个风险巨大的市场采取监管行动。刘易斯采访的几位明星债券交易员几年前就看到了房地产泡沫可能带来的金融风险，他们关注监管机构的态度和行动。可是在 2003 年，他们听到的是格林斯潘信誓旦旦的讲话：“住房价格不会以全国性的规模和泡沫——或者说严重的通货膨胀——靠拢。”他们觉得格林斯潘可笑，笑他对次级贷款债券衍生品风险状况的一无所知。他们发现了场外金融衍生品市场这个不设防的监管缺口。他们还知道，在那场关于场外金融衍生品市场需不需要监管的争论中，格林斯潘的态度是旗帜鲜明地支持不需要监管的一方。格林斯潘认为，市场机制会自我调节，场外金融衍生品市场是定制化、专业机构间的市场，不同于标准化的股票、期货市场，不涉及公众，因此不需要监管。从格林斯潘的讲话中，这些交易员看到了监管的漏洞，发现了对赌场外金融衍生品的机会。美国政府监管部门错误的理念和无监管行为，是导致场外金融衍生品市场疯狂的重要原因之一。

其实，施泰因赫尔早在20世纪90年代末期，在其《金融衍生品的发展与监管》一书中，就对场外衍生品市场会出事进行了提醒。他在书中，专辟一节对20世纪八九十年代场外衍生品市场发生的5个比较有影响的风险案例进行了分析。这些案例主要讲的都是有关场外衍生品的故事，它们分别是1992—1993年对冲基金攻击英镑和意大利里拉导致欧洲货币体系（EMS）危机；1994年墨西哥银行业利用货币互换、结构性票据等场外衍生工具绕开资产负债表监管，风险不断累积最终导致货币危机；美国信孚银行向宝洁公司等终端客户不当销售复杂的杠杆性互换合约，使客户面临巨额亏损；加州奥兰治县利用证券回购进行融资，杠杆投资逆浮动利率证券而陷入破产境地；华尔街知名对冲基金投资按揭贷款证券巨额亏损等。[①] 施泰因赫尔对这些案例分析后认为，期货期权市场在现货

① 阿尔弗雷德·施泰因赫尔著，陈晗、张晓刚译，《金融野兽：金融衍生品的发展与监管》第一部分第三章“戏剧性事件”，上海远东出版社，2003年8月。

市场发生巨大风险时，能够为现货市场释放压力。同时，期货期权市场的交易和结算制度保证了市场参与各方不可能出现违约，从而可以很好地防范和化解系统性风险。但是场外衍生品市场的情况就不一样了。施泰因赫尔说，从场外衍生品有关的这几个案例中可以得到一些教训。一是场外衍生品已经达到了一种非常复杂的程度，使得即使那些老练的终端用户也难以完全理解衍生策略或工具的特征。二是通过衍生品交易，投机威力可以放大很多倍。如果赌博失败而且背后没有风险保护，将会损失惨重。三是价格信息经常是缺乏的，并且在紧急情况下关闭头寸会十分困难，或为客户设计的场外衍生品由于缺乏流动性而成本很高。四是监管严重滞后于市场发展。

施泰因赫尔 20 多年前的这些分析，经 2008 年国际金融危机证明是非常正确的。危机发生之前，美国对于场外衍生品市场秉持“自由放任”的监管理念。2000 年美国《商品期货现代化法案》是这一监管理念的集中体现，该法将大多数场外衍生品交易排除在监管范围之外。危机中，场外衍生品市场缺乏透明度、集中度高、过度发展、投机严重、欺诈客户、操纵价格等问题集中暴露出来。不受监管的场外衍生品市场导致金融危机，凸显了衍生品市场“双刃剑”伤人的一面，对社会成本带来非常负面的影响，造成了对资本的破坏，对社会有价值活动的冲击，无辜的第三方受到波及。雷曼公司、美国国际集团等金融机构大量持有次级贷款债券衍生品，杠杆率太高，放弃了财务稳健、安全性的原则，如 2007 年末雷曼的杠杆率高达 32 倍，美国国际集团的杠杆率也上升到 14 倍（一般保险公司的杠杆率为 5 倍左右），同时缺乏透明度和放松监管，从而引发了系统性风险。

在 2008 年金融危机前，美国政府对金融市场的监管松紧不一，对银行业、股票市场、期货市场是进行严格监管的，但对债券和债券衍生品市场的监管却放得很松。刘易斯说，美国债券市场主要是大型机构投资者组成的场外市场，不对公众，不披露信息，没有监管。在这个不透明、缺乏监管的市场上，债券及其衍生品的推销员可以随心所欲地做任何事情，而不用担心被举报；债券交易员可以利用内幕消息、操纵价格，而无须担心被抓；债券专家可以设计出任何复杂的衍生品，而不用担心政府的监管；银行从客户的恐惧和无知中赚到巨额利润。这次危机恰恰就是由无监管的次级贷款债券衍生品市场引起的。场外金融衍生品市场本来是为交易者提供避险工具的，方便好用、针对性强。但由于不透明，没监管，容易导致利欲熏心的人“偷鸡摸狗”干坏事。这次危机说明，缺乏监管的场外金融衍生品市场会带来灾难。2009 年，G20 首脑齐聚美国匹兹堡开会讨论金融问题，各国领导人一致认为场外金融衍生品市场应该纳入监管。奥巴马执政的美国民主党政府力推国会于 2010 年 7 月通过了《多德－弗兰克华尔街改革与消费者保护法》，将场外衍生品市场纳入监管，并将相关内容写入了 2011 年修订的《商品交易法》中，将场外衍生品监管权授予 CFTC，同时规定在涉及单只股票和股票窄基指数的场外衍生品时，由 CFTC 和 SEC 共同监管。据西方媒体报道，特朗普政府上台后，准备要重新评估这些加强金融监管的措施。

美国的经验和教训值得借鉴。近年来，我国场外衍生品市场发展非常迅速。银行间利率、外汇场外衍生品市场自 2010 年成交规模突破 10 万亿元以来，2017 年成交规模首次超过 100 万亿元，年均复合增长率近 40%，占我国期货市场成交规模的比例从 2010 年的7%迅速攀升至2017年的58%。此外，商业银行柜台场外衍生品市场（包括利率、汇率、信用和商品类）、证券公司柜台场外衍生品市场（主要是股权类）、期货公司柜台场外衍生品市场（主要是商品类）虽然规模还不大，也都有了一定的发展。发展至今，我国场外衍生品市场已经具备了一定的规模体量。与此同时，其发展中面临的法律法规缺失、监管主体不明、市场分割、风险防范等问题也日益凸显。在全国人大财经委牵头的《期货法》立法调研中，各方对期货市场相关内容的意见基本统一，主要争议点就在于是否要把场外衍生品市场纳入《期货法》的调整范围，以及场外衍生品市场这一章具体应该怎么写。一方面，市场参与各方有强烈的需求，希望通过立法，为市场发展所依赖的单一主协议、终止净额清算、履约担保等场外衍生品交易基本制度提供法律依据，以防范交易对手方信用风险。另一方面，相关部委在场外衍生品市场的监管主体、监管框架和职责划分上有很大的分歧，很难达成一致意见。国际金融危机的教训殷鉴不远，我国场外衍生品市场发展到现在这个阶段和体量规模，应该说无论是从促进市场发展还是防范金融风险的角度，确实已经到了要尽快明确其法律地位和监管框架的时候。场外衍生品市场如何监管及监管范围，场外衍生品市场和场内期货市场的内在关系，监管上如何协调，这是我国下一步推进期货衍生品市场发展与监管回避不了的问题。

科技监管：比特币之挑战

2017年，中国乃至全球金融领域最热的词非“金融科技”（FinTech）一词莫属。全球总市值前十大的上市公司中，科技企业占据了6席，其中苹果公司、Alphabet（谷歌公司母公司）、微软、亚马逊四家科技企业包揽了前四席，脸谱网（FaceBook）位居第六。市值排名分列全球第10位和第11位的是来自中国的两家公司——腾讯和阿里巴巴，这两家科技企业也是中国市值最大的公司。以数字经济为代表的新经济蓬勃发展，全球22%的GDP与涵盖技能和资本的数字经济紧密相关。2017年中国数字经济的规模总量达到27.2万亿元，位居全球第二，占GDP的比重达到32.9%。[①]在科技创新的推动下，金融与科技结合得越来越紧密，大数据、云计算、区块链、数字货币、人工智能等技术创新在支付清算、借贷融资、财富管理、银行、保险等金融领域的应用不断加深，创造了新的业务模式、应用、流程或产品，从而对金融市场、金融机构或金融服务的提供方式产生了重大影响。一时间，很多曾经高高在上、不可一世的金融机构都以科技企业自居或以被称为科技企业为荣。市场上最广为流传的就是，华尔街的金融巨头高盛的首席执行官劳尔德·贝兰克梵最爱说的一句话："其实我们是一家科技公司。"无独有偶，2017年9月，我去蚂蚁金服调研了解到，蚂蚁金服的主要收入来源于支付、理财、融资、保险等金融业务。从这个角度来看，蚂蚁金服显然是一家金融机构。但我们刚坐下来座谈，蚂蚁金服的高管就向我们再三强调，蚂蚁金服的定位是一家科技公司。

一家主要从事金融相关业务的企业希望把自己定位为科技公司，而非金融机构，一般情况下不外乎有以下几个原因。一是迎合市场风向，科技创新对金融业的影响越来越大，一家公司一旦被添上"金融科技"的标签，更容易受到市场资金的追捧，能够获得更高的估值。如2015年5月10日，在上海证券交易所上市的"多伦

① 中国信息通信研究院，《中国数字经济发展与就业白皮书（2018年）》，2018年4月。

股份”，在公司并无相关的人员配置，也未正式开展业务的情况下，更名为与P2P谐音的“匹凸匹”，随后的9个交易日内收获了8个涨停板，市值翻了一番。这不是中国A股市场才特有的现象。据英国《金融时报》2017年12月25日报道，一家名为“长岛冰茶公司”（Long Island Iced Tea Corp）的小型美国上市软饮料生产商在更名为“长区块链公司”（Long Blockchain Corp）之后，股价飙涨500%。[①] 二是互联网企业渗透到金融行业以后，凭借互联网思维、互联网技术获得了竞争优势。对企业而言，它们认为自己只是把技术应用到了金融领域，和在其他领域开展业务并没有本质区别。就如马云在2013年外滩金融峰会的演讲中说的，金融行业需要搅局者，更需要那些外行的人进来进行变革。三是与金融行业涉及公众利益，长期以来受到政府严格监管不同，互联网企业在日常运营中受到的行政管制较少，它们不希望受到金融领域相关法律法规的规制和监管。

但是作为金融监管机构，不管这些企业自认为是科技公司，还是金融机构，对它们都要透过现象看本质，确定它们到底经营的是不是金融业务，分析清楚背后的业务逻辑和隐藏的金融风险。因为金融监管的逻辑是看这个产品或业务是否涉及公众，风险是否具有外溢性。金融科技的本质还是金融，要根据其风险程度纳入相应的金融监管框架当中，有针对性地进行监管，因势利导，趋利避害。这对任何一个国家的金融监管机构来说，都应该如此。当然由于每个国家的国情不同、认识不同，即使是同一个国家的不同监管机构，也可能会持不同的监管立场，这就是具体操作层面的问题了。

金融科技快速发展下，监管遭遇的挑战在比特币市场上得到了

① 《比特币延续震荡行情》，FT中文网，2017年12月25日。http://www.ftchinese.com/story/001075616。

最充分的体现。自2009年神秘的“中本聪”（化名，真实身份不明）发明比特币以来，比特币的价格已经上涨了几十万倍。尤其是2017年，一枚比特币的价格从年初的约1000美元快速飙升，到11月底突破了10000美元，再仅仅用了一个月不到的时间，于12月中旬一度接近20000美元。可到了2018年6月，比特币价格已经跌到7000美元以下（见图11–1）。这种过山车式的大幅波动，投资者的心脏必须足够强大才能承受。尽管如此，前期比特币市场的“造富效应”，在全球范围内吸引了为数众多的投资者参与。据美国投资管理公司ARK Invest和比特币交易平台Coinbase于2017年初开展的联合调查显示，全世界持有比特币的用户已经超过1000万人。

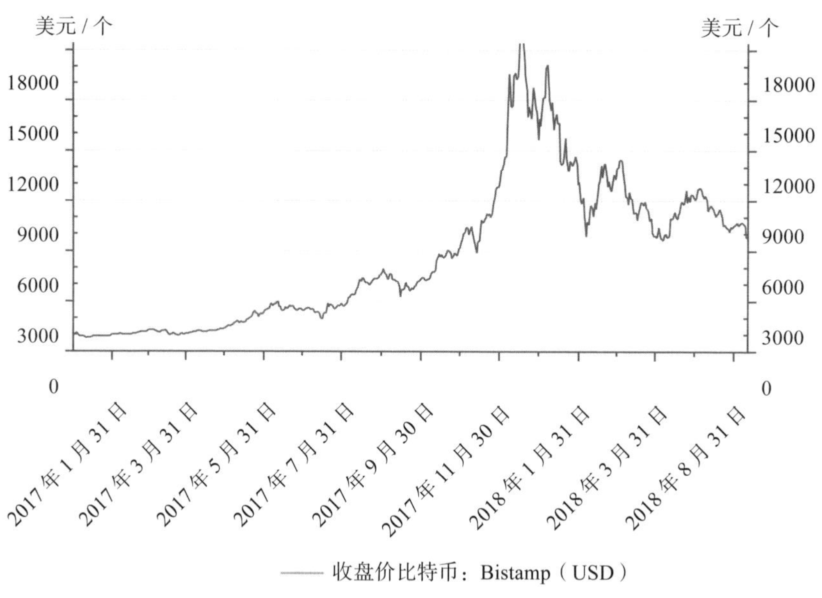

图11–1　2017年以来比特币价格波动情况

数据来源：Wind。

但是，对这一高人气、高波动性的加密货币，从一开始支持者与反对者就采取了截然相反甚至完全对立的态度。支持者把比特币视为金融领域的颠覆性创新，由于其是计算机计算产生，发行数量固定，具有稀缺性，不会导致通货膨胀，可以解决现行货币系统的缺陷。反对者则视比特币为一场不折不扣的庞氏骗局，玩的只是击鼓传花的游戏，不但对经济没有任何益处，反而沦为投机、诈骗、洗钱的工具。[①]美国网景公司（Netscape）创始人、著名风险投资家马克·安德森（Marc Andreessen）认为比特币是计算机科学的重大突破，带来的网络效应很可能是持久不朽的。推特公司（Twitter）的首席执行官杰克·多西（Jack Dorsey）更为乐观，认为未来10年内，比特币可能替代美元，成为全球最主要的支付货币。而微软公司创始人比尔·盖茨（Bill Gates），则认为比特币的最大特征是匿名性，但对其的存在和发展表示悲观，认为长期持仓比特币的投机风潮是超级危险的。摩根大通首席执行官杰米·戴蒙（Jamie Dimon）早就给比特币贴上了“骗局”的标签，认为它比郁金香泡沫更加糟糕。法国学者埃里克·皮谢（Eric Pichet）更是宣称，总有一天比特币的尸体会从面前漂过。[②]不仅市场人士之间分歧巨大，世界各国政府对比特币的态度也不尽相同。如日本、加拿大、澳大利亚、德国，均承认比特币的合法地位，对比特币持欢迎态度。美国作为一个金融市场相对自由的国家，对比特币抱着既鼓励又纳入监管的态度。中国、韩国、俄罗斯则对比特币采取了严格的监管措施。在中国，随着比特币及首次代币发行融资（ICO）的火热，市场规模一度占到全球的80%。为了防范风险，中国于2017年9月出台规定，

---

① 由于比特币匿名性的特点，为贩毒、洗钱、购买杀伤性武器等违法、暴力犯罪活动提供了掩护和便利。如2017年5月，全球网络遭遇迄今为止最大规模的勒索病毒攻击，黑客要求以比特币的形式支付赎金。

② 《法学者谈比特币投机泡沫：总有一天它的尸体会从面前漂过》，参考消息，2017年12月2日。

关闭比特币等加密货币交易平台，禁止 ICO。韩国紧随中国之后，也采取了措施来遏制比特币市场的大范围投机行为，并考虑取缔当地加密货币交易所。

关于比特币的争议和分歧，随着 CFTC 核准美国主要期货交易所挂牌上市比特币期货而达到了顶峰。无疑，对比特币来说，这将是实现走入主流的关键一步。2017 年 12 月 11 日，芝加哥期权交易所率先推出比特币期货。一周之后的 2017 年 12 月 18 日，芝加哥商业交易所也正式上市比特币期货。比特币期货合约上市以来，交易量稳步上升。数据显示，2018 年 2 月，芝加哥期权交易所的比特币期货（合约乘数为 1 个比特币）日均交易量约为 7000 手，芝加哥商业交易所的比特币期货（合约乘数为 5 个比特币）日均交易量达到 2200 手。芝加哥期权交易所表示，如果将比特币期货的交易量与波动率指数（VIX）期货相比较，比特币期货上市初期的表现已经超过了 VIX 期货，VIX 期货用了 7 年时间才大幅提升了交易量，这显示了市场对比特币期货的需求以及其未来的潜力。但同时，比特币期货目前的主要交易量来自小型交易商，吸引银行、资产管理机构等机构投资者参与还比较难。[①] 一边是 CFTC 为比特币期货交易开绿灯，芝加哥期权交易所以及其他期货交易所摩拳擦掌，打算推出比特币期权等更多的数字加密货币衍生品。另一边是其他监管机构和主流金融机构不断增加的担忧。在 CFTC 正式核准比特币期货上市前一天，美联储副主席兰德尔·考尔斯警告说，随着像比特币那样的数字货币得到更广泛的使用，金融稳定可能会受到威胁。SEC 更是直接通过行动来表明自己的监管态度，在比特币期货上市

---

① Julie Aelbrecht，《数字加密货币期货的进展情况》，大连商品交易所《国际衍生品市场动态》2018 年 4 月期。

一个月之后，驳回了多家机构关于比特币ETF的申请。华尔街大佬对比特币期货似乎也并不买账，由大银行、券商和交易商组成的美国期货业协会对CFTC喊话，直言比特币期货的推出过于仓促，并未做到充分透明，没有征求足够的意见，美国金融体系也根本还未做好准备。美国盈透证券的主席托马斯·彼得菲（Thomas Peterffy）在华尔街日报上发表公开信：“请求CFTC让任何企图清算加密货币或相关衍生品的清算组织，使用单独的清算系统，与其他产品隔离开。”华尔街巨头美林公司则更为直接，在首个比特币期货推出之前，出台规定禁止客户以及代表该公司交易的金融顾问交易比特币以及相关的衍生品。①

比特币期货是金融科技发展对金融监管尤其是期货和衍生品市场监管带来挑战的一个例子，这是国外已经遇到了的。由于中国市场的特殊性，我们还面临一些国外市场没有遇到的监管挑战。其中最典型的是，在金融科技的推动下，一些互联网大公司大力拓展金融业务，向金融市场全面渗透。以某家互联网公司为例，目前已经获得了银行、保险、公募基金、第三方支付、征信和小贷等金融牌照，在主要金融牌照中，仅缺少证券公司和期货公司牌照。互联网巨头切入传统的金融领域后，对金融监管提出了巨大的挑战。如阿里巴巴旗下的天弘基金管理公司2013年推出的余额宝产品，借助淘宝网巨大的流量，将海量的小额投资者和他们暂时闲置的碎片化资金聚集起来，仅仅用了5年时间，作为单只货币基金就坐拥3亿多用户，余额超过1.5万亿元。余额宝的快速扩展主要是因为收益率高、业务模式普惠便捷且监管宽松。一是，金融去杠杆背景下，

① 《美林禁止交易比特币基金及期货》，华尔街日报，2018年1月4日。

货币市场利率上升，作为货币市场基金的余额宝收益率随之上行。余额宝自成立以来年化收益率3.89%，远高于商业银行0.30%的活期存款利率和1.75%的一年期定期存款利率。二是，借助移动互联网手段，将“货币市场基金”和“第三方支付”无缝对接，产品普惠便捷。余额宝与支付宝无缝对接，支付宝账户资金可随时转为余额宝进行货币市场基金投资，而余额宝资金亦可随时赎回用于支付或取现，所有操作均可在移动互联网上便利进行。三是，受到的监管约束较少。现行监管对货币市场基金没有资本充足、拨备计提的要求，资金来源和资产投向约束较少。余额宝的发展，为广大投资者特别是中小投资者提供了新的投资理财渠道。但由于其规模巨大，遇到大规模集中赎回时可能会面临信用风险和流动性风险，极端条件下甚至会产生系统性风险，监管上必须积极应对，提前做好防范。

除上述领域以外，互联网企业也开始涉足资产证券化业务、期货和衍生品市场。以资产证券化业务为例，自2015年4月以来，蚂蚁金服旗下的小贷公司（简称蚂蚁小贷）先后上线了“花呗”“借呗”消费金融业务。其中，“花呗”业务是基于支付宝消费支付场景推出的信用消费产品，用户不能提现，但可以在淘宝、天猫以及线下商家购买商品或者接受服务。而“借呗”业务，则是在消费支付基础上通过大数据技术对用户进行授信，客户在可贷额度内可随时支取贷款，按日计息，并可以随时归还贷款。二者都是以大数据技术为基础进行授信和风控，具有用户数量多、单笔金额小而分散的特点。据蚂蚁金服介绍，“花呗”户均支用金额约700元，“借呗”笔均贷款金额约3000元，二者的不良率均控制在1%以内。① 为了

---

① 《蚂蚁金服花呗负责人：消费金融发展 风控是根本》，每日经济新闻，2017年11月29日。

进一步扩大市场规模，蚂蚁小贷借资产证券化市场快速发展的东风，将这些小额分散的消费信贷打包进行资产证券化，获得资金后发放新的消费贷款，如此这般反复循环，业务规模不断扩大。和抵押贷款债券一样，“花呗”和“借呗”系列ABS实质上是利用金融工程技术生产的一种债券衍生品，对应的底层资产是蚂蚁小贷发放的数千笔独立的消费贷款。这一金融创新直接把蚂蚁金服推上了资产证券化市场的“头把交椅”。据Wind统计，2017年蚂蚁小贷累计发行“花呗”“借呗”系列ABS产品95期，累计发行金额超过2500亿元，占同期交易所市场ABS发行规模的三成以上。“花呗”“借呗”的快速发展，给监管带来了挑战。一般情况下，小贷公司在本地经营且资金来源有限。但蚂蚁小贷通过互联网获客并应用大数据风控，再借助资产证券化业务对接银行和保险资金，理论上规模可不受约束地无限制扩张。但底层资产怎么样，ABS这个消费贷款的债券衍生品不断转让后是否会产生道德风险？如果今天我们对互联网金融下的资产证券化不保持警觉、未雨绸缪，一来二去这个市场的规模越来越大，最后，某个突发性事件可能就会成为压倒骆驼的最后一根稻草。

在金融科技发展的大背景下，场外衍生品市场遇到的监管“烦恼”已经冒头。目前，期货市场还不明显，但也有些许微风掠过。2017年下半年，我听到一则待求证的消息，讲的是国内某互联网企业要和某石油公司合作推出新型加油卡。据了解，这种新型加油卡和现在市面上的加油卡不同。以往石油公司销售的都是储值型的加油卡，随着石油价格涨跌，消费者卡里的钱最终能加多少油是不确定的。但在这种新型加油卡模式下，消费者购买的就是含有一定成品油数量的加油卡，也就是按“升”购买的加油卡。二者之间最大的区别在于，这种新型加油卡，消费者可以在成品油价格处于他认为合理的区间内购买，提前锁定价格。实质上，这种加油卡就相当于一个场外衍生品合约，能帮助消费者锁定未来的价格，管理价格波动风险，市场优势非常明显。那石油价格波动的风险由谁来承担呢？进一步了解后得知，这家互联网企业将和专业的风险管理公司合作，利用其专业技术把场外衍生品合约形成的风险敞口到期货市场对冲，化解掉石油价格波动风险。这样就解决了销售这种新型加油卡的后顾之忧，可以大批量对外销售了，不用再担心油价涨跌的问题。可以预计，如果三方之间能够建立良好的利益分配机制，成功地推出这个模式，那可能会给期货市场带来深远的影响。比如这家互联网企业，通过向广大消费者提供汽油等大宗消费品的风险管理服务，其实质上汇集了一个数量庞大的消费者群体的风险管理需求，然后再以此切入期货市场，成为这个市场重要的参与者，这将对传统的期货市场参与模式（目前情况下，无论是个人投资者，还是产业客户、金融机构，一般都是通过期货公司参与期货市场交易，实现投机、套利或套期保值的目标）带来颠覆性的改变。

如果互联网企业拥有了包括期货和衍生品在内的所有金融业务，那监管该如何应对？面对互联网、大数据、人工智能等科技介入金融领域，对习惯于传统金融模式的政府监管者来说是一个严峻的挑战。这个问题不仅引起我国监管者的思考，对国际监管同行也是如此。2018 年 1 月，我受邀参加香港特区政府举办的“第十一届亚洲金融论坛”。论坛中，金融科技发展及监管再次成为大家关注的焦点。主办单位刻意安排国际多边金融机构和几个国家政府的监管者同台回应这个主题。亚洲开发银行的行长、卢森堡的财政部部长、澳大利亚的财政及金融服务部长以及我的演讲都无一例外地围绕这个主题各抒己见。主题演讲结束后有一个互动环节，主办方挑选了大家最为关注的三个问题请参加论坛的上千名香港金融界听众现场投票，然后让我们四人分别回答。其中有一个问题就是“您预料 2018 年以下哪方面的发展 / 科技对金融行业有最大的颠覆性影响”。投票结果显示，人工智能、大数据分析、区块链、移动支付位居前四，分别占了 30%、21%、15% 和 14%。由于中国的金融科技尤其是互联网金融在全球处于领先的地位，主持人香港财经事务及库务局局长刘怡翔顺势向我抛出一个问题，让我从市场监管的角度，谈谈金融科技可能存在的风险和挑战，以及监管部门应该如何应对。

我说，我长期在北京工作、生活，对金融科技发展给人们生活带来的好处有切身的体会。我用手机扫微信看过电影、骑过摩拜、网约“滴滴”、超市买菜，一机在手全搞定。北京现在已经逐渐变成一个“无现金”社会，对大家来说，外出带手机比带现金更加重要。无论是吃饭、买菜、购物、出行、看电影，大家更多地用微信或支付宝“扫一扫”，很少用现金支付。比如在北京打车，现在已经很难通过在路边招手打到车了，而以首汽约车、滴滴出行为代表的网络约车则非常发达。还有共享单车、美团外卖等，给大家生活带来了很多方便，而这些都是随着移动支付、网络支付的普及而产生的商业模式创新。因此，在回答时我主要表达了以下几层意思。

第一层意思，金融科技是应该得到支持的。这些年中国支付宝和微信支付等第三方支付的发展证明，金融科技促进了金融服务的更新，方便了人民群众的生活，促进了实体经济的增长，推动了传统金融服务的改革创新，所以从这方面来讲是引领世界未来方向的，是应该积极支持的。

第二层意思，金融科技的发展也会带来一些不可忽视的风险和挑战。一是，业务应用上的风险。智能化、网络化、大数据化以后，程序上一个微小的漏洞或操作时一个不慎的动作，带来的风险都是人工无法控制的。如 2013 年中国股票和期货市场遇到过的光大证券“816 乌龙指事件”、2010 年美国股票市场遇到过的“闪崩事件”，都是计算机自动执行交易程序的过程中出问题导致的。二是，违法违规行为可能改头换面玩“李逵李鬼”的把戏，增加了监管的难度。金融交易是围绕钱来开展的，市场参与者为了赚钱，有很强的违法违规冲动。有不少机构是打着金融科技招牌，干着“挂羊头、卖狗肉”的勾当。这些伪金融科技往往会损害投资者的合法权益，干扰实体经济发展。如何提前发现和及时监管这些机构利用新工具、新技术、新业态、新模式干着“李鬼”的勾当，进行违法违规活动，这对监管者来说是一个很大的挑战。三是数据集中了以后，对信息安全的要求更高，可能会出现一些漏洞导致数据泄露，这也是风险和挑战，需要我们从技术上加以防范。

第三层意思，监管者应该抱着包容与开放的态度积极应对金融科技。这里面包含三点。

第一，要讲理念和原则。要坚持金融为实体经济服务的理念和原则。传统金融也好，金融科技也好，如果偏离了为实体经济服务的理念，它们的存在就毫无意义，就不能得到支持，这是看问题的出发点，非常重要。就像历史上蒸汽机的发明、电气的发明、信息技术的发明，它们都推动了经济的发展、人民生活水平的提高，包括期货衍生品市场在内的传统金融在人类社会工业化过程中也发挥了非常重要的作用。今天金融科技的发展，也许是推动下一轮经济增长和社会发展的巨大动力，也会发挥和传统金融一样的在人类工业化过程中所起的巨大积极作用。如果是这样，金融科技就是有意义的。但金融科技企业不能就金融论金融，自娱自乐，只满足某个小团体或者产品利益的需求，那对经济社会毫无意义，对广大投资者也是不负责任的。对金融科技应该有原则性的要求，同时持一个积极、开放的态度。总的来说，要坚持正确的理念导向，积极引导和支持为实体经济服务的金融科技发展。

第二，要讲规矩。没有规矩不成方圆。金融科技监管的相关规则要跟上，相关法规规则要先制定起来，以便给市场一个明确的预期，为金融科技发展和市场创新提供基本的遵循。金融科技可能对我们现行的金融体系产生革命性或颠覆性的冲击。对于这些，全世界过去都没有遇到过，因此不能直接套用我们传统的监管理念和方法。监管部门积极的态度就是要先去试点，比如目前西方说得很热闹的“沙盒监管”，先进行小范围试点，逐步认识它的规律，取得经验后逐步推开。因此，监管部门应该对金融科技发展中出现的一些问题有一定的包容度。

第三，要有监管能力。金融科技是新东西，无论对西方还是东方，都是面临的监管新课题。监管部门一方面必须要有相应的技术装备，具备开展金融科技监管的技术能力，另一方面需要专业技能人才的配置。否则的话，没有这方面的技能，没有这方面的知识，没有这方面的人才，只见树木不见森林，监管者不知道市场在做什么，监管的目标是什么，监管的技术该如何运用，监管就只能无的放矢。这样就会出现“看不见、说不清、管不住”的监管死结，投资者合法权益的保护就很难落实，为实体经济服务的目标和原则就很难达到。

回想我在香港论坛上对主持人提问的以上几点回答，可以说基本代表了我对金融科技监管的看法和观点。

监管差异：金融监管之对比

期货等衍生品作为风险管理金融市场与证券市场、银行体系本质上的区别，决定了衍生品市场监管（下面主要以期货市场为例）有不同于证券市场监管、银行监管的特点，体现在经济功能、监管目的、信息披露要求、保证金性质、风险控制措施等诸多方面。[①]

经济功能不同而监管有差异。[②]商业银行是很多国家金融体系的主体（美国除外），发挥着资金融通、支付中介、信用创造等功能。在银行存贷款业务中，储户将资金存入银行，不直接与融资方发生借贷关系，一般不会遭受本金和利息的损失，这是由间接融资的本质决定的。银行监管的重点是防止单个银行财务问题引起存款人挤兑，导致“多米诺骨牌”效应而形成系统性风险。监管部门对银行实行资本充足率监管，要监管好贷款资产的风险，要有存款保险制度安排。

证券市场是一国经济发展的重要工具，是直接融资的平台，有助于公司低成本发行股票、债券筹集资金。就权益资本而言，通过股票市场直接融资，并对公司股票定价。在股票市场中，投资者实际持有股票，在极端情况下可能会损失股票的全部价值，这是由资本形成过程的本质决定的。证券市场监管的重点是上市公司的信息披露、中介机构的勤勉尽职、投资者合法权益保护和防范市场系统性风险。监管部门通过监管来揭示风险，实现市场“三公”，保证

---

① 菲利普·布莱德·约翰逊，《美国商品期货交易委员会不应和美国证监会合并》，大连商品交易所《国际衍生品市场动态》2014 年 4 月期。

② 参见姜洋著《中国证券商监管制度研究》第 224 页，中国金融出版社，2001 年 5 月。

证券市场融资投资活动低成本高效率的顺利进行。

期货市场是通过市场参与者之间的期货期权交易，汇聚各方面的信息来发现未来的现货价格，同时使希望对冲或消除风险的市场参与者与愿意承担特定风险的市场参与者得以交换风险敞口，实现套期保值。在期货市场中，市场参与者存在损失风险的仅仅是价格波动部分的价值，这也是由风险管理金融的性质所决定的。期货市场监管的重点是保障市场不被操纵，远离欺诈，防止价格被扭曲，以免伤害市场参与者。监管部门通过监管来抑制市场过度投机，打击各类违法违规行为，促进期货市场经济功能发挥。

监管目的不同：银行监管侧重银行的稳健运行。银行业务涉及广大储户，与金融稳定息息相关，因此每个国家都将促进银行业稳健运行，维护公众对银行业的信心作为首要目标。证券市场监管侧重保护投资者利益。

证券市场作为一个投融资市场，监管的目的是创造安全的投资环境，让人们可以放心地拿自己积蓄去投资，从而获得回报。由于大多数投资者只能从股票价格上涨中获利，而股票价格持续下跌会给监管机构带来很多批评。

期货市场监管侧重市场的经济功能。期货市场作为一个风险管理市场，买方和卖方都有需要“保险”的保值者，通常由投机者为买卖双方提供保护。因此，只要价格是通过合法的交易达成，监管机构必须小心地对市场方向保持中立，监管的目的主要是确保期货市场发现的价格是真实的，方便企业套期保值管理风险。

对信息披露要求不同：透明度对及时发现银行体系风险，增强社会公众对银行体系的信心至关重要。巴塞尔协议要求银行主动披露其经营状况特别是风险状况，披露信息的范围包括资本充足率、资本构成、风险敞口及风险管理策略、盈利能力、管理水平及过程等。

证券市场交易的是上市公司股票，上市公司的任何重大变动，都会产生影响股票价格的内幕信息，容易导致内幕交易。因此，证券市场监管要求上市公司进行严格、充分的信息披露，促进融资者与投资者信息对称，将防范内幕交易作为执法重点之一。

期货市场交易的期货或期权合约是由交易所统一制定的标准化合约，除国家政策重大变化等信息外，合约自身没有内幕信息。对于参与期货市场交易的企业来说，期货市场为企业日常运营提供价格保护。这些套期保值者必须能够根据预期的变化及时建立或调整其在期货市场上的头寸，而它们对市场变化的预期通常是建立在对内部数据分析的基础上的。如果要求企业在进行交易之前公开自己的看法，那么市场就可能会立即做出反应，即价格提前上涨或下跌，企业也就无法进行有效的套期保值了。因此，期货市场监管对参与交易的企业的信息披露要求很少。

保证金性质和运作方式不同：银行日常经营中有部分业务要求客户缴纳一定的保证金，最典型的就是抵押贷款业务，融资方要以一定的抵押品作为保证才能从银行获得贷款。

证券市场保证金一般在证券信用交易中出现，信用交易其实是质押贷款的一种形式，保证金要求 50% 或更高，资金杠杆率低。不管在美国，还是在中国，投资者可以向证券公司借入资金（按照所抵押股票价值的一定比例），以购买并持有股票，这实际上是一种以股票作为质押品从证券公司获得的贷款。如果股票价值下跌，借款人将收到追缴保证金的通知，要求其偿还全部或部分贷款。

期货市场实行保证金交易，保证金是由买卖双方存入的一种履约担保，进入交割前一般仅是合约价值的 5%，资金杠杆率高。期货市场保证金与股票市场保证金的性质和运作方式截然不同。期货市场买卖双方缴纳的保证金是一种诚信证明，证明无论期货合约价格如何波动，投资者都将履约。保证金存入市场参与者的账户，其形式可以是现金也可以是其他有价证券，比如美国通常是短期国库券，我国的保证金除现金外，还有国债、商品仓单等有价证券。账户内的资金由账户持有人拥有——这本质上是一种履约承诺。按期货交易所设定的保证金要求，账户内的资金数额决定了账户持有人可交易的最大合约数量和名义价值。换言之，期货市场的保证金属于确保合约义务将被履行的诚意金，而非贷款的抵押品。此外，监管上还要求期货交易所每个交易日收市后对所有账户进行当日无负债结算，在市场震荡时期甚至会进行日间结算。期货交易所根据日中和日末的结算情况，发出追缴保证金通知，要求市场参与者在规定时间内追加保证金，因此期货市场在每份合约的履行方面根本不存在问题。

风险控制手段不同：银行监管的核心是资本监管，《巴塞尔协议Ⅲ》将银行最低资本充足率作为监管重点，同时补充了杠杆率、拨备率和流动性等方面的要求。

证券市场监管的核心是信息披露，股票交易不限制投资者的股票持有量，但要求达到一定比例就要进行披露，主要是为了保护其他投资者的知情权和其他合法权益。

期货市场监管要求限制单一客户的持仓量，同时制定了大户报告、套期保值持仓豁免审批、关联账户认定等配套制度，把它们作为防范市场操纵和过度投机，确保市场功能正常发挥的重要手段。[①]

---

① 以上部分内容参考了芝加哥期权交易所原董事总经理、中国证监会顾问委员会原委员郑学勤的相关文章。

后 记

2018年6月1日，我应邀参加香港前特首、全国政协副主席梁振英发起的“中国改革开放40年——新时代香港资本市场再出发”研讨会。上午，我以中国证监会副主席身份在香港做了题为《携手并进 共谱新时代资本市场改革发展新篇章》的演讲。下午是闭门会议，会议快结束时，国务院关于我不再担任证监会副主席的消息在网站上公布了。国内媒体说，上午的演讲是我的“离任告别秀”。我的这个演讲回顾了中国资本市场近30年的改革发展历程和取得的成就。也谈到了期货市场，中国期货市场的改革开放与香港紧密相关，特别提到刚刚上市两个多月的原油期货合约稳健运行，表现良好，其中也有香港的支持与努力。也许是个巧合，我在金融系统的工作履历恰恰可以覆盖我国资本市场的发展过程。我在人民银行和证监会系统工作共30年，证监会更长，从1998年6月进入证监会到2018年6月刚好整整20年。无论在人民银行还是在证监会工作期间，我都到香港参加过包括期货市场在内的金融市场知识学习与实践。我的资本市场职业生涯应该说开始于1997年开始的香港金融管理局的研修培训，收官于代表证监会所做的2018年6月1

日的演讲。我对期货和衍生品市场比较深刻的认识，来自香港的一堂关于金融衍生品的课程。那是1997年香港回归前，中国人民银行和香港金融管理局共同在香港举办了好几期金融高级研修班，每期15天、大约20人，参加者主要是人民银行总行的司局长和各省分行行长，我参加了首期班。有一讲是金融衍生品，演讲者是当时香港金融管理局副总裁沈联涛先生。他拿出一张16开纸，面向我们对折开撕，不断重复，手头的纸片渐渐变小，然后他将碎纸往空中一抛，白花花纸片纷纷扬扬从空中掉下，一地纸屑。他说，这就是金融衍生品分散和化解风险的作用。风险就如这些纸屑一样，不会消失，但变小了、分散了、转移了，把一个经济体、一个公司、一个人承担的大风险分散化解成小风险，并转移出去，让更多的人分担。这个生动的比喻给我的印象非常深刻，以后我进入期货交易所工作，一提到金融衍生品，我就会想到这个比喻。这也给我以后讲这门课和写作本书许多启迪。当本书将要付印前，我自然想起了帮助我完成本书的事和人，感激之情油然而生。

要感谢我国40年来改革开放政策和实践，为我学习期货和金融衍生品理论，在实践中体悟期货市场的魅力创造了条件。没有党中央、国务院积极推进改革开放，进行建立社会主义市场经济体系的伟大探索，没有组织对我的培养和关心，我就不会在期货市场发展和监管岗位上获得这些实践经验，进而迸发出这些灵感，也就没有机会进行深入思考与提炼总结。

要感谢中国期货市场的开拓者和建设者，他们在改革开放中勇立潮头、开拓创新、勇于进取，他们的成功与失败对中国期货市场都是一笔宝贵的财富，他们给后继者继续建设发展期货市场提供了很好的借鉴与参考，帮助他们少走了许多弯路，帮助他们认识了成熟市场经验和中国市场特色。如果没有这些期货市场的“成”与“败”，本书研究的角度可能会单调许多，浅薄许多。

要感谢我的许多同事，他们在本书的成稿过程中提供了许多帮助和支持。他们是证监会的刘士余、赵争平、张慎峰、冉华、鲁东升、程莘、周小舟、周立超、郭俊和吴晓峰等先生；期货交易所的胡政、李正强、席志勇、张晓刚、杨柯等先生。同时还要感谢期货市场资深人士褚决海、沙石先生对书稿提供了宝贵的建议和意见。特别是吴晓峰先生对书稿中涉及的大量图表、数据以及相关书籍的查找和核对，并对我每次讲课录音进行了整理。他们的帮助使本书增加了可读性与针对性。

要感谢我 42 年工作经历中待过的单位、领导和同事们的培养、帮助和支持。这些不同单位、不同工作岗位的实践和历练，和不同的人交流，使我的写作有更加开阔的视野，更为丰富的联想，更加自信的落笔。

要感谢利奥·梅拉梅德先生在 86 岁高龄为本书撰写了序言。他 10 多年来对中国期货市场建设发展历程的观察与理解，交流与合作，支持与帮助，也使本书获得了另一个观察问题的角度。

要感谢中信出版社将本书列入出版计划，朱虹等编辑团队成员为本书的精心编辑花费了大量精力。

感谢我的夫人吕苓没有任何怨言地承担大量家务，让我在业余时间能够安心写作此书。

借此书成付印的机会向帮助过我的所有人表示感恩、感激、感谢！

姜洋

2018 年 7 月